U0506818

“十三五”国家重点图书出版规划项目

重读北洋海军

马骏杰 著

山东画报出版社
济南

图书在版编目（CIP）数据

重读北洋海军 / 马骏杰著 .— 济南：山东画报出版社，2023.12
（中国近代海军史研究丛书 / 刘震，张军勇主编）
ISBN 978-7-5474-3170-2

Ⅰ. ①重… Ⅱ. ①马… Ⅲ. ①北洋海军－军事史－研究
Ⅳ. ①E295.2

中国国家版本馆CIP数据核字(2023)第227579号

CHONGDU BEIYANG HAIJUN
重读北洋海军
马骏杰　著

责任编辑　怀志霄
装帧设计　Pallaksch

主管单位　山东出版传媒股份有限公司
出版发行　山东画报出版社
社　　址　济南市市中区舜耕路517号　邮编　250003
电　　话　总编室（0531）82098472
市场部（0531）82098479
网　　址　http://www.hbcbs.com.cn
电子信箱　hbcb@sdpress.com.cn
印　　刷　山东临沂新华印刷物流集团有限责任公司
规　　格　976毫米×1360毫米　1/32
14.75印张　133幅图　483千字
版　　次　2023年12月第1版
印　　次　2023年12月第1次印刷
书　　号　ISBN 978-7-5474-3170-2
定　　价　128.00元

如有印装质量问题，请与出版社总编室联系更换。

自 序

二十年余年来，中国近代海军史研究呈现逐步深入的趋势，成果不断涌现，局面欣欣向荣。尤其是北洋海军研究，因现实形势的需要，在中日甲午战争爆发100周年、110周年、120周年这些关键时间点上得到强力推动，成果更为显著。前有戚其章的《晚清海军兴衰史》、王家俭的《李鸿章与北洋舰队——近代中国创建海军的失败与教训》、姜鸣的《龙旗飘扬的舰队》、苏小东的《甲午中日海战》、陈悦的《沉没的甲午》；后有戚海莹的《北洋海军与晚清海防建设——丁汝昌与北洋海军》、马幼垣的《靖海澄疆——中国近代海军史事新诠》、许华的《再见甲午——蓝色视角下的中日战争》、陈悦的《甲午海战》及系列舰船志、雪珥的《高升号的沉没——甲午第一战微观史》等。论文数量更是十分庞大。这些成果把北洋海军研究带向更广阔的视野。应该说，二十余年来尤其是近十年来，是北洋海军研究的黄金时节。这一局面的出现，一方面得益于在海军史研究领域长期不懈奋斗的一批专家和学者的付出，另一方面也得益于有关机构挖掘和整理档案史料的不断努力，其中比较突出的是《光绪朝上谕档》《清代军机处电报档汇编》《李鸿章全集》等大型文献资料的出版。

然而在欣喜于大好局面的同时，我们也不能不看到在北洋海军研究中存在的难题。首先，史料缺乏是一个长期困扰人们的问题。与英、日等国所藏史料的精细化与系统化相比，中国近代档案史料缺失太多，拿北洋海军研究来说，人物资料缺乏严重，大多数主要人物的身世、早期历程、重要活动等记载不全，人们只能通过仅存的片段记载，尽量还原他们的履历，无法深入探究他们成长过程中的细微之处，极大地影响了人们对这些人物的评价；航海日志留存不多，重要海上活动特别是战争期间的海上行动不能窥其全貌，细节更无法知晓，使人们对北洋海军遂行海上战备和作战任务、实现战略战术意图情况不能全面把握；舰队建设史料缺乏，管理体制、建设规程、经费投入、装备质量、后勤保障等方方面面还有许多空白点，难以准确总结经验和教训……诸如此类，问题很多。这些问题的存在，虽然给研究者留下很大的研究空间，但随着研究的深入，其难度也与日俱增。

其次，研究队伍的萎缩也影响着研究工作向更深层次发展。文献资料的缺乏让一些人对北洋海军研究望而却步，研究者的职业特点、专业领域、个人兴趣等因素也对他们涉足北洋海军研究形成制约。随着戚其章、孙克复、季平子等老一辈研究者的离世，研究队伍呈萎缩趋势，新生代还未完全成长起来。从研究成果看，专门从事中国近代海军史研究的青年人凤毛麟角，新老交替还需假以时日。

再次，学界的浮躁心态和跟风作风或多或少地对研究工作产生着负面影响。北洋海军虽然是一个与洋务运动、中日甲午战争等重大历史事件具有直接关联的永久性课题，但人们的研究却时紧时松，遇有关键的时间点或纪念活动，文章便会多起来，平时则少有人问津，二十余年间取得的成果中，不乏这样的跟风之作，其价值也就大打折扣。

我涉足中国近代海军史研究已有三十余年，虽然在这期间因各种原因没有取得多少有建树的成果，但目光始终没有离开这一领域，尤其是加盟中国甲午战争博物院后，北洋海军研究成为重中之重。回顾多年来研究北洋海军的经历，我深切地感受到，既然有海军军人、大学教授、博物院研究员的三重身份，就必须把研究海军、研究海军历史作为职业的组成部分。海军是一个国际性、战略性军种，其性质要求海军官兵必须具有更深厚的历史素养和更开阔的国际视野，海军历史教育为他们全面提升职业素养提供了丰富营养，尤其是北洋海军历史，成为海军官兵投身海军建设、履行使命任务的重要借鉴和警示。三十余年来，我把自己的研究成果和心得转化成教育内容，传之于部队，授之于官兵，效果是明显的。这一过程更加激励我在这一领域持之以恒、耕耘不辍。

北洋海军是中国历史上第一支完全意义上的近代化海军，它的兴亡虽然有特定的历史环境，但它揭示的海军建设规律却是普遍的。探究历史规律，为治国理政者所鉴，是一个史学工作者的责任。人民海军建设正处于一个历史转型时期，当她承载着民族的希望走向深蓝之时，必定会面临前所未有的新困难、新挑战，海军史研究，尤其是北洋海军研究，将为人民海军建设提供难得的经验和教训，为履行使命任务提供无可替代的精神动力。

《重读北洋海军》是我研究北洋海军的一个小小成果，也是国家出版基金项目“中国近代海军史研究丛书”中的一册，它是在已有研究成果基础上借助新史料、新发现对北洋海军某些问题的重新审视和总结，所以冠之以“重读”。近二十年来出版的新文献史料及公布的新发现，是“重读”的基础。《李鸿章全集》包含着北洋海军整个兴衰过程的完整信息，仔细研读会发现一些过去被忽略的问题；《阁学公集》记载了旅顺海军基地建设最重要阶段各方面的情况，增加了我对旅顺海军基地建设的新认识；《田所广海勤务日志》记录了在甲午战争期间日本海军“吉野”舰的活动轨迹及日本联合舰队的大量信息，使我对甲午战争期间日本联合舰队的战略战术意图有了进一步了解；“致远”“经远”“定远”“靖远”“来远”等北洋海军沉舰遗址的水下考古，使我对北洋海军装备及沉没原因有了直观认识……同时，一些新的研究成果如陈悦的《甲午海战》、雪珥的《高升号的沉没——甲午第一战微观史》也为我打开“重读”思路提供了帮助。

既然是“重读”，就要有新思考和新观点，在《重读北洋海军》中我不揣浅陋，对一些老问题提出了新看法，对一些过去鲜有论及的问题也试图得出结论。琅威理在担任北洋海军总教习期间，对北洋海军建设的确有一定贡献，但他的来华，是赫德等人精心设置的一个带有政治色彩的局；李鸿章在奏折中说，丁汝昌曾在长江水师中管带过炮船，这一说法并非遑论，丁汝昌应该是在后来被称为长江水师的湘军水师中担任过职务；地位仅次于丁汝昌的左翼总兵林泰曾确是一个胆小的人，在黄海海战中的不佳表现以及最终的自杀，都与他懦弱的性格有关；“镇远”舰署理管带杨用霖选择用手枪自杀，体现了军人的血性，但他并非学堂学生出身，说明中国近代海军教育与海军军人血性培养之间并无必然联系；北洋舰队在黄海海战中所带炮弹不足，并非炮弹缺乏，而是丁汝昌不知弹药基数的基本概念，没有随舰备足炮弹的缘故；黄海海战中丁汝昌采取的接敌队形和展开队形是“夹缝鱼贯阵”和“夹缝雁行小队阵”，“犄角阵”的说法是一种误解；东海关道刘含芳在威海保卫战前夕曾收到日本联合舰队司令长官伊东祐亨请其转交给丁汝昌的劝降书，但这封书信由刘含芳翻译成中文后交给了李鸿章，并未转交丁汝昌；“广丙”舰管带程壁光最后提交给伊东祐亨的投降书的确出自丁汝昌之手，战后清政府曾对丁汝昌的死情进行过认真调查，调查结论是可信的，等等。这些大大小小的问题在《重读北洋海军》中都有或简或详的论述。

这里还要说明的是，在论述有关问题的时候，我对部分学者的某些观点提出了质疑和批评，这纯粹是学术思想的交流，绝无对作者的不恭。相反，我尊重每一位作者经过思考而得出的每一个结论。

为“重读”北洋海军，我耗费了八年时间，在这段时间里，我查阅了浩如烟海的文献资料，拜读了不计其数的已有成果，经历了多个不眠之夜的深入思考，终于有了这样一个结果。这个结果究竟价值几何，读者的评判将是最好的结论。

2024年是中日甲午战争爆发130周年，谨以此书纪念这场具有特殊含义的战争，也期待更多的研究成果问世！

马骏杰

2023年10月于山东威海

目 录

期望与幻想：

荒唐的“阿思本舰队”

忍痛挤压支绌的经费，东挪西凑短缺的银两，晚清政府在风雨飘摇之中试图一劳永逸，购买一支海军舰队，来达到镇压太平天国的目的，却遭到阴险狡诈的英国人的算计，徒耗七十多万两白银，落得舰财两空的结局。那么，这究竟是一桩怎样的荒唐案呢？其中又包含了中兴臣子们多少期望与幻想呢？

19世纪中叶，世界海军加速走向近代化，舰船从质料到动力再到武备，都在发生着根本性的变革。晚清的中国，虽然被拖上半殖民地半封建的道路艰难前行，但也无法置身近代化大趋势之外。相反，内外交困的清政府，为摆脱现实危机，尝试着利用这股不可阻挡的潮流，理顺统治秩序。于是，被称为洋务运动的一场改革运动拉开了帷幕。在这场长达二十余年的运动中，改革者们把振兴军事作为首要目标，把建立一支近代化海军，作为起步之作。

建设近代化海军伊始，清政府上下对于这支海军究竟是什么样子，如何来建设，胸中并无清晰的概念，一些有识之士在朦胧中探知了西方海军的轮廓，试图照葫芦画瓢。他们以急切的心态，开始了探索和尝试。然而，他们对近代化海军建设的复杂和艰难程度并没有充分的思想准备，林则徐、魏源等人的“师夷长技以制夷”的基本思想，在他们的头脑中被曲解成利用金钱、外交以及私人关系，来成就国家海军建设的简单模式。他们认为，这样可以简化近代化海军建设的一切复杂程序，使海防建设在一夜之间变得像模像样。正是出于这样的考虑，才有了奇怪而荒唐的“阿思本舰队”事件。

诱人的“订单”

那是1860年的年初，这个时节，对清政府来说，空气依然是压抑和沉闷的。一方面，第二次鸦片战争导致的又一批不平等条约的陆续签订，再次触痛着统治者的伤疤；另一方面，以农民为主体的太平天国运动的持续发展，让统治者心焦意乱。清政府内外交困。这一时期，朝廷与大臣们之间的饬谕与奏章，雪片般飞舞，试图在不断交流中找到上下都能认同的解决办法。

不过，从现实危机的角度，上自咸丰皇帝，下至王公大臣、地方督抚，有一点认识是非常一致的，那就是内忧重于外患，要摆脱危机，首先要消除内患，即把太平天国镇压下去，至于外患可以再缓一缓。于是，咸丰皇帝下令，上下齐想办法，如何将这股农民革命的烈火在短时间内浇灭。江苏巡抚薛焕率先想出一个点子，他认为，单纯依靠清政府的军事力量来镇压不断发展的太平天国，没有现实的可能性，清军在前线的败绩已经证明了这一点。西方列强的轮船在中国内河占据着各个重要航道，它们表现出来的蛮横与强势，无人能敌。如果借助这些外国轮船的力量镇压太平军，不失为一种简捷而有效的方法。而在西方列强的海军中，英国海军的力量显然是最强的。在征得清政府的同意之后，薛焕向英国驻华公使卜鲁斯提出，能否借助英国的轮船来镇压太平天国。可没想到，这一建议一经提出，即遭到卜鲁斯的强力反对。这个没有政治头脑的英国人，担心被搅进中国的内战之中，影响英国在华利益，未及深思熟虑，就把英国水手、炮手、舵工等悉数撤走，把薛焕晾在了一边，也断了中国人的念想。

借船助剿的事虽然没成，但它给清政府提了个醒：借助外国轮船参加内战，不靠谱。从长远看，要镇压国内包括太平天国在内的一切革命势力，靠外国人不行，必须拥有自己的舰队。

咸丰皇帝镇压太平天国的心情实在是太迫切了，薛焕的点子勾起了他的希望，利用水上力量助剿太平天国的路子是对的，因为太平军有一支实力不俗的水上力量。然而洋人的做法又令他感到失望，清政府的水上力量从何而来呢？他遂降下谕旨，让两江总督曾国藩想想办法。

咸丰皇帝之所以让曾国藩来思考这个问题，是有一定原因的。在这之前的几年中，曾国藩一直率领湘军与太平军作战，战争的实践，让他充分认识到了水师的重要性。太平天国运动爆发之初，曾国藩率湘军转战于南昌方面，在这水系发达的地区，太平军根据作战需要创建了水师，并在短短几年中迅速发展到十余万人。虽然这支水师在性质上属于古代水师，在组织上附属于陆军，训练比较松散，也没有专门用于水上作战的战船，但它的建立毕竟早于湘军，而且在一路进军中发挥了重要作用。曾国藩的湘军当时被认为是精锐之师，但由于没有水师，在早期与太平军的作战中连尝败绩。曾国藩说，太平军“以舟楫为巢穴，以掳掠为生涯，千舸百艘，游弋往来，长江千里，任其横行，我兵无敢过而问者。……见在两湖无一舟可为战舰，无一卒习于水师，若驰赴下游，则贼以水去，我以陆追，曾不能与之相遇，又何能痛加攻剿。再四筹思，总以办船为第一先务。臣见驻衢州试办，如舟师办有头绪，即亲自统带驰赴下游。”[1]就是在这样一种急迫的心情下，曾国藩东挪西凑，筹得经费8万两白银，创办了湘军水师，于1854年3月造成大小木船214只，编为船队，称为长江水师。这支水师最初在木船上安装了自制小炮，还不是真正意义上的海军，随着西方大炮的引入才逐渐具有了近代海军的某些特征，我们可以把它看作中国近代海军之滥觞。更加重要的是，曾国藩在经营长江水师的过程中，培养了一批略懂水师的人才，后来这些人才在清政府创建南北洋海军的时候，发挥了不小的作用。比如北洋海军提督丁汝昌，就曾经在长江水师中任职。[2]

湘军水师与太平军水师的交锋大大小小有若干次，多数是在太平军西征过

〔1〕《太平天国资料汇编》(二)上，中华书局1979年版，第162页。
〔2〕戚其章主编：《中日战争》6，中华书局1993年版，第38页。

程中进行的。发生于1854年4月的靖港水战，太平军水师大获全胜，曾国藩兵败羞愤，两次投水自杀，均被部下救起；发生于1854年8月的城陵矶水战，湘军再次失败；发生于1854年11月的半壁山、富池口等水战，湘军则取得了胜利。与太平军作战的经验和教训，让曾国藩坚定地认为，要镇压太平天国，非拥有水师不可。有鉴于此，在咸丰皇帝眼里，再没有比曾国藩更熟悉水师的人了，所以当皇帝没了主意的时候，自然而然地就想到了曾国藩。

面对咸丰皇帝的谕旨，曾国藩根据自己的切身体会，立刻建议总理衙门，造炮制船，必要的时候，可以考虑向西洋各国购买。总理衙门接到曾国藩的奏折，认为学习外国的船炮技术，造炮制船，用于镇压太平天国的建议是可行的。因为这种借力助剿的做法，在清朝已经不是头一遭了，早在康熙年间就有，当年的三藩之乱，就是清政府借助外国枪炮平定的。所以，恭亲王奕䜣指示曾国藩和薛焕，或者仿照西方列强的船式，或者直接雇用西方列强的船只，以解决清军兵船不足的问题。[1]然而，仿造其式必然要耗费很长时间，而雇用其船也不是长久之计，最得力的办法还是花钱购买船炮，这样既省时又省力。所以奕䜣在给皇帝的奏折中，特别提到了购买枪炮船只的问题。咸丰皇帝经过权衡之后，原则上同意了花钱购买船炮的意见。这样，购买枪炮船只就在清廷内部达成了一致。

西方列强在华人员以敏锐的嗅觉，获悉了清政府想购买轮船，用于镇压太平天国的动议，并意识到这是一次千载难逢的好机会。英、美、法等国在华各色人等，包括外交人员、军界人士、军火商等，都对清政府的这一想法产生了浓厚兴趣。外交人员想通过输出舰炮，密切与中国的关系，以获取更多的在华利益；军界人士想通过输出舰炮，染指中国的海军建设；军火商则想从中赚取更多的白银。这些外国人虽然因职业不同、出发点不同而各怀鬼胎，但在获取利益这一点上毫无二致。所以他们在第一时间都行动了起来，争先恐后地想与清政府做这笔“大买卖”。

法国将军马勒和军政司达布理，率先向清政府伸出了“橄榄枝”，他们给三口通商大臣崇厚写信，“诚恳”地说，中法两国相好，法国政府目睹中国人

---

〔1〕《海防档》甲1，（台湾）“中央研究院”近代史研究所1957年版，第3页。

民流离失所，不忍心袖手旁观，决定向中国提供兵书，并派工匠一二十人到中国来，帮助铸造枪炮，俨然是中国的“好兄弟”“好朋友”。然而接下来的建议，很快就暴露了他们的用心。他们建议中国政府从法国购买火轮战船，说法国的轮船不仅便宜，而且适合在中国内江作战，并且购买的数量多还有折扣。为清政府画了一个诱人的大馅饼。

在上海组织“洋枪队”的美国人华尔，手伸得也很长，也想插足购船事宜，他自己没有更多的精力来操作这件事，竟然把他的弟弟搬了出来，计划让其回国筹办。只是后来华尔在与太平军作战时被击毙，也就不可能将这件事进行下去了。

法国人和美国人虽然都十分狡猾和贪婪，但与英国人比起来，还是小儿科。英国人无论是游说的力度、规模，还是想出的办法，都是法国人和美国人无法相比的。在华的英国官员们纷纷出动，相互配合，利用各自攫取的在中国的权力，利用各种机会，通过各种渠道，采用各种手段，向清政府表达愿意代购船炮的愿望。英国公使卜鲁斯和参赞威妥玛首先怂恿清政府从英国购买舰船，后来他们把赫德推到了前台。赫德原本是英国驻华领事馆的一名职员，曾经担任广州海关副税务司。他19岁来中国，参加过侵略中国的鸦片战争。1861年4月，出任代理中国海关总税务司的职务。赫德深谙晚清政府官场的秘诀，知道如何才能让大清帝国的官吏们接受他的建议。他奔波于京城与各地方之间，四处游说，直戳清政府的软肋。他强调，清政府围剿太平军不利，原因就在于舰炮不够得力，应该从英国购买轮船。这些船既便宜，又利害。他向奕䜣献计说：如果使用英国的小火轮船十余艘，就会得益于这些战船上精利的枪炮，而花的钱不过数十万两。至于驾驶的方法，广东、上海等地，可雇用内地人随时学习，也可以雇用外国人担任司舵、司炮。至于购船费用，可以先付一半，等全部舰船到齐验收后，再将剩下的一半付清。对清政府最有吸引力的，还是赫德给出的一

赫德是“阿思本舰队”的积极推动者，事件之后被清政府任命为中国海关总税务司

份利用英国舰船剿灭太平天国的时间表。赫德绘声绘色地描绘说：除了向英国购买枪械之外，所需要购买的火轮船有两种，一种两边都有明轮，可以运送士兵，这种船应该购买三艘；一种船尾有轮，暗藏在水中，这种船应该购买七艘。以上所说的兵器，如果现在就派人购买，等到第二年四五月份，有一半可到中国，其余一半8月可全部到齐。为了尽快发挥这些船的作用，必须在第二年4月，于京都附近挑选18岁以上、30岁以下的满蒙精壮官兵约1万名，待所购器械一到，就可教练操演。到时必须雇用招募外国人200名，来中国担任教练。其中100名用外国颇有名望的武官，100名用外国已经当兵数年的老兵。关于这些人，海关总税务司现有可靠之人，可以派往外国招募，他们来到中国教练三年之后，待中国兵已经熟练了，即行送他们回国。如果这个计划可行，所用的人、船、器械从第二年4月起就可陆续到来，开始演练。大约需要一年的时间，到光绪十三年三月，就可将经过训练的兵丁，全部派上火轮船，前往长江作战。六天之内就可打到南京。步兵由山路攻打，轮船由水路轰击，尽心竭力，两路夹攻，一天之内，可保成功，南京就可收回，四处的太平军也就不难被打败了。太平军一败，百姓即可安居乐业，各省渐次肃清，而国家就可以安定了。为了打消清政府筹措经费难的顾虑，赫德还建议，购船款从粤、闽、江三海关所征的税银中拨付。他说，现在各海关收税尚属畅旺，一年之内，就可筹措130万两银子，这些钱，足够买船的了。[1]赫德的考虑，可谓既“周到”又“细微”，想辞都难以开口。

英、法、美等国为什么对清政府购买船炮如此感兴趣？它们是真想帮助清政府镇压太平天国，使中国百姓安居乐业吗？当然，在镇压太平天国问题上，西方列强与清政府有一致的要求，因为太平天国运动也损害了他们的在华利益，“帮助”清政府同样也是帮助自己。但更为重要和长远的目的，是对中国海军控制权的觊觎。这些国家十分清楚，清政府购买的这批船，是用于作战的战船，是要组建海军舰队的。从长远看，它一定是未来中国海军建设的基础。提供这些船，不仅能赚到清政府的银子，而且更有可能从一开始就染指中国海军建设，为将来控制中国海军做好铺垫。这是一笔一本万利的划算买卖。那

〔1〕《海防档》甲1，(台湾)“中央研究院”近代史研究所1957年版，第11—12、22—23页。

么，中国人对西方国家肚子里的弯弯绕有无察觉呢？

江苏巡抚李鸿章对西方人是有戒心的，但不是对所有的西方人都有戒心。他对一些抱有明显企图的外国人加以防范，甚至在某种场合进行无情揭露，而对另一些意图深藏不露的外国人却放松警惕，乃至大加赞赏。这种戒备的选择性令人感到奇怪。比如，他对同为英国人的李泰国和赫德的态度就截然不同。李鸿章曾经揭露主持购买舰船的李泰国说，其用意是消耗中国的钱财，使英国的商人暗中受益，明里助长其势，真可谓居心叵测。并告诉人们，李泰国心中的秘密很难被识破。可对待赫德，李鸿章的态度就完全不同了。他认为，赫德与李泰国是不一样的人，是可以充分信赖的。那么李鸿章的判断是否正确呢？历史在一个多世纪后给出了答案。20世纪80年代，赫德日记被公之于众，其中对“帮助”清政府购买军舰的情况记录得相当完整。日记表明，赫德的目的与李泰国毫无二致，甚至是二人共同设计的一个骗局。如果李鸿章能读到赫德日记的话，不知会做何感想。赫德在他的日记中写道：

我要通过舰队实现如下目的：

1.根据政府的意向在北京部署一支强大的机动兵力，并在中国政府体制允许的范围内实行一定程度的集中；

2.肃清中国沿海的盗贼；

3.通过给予船只保护，使政府得以解除所有装备重武器商船的武器，从而消除对海上劫掠行为的刺激；

4.保护税收，取缔走私等；

5.镇压长江上暴徒流氓活动；

6.保护各口岸和沿江各地免受叛军侵扰；

7.防止叛军越过长江，等等；

8.取下南京。[1]

---

〔1〕《赫德与中国早期现代化——赫德日记（1863—1868）》，中国海关出版社2005年版，第52页。

上述八条，在肃清中国的“盗贼”“暴徒”“流氓”“叛军”的表象之下，隐藏着扩大在华军事力量，利用海军控制中国长江流域的真实意图，这与李泰国有什么两样?

可是，心浮气躁的清廷官员们，已被列强的花言巧语蒙蔽了双眼，怎能看清他们的险恶用心？崇厚对赫德的表现大加赞赏，说：足见赫德办事精细，本人甚是高兴。[1] 咸丰皇帝也被赫德的方案所打动，很快批准了在英国购买舰船的方案。

---

〔1〕《海防档》甲1，（台湾）“中央研究院”近代史研究所1957年版，第15页。

疯狂的"创意"

1861年8月，咸丰皇帝去世，其子载淳继位，是为同治皇帝。皇朝的更替，并未影响购买舰船计划的实施。1862年1月，恭亲王奕䜣以总理衙门的名义，命令江苏巡抚薛焕、两广总督劳崇光、福州将军文清，立即筹款，购买英国舰艇。2月19日，垂帘听政的慈禧太后以同治皇帝的名义降下谕旨："现已由总理各国事务衙门，剳饬赫德赴沪商办，并抄录单开船炮价值，飞咨上海等口，即着薛焕督饬该税务司，将应购船炮军械等，速为购买。其船只务须购觅兵船，不可以货船信船充数。其驾驶轮船，应否雇用吕宋等国之人，以免临时挟制，着薛焕商令赫德相机办理。至酌配兵丁及统带大员，着曾国藩于水师官兵内，遴派得力镇将并兵丁等，听候调遣，一俟船炮购齐，即行饬赴上海等处，以资防剿。"〔1〕2月27日，劳崇光按照总理衙门的指示，在广州与赫德进行了交涉，商谈的结果是，从英国购买中号轮船3艘，小号轮船4艘，各配外国舵工、炮手、水手等约30人，将来再各另配内地水勇100人。

商谈买船，价格是一定要谈的。劳崇光询问赫德，计划购买的这七艘轮船，要价几何？赫德给劳崇光算了一笔账。他说，中号船每艘连配炮位及火药、炮弹等项，价格约是15万两银子；小号船每艘连配炮位及弹药等项，价格约是5万两银子。如果不算炮位及弹药的价格，中号轮船价格是10万两，小号轮船价格是4万两。按照这个价格，约定购买的七艘轮船，加上炮位、弹药各项，总共是65万两银子。对于这个价格，劳崇光根本无法判断是贵是贱，因为

〔1〕《海防档》甲1,（台湾）"中央研究院"近代史研究所1957年版，第46页。

李泰国是“阿思本舰队”的直接策划者，事件之后被清政府免去中国海关总税务司之职

他并不全面掌握轮船买卖在国际市场上的行情，所以他只能听任赫德开价。为表示“诚意”，赫德还同意购船款不必一次付清，先付20万两，其余款项分八个月交清即可。这样，双方就达成了协议。至于购船事项的具体操办，双方商定交由回英国休假的中国海关总税务司李泰国负责。

李泰国又是何许人也？李泰国尽管取了个中国名字，但他是一个地地道道的英国人，当年30岁。此人10岁跟随父亲来到中国，23岁任上海江海关税务司。第二次鸦片战争中，他出任英国侵华军全权代表额尔金的翻译和谋士，为额尔金出谋划策，是一个极力主张侵华的好战分子。战争结束后，李泰国被清政府按照不平等条约任命为海关总税务司。清政府与赫德积极筹划从英国购船之事，李泰国并不知情，因为此时他正因与太平军作战受伤而在英国休假，海关总税务司的职务由赫德暂时代理。

英国人争得清政府的大订单，正中李泰国下怀。当他接到赫德建议他操办购船事宜的信函时，兴奋不已。他认为，这恰是扩大英国在华利益，进一步控制中国海防的最好时机。然而，从英国购买用于组建中国海军舰队的舰船，仅有李泰国的允诺是不够的，还必须得到英国政府的许可。为此，李泰国四处奔走，到处宣传替中国人购买舰船的好处，以使英国政府放行。他的行为及其不可告人的用心，连英国政府内部人士都有些看不下去了。英国下议院议员塞克斯说：李泰国“曾被中国政府授以高官厚禄。作为中国政府的一个未经委托的代理人，他显然成了英国政府与中国政府之间进行联系的中介”。李泰国帮助中国购买舰船，实际上“无法掩盖他那些见不得人的勾当”。[1]“常胜军”统领、英国人戈登也悄悄告诉江苏巡抚李鸿章，说“李泰国心术险恶，不可信用”[2]。

---

〔1〕《太平天国史译丛》第一辑，中华书局1881年版，第99页。

〔2〕《海防档》甲1，(台湾)“中央研究院”近代史研究所1957年版，第148页。

可是，李泰国并不在意别人怎么说，他一心一意要为英国政府谋利益，同时也要为巩固自己在中国的地位积累筹码。他向英国外交大臣罗素递交呈文，请求批准他为清政府购买轮船，并招募海军官兵，为中国“成立一支欧洲海军舰队”。他在呈文中说道：“这支舰队不会在任何方面妨碍女王陛下政府，反而会使它在没有进行直接援助时那些烦恼的情况下，享有一切好处。”〔1〕此时，英国外交部还同时收到了驻华公使卜鲁斯的报告，建议英国政府同意并支持李泰国的计划。罗素也感到此中大有文章可作，便向英国首相巴麦尊做了汇报，建议支持李泰国的计划。巴麦尊很快同意了罗素的建议。罗素把李泰国的呈文又转到了海军部，并称，李泰国本人和英国外交部均希望海军部委派皇家海军官兵，参与这支“欧洲海军舰队”的组建。海军部不仅很快同意了罗素的请求，而且以最快的速度做出了组建这支舰队的决定，并确定了担任舰队指挥官的具体人选——英国皇家海军上校谢立德·阿思本。可见，向中国兜售舰船，符合整个英国资产阶级的利益，使得各个政府机构都大开绿灯，希望尽快促成这件事。

阿思本又是什么人呢？在英国，阿思本被称为“作家”和“航海家”。他于1822年4月生于印度马德拉斯，1837年加入海军，被派往东印度群岛服役。17岁时，他指挥一艘战船参加了对马来亚吉打的封锁。1873年晋升为海军少将，1875年5月死于英国伦敦。他留下的著作颇多，有《北极探险散记》《吉打：马来亚海域航行散记》《富兰克林爵士的事业——最后一次航行和他的命运》《英中关系的过去和未来》等。

英国皇家海军上校阿思本

作为“作家”和“航海家”的阿思本，其实还是一个典型的侵略者，他参加了两次对中国的鸦片战争。在第二次鸦片战争期间，他担任英国军舰“狂暴”号的舰长，而“狂暴”号是英国侵华军全权代表额尔金的座

〔1〕《历史教学》1984年第4期，第12—13页。

舰，这艘军舰曾载着额尔金沿长江上溯南京。阿思本也因此成为驾驶现代战舰航行在中国长江上的第一人。

正是由于阿思本有侵略中国的经历，对大清帝国的弱点十分了解，所以才被选中充当即将建立的“欧洲海军舰队”的指挥官。得到为清政府购买舰船的授权后，阿思本与李泰国一样，内心充满了欣喜和激动，他相信，控制中国海军的愿望一定能实现。

于是，李泰国和阿思本开始了密谋。

在西方资本主义加速发展时期，列强的贪婪是无以复加的。在实际操办购买舰船的过程中，李泰国和阿思本根本不能满足于赫德先前开出的65万两银子的价码，他们不仅要控制这支舰队，还要从清政府那里榨取更多的银子。李泰国坦言，外国人为中国办事，图什么呢？不就是多赚点钱吗？于是，他们想方设法，以各种名目要求清政府追加款项。李泰国声称，士兵在英国应先预支三个月的费用，到达中国后再支付两个月的费用，因此“手头必须有钱以支付最初的开支”。所以，他在1862年2月到6月间，每月从广州、厦门、福州、九江、汉口各海关的税银中，各索要6000两银子，共3万两，五个月共收到银子15万两。从7月份开始，每月要收10万两，其中广州和汕头25000两，福州和厦门35000两，上海2万两，九江和汉口2万两。〔1〕后人在研究这段历史时曾经有过这样的疑问：如此疯狂的索取，清政府何以能够接受？中国有句俗话，叫做“有病乱投医”。清政府此时正如一个久病之人，轰轰烈烈的太平天国运动令其心痛难忍，为了求得治病的药方，不惜忍痛割爱。李泰国等人正是利用清政府的这种心理，肆无忌惮地勒索。然而，这些银子才只是刚刚开始，整个舰队的购置和人员配备最终完成时，李泰国从中国获取的银子，远远超过了65万两。这一切，都被李鸿章看在眼里，他曾经这样描述李泰国，说他“性情偏躁，索饷紧急，情势汹汹，刻不容缓”〔2〕。

经过一段时间的焦急等待后，清政府的官员们终于看到了结果：李泰国和阿思本从英国造船厂购买了七艘火轮兵船和一艘供应船。这七艘兵船被分别命

〔1〕《步入中国清廷仕途——赫德日记（1854—1863）》，中国海关出版社2003年版，第333页。

〔2〕《海防档》甲1，（台湾）“中央研究院”近代史研究所1957年版，第142页。

“阿思本舰队”中的“江苏”号，被转卖日本萨摩藩后改名“春日”号

名为“北京”“中国”“厦门”“广东”“天津”“江苏”和“穆克德恩”。后来总理衙门重新拟定船名，分别改为“金台”“一统”“广万”“百粤”“三卫”“镇吴”和“德胜”。阿思本还招募了600名海军官兵，派充到各舰任职。

舰船的购置完成后，对李泰国、阿思本来说，最重要的工作莫过于确定对舰船的控制权。1863年1月16日，一场闹剧上演了：李泰国秉承英国政府的旨意，擅自代表清政府，阿思本代表英国政府，双方在伦敦荒唐地签订了一个合同，规定了中英双方对这支舰队的管辖和管理权利。这个合同共有13点内容，又称“合同十三条”。这是一份内容极其荒谬的合同，以至于传到中国的时候，连赫德都感到非常吃惊。我们不妨看看全部条款：

1.中国现立外国兵船水师，阿思本允做总统四年，但除阿思本之外，中国不得另延外国人作为总统。

2.阿思本作为总统，凡中国所有外国样式船只，或内地船雇外国人管理者，或中国调用官民所置各轮船，议定嗣后均归阿思本一律管辖调度。

3.议定朝廷应给与阿思本谕旨一道，派阿思本作为此项兵船水师总统。谕旨内应确切载明派伊所管各事宜，作为凭证，以免窒碍。

4.凡朝廷一切谕阿思本文件，均由李泰国转行谕知，阿思本无不遵办。若由别人转谕，则未能遵行。

5.如有阿思本不能照办之事，则李泰国未便转谕。

6.所有此项水师各船员弁兵丁水手，均由阿思本选用，仍须李泰国应允，方可准行。

7.阿思本管下官员人等，除李泰国先行向阿思本议定，阿思本发给谕单，准其协同税务司办事外，李泰国不准所管各关之人，邀令兵船帮办事件。

8.倘有中国官员，于各兵船之官员兵丁水手人等有所指告事件，则李泰国会同阿思本必得详细查办。

9.此项水师，俱是外国水师，应挂外国样式旗号。一则因船上俱系外国人，非有外国旗号，伊等未必肯尽心尽力；一则要外国各商，不敢藐视。是以议定旗要绿色，中用黄色两条相交，心内画黄龙米旗，以为中国之号旗。要绿色者，系因绿旗乃各外国所罕用，便不至与别国旗号相混。

10.李泰国应即日另行支领各员辛俸工食，各船经费等银两，足敷四年之数，存储待用，以安阿思本及各外国人之心。刻下在英国，姑以所置各船及各兵器等件，暂为质押。

11.现议合同十三条，系奉朝廷劄谕办理，倘四年之内，李泰国身故，或阿思本身故，仍应照办，不得以二人中有一人身故，便将所议各条废而不用。

12.此合同十三条，并大众合同，及新定兵船章程，应俟朝廷谕旨准行之后，阿思本方能带船办事。

13.阿思本作为总统之时，如因病身故，则李泰国代请朝廷赐恤，以给其妻子。〔1〕

“合同十三条”以法律的形式剥夺了中国对这支舰队的控制权，如果这一合同得以实施，将开外国势力控制中国军队的恶劣先例，毫无疑问将是中国加速滑向半殖民地社会的重要推手。几个外国人把大清帝国玩弄于股掌之中，对大清帝国的凌辱到了无以复加的程度，在中国历史上可谓千古未有。

〔1〕《海防档》甲1，(台湾)“中央研究院”近代史研究所1957年版，第158—159页。

愤怒的交涉

李泰国和阿思本等人在英国的一切恶劣行动，清政府上下均一无所知。然而，凭借着与洋人打交道的经验，朝廷内外大员对西方列强的狡诈还是有所警觉的。为了防止节外生枝，清政府在舰船来华的前一年，对于这支舰队的人员配备等重要事宜，已经开始安排官员进行筹备。1862年11月，总理衙门听赫德说，购买的英国船炮，明年春天就可以来华，便立即上奏皇帝，请饬预先选派将弁水勇，以备舰船到位，立即妥善配齐，展开训练。此时正是咸丰皇帝驾崩后，同治皇帝还未正式理政的时候，两宫皇太后垂帘听政。慈禧太后得到这个消息后，召集大臣们商量如何办理，大臣们一致认为要提早准备，以防被外国人钻了空子。于是，慈禧太后很快以皇帝的名义降下谕旨，申明三点内容：第一，声明购买外国船炮，近以剿办太平天国，远以巡哨重洋，实为长驾远驭第一要务。实际上不仅强调了购买这支舰队的重要性，而且强调要“长驾远驭”，将这支舰队控制在大清国自己手里。第二，强调前次（1861年8月）曾国藩复奏，等外购舰船驶到安庆、汉口时商定配备人员，恐怕到那时时间仓促，难得其人，并且舰船停泊过久，难保洋人不另外生出主见，流弊不可不防。实际上否定了曾国藩的意见，强调提早配备各舰船人员的紧迫性。第三，指出赫德曾经上报，轮船应派官兵及炮手、水手、水师等兵，并船上当差甚苦，须用健壮之人，究竟应该如何酌派，殊难悬揣，命令总理衙门，“官文、曾国藩久辖南疆，见闻较稔，着即相度机宜，参以赫德之言，悉心筹酌，将应用将弁、兵丁、水手、炮手等人，于该船未到之先，一律配齐。俟轮船驶到，即可上船演习，免滋流弊。至酌留外国水手人等，多则经费太巨，少则教导不敷，应如何办理之处，并着届时与税务司等熟商妥办。其赫德单内有水手用山东人，炮手用湖南人，水师兵用八旗人之语，自系为胆气壮实及火器娴熟起见。惟因地制宜，仍在官文、曾国藩详悉筹办，务收实用。其应如何选派之处，即着迅速具奏”。实际上强调了选派、任用官兵的重要性。

慈禧太后的三点申明，为后来中英双方的交涉定下了基调。

总理衙门接到皇帝的谕旨，也非常赞同谕旨中的决定，便将谕旨转给曾国藩，以便尽快落实。曾国藩接到皇帝的谕旨后，不敢怠慢，立即与湖广总督官文商量，并召集部下讨论选派人员问题，随后提出了一个比较明确而又具体的方案。他在给皇帝的奏折中，首先把未来这个舰队的各舰船统带进行了明确指定。曾国藩指定蔡国祥为舰队的统领。他认为，统带巡湖营提督衔记名总兵蔡国祥，勇敢耐劳，长期在湘军水师中任职，取得了不俗的成绩。同时，他的籍贯又是广东，善于与洋人打交道，能够胜任统辖七艘战船的重任。曾国藩还指定盛永清等为各舰舰长。他在奏折中报告说：“有副将衔参将盛永清，参将袁俊，参将衔游击欧阳芳、邓秀枝、周文祥、蔡国喜，游击衔都司郭得山，年力精壮，向归蔡国祥节制，堪以各领一船。”至于各舰的其他人员，如水手、炮手、兵丁等，曾国藩不完全同意赫德的提议，认为赫德的提议，尽管“分列多寡，尚合机宜”，但“用山东、湖南、八旗人等，虽系因材器使，究嫌参杂不齐”。他主张：“所有学习驾驶、司放炮位等事，应请即由蔡国祥所部弁勇中预为派定，诱掖奖劝，以去其畏心；委任责成，以程其实效。始以洋人教华人，继以华人教华人。既不患教导之不敷，又不患心志之不齐。且与长江各项水师出自一家，仍可联为一气。”至于选择弁兵的省份，曾国藩认为：“两湖水勇，能泛江不能出海，性之所习，迁地弗良。但可驶至上海，不能遽放重洋。”如何解决这个问题呢？曾国藩建议：“倘蔡国祥经营之后，由楚勇而参用浙勇，参用闽、粤之人，由上海而渐至宁波，渐至山东、天津，亦未必终不可出洋巡哨，观政海邦。惟目下一二年内，则须坚守前约，不令放洋。”[1]总理衙门和慈禧太后看到曾国藩的奏折，心里总算有了着落。到此为止，似乎一切都按照清廷的设想向前发展。但几个月后，令慈禧太后和王公大臣们担心的事

〔1〕《曾国藩全集》5，奏稿五，岳麓书社1988年版，第2925—2927页。

情还是发生了。

1863年5月，李泰国休假期满返回中国。一到中国，他就做了两件事：一是要钱，二是要权。关于要钱，他跑到上海，面见江苏巡抚李鸿章，声称购买舰船的80万两银子根本不够，他本人已经垫付了12万两，还从英国政府借了15万两，总共27万两交给了阿思本，用于购买各种物品，要求李鸿章尽快归还这些银子。凭着李泰国的一面之词，李鸿章哪里肯将如此巨额的银两轻易交付，便争辩说，这80万两银子，不仅包括购买船炮的款项，而且还包括采购煤炭和其他杂项的款项，当时给付这80万两的时候，已经把各种需要都考虑在内了，应该还有盈余。所以李鸿章毫不犹豫地拒绝了李泰国再支付27万两银子的无理要求。李泰国的要求没有得到满足，当然不高兴，他用威逼的口吻说，清政府不仅要归还这27万两银子，而且这七艘兵船和一艘供应船来华后所需要的费用，还要源源不断地增加，至于增加多少，等各舰船来华后再说。这明显带有要挟的意味。关于要权，李泰国跑到北京，将“合同十三条”递交清政府，并奔走于总理衙门和各督抚之间，要求按此合同执行。

面对李泰国毫不掩饰的疯狂举动，总理衙门愤怒了，明确指出：李泰国想借“帮助”中国建立舰队，一举将中国兵权利权，全部移于外国人手中，亲自来总理衙门，反复抗论，大言不惭。其愿望之奢，殊出情理之外，应当予以严词拒绝。李鸿章更是忍无可忍，谴责道：所订立“合同十三条”，事事想由阿思本专主，不肯听命于中国，尤为不谙体制，难以照办。[1]于是，清政府对李泰国的“合同十三条”表示断然拒绝。总理衙门指示湖广总督官文、两江总督曾国藩和江苏巡抚李鸿章，站在上述立场上与李泰国进行交涉，并要求在正式交涉前拿出一个可行方案，便于促使李泰国接受。官文等人很快就拿出了方案，这个方案的具体内容是：由中国选派武职大员，作为该舰队的汉总统，阿思本作为帮同总统，也就是副总统，以四年为期。舰队参与战事时，正副总统要听从地方督抚的节制和调遣。阿思本由总理衙门发给劄谕，俾有管带之权。舰队各舰，随时挑选中国人上船学习，七艘轮船，一艘趸船，应该支出的军火及伙食、煤炭、犒赏、伤恤等银两，以及一切无法预料的各项费用，每月统给

〔1〕《海防档》甲1，（台湾）“中央研究院”近代史研究所1957年版，第162、164页。

77000两，统归李泰国经理。这一方案，可以说即争回了主权，又给了李泰国和阿思本一定利益，总理衙门认为，这样的分寸把握李泰国、阿思本等人应该能够接受，所以比较满意。总理衙门还补充了一点，就是这支舰队具体由两江总督曾国藩和江苏巡抚李鸿章节制。

拿到中国方面提出的方案，李泰国大为不快。他认为，官文等人的方案与“合同十三条”的规定差距太大，不能接受，表示坚决反对。总理衙门此时并没有让步的打算，于是双方的交涉陷入僵局，在长达一个多月的时间里达不成协议。事情总不能无限期地僵持下去，总理衙门和李泰国都在寻求解决方案。最终，双方都做出了让步，特别是李泰国在总理衙门“几于舌敝唇焦”的辩驳之下，心不甘情不愿地做出让步，这样就达成了一个折中协议，签订了《轮船章程》，这个章程内容共有五条：

1.中国所买火轮水师兵船，现在议定由中国选派武职大员，作为该师船之汉总统，并延英人阿思本，作为帮同总统，以四年为定。其兵船一切事宜，该两总统应和衷商办。至阿思本帮中国管带师船，所在用兵地方，应听督抚节制调遣，其行兵进止，应随时面商，仍听中国持主。

2.阿思本既帮中国做总统，由总理衙门发给劄谕，俾有管带之权。外国兵弁，由阿思本管束，如兵弁中有骚扰百姓及一切不法情事，阿思本均应严办，以期军律整齐。

3.此项兵船，系中国置买，必期于中国有益，自应随时挑选中国人上船学习，以期经历久远，不至日久废弃。其行船放炮，及一切火器，阿思本务须督同船主员弁，实心教练，以收实效。

4.此项水师轮船七只，又趸船一只，共计八只，其应支粮饷军火，及伙食煤炭犒赏伤恤银两，并一切未能预言之各项用款，议定每月统给银七万五千两，统归总税务司李泰国经理。所支银两，每月在江海关支银一万两，九江关支银一万两，闽海关支银三万四千两，厦门关六千两，粤海关支银一万两，潮州关五千两，共银七万五千两，统由李泰国按月向各关支取，每届三个月。将用过细账，由李泰国造报总理衙门，再由总理衙门转咨户部核销，若有盈余，留存复用。

5.各关所收税银，于本年六月十七日，即英国八月初一日起，先仅此项轮船经费，按照所定本月之数，由李总税务司派人赴银号支领，倘银有未交，由李总税务司即于税饷径扣抵用。四年之内，每月俱照此办理。[1]

显然，《轮船章程》在官文等人提出的方案基础上，做出了一定程度的让步，主要是增加了调动舰队“应随时面商”的内容。但舰队控制权并没有改变，依然掌握在清政府手里，特别是战时调动权，依然控制在地方督抚手里。可是，看到《轮船章程》的内容，曾国藩却高兴不起来，他感到，外国人插手这支舰队的程度还是太深。他辗转反侧一月有余，最终勉强同意。他向总理衙门表露心迹说：“自接到轮船章程五条之后，倏经月余，反覆筹思，徘徊莫決。欲遵从则未收购船之益，先短华兵之气；欲不从则业经议定奏准之案，未便轻于失信。”[2]可见，他接受《轮船章程》，是出于无奈。

李鸿章看到《轮船章程》后的心情也好不到哪里去，甚至他的担心比曾国藩还要严重。他认为，《轮船章程》的条款根本无法实施，就“汉总统”和“帮同总统”的权力划分这一条，将来就难以落实。李鸿章的理由有三点：第一，外国人性情是揽权嗜利，他们有600多人，与中国勇丁语言不通，气类不合，彼众我寡，难以相容，汉总统恐怕难以驾驭局势；第二，李泰国深知中国虚实，又趾高气扬，阿思本尽听其调遣，汉总统难免不受挟制；第三，外国教练严厉跋扈，口号难解，中国勇丁皆为精壮农民，领会稍迟，就会招致鞭挞立加。中国勇丁口粮本来就少，与外国人生活水平差距大，未必皆俯首顺从，甘受洋人凌虐。加之洋人为利益所驱动，未必肯甘心教练。这样，中国勇丁恐怕难以尽得炮械之奥妙。

李鸿章的担心可谓句句在理。他所阐明的这些细节是将来无论如何也绕不开的。

尽管曾国藩和李鸿章都意识到了《轮船章程》将带来的严重后果，但他们的心境正如曾国藩所说，遵从吧，从一开始章程就损害中国的利益，伤了中

〔1〕《海防档》甲1，（台湾）“中央研究院”近代史研究所1957年版，第165页。
〔2〕同上，第246页。

国官兵的元气，由衷地不甘心；不遵从吧，前期的一切交涉成果将毁于一旦，还会落得个“失信”的坏名声。再说《轮船章程》实在是来之不易，总理衙门也有难言的苦衷。经过一番纠结之后，曾国藩和李鸿章最终勉强同意了《轮船章程》。可是，他们哪里知道，即便是这样的章程，也难以使这支买来的舰队走得更远。

恭亲王奕䜣

1863年9月，阿思本率领舰队八艘舰船抵达天津。清政府本来以为按照《轮船章程》，舰队很快就会成军。可没想到，阿思本对《轮船章程》的内容表示强烈不满。9月20日，阿思本前往总理衙门，表示要坚决推翻《轮船章程》，要求按照“合同十三条”办理。此时，李泰国也出尔反尔，把先前与总理衙门达成的《轮船章程》五条全部推翻，要求清政府必须履行“合同十三条”。随后，他和阿思本在总理衙门与奕䜣等人辩论长达二十多天，没有结果。

10月18日，阿思本和李泰国向总理衙门正式递交了申呈，强调必须履行“合同十三条”，并要求清政府在48小时之内给出答复，否则，将把员弁、水手悉数遣散，舰船变卖。这无疑是最后通牒。然而，清政府是不可能在48小时之内给出明确答复的，这是因为，一方面，苛刻的条件无法接受，不能再做让步；另一方面，也不希望谈判破裂，使这支耗费巨资、来之不易的舰队遭到遣散。于是在10月25日，总理衙门抱着最后一线希望照会英国公使卜鲁斯，希望他能主持公道。照会说：“中国费数百万之帑金，竟不得一毫之权柄”，而如今，李泰国又出尔反尔，忽然将当面议定已经奏准的《轮船章程》五条，背旨不遵，而仍将面定不用的“合同十三条”，重新提起，逼令照办，视谕旨为儿戏。希望卜鲁斯“持论公允”。可是，总理衙门的想法未免太天真了，卜鲁斯不仅没有同情中国的意思，反而站在阿思本、李泰国一边，声称如何处理舰队，要向英国政府请示，船只、火炮、军械等，均应“暂留候示遵办”。这等于断绝了清政府最后一点念想。总理衙门在忍无可忍的情况下上奏皇帝，要求

时任江苏巡抚的李鸿章

遣散这支还没有“过户”的舰队，皇帝很快就批复了。不过，清政府考虑到以后与英国难免再做交易，为使中英关系不致受到太大影响，决定以付出银子的老办法息事宁人。总理衙门在给卜鲁斯的照会中说：“今阿总兵与各武弁水手人等，中国自应给发各人来往薪俸及杂项碎用，以回国之日为止外，另送阿总兵银一万两，以酬其劳。其银统在轮船变价内付给。至中国已费原买轮船火炮军械各银，并请贵大臣代立善法，俾得交还中国，以清朝廷库款是荷。”[1]对待阿思本简直是太客气了。

三天后，清政府以办事不力为由免去了李泰国海关总税务司的职务，由赫德正式接任。后来，阿斯本将八艘舰船分别卖给了印度、日本和埃及，所得款项除扣掉清政府承诺付给阿思本的“辛苦钱”以外，还有55.7万两白银，全部交还清政府。前期清政府共投入各种费用125.9万两，收回55.7万两，实际损失70.2万两，这部分钱主要包括李泰国、阿思本在英国活动的经费，以及他们招募的600名海军官兵的薪金和辛苦补偿。清政府依靠外国人建立海军的梦想最终就以这样的方式黯然收场。

购买一支舰队，是晚清中国抱着拥有近代化海军的强烈期望所进行的一次初步尝试，可是这次尝试彻底失败了，付出了一笔高额的“学费”。这一事件说明，以依靠西方列强购买一支舰队的方式建立中国的海防力量，只是一种无法实现的幻想；中国海防的命运，必须掌握在中国人自己手里。这就为此后建立民族造船工业提供了动力，为北洋海军的创设积累了宝贵的经验和教训。

“阿思本舰队”事件虽然宣告了走捷径建海军的失败，但令曾国藩欣慰的是，就在中英交涉购买舰队的初期，他就留了一手，在安徽的安庆建立了一座军械所，主要研制轮船、枪炮、弹药等武器，意在外国人靠不住之时，作为海

〔1〕《海防档》甲1，(台湾)“中央研究院”近代史研究所1957年版，第255—259页。

完成中国第一台蒸汽机制造的徐寿（右）、华衡芳（中）和徐建寅

军前期建设的基础。当时，他广泛招揽人才，把中国顶尖的科学家徐寿和华衡芳招进军械所，在制造轮船方面进行了大胆而可贵的探索。

徐寿是江苏无锡人，当年44岁，从小好学，特别痴迷自然科学，擅长物理和化学。他动手能力极强，能手工制作指南针、象限仪等精密的仪器。他手工仿制的墨西哥银元，精细程度几乎可以乱真，被英国传教士韦廉臣带回英国，收藏于伦敦博物院。华衡芳是徐寿的同乡，比徐寿小15岁，擅长数学计算。两人由于兴趣爱好一致，于14年前相识成为挚友。曾国藩招募人才的时候，二人一起应招来到安庆军械所。

曾国藩交给徐寿和华衡芳的主要任务是试制轮船。要制造轮船，首先要从研制蒸汽机入手，徐寿等人没有现成的样品可以参照。但他们并不气馁，从上海找来了关于蒸汽机、轮船的文字资料和设计图纸，夜以继日地潜心研究，终于在三个月后，制成了中国第一台蒸汽机。这是一台小型蒸汽机，用合金材料制成，气缸直径一寸七分，引擎转速每分钟240转，试验时一举成功。尽管比欧洲的蒸汽机整整晚了一百年，但它的诞生使曾国藩看到了建造国产轮船的希望。看过蒸汽机的试演后，曾国藩在日记中欣喜地写道：

华衡芳、徐寿所作火轮船之机来此试演。其法以火蒸水，气贯入筒，筒中三窍，闭前二窍，则气入前窍，其机自退，而轮行上弦；闭后二窍，则气入后窍，其机自进，而轮行下弦。火愈大，则气愈盛，机之进退如飞，轮行亦如飞。约试演一时。窃喜洋人之智巧，我中国人亦能为之，彼不能傲我以其所不知矣。[1]

不久，徐寿等人将蒸汽机安放于一艘长约三尺的木制小船上进行试验，结果并不理想，小船在蒸汽机的带动下仅航行了500米。为此，徐寿继续研制改进。1863年1月，徐寿等人在试验的基础上，建成一艘按比例放大的明轮船，性能比前次的小船有了很大进步，但依然不是徐寿和华衡芳的最终目标。1864年，军械所从安庆迁到南京，徐寿等人建造轮船的工作也进入了实质性阶段。他们密切分工合作，数学计算由华衡芳负责，船体的设计与施工由徐寿负责。1865年，也就是"阿思本舰队"事件发生后的第三年，中国第一艘蒸汽机轮船终于诞生了。该船载重量25吨，曾国藩将其命名为"黄鹄"号。黄鹄是中国古代传说中的一种大鸟，据说飞得很高很远，曾国藩希望中国的造船工业像黄鹄一样展翅高飞。

后来，在北洋海军的创建中，国产蒸汽轮船并未发挥作用，但中国人为摆脱西方列强羁绊而不懈努力的意志，却是对北洋海军创建有力的精神支援。

〔1〕《曾国藩全集》17，日记二，岳麓书社1988年版，第766页。

实力与标志：

威震日本的铁甲舰

从李鸿章意识到日本永为中土之患，到甲午战争爆发，清政府上下始终在谋求拥有新式舰船，无论是自造还是外购，都牵动了无数人的心思。终于，在假想敌日本的惊恐之中，北洋海军拥有了具有标志意义，作为实力象征的铁甲舰。这一过程又会为后人怎样品读和评说呢？

建设海军，最关键的问题之一是拥有舰船。中国近代造船工业虽然此时已经起步，并取得了一定成绩，但距离建设近代化海军的要求还差得很远。同时期的西方海军，已经进入了铁甲舰时代，而中国还在木质战船时代徘徊。铁甲舰是19世纪中叶世界上最新型的舰种，因为安装了坚固的钢铁装甲，所以被称作铁甲舰，后来也被称作装甲舰，是再后来出现的战列舰的前身。这种军舰是钢铁装甲与蒸汽机的完美结合，无论是进攻力和防御力，都是当时军舰中首屈一指的。由此，它成为衡量海军力量强弱的一个重要标志，是各国筹建海军时的首选。

1877年4月，清政府派出的第一位驻外公使——驻英国公使郭嵩焘，接到一份来自日本驻英使馆的请帖，邀请他参加日本在英国订购的“扶桑”号铁甲舰的下水典礼。郭嵩焘应邀前往。典礼上，当他看到这艘3700多吨的铁甲舰时，内心的焦虑难以抑制，他清醒地意识到，这艘军舰未来必将成为中国海军强有力的敌人。于是，在典礼结束后，他立即将日本铁甲舰下水的消息报告了李鸿章。

蕞尔小邦日本拥有了铁甲舰，没有什么比这个消息更能刺痛李鸿章的神经。接到郭嵩焘的电报后，李鸿章的心情顿时沉重起来，几年来为创建北洋海军所经历的艰辛和坎坷，瞬间涌上心头。

逼出来的海防大讨论

一个重大决策的产生，有时是逼出来的。晚清时期的海防大讨论，以及由这一讨论引发的海防建设热潮，就是由民族危机逼出来的。总理衙门大臣奕䜣说：“自台事就绪，而揣度日本情势未能一日忘我，不能不豫为之备，于是有海防之议。”[1]

1874年五六月间，刚刚走上资本主义发展道路的日本，按照事先谋划，开始向中国伸出侵略扩张的触角，出动5艘军舰，13艘运输船，以及3658名官兵，以琉球渔民遭到台湾居民杀害为借口，发动了对台湾的进攻，遭到台湾人民的强烈反抗和坚决回击。这一事件，被称为“日本侵台事件”。

日本侵略台湾，自称“保民义举”，虽然没有达到目的，却获得了软弱的清政府50万两银子的赔偿，更严重的是，这次事件使日本摸清了清政府的底数，看清了清政府虚弱的本质，助长了其进一步侵略中国的野心。事后，直隶总督兼北洋通商事务大臣李鸿章痛心疾首地说，甘允日本“保民义举”，不指以为不是，犹要出50万两银子，犹以为了结便易，庸懦之甚，足见中国无人，能毋浩叹？字里行间透出对“日本侵台事件”的愤懑与无奈。

“日本侵台事件”引起了中国朝野的巨大震动，许多有识之士感到，未来最凶恶的敌人必是日本。其实关于这一点，李鸿章早在1871年就意识到了，他在给皇帝的奏折中说：“日本近在肘腋，永为中土之患。”[2]足见其远见。那么，李鸿章的根据是什么呢？他在奏折中分析说，日本是“古倭奴国”，在东

〔1〕中国史学会主编：《洋务运动》（二），上海人民出版社1961年版，第337页。

〔2〕《李鸿章全集》4，奏议四，安徽教育出版社2008年版，第217页。

李鸿章

洋诸岛中，夙称强大，距江苏、浙江、福建都不过几天的路程，自元世祖以后与中国不通朝贡，进入明朝以后，形成倭患，东南各省屡遭蹂躏，史称“倭性桀黠”。起初，中国禁止与之互市，明世宗时撤销了浙中市舶提举司，又四年不设置巡抚，滨海奸人趁机勾结导引，倭患遂加剧。清朝以来，朝鲜内附，声威震聋，倭寇固不敢越朝鲜而窥犯北边，也从未勾结内奸侵掠东南，根本原因在于“制驭得宜”，使其“畏怀已久”。顺治到嘉庆、道光年间，经常与之通市，江浙一带设官商额船，每年赴日本采办铜数百万斤。咸丰以后，由于广东一带内患严重，遂至中断。但江苏、浙江、福建商民前往日本长崎岛进行贸易寄居的人还是络绎不绝，日本商人游历中国的也很多。现在，日本见泰西各国都与中国立约通商，也与泰西各国立约通商，这也在情理之中。但是，它毕竟与朝鲜、琉球、越南这些曾经臣服于中国的国家不同，它从未成为中国的属国。在李鸿章看来，从日本的秉性来看，它永远是中国的心腹大患。

李鸿章的呼吁，在朝廷上下并未引起震动，直到“日本侵台事件”发生后，朝廷上下才真正看清了日本的野心。1874年11月5日，总理衙门大臣奕䜣奏请朝廷，提出练兵、简器、造船、筹饷、用人、持久等六条具体意见。练兵就是要改造旧式军队，更新武器装备，增强沿海防御；简器就是要购置、自造西洋新式大炮、水雷等，用于防江防海；造船就是要拥有外海水师铁甲船和守口大炮铁船，以防敌兵沿海登岸；筹饷就是要通过严格税收制度，开矿设厂，开源节流，以充实塞防、海防之用费；用人就是要选派统帅分统南北各洋，同时，开西学门径，培养懂西学之人才，达到制器驶船自强之功效；持久就是要勿急近功，勿惜重费，精心果力，历久不懈，百折不回，从而由能守而能战，转贫弱而为富强。[1]

〔1〕《李鸿章全集》6，奏议六，安徽教育出版社2008年版，第160—166页。

总理衙门的措施恰逢其时，得到了同治皇帝的赞同，他强调，这六条措施，“均系紧要机宜”，着直隶总督李鸿章、两江总督兼署江苏巡抚李宗羲、钦差办理台湾等处海防兼理各国事务大臣前江西巡抚沈葆桢、盛京将军都兴阿、闽浙总督李鹤年、湖广总督兼署湖北巡抚李瀚章、两广总督英翰、暂署两广总督广东巡抚张兆栋、漕运总督署山东巡抚文彬、江苏巡抚吴元炳、安徽巡抚裕禄、浙江巡抚杨昌濬、江西巡抚刘坤一、福建巡抚王凯泰、湖南巡抚王文韶等各沿江沿海督抚、将军，“详细筹议，将逐条切实办法限于一月内复奏，此外别有要计，亦即一并奏陈，总期广益集思，务臻有济，不得以空言塞责”[1]。海防讨论由此开始。

在海防讨论开始之前，江苏巡抚丁日昌曾建议讨论在江苏沿海建设海洋水师事宜，他拟定了30条供朝廷参考，特别提出要分别内洋和外洋进行经划。未几，又提出《海洋水师章程》，这个章程共有六条建议：一、外海水师，专用大兵轮船及招募驾驶之人；二、沿海择要修筑炮台；三、选练陆兵；四、沿海地方官精择风力干练之员而重其赏罚；五、北东南三洋联为一气；六、精设机器局俾体用兼备。在这个章程中，丁日昌强调了他几年前就提倡的建设三洋水师的主张，认为以山东益直隶，而建阃于天津，为北洋提督；以浙江益江苏，建阃于吴淞，为东洋提督；以广东益福建，建阃于南澳，为南洋提督。每洋各设大兵轮船六艘，根钵轮船十艘。三洋提督半年会哨一次，无事则以运漕，有事则以捕盗。[2]由于这些主张与总理衙门的建议非常相近，朝廷遂在部署讨论六条建议的时候，也将《海洋水师章程》交予各督抚、将军一并讨论。这次讨论，参加的官员多，讨论的议题广泛，不仅涉及海防，而且涉及江防、陆防、塞防等内容。

在讨论中，大学士文祥深刻总结了日本侵台的教训，进一步论述了海防建设的重要性，特别指出了日本的铁甲船在侵台中的作用。李鸿章也发表自己的看法，指出：“泰西虽强，尚在七万里以外，日本则近在户闼，伺我虚实，诚为中国永远大患。今虽勉强就范，而其深心积虑，觊觎我物产人民之丰盛，冀

[1]《李鸿章全集》6，奏议六，安徽教育出版社2008年版，第167页。
[2]《丁日昌集》上，上海古籍出版社2010年版，第606—612页。

幸我兵船利器之未齐，将来稍予间隙，恐仍狡焉思逞，是铁甲船、水炮台等项诚不可不赶紧筹备。”[1]另外，礼亲王世铎、通政使司通政使于凌辰、大理寺少卿王家璧、刑部右侍郎黄钰、福建巡察使郭嵩焘等，也纷纷上奏条陈，会议筹建海防。

这次讨论，各督抚、将军虽然在若干问题的认识上还不一致，但海防建设的重要性却无人表示异议。清廷综合各方面的意见，决定在南北两洋筹办海防，“着派李鸿章督办北洋海防事宜，派沈葆桢督办南洋海防事宜，所有分洋、分任练军、设局及招致海岛华人诸议，统归该大臣等择要筹办。其如何巡历各海口，随宜布置及提拨饷需整顿诸税之处，均着悉心经理。如应需帮办大员，即由李鸿章、沈葆桢保奏，候旨简用。各该省督抚务当事事和衷共济，不得稍分畛域。”并原则上同意视情购买一两艘铁甲舰。[2]已经出任南洋大臣的沈葆桢顾全大局，向北洋大臣李鸿章表示：“总署所筹巨款，本有分解南北洋之说。窃思此举为创立外海水师而起，分之则为数愈少，必两无所成，不如肇基于北洋，将来得有续款，固不难于推广，万一有急，一日千里，亦召而立至。鄙意得铁甲船两号，若扬武兵船者六号，若镇海兵船者十号，亦可以成一军。”[3]朝廷赞同沈葆桢之意，于是集中有限财力先成就北洋一军。

---

〔1〕《李鸿章全集》6，奏议六，安徽教育出版社2008年版，第170页。
〔2〕《光绪朝上谕档》一，广西师范大学出版社1996年版，第108页。
〔3〕《沈文肃公牍》，福建人民出版社2008年版，第245页。

难以奏效的“蚊子船”

铁甲舰是海防利器，对此，朝廷中的大多数人是不否认的。可是，铁甲舰的造价昂贵，也是不争的事实。第二次鸦片战争以后，经过旷日持久的镇压太平天国战争，清政府的财政陷入了极端困难的境地，几乎是囊空如洗。所以在海防讨论中，反对购买铁甲舰的声音还是很强的。醇亲王奕譞认为，购买铁甲舰的过程极端艰难，耗费的资金也大，不可轻易尝试，尤不可因噎废食，放弃了其他兵船的购买和建造；礼亲王世铎也强调，铁甲舰船质料笨重，不能入口收泊，而且每艘价值在百万两上下，耗费银两太大，可以先购一艘，看看是否真的那么有用，再行续买也不迟，此时不可多购。

对于这些看法，清政府自然要费一番思量，“铁甲船需费过巨，购买甚难”[1]的观念始终环绕在决策者的脑际，买舰也就迟迟不能付诸行动。对于李鸿章来说，这种情况显然是不能令其满意的，在海防讨论中他就对中国海防的轻重缓急做出了明确判断。他认为，尽管中国的海岸线漫长，但沿海地区在国防上的地位是不一样的。直隶沿海一带是京畿门户，是最重要的地区；吴淞一带是长江的门户，是次重要的地区，而其他沿海地区，则是更次要的地区，即使有所闪失，也无碍大局。既然海防重点在北洋，就应集中力量先筹建北洋海军，而铁甲舰是未来海军建设中必不可少的利器。当然，李鸿章对国家的财政状况也是了然于心的，如何处理这个矛盾，他有自己的考虑。他说：“若因循不办，终惧无以自立；若切实大办，又愧力不从心。……惟有懔遵圣训，择其

〔1〕《光绪朝上谕档》一，广西师范大学出版社1996年版，第108页。

中国海关驻伦敦办事处主任金登干

最要者，不动声色，先行试办，尽其力之所能及，守其分之所当为，认真筹画。”[1]所以，在朝廷还没有最终下定购买铁甲舰的决心之前，他决定先把步子迈出来，购买一批小型军舰，为北洋海军建设开一个头。李鸿章的主张既考虑到了朝廷的经济状况，又关照了北洋海防的建设，显然不是妄断和偏见。

正如十几年前购买“阿思本舰队”一样，担任海关总税务司的英国人赫德，早就以灵敏的嗅觉，闻到了清政府急于筹建海防的味道，开始谋划插手这桩事务。1874年10月2日，也就是在海防讨论开始的一个多月以前，赫德给他在英国的部下，也就是中国海关驻伦敦办事处主任金登干写了一封密信，信中叮嘱金登干，让他秘密考察一种航速在15海里，安装一门能从500码的距离穿透20英寸钢板炮的小型舰艇，注意要了解清楚这种舰艇的具体价格。[2]赫德写这封信的目的，就是要抢先做好准备，一旦清政府开始外购舰船，英国能迅速掌握争取订单的主动权。笔者在分析这封信时，发现赫德是相当用心的。第一，他让金登干考察的是一种小型的快艇，中国拥有了这种快艇，不会对英国构成威胁，便于英国政府同意；第二，这种快艇的大炮，要有在500码距离上打穿20英寸钢板的威力，这样可以引起清政府的兴趣；第三，这种快艇具有较低的价格，便于财政窘困的清政府接受；第四，考察时不要惊动英国相关各方，避免走漏风声，带来不必要的麻烦。做到这些，才能使这种快艇成为“物美价廉”之品，才能成为清政府购买舰艇的首选，才能顺利达到向中国推销英国军舰的目的。

按照赫德的吩咐，金登干悄悄地向英国海军部和陆军部打听船炮的问题，最终选择了一种叫“水炮台”，又称“蚊子船”的新式战船。这种战船号称

〔1〕《李鸿章全集》6，奏议六，安徽教育出版社2008年版，第304页。
〔2〕《中国海关密档》1，中华书局1990年版，第140页。

“船身虽小，威力很大”，实际上是可以在水上活动的炮台，被西方人认为是防御港口的最新武器。但后来的实践证明，这种炮舰绝非英国人吹嘘得那么高端。

金登干物色了四种规格的“蚊子船”，一种载80吨炮，排水量1300吨，航速14节，价格93000英镑；一种载26吨炮，排水量320吨，航速9节，价格23000英镑；一种载38吨炮，排水量440吨，价格33400英镑；一种载18吨炮，排水量260吨，航速8节。金登干了解到，这几种规格的“蚊子船”的付款条件也是很优惠的，可以随订单付现金三分之一，制造期中付三分之一，余额在此间交货时付清。[1]从这些情况金登干判断，“蚊子船”的优点很明显，它机动性能好，搭载火炮可攻击铁甲舰，价格低廉，建造速度快，等等，这些优点可能符合中国方面对所购舰船的要求。

赫德对金登干的工作效率表示满意。为了让总理衙门，特别是负责采购舰船的李鸿章满意，赫德在把“蚊子船”的图纸交给总理衙门和李鸿章的同时，特意夸大了“蚊子船”的功能，声称这种船可以在波涛汹涌的大海上作战。

李鸿章经过反复权衡，最终认可了“蚊子船”，他向总理衙门报告说，中国各省海口水浅者多，外洋十数寸厚铁甲船吃水必深，碍难驶入。其能驶近口岸者，铁甲不过数寸，有此安装巨炮的“蚊子船”守口最为得力，较陆地炮台更为灵活，若购得十只分布南北洋紧要各口，足壮声威而资保障。[2]就这样，李鸿章下定了从英国购买“蚊子船”的决心。

赫德所提供的“蚊子船”的类型，因吨位和大炮口径不同而分为不同种类，到底选购哪一种，李鸿章也要费一番思量。最终他决定，从英国阿姆斯特朗公司订购载26.5吨大炮（口径11英寸）和载38吨大炮（口径12.5英寸）的“蚊子船”各两艘，前者排水量320吨，后者排水量420吨。两种“蚊子船”的数据与赫德所提供的稍有出入。

为避免“阿思本舰队”事件重演，这次清政府与赫德先订立了《议定购办船炮章程》，详细规定了所购四艘“蚊子船”的价格以及来华前后的一切事宜，

---

〔1〕《中国海关密档》8，中华书局1995年版，第23—25页。

〔2〕《李鸿章全集》31，信函三，安徽教育出版社2008年版，第105页。

可谓详细、具体、全面。特别是规定的以下条款，反映了清政府“吃一堑长一智”的心态：

1.该船行海之快慢若干，吃水若干，吨数若干，均应便于出海。

2.机器马力较船身吨数应当略大，以备顶风时仍可照常行海。

3.船、炮必须相对，所有炮位俱须妥为安设，并炮应用之机器俱须齐备。至船虽非铁甲船，然安炮附近地方须格外坚固，酌加铁板、铁甲以便保护炮手之身。

4.该船厂交船之日，将船上应有之各项俱须备齐，以便一面交船，一面即可出口，且须装煤之处较大，而每日烧煤较少，机器须要新鲜。

5.各大炮俱须照英国官局定例先试放，如果实系坚固方可收用。其试演之法，由金税司详细具报。

6.各船或用双轮，或用单轮，或一样进一样退，应由该船厂自行酌定，总期可以害敌人而不受敌人之害为要务。

7.每船制成两只，随时先送来中国天津口查验，不必俟全行制就一并送来。

8.金税务司应将所订定之合同照录一份，先送至中国备查。

9.交船后应用何人送至中国，至中国后应用何人教习，此两事应由金税务司同该船厂商定，且应用该船厂之人为教习，因恐别人不熟悉船、炮之法。

10.在英国交船之日，各该船应否挂中国旗号，由总税司询商金税司，俟有回信，禀由总理衙门酌定饬知。

11.拟由总税司转饬广东、福建各口税司，就近挑选中国水手八十名，陆续分起赴英国。运船来至中国，则不必用英国水手，且沿路亦可学习行船之法，其经费仍在前项内开销。

12.载八十吨炮之船，俟接准信，如果议购，除照原开价值英银九万三千镑，合中国银三十一万两外，照以上运费，船主、大副、二副、管机器、炮手、水手、烧煤、保险及不能预知等费，约计需银四万两，统共三十五万两，拟续行筹定款项。自本年七月起，每月由江海、江汉、浙海、

“阿尔法”(Alpha)号来华后被李鸿章命名为“龙骧”

粤海、厦门、汕头各关，各提银一万两，以六个月截算，内厦门少提一月，共该银三十五万两。届时应否照办，由总税司面请总理衙门核定饬遵。[1]

1875年八九月间，四艘“蚊子船”先后在英国开工建造，金登干为方便起见，将四艘船分别命名为“阿尔法”(Alpha)、“贝塔”(Beta)、“伽马”(Gamma)、“戴而塔”(Delta)。

1876年6月14日，“阿尔法”和“贝塔”试航成功。10天以后，两舰由英国水手驾驶，开往中国。11月20日，两舰抵达天津大沽海口。27、28日，李鸿章和赫德连续两天前往演试。李鸿章对演试结果表示满意，上报皇帝说：“所有炮位、轮机、器具等件均属精致灵捷，其二十六吨半之炮重四万四千余斤，口径十一寸，开花弹子重三百九十六斤，运炮装子全用水力机器，实系近时新式，堪为海口战守利器。臣因改第一号船名曰‘龙骧’，派补用游击张成

〔1〕《李鸿章全集》31，信函三，安徽教育出版社2008年版，第200页。

管驾；第二号船名曰‘虎威’，派补用千总邱宝仁管驾。”[1]

1877年2月17日，“伽马”和“戴而塔”也在英国的朴次茅斯试航成功。中国第一任驻英公使郭嵩焘亲临现场，并亲手演放“伽马”舰的大炮。28日，“伽马”和“戴而塔”启航驶往中国，于6月18日抵达福州，直接移交给清政府。李鸿章将这两艘“蚊子船”改名为“飞霆”和“策电”，与先前到中国的“龙骧”和“虎威”一起重新编配军官，分别由邓世昌、李和、邱宝仁和吴梦良管带。[2]

1878年6月，“龙骧”“虎威”“飞霆”“策电”四艘“蚊子船”奉李鸿章之命，驶抵天津大沽，驻防北洋。经过一段时间的使用，李鸿章感到“蚊子船”虽然没有赫德等人吹嘘得那样得力，但防守海口，制约铁甲船还是相当有用的。于是他建议继续购买几艘“蚊子船”。清政府虽然认可李鸿章对“蚊子船”的青睐，但感到不能只注重北洋海防，南洋海防也必须适当考虑，再次订购“蚊子船”需考虑南洋大臣沈葆桢的需求。李鸿章对此表示同意，他饬令天津海关税务司德璀琳转告赫德，尽快打听英国各造船厂“蚊子船”的价格，等有确信，继续酌量定购。[3]实际上后续购买的“蚊子船”，是用于南洋海防的。

不久，李鸿章又一次收到来自金登干和赫德呈报的“蚊子船”价格，他很快决定再购买四艘420吨级的“蚊子船”，总价白银45万两。1878年9月，上述四艘“蚊子船”在阿姆斯特朗公司开工建造，它们分别被金登干命名为“埃普西隆”(Epsilon)、“基塔”(Zeta)、“爱塔”(Eta)、“西塔”(Theta)。1879年7月24日，四舰在朴次茅斯试航成功，驻英公使曾纪泽亲手燃放大炮。

1879年7月30日，“埃普西隆”等四艘“蚊子船”启程驶往中国，11月中旬抵达天津大沽。沈葆桢对四艘“蚊子船”的建造也非常重视，事先为它们拟定了舰名，分别叫做“镇北”“镇南”“镇东”“镇西”。四舰到达大沽后，李鸿章亲自前往勘验，在认真观看了每一艘“蚊子船”的细节后，他感到，这四艘“蚊子船”无论是轮机、炮位、器具，还是船式，都算精坚灵捷。它们驶出洋

[1]《李鸿章全集》7，奏议七，安徽教育出版社2008年版，第211—212页。
[2]《李鸿章全集》32，信函四，安徽教育出版社2008年版，第40页。
[3]《李鸿章全集》8，奏议八，安徽教育出版社2008年版，第109页。

“伽马”（Gamma）号来华后被李鸿章命名为“飞霆”

“戴而塔”（Delta）号来华后被李鸿章命名为“策电”

面，演试大炮，药力加多，亦有准头，与前购38吨炮船大致相同。[1]于是，李鸿章动了据为己有之心，事后他向朝廷建议，调“龙骧”“虎威”“飞霆”“策电”四舰赴南洋归沈葆桢调遣，留“镇北”“镇南”“镇东”“镇西”四舰在津沽，由李鸿章督饬许钤身、提督丁汝昌会督管带各员，认真操练，并令时常出洋赴东、奉交界之大连湾及沿海口岸，驻泊梭巡，以壮声威。[2]朝廷对这一建议表示赞同。沈葆桢得知此事后，从大局出发，也没有提出异议。1880年4月7日，“龙骧”“虎威”“飞霆”“策电”分别在沈有恒、许寿山、陈锦荣、何心川的管带下，放洋南下，驶往上海，入坞修理。李鸿章“饬上海机器局督同各管带官察看，洗刮修理，听候南洋大臣调遣”[3]。这样，最新式的“蚊子船”就留在了北洋。

“蚊子船”引进的成功，激起了沿海各省督抚的购船热情，1879年12月25日，光绪皇帝上谕：广东、山东需用蚊子炮船，统由李鸿章酌量代订。随后李鸿章通过赫德在英国阿姆斯特朗公司订购“蚊子船”三艘，其中山东两艘，广东一艘，每艘造价33500英镑，约合中国银15万两，分别从山东、广东海关税中支付。1881年8月，三艘“蚊子船”来华，其中一艘直接驶往广东，两艘于8月11日驶抵大沽海口。李鸿章派委水师营务处道员许钤身，会同督操炮船游击刘步蟾、洋员哥嘉及津海关税务司德璀琳查照原订合同，将船内炮械器具等件逐细点验收讫。李鸿章亲往查勘，感到轮机、炮位、船式均尚精坚利用，与前购各船相同。遂遴派闽厂曾经出洋学习之都司衔尽先守备林永升、叶祖珪为管带官，并留洋弁两人协同照料操演。该“蚊子船”排水量440吨，武备与“镇北”级基本相同，李鸿章将其命名为“镇中”和“镇边”。[4]当时李鸿章正加快北洋海军建设步伐，他在查勘完毕后，即向清政府建议，将这两艘“蚊子船”留在北洋，清政府表示同意。这样，筹办初期的北洋海军已经拥有了六艘“蚊子船”。

然而，这批被赫德吹捧得天花乱坠的“蚊子船”，在北洋海军发展过程

---

〔1〕《李鸿章全集》8，奏议八，安徽教育出版社2008年版，第502—503页。
〔2〕同上，第511页。
〔3〕《李鸿章全集》9，奏议九，安徽教育出版社2008年版，第23页。
〔4〕《李鸿章全集》8，奏议八，安徽教育出版社2008年版，第477页。

一艘“镇”字号“蚊子船”在英国船台上建造

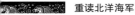

一艘中国订制的第二批“蚊子船”在英国船台上建造

中，除发挥了海上历练官兵平台的作用之外，并未显现出更多的效能。无论是郭嵩焘，还是李鸿章，都是海军装备的外行，他们所看到和感受到的，只不过是皮毛而已，他们对“蚊子船”的赞赏更多的是来自赫德的影响。而李凤苞、福州船政局监督法国人日意格等人则不同，他们对“蚊子船”提出了严厉批评。李凤苞认为，“蚊子船”仅能守口。日意格更是认为，能够对付铁甲舰的军舰，只有铁甲舰，能与巡海快船相匹敌的，也只有巡海快船。西方国家建设海军，都要权衡邻邦的海上力量，所建海军必与邻邦势均力敌。所以，邻邦有了铁甲舰，我们不可没有。现在，日本已经拥有两艘铁甲舰了，而中国还没有，怎能与之相抗衡？所以应该赶紧购置铁甲舰两艘，快船或购或造四艘，水雷小艇二十艘，才能做到进可战，退可守，才能使日本人不敢轻视中国。如果仅依靠几艘“蚊子船”防守海口，一旦日本的铁甲舰袭扰中国，中国海军将无可驰援，必然会误了大事。[1]日意格从军事角度出发，从舰船战术性能、假想敌日本的状况等不同侧面对中国拥有铁甲舰的必要性和紧迫性进行了论证和分析，可谓入情入理。除此之外，北洋海军内部也存在购买铁甲舰的呼声。这一切，不能不使李鸿章重新思考北洋海军未来装备发展的走向。

李鸿章绕开过去赫德等人使他形成的思维定向，重新坐下来认真研究了“蚊子船”的结构和性能，发现了两大缺点：一是速率不高，二是稳定性

〔1〕《李鸿章全集》32，信函四，安徽教育出版社2008年版，第515页。

差。最终他得出结论：赫德说“蚊子船”可以海战，可以攻破铁甲，“似非确论”。[1]另外，李鸿章还考虑到“蚊子船”的后续花费，如果继续购买这种在海防上用处不大的军舰，势必会造成经费紧张，影响后续铁甲舰的引进。所以，在第二批“蚊子船”到华后不久，李鸿章决定停购这种军舰。

从上述过程可以看到，晚清时期清政府购买“蚊子船”的举措，只不过是真正大规模购舰活动的前奏和预演而已。

---

〔1〕《李鸿章全集》32，信函四，安徽教育出版社2008年版，第488、489页。

撞击铁甲舰的碰快船

本世纪初，一位在英国留学的中国学生发现，英国东部城市纽卡斯尔的圣约翰公墓里有五座黑色的墓碑，上面均刻有醒目的中国字：“大清故勇山东登州府荣成县袁培福之墓”“大清故勇安徽庐州府庐江县顾世忠之墓”“大清故勇福建福州府闽县陈成魁之墓”“大清故勇福建福州府侯官县陈受富之墓”“大清故勇福建福州府闽县连金源之墓”。“大清故勇”指的是已故的中国士兵。这五位中国士兵有什么来历？他们为什么会被安葬在纽卡斯尔呢？

原来这5位士兵是北洋海军的水兵，他们因来英国接收“超勇”“扬威”“致远”“靖远”等军舰病逝而葬在纽卡斯尔。

说起购买“超勇”和“扬威”两艘军舰，不能不谈到一道奏折。1879年11月13日，翰林院侍读王先谦给光绪皇帝上了一道奏折，这道奏折洋洋万言，详细分析了中国所面临的国际国内形势，特别陈明来自列强的严重威胁，尖锐地指出：“合数十国之狡谋以拘难中土，实为千古未有创局。”他呼吁朝廷应从经济、军事等多方面做好筹划。在谈到海防建设时，他主张大力制办兵船，在提出具体建议时说：

圣约翰公墓的大清故勇墓碑

圣约翰公墓的大清故勇墓碑（两座倒伏），张黎源摄于2012年

窃闻英、法、俄诸国，皆以铁甲船擅胜，各有数十号。美国前有四十余号，近年以为可以不用，大半分售各国，专造一种碰船，其前锋利如锥，遇铁甲船直前撞之，轰然洞孔破裂，若日本木质铁甲船，所蒙之铁厚仅三四寸许，以此破之更易矣。将来出洋征剿，自应有铁甲船十数号，为攻战之需。目前经费不充，似可仿照美国先备碰船数十号。计铁甲船一号费在百万金以上，碰船约二十余万金，省一铁甲船可办碰船五六号。以之防海制敌，可期得力。则防卫出洋商船，保护海运漕米，均足恃以无虞。[1]

在这里，王先谦提出了先购碰船，后制办铁甲船的建议。皇帝接到奏折后，于当天发出上谕，称王先谦奏条陈洋务事宜一折，所奏审敌情、振士气、筹经费、备船械各节不无可采。遂密谕李鸿章、沈葆桢，即将海防事宜并该侍读所陈备船械一条，切实筹议，先行具奏，期于势在必行。12月7日，皇帝再发密谕，明确指示："铁甲、蚊子等船为海防所不可少，铁甲船所费过巨，一时尚难筹办；蚊子船现已先后购到八号，着即督饬管带之员，认真演练，毋得有名无实。以后如何陆续添购，并购船及续延教练西人，可否令赫德及出使大臣分办之处，着李鸿章、沈葆桢一并筹商妥办。"[2]

李鸿章接到密谕，对购舰问题进行了认真思考，于12月11日复奏皇帝，提出了购买两艘碰快船的意见。李鸿章的这道奏折长达2600余字，详细分析了在购买铁甲船之前先购买两艘碰快船的理由，显然与王先谦的意见是一致的。李鸿章在奏折中隐含着这样的意思：第一，中国地域辽阔，需要防守的

〔1〕《光绪朝东华录》一，中华书局1958年版，总第821页。
〔2〕《李鸿章全集》8，奏议八，安徽教育出版社2008年版，第512、513页。

海口很多，非有铁甲船不可，在不完全了解铁甲船的性能和使用之前，购进价格低廉的碰快船是很好的选择；第二，从“蚊子船”到铁甲船，中间应有碰快船的环节，才能构成完整的舰船层次；第三，据说西洋国家已明显降低了对铁甲船的热情，普遍以巡洋舰而代之，军舰发展的世界潮流目前还不明朗，铁甲船是否还会成为未来海军装备的主角，还不明确，待日后情况明了后再考虑购进也不迟。奏折还叙述了所选定的两艘碰快船的基本情况：“船长二百英尺，宽三十英尺，吃水十五英尺，每半时行十五海里，新式机器首尾各置二十五吨大炮一尊，左右各新炮数尊，并带水雷小轮船一只，船头水线下暗设坚固冲锋，可碰敌船。若订两只，需银六十五万两，后年夏间工成来华，据云可保追赶碰坏极好铁甲船。”“此项快船既载大炮，又有冲锋行驶，果如此迅速，实属合用。”〔1〕这两艘碰快船，就是被李鸿章命名为“超勇”和“扬威”的巡洋舰。

1879年12月，在赫德的积极推动下，清政府与英国阿姆斯特朗公司签订了两艘碰快船的购舰合同，总造价16万英镑，付款方式与购买“蚊子船”时相同，分三次支付，合同签订后六个月之内第一次付款，此后六个月内第二次付款，竣工后支付剩余款项。1880年4月，建造工程正式启动。12月，李鸿章正式将这两艘军舰命名为“超勇”和“扬威”。这两艘军舰长64米，宽9.75米，吃水4.57米，排水量1380吨，两座平卧往复式蒸汽机，六座锅炉，双轴推进，航速16节。在武备方面，安装有两门口径为10英寸的主炮和多门中小口径火炮，其火力处于世界同级军舰前列。另外，“超勇”和“扬威”舰均在舰首水线以下设置有锋利的撞角，即李鸿章所说的“坚固冲锋”，充分体现了碰快船的特点。

随着造舰工期的进展，如何将“超勇”和“扬威”两舰开来中国被提到议事日程。李鸿章的脑海中产生了一个新想法，他认为，以前所购“蚊子船”，是赫德、金登干从英国雇觅海军官兵驾驶来华，这种交船方式不仅所需费用昂贵，而且在军舰开来中国的过程中，所有经历的沿途风涛沙线情形、驾驶要诀以及洋面如何操练、机器如何使用，中国海军官兵均未曾亲历周知，等于浪费

---

〔1〕《李鸿章全集》8，奏议八，安徽教育出版社2008年版，第511页。

了一次宝贵的训练机会，绝不是造就将材之道，不如自己挑选海军官兵，前往英国驾驶来华。李鸿章给总理衙门的奏报说，这次新购的两艘碰快船，据赫德多次报称，其船坚炮巨，实为西洋新式利器。亟宜自派妥员前往英厂考察验收，并选带弁兵水手续往管驾，添募洋弁数名一同讲求，所到各处洋面随事习练，庶回华后驾轻就熟，可期得力。[1]于是，李鸿章与赫德就这一问题展开商谈。尽管赫德对李鸿章的提议并不情愿，但在李鸿章的极力坚持下，也只能做出让步，同意李鸿章的安排。

1880年12月，经李鸿章亲自把关，组成了220余人的赴英接舰团队，由督操北洋炮船记名提督丁汝昌统率，包括管带林泰曾，副管带邓世昌，大副蓝建枢、李和，二副杨用霖，正管轮黎星桥、陈学书，副管轮王齐辰、陆保，管队袁培英、何桂福，军医江永、杨星源，总教习葛雷森，管驾章斯敦等军官，以及来自山东荣成、文登、登州等地的水勇、舵工等。接舰团队先由天津乘船前往上海，丁汝昌偕同葛雷森等先期出发赴英，其余官兵在林泰曾、章斯敦等率领下分驻“驭远”轮船及吴淞操厂，就近操练。两个多月后，丁汝昌察看船成，电令林泰曾率大队人马启程，乘“海琛”轮船出洋，前往纽卡斯尔。

在国内，为迎接“超勇”和“扬威”的到来，李鸿章也做了充分的接舰准备。他向朝廷报告说：鉴于“北洋定购英厂碰快船二号，约于明春抵津，所需水勇三百名，亟应先事筹备操练，以资配驾。前拟预购练船，选募北省丁壮上船学习，惟轮船夹板购价颇巨，经费支绌，不得不设法节省，通融酌办”。他考虑到“山东原设登荣水师艇船，船身本小，平时巡缉附近海面，为捕盗之用，若遇强敌，战守皆未足恃。且无得力陆军依护，有事适以资敌。若令该艇船驶入大沽口内，就原有弁兵挑选操练，则碰快船购到即可移驻，庶化无用为有用”。所以“经咨商山东抚臣，旋准复称，除酌留数船分防汛地外，饬派该营水师副将唐廷威等，带领艇船九号及随船弁兵器械，陆续驶到大沽”。李鸿章“即饬督操炮船记名提督丁汝昌、总教习洋员葛雷森、营务处道员许钤身，分别验收挑选。据员等于八月二十三日验收船只，挑留千总袁培英等四名、兵丁三百零六名。该弁兵等曾经德弁瑞乃尔教操数年，熟悉洋法，再加练习，可

[1]《李鸿章全集》9，奏议九，安徽教育出版社2008年版，第237—238页。

“超勇”舰下水时照片

“超勇”舰的主炮

备碰快船炮手水手之用。已责成丁汝昌、葛雷森认真督练兵船技艺，务使届期可资分拨”。[1]

“超勇”和“扬威”两舰的舰体，是由阿姆斯特朗公司承包给米切尔船厂建造的，由于材料涨价、设计修改、工人罢工等原因，造舰工程进展受到影响，使交货日期推延一段时间，直到1881年7月中旬，两舰才得以试航，8月初接舰团队正式登舰。

1881年8月17日，“超勇”和“扬威”两舰在纽卡斯尔市民的欢送中驶离港口，经大西洋、地中海、苏伊士运河、印度洋开往中国。三个月后的11月17日，两艘军舰驶抵天津大沽拦港沙外。李鸿章闻讯，督同署津海关道周馥，水师营务处道员马建忠、黄瑞兰，编修章洪钧，知府薛福成，提督周盛传、刘盛休，总兵唐仁廉等，于11月23日出口验收。薛福成在当天的日记中记述道：

> 新制碰快船二号，由英国驶到，一曰超勇，一曰扬威，船身长二百二十尺，由底至舱面高三十六尺，入水十六尺，机器马力二千四百

〔1〕《李鸿章全集》9，奏议九，安徽教育出版社2008年版，第174—175页。

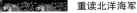

“扬威”舰设在主炮塔顶的四管机关炮

四，一点钟行十五埋（英里），一昼夜用煤八十吨。烟囱口扁圆式，驶行可冀避风，周身裹以钢皮，厚三分有奇。船首裹铁甲两层，向外一层不与船首相合，以便攻击时不致受损。首尾置阿姆司脱郎后膛炮各一尊，长二十二尺，口径一尺，重二十五吨，受药一百九十余磅，弹重四百磅，一杪时弹出七千余码之远。炮两旁紧贴汽水管，两具推运水闸能激炮身进退，以助人力。船两旁置四十磅后膛炮四尊，长十一尺，口径五寸，受药十磅。又格林炮四尊，弹药用机器摇入炮内，旋转迅速，每五密里可开二百四十响。又挪登费而炮两架，炮门排列有四，双放单放俱可，距三百六十码之遥，可洞二寸五分铁甲，弹药亦用机器摇入，尽力致远，可至一千八百码之外。又九彭炮二尊，长一丈，受药两磅半，口径三寸半。又小暗火轮两只，悬于舱面两旁，拒敌时可将挪费敦炮载之，以佐攻击。又电气灯一，高置舱面，晴照三十里。船上弁兵等共一百三十人，西人八：一医生、一教习、一炮教习、五管轮人。此舰系在英国之纽克司地方爱鲁司密克船厂所制。该厂机器值银三百万两，厂基纵约五里，横约一里有奇。傅相偕余与章琴生（洪钧）编修、周薪如（盛传）、刘子征（盛休）两总统坐超勇船，其余随员五人坐扬威船。薄暮六点钟放洋，微有风浪，煤火不能烧足，每点钟行十二埋。夜半风浪极大，每点钟仅行六埋，浪头高一二丈，船为所裹，则沉而复起，舱内水浮数寸，行李皆湿。雪雹交加，颠簸不定，船上人呕吐狼藉，惟傅相与余勉强支持，幸而未吐。[1]

试航中虽经颠簸，但李鸿章对两艘军舰的性能非常满意，回到天津赞不绝口，遂对接舰人员进行了嘉奖。

〔1〕《薛福成日记》上，吉林文史出版社2004年版，第373页。

遍地球第一等铁甲船

在订购“蚊子船”和碰快船的过程中，李鸿章并不排斥铁甲舰，他只是意识到铁甲舰的拥有，将给北洋海军带来一系列的变化，而这些变化在当时的情况下是难以承受的，他在等待时机。那么，如何看待李鸿章此时的心迹呢？我们可以从分析他的一道奏折开始。这道奏折上奏于1879年9月3日，此时，日本吞并琉球群岛事件刚刚过去不久，他的内心还留着巨大的阴影。他强忍着拥有铁甲舰的迫切心情，强调了铁甲舰到来的“三不便”。李鸿章说，东西洋各国都是岛国，往往是三面或四面濒海，其口岸水深，可以随意驻泊大型军舰，大型军舰在这些港口中可以进出自如，而中国却不然。中国内陆无海，仅仅东面濒临大洋，各港口水浅，铁甲舰多不能进入，如果拥有铁甲舰，只可专门用之海战。除了赫德所指出的北洋的大连湾、南洋的南关等处所外，其他地方少有停泊铁甲舰之所，这是第一个“不便”，即“形势不便”。购买军舰必须要有修船的船坞，现今的福州、上海的船坞建造费用都在数十万金，却都不能容下铁甲舰。据说西方国家修建船坞动辄需要上百万，欲要购买铁甲舰，应先建设船坞。目前既缺乏合适的地方，又拿不出巨款，这是第二个不便，即“修整不便”。中国从来没有讲求过海上战争，铁甲舰虽然能壮声威，但必须有实能管带统领的人才，水师宿将如沈葆桢所保荐的李成谋、李朝斌、彭楚汉等人，虽然有勇有谋，但对于轮船的窍奥、西洋的兵法等一概没有很深的研究。至于船政学堂的学生，稍通西法，但未经战阵，观察他们的勇气和体质，多半比较脆弱，难以独当一面。何况南北两洋袤延数千里，花费白银三百多万两购买两艘铁甲舰，力量依然单薄，这是第三个“不便”，即“人才、财力不便”。之所以说李鸿章是强忍着拥有铁甲舰的迫切心情谈论“三不便”，是因为在强调“三不便”的同时，他依然假借别人之口，提出了可以购买两艘铁甲舰的建议。他说：“然外间议者皆谓，日本有铁甲船而中国独无，所以屡启戎心。西洋虽小国亦有铁甲数只，而中国尚缺，所以动生胁制。若欲自强，似不得不设法定购两只，逐渐造就将才，以为建威销萌之计。”[1]这实际上是与他在1877年2月27日写给赫德的信中所说的“铁甲船为防海所必需，中国尚无此物，如有合宜船只，价值又省，自可酌量购办”[2]的想法相一致的。由此可见，此时的李鸿章正面临着这样的矛盾：一方面，是阻碍拥有铁甲舰的三个最不利的客观因素；另一方面，是日本有铁甲舰而中国独无的严峻形势。李鸿章上此条陈，是有意将这一矛盾暴露于太后和皇帝面前，以便得到妥善解决，因为这一矛盾单靠李鸿章是无法解决的。

然而，解决上述矛盾谈何容易！在此后的三年中，始终无人拿出有效办法，这让李鸿章实在难以容忍。1880年3月29日，也就是在购买“超勇”和“扬威”两舰期间，李鸿章再也难以掩饰渴望拥有铁甲舰的心情，他向朝廷发出强烈呼吁：“中国永无购铁甲之日，即永无自强之日。”[3]

1880年3月，李鸿章终于等来了购买铁甲舰的机会。他听说英国政府愿意转让土耳其铁甲舰两艘，便动了购买的心思，由于英国方面的原因，此事不了了之，但这使得李鸿章的心再也收不回来了。7月9日，他十分焦急地给皇帝上了一道奏折，恳切地说：中国购办铁甲船之议已有许多年了，因为经费支绌始终没有买成。近来日本已经拥有了三艘铁甲船，因此敢于藐视中土，才有了侵台事件和吞并琉球之举。俄国因伊犁改约一事，也添派多艘兵船来华，其中就有大型铁甲船两艘，吨位很大，装甲非常厚，无非是依仗它拥有铁甲船的优势，来欺负我国没有铁甲船，其意特别居心叵测。如果铁甲船不是海防利器，英国为何一会儿同意卖给我们，一会儿又不肯卖给我们？如今欲整备海防，力图自强，非有铁甲船数只认真操练，不足以控制重洋。要建威销萌，断无惜费中止购买铁甲船之理。并且，李鸿章特别强调北洋需要两艘铁甲船。他说：

〔1〕《李鸿章全集》32，信函四，安徽教育出版社2008年版，第473页。
〔2〕同上，第5页。
〔3〕《李鸿章全集》9，奏议九，安徽教育出版社2008年版，第19页。

"北洋为京畿门户，处处空虚，无论何国有事，敌之全力必注重在北，若无铁甲坐镇，仅恃已购之碰快、蚊船数只，实不足自成一队，阻扼大洋，则门户之绸缪未周，即根本之动摇可虑。以臣愚见，北洋应再订造铁甲船二只，所需经费亟应豫筹凑拨。""臣明知订造铁船即使款项凑手，亦须三四年乃可来华，但不及今定办，以后更无可办之资、能办之人，而洋面毫无足恃。目前俄人窥犯，固无从镇扼；即日后他国凭陵，亦将何以抵御耶。伏求圣明规划久远，力破浮议，俯允所请，饬下户部及江浙各督抚臣，照拨两淮捐项及招商局按年拨还之款，俾资续造铁甲，为北洋捍门户，为京畿固根本。俟奉旨后，臣即电属李凤苞酌择洋厂一并订造。嗣后应办事宜，仍由臣次第妥晰筹议具奏。"

也许是李鸿章触动了光绪皇帝和慈禧太后的痛处，购买铁甲舰一事终于开始付诸实施。1880年7月11日，皇帝降下谕旨，指示李鸿章："当此筹办海防之际，不能因前议无成，遽尔中止。着照李鸿章所议，查照新式，在英厂订造铁甲二只。该督迅即知照李凤苞速行定议，早日造成，不可耽误时日。应以何厂何式为宜，尤当悉心酌度，认真经理，以期适用，毋为洋人所绐，虚縻巨款。至所称订造之船，应分闽省南洋各一只，北洋处处空虚，仅恃已购之碰快、蚊船数只，不足扼守，应再定造铁甲二只，俾资分布。所请将两淮商捐银一百万两，拨充造船经费，着户部议奏。各省拨借轮船招商局官款，每年应拨还银三十五万余两，该督请酌提招商局三届还款约一百万零，抵作订造铁甲之需，分年拨兑，即着照所议，由李鸿章咨明各该督抚商酌办理。"[1]随后，订购铁甲舰进入具体筹议阶段。

既然订购铁甲舰已经朝廷许可，那么，订购什么样的铁甲舰，由谁来订购就成了首要问题。

关于订购什么样的铁甲舰，李鸿章进行了多方求证，但他对西方人的说辞不敢轻易相信，主要采纳的还是自己人的意见。对西方海军颇有了解的刘步蟾给出了三种选择：一种是海口铁甲舰；一种是洋面铁甲舰；一种是铁甲冲船。李鸿章对此并无研究，只能写信给驻德公使李凤苞，让他考订详复。李凤苞后来回函称，关于铁甲舰不能截然分类，中国使用八角台式偶出大洋最为合适，

〔1〕《李鸿章全集》9，奏议九，安徽教育出版社2008年版，第109页。

此舰专门用于攻守海口，不能出洋作战，英国来华的铁甲舰也并非用于洋面作战的军舰，这种铁甲舰实际上就是刘步蟾所说的海口铁甲舰。对于李凤苞的解释，李鸿章认为，既然能够开来中国，岂有不能出洋交战之理！中国之购铁甲舰，原为抵御日本及西洋来华铁甲舰之用，此舰与之势均力敌，最为相宜，遂决定订购两艘海口铁甲舰。为了加快推进这一工作，李鸿章还特意呼吁总理衙门："念中国购办铁甲之举，自同治十三年中外倡议，忽忽已阅七年，迄无定局。幼丹以死谏，雨生以病争，鸿章亦不敢不任其责。此次既蒙尊处奏明，电询丹崖购备，正值海防吃紧之际，倘仍议而未成，历年空言竟成画饼，不特为外人所窃笑，且机会一失，中国永无购铁甲之日，即永无自强之日，窃为执政惜之。"〔1〕

那么由谁来订购呢？是否依然委托英国人全权办理呢？沈葆桢提出，如果由中国派员赴欧洲订购，恐怕要费很多周折，必然会浪费大量银子，不如仍然委托赫德、金登干在英国觅购。这一建议遭到李鸿章反对，李认为，赫德素来反对中国购买铁甲舰，而最近朝廷又刚刚否定了他总司中国海防的建议，在这个时候委托他购买铁甲舰不合时宜。更何况赫德这个人狡狠难制，实在不敢事事委托他来做。负责筹办铁甲舰是件大事，责任重大，还是要委任聚精会神、竭力筹谋之人，务求稳妥保密，让西方人知道我们中国也有人才。〔2〕最终，总理衙门采纳了李鸿章的意见，李遂委托自己极度信赖的两个人李凤苞和徐建寅，具体操办购舰事宜。

李凤苞，字丹崖，江苏崇明（今属上海）人，早年究心历算，精通测绘，捐资为道员。曾经筹办江南制造局、吴淞炮台工程局，并翻译科学技术书籍。1875年由丁日昌调充福州船政局总考工，次年，由李鸿章推荐，任船政留学监督。1878年，又由李鸿章推荐，出任驻德公使，专办采购舰船、军火事宜。徐建寅，字仲虎，江苏无锡人，是清末著名科学家徐寿的儿子。少时在江南制造局与李善兰、华衡芳等翻译自然科学书籍，后供职于天津机器局。继任山东机器局总办、福州船政局提调。1879年8月，奉调出任驻德使馆二等参赞。李鸿

〔1〕《李鸿章全集》32，信函四，安徽教育出版社2008年版，第519—520页。
〔2〕同上，第487、527页。

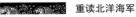

徐建寅为中国拥有铁甲舰付出了巨大努力

章之所以选定此二人操办购买铁甲舰事宜，是因为二人自然科学知识丰富，熟谙制造，特别是对造船有一定研究。

人员选定后，李鸿章特意嘱咐李凤苞，如有必须亲往料理，即速分身前去，幸勿大意。我将与南洋、闽省及总署尽力筹款汇寄。[1]李凤苞和徐建寅受命后，不负众望，兢兢业业，不辞辛劳，考察了英、法、德等国的海军基地和造船厂，汇集各国新式铁甲舰图样，详稽博访，去短取长。如转动是否灵捷，冲碰是否猛利，浮力是否宽裕，炮位是否合宜，隔堵保护是否周密，引水导气是否流通，等等。一板一钉，厚薄疏密，无不精益求精。经过考察，他们博采众长，最终选定德国造7600余吨的“萨克森”号铁甲舰为母型，吸收了英国造11800余吨的“英弗莱息白”号铁甲舰的某些优点，克服了上述两舰存在的弊端，在德国伏尔铿造船厂订购了两艘铁甲舰。徐建寅在日记中称这两艘英德合璧的铁甲舰为“当今遍地球第一等铁甲船”。对此，李鸿章非常称赞，他评价说：“盖在中国海面所用之铁舰，断推此种为上等矣！”[2]

1880年12月2日，按照德国海军部章程规定的合同款式，徐建寅拟定了向德国伏尔铿厂订购第一艘铁甲舰的合同，合同规定，造价620万马克。1881年1月8日，双方在合同上签字。3月18日正式开工建造。8月22日，李鸿章遵照总理衙门的指示，将其命名为“定远”。[3]在第一艘铁甲舰开工建造的同时，双方又议定了第二艘铁甲舰的订购合同，不久开工建造，李鸿章将其命名为“镇远”。两艘铁甲舰的总费用约合白银226万两。这样，中国海军向铁甲舰时代迈出了第一步。1884年11月7日，出使德国公使许景澄奉命查验了这两艘铁甲舰，充分肯定了两舰的建造质量。

〔1〕《李鸿章全集》32，信函四，安徽教育出版社2008年版，第527页。
〔2〕《李鸿章全集》9，奏议九，安徽教育出版社2008年版，第352页。
〔3〕《李鸿章全集》21，电报一，安徽教育出版社2008年版，第19页。

建造完成后拥有维多利亚式涂装的“镇远”舰

在德国伏尔铿厂建造中的“定远”舰

按照合同约定，“定远”应在1883年2月竣工验收，约4月开驶来华；“镇远”11月竣工。到1884年5月4日，“定远”两艘小艇、“镇远”四艘小艇均已配齐，2万镑艇价也已经汇丰银行电汇完毕。[1]5月29日，奉旨赴法办理中法事宜的李凤苞专门回德操办“定远”“镇远”来华之事。6月30日，李鸿章接到李凤苞电报，称原计划“定远”“镇远”两舰7月2日进坞，10日开洋，这让李鸿章心头一喜。可李凤苞又说，“倘启衅不便开，空赔俸工、保费二十万金”[2]，李鸿章的心头又紧张起来。原来，中法战争爆发，德国怕得罪法国，竟不顾合同规定，恪守所谓的局外公法，不准两舰来华，让李鸿章颇感无奈。8月22日，皇帝降下谕旨：“前购两铁舰需用孔亟，着李凤苞设法于德国妥商，赶紧驾驶来华，毋再延宕。”[3]9月20日，电旨又催。李凤苞出于无奈回函称：“铁舰两年来备全四次，将开又止。初次海部人散；二、三次遵商劻侯，以不可冒险；四次凉山事，电商暂候。昨奉电旨，又商外部，令公法师查云，倘任开去，为德背公法，必赔巨款。苞焦灼无能为力。”[4]直到中法战争结束后，德国才允许两舰驶来中国。1885年6月11日，中法两国条约刚刚签订，光绪皇帝即降下谕旨，命令两舰迅速回国：

> 中法详约已定，“定远”“镇远”两铁舰、“济远”钢舰即着驾驶来华。应如何选派员弁妥为管驾，着李鸿章、许景澄会商办理。[5]

1885年7月3日，“定远”“镇远”连同后来订购的“济远”舰，从德国的基尔港启程回国。一路上，在雇佣的数百名德国海军官兵的驾驶和护送下，历时近四个月抵达天津大沽。

10月28日，李鸿章饬令统领北洋水师的天津镇总兵丁汝昌、津海关道周馥，随带洋文凭单并原订合同前往验收，认真查勘。二人督同华、洋员弁分诣各船，按照合同仔细勘验并换旗。勘验结果是，伏尔铿厂基本履行了合同，两

[1]《李鸿章全集》21，电报一，安徽教育出版社2008年版，第148页。
[2] 同上，第172页。
[3] 同上，第263页。
[4] 同上，第301页。
[5] 同上，第548页。

舰的质量是有保证的。

11月17日，李鸿章亲自驰往大沽，登上“定远”和“镇远”两舰复勘，没有发现异常，便于第二天“乘坐‘定远’，并督同‘镇远’‘济远’各船展轮出洋，试验速率。是日北风甚劲，海涛汹涌，船行平稳如常，略无颠簸，酉刻驶抵旅顺口”。19日，“登岸履勘东西两岸台垒”，20日“丑刻起碇回津，未刻抵沽”。这次试航，李鸿章感觉，“核计往返水程与原订合同里数不甚差谬，而三船经过印度洋面，风浪险恶，轮轴屡经挫损，尚能照常迅驶，则其机器之精坚可知”。他回到天津感慨地说：“中国自创办师船以来，实惟此为攻坚御敌之利器。”但同时他也意识到：“惟有器尤须有人，以臣十数年来所建议经营，合数省之财力，縻数百万之金钱，始克有此巨舰，若以驾驶之任委之生手，实不放心。除酌留德国雇来员弁分派教练外，所有管驾暨大、二、三副，管轮、锅炉、升火人等，均挑选素在兵船之学生及船厂当差之熟手，以资得力。此次行驶大洋，已能运掉自如，但铁舰为西国专门名家之学，其机件之繁重，理法之精深，行阵之变化，中国弁兵人等尚难一蹴而就，惟有督策将领，细心讲求，切实训练，务求娴习，以期折冲制胜，仰慰宸廑。”他决定：“目下北河封冻，海军不便操练，拟令丁汝昌督率三舰及原有之‘超勇’‘扬威’两快船，前赴厦门、澎湖一带和暖之处，逐日勤操，俾弁兵胆艺渐臻纯熟，借以周历沿海形势风涛，俟来春二月，再驶回北洋，听候醇亲王等亲临阅看。”〔1〕

不久，毕业于福州船政学堂并有赴欧留学经历的刘步蟾和林泰曾，分别出任“定远”舰和“镇远”舰的首任管带。

〔1〕《李鸿章全集》11，奏议十一，安徽教育出版社2008年版，第231—232页。

来自英德的新式巡洋舰

海上战争与陆战不同，特别强调装备之间的密切配合，尤其是大型主战装备，大型作战舰只往往需要组成编队才能充分发挥效能。李鸿章虽然对近代海战的战略战术并不精通，但他隐约感到仅靠两艘大型铁甲舰是难以构成坚固海防的，必须添设性能先进，可与铁甲舰相配合的新式战舰。李鸿章说，“中国洋面辽阔，计‘定远’‘镇远’两船到后，仍属不敷分布”，必须另找解决办法。中国拥有了铁甲舰之后，必有精利快船辅佐巡洋，或做先锋，或为后应，以厚集其声势。1883年3月，海关总税务司赫德向李鸿章呈上一份英国船厂所造新式加大碰快船图样，每艘索价60余万两。赫德称，此舰可抵御铁甲舰，引起了李鸿章的注意，他立刻将图样寄给驻德公使李凤苞，让他悉心考校。李凤苞经考察回函称：“遍询各国海部，佥谓随铁舰出洋之船，必须能受风浪，能御敌炮，赫德所拟加大碰快船，一遇风浪，则炮难取准，偶受小炮，即船已洞穿，徒欲击敌而不能防敌击，终不足恃。”他了解到，“英法德所造，皆用二三寸厚铁甲，名曰穹面钢甲快船，可在大洋御敌交锋，为最新之式。定购一只，连克鹿卜后膛大炮三尊，约价三百十一万七千马克，合中国银约共六十二万余两，配用鱼雷筒及连珠小炮不在其内，其价与赫德所呈加大碰快船相等，而得力更多”。李凤苞所说的“穹面钢甲快船”，又称“穹甲快船”，李鸿章后来称之为“龟甲快船”，可以在大洋上与敌交锋，是当时欧洲最新式的军舰。所谓穹面，是指军舰上安装有“中凸边凹，形如龟甲”的甲板，从力学角度讲，这种甲板抗力强度更大。这种军舰“吃水十五尺八寸，实马力二千八百匹，压水力二千三百吨，每点钟驶行十五海里，约合中国五十里。其机舱等钢面约厚三寸半，炮台周围则有厚十寸之钢面甲，足可与铁舰相辅而行，实为海上战巡利器”。了解到这些情况之后，李鸿章当即电令李凤苞订购一艘，并妥议合同及详细程式。不久，李凤苞与德国伏尔铿厂达成协议，建造一艘，限期14个月竣工，到1884年春夏间与“镇远”舰先后开驶来华。所需船炮价银，分期陆续汇付，拟于北洋海防经费存项及招商局按年拨还官本内酌量匀凑，如有不足，由李鸿章再行请旨饬拨接济。李鸿章坚信，这艘军舰建成，可以使北洋海军之“规模渐扩，借可御外侮而壮声威”[1]。这艘穹面钢甲快船，被李鸿章命名为“济远”号。[2]

1883年12月1日，“济远”舰下水，[3]9月7日验收完毕。[4]可是，由于中法战争的影响，“济远”与“定远”和“镇远”一样，被滞留德国，直到1885年10月底，才开来中国。

购买“济远”舰的过程是顺利的，正当李鸿章和李凤苞都为完成了一件大事而感到欣慰的时候，新的问题出现了。“济远”舰开来中国不久，国内就有人对这艘穹甲巡洋舰提出了质疑，说这艘军舰的样式是德国人弃之不用的，因为它的水线没有防护，遇到小的炮弹即会被洞穿。它的穹甲低于水面4尺，浮力无几，一旦海水进入隔堵，其翻侧就在所难免，此时炮塔势必上重下轻，难以驾驶，危险特甚。另外，还指出了其他一些问题，比如煤的容量太小，炮房空气不流通等。质疑“济远”舰的人还说，“济远”舰存在的上述问题，从一开始就被发现了，李凤苞之所以依然坚持购买，是因为他收受了德国方面的贿赂。[5]

那么，这些质疑是否真实呢？

“济远”舰确实存在一些弊端，它暴露了德国在设计、建造穹甲巡洋舰之初技术的不成熟；至于李凤苞是否收受了德国人的贿赂，则不能肯定。时至今日，也未发现李凤苞收受德国人贿赂的证据，相反，史料确切地记载，在建造过程中，李凤苞已经发现了“济远”舰存在的问题，为了纠正这些问题，他曾与德方交涉，最大限度地对问题进行了修正。修正后的“济远”舰，部分问题

---

〔1〕《李鸿章全集》10，奏议十，安徽教育出版社2008年版，第158页。
〔2〕《李鸿章全集》21，电报一，安徽教育出版社2008年版，第96页。
〔3〕同上，第101页。
〔4〕同上，第287页。
〔5〕中国史学会主编：《洋务运动》（三），上海人民出版社1961年版，第398—399页。

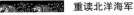

带有三根桅杆的“济远”舰

得到了有效解决。之所以有人把“济远”舰存在的问题与李凤苞收受贿赂联系在一起，一方面是有人不了解事情的真相，另一方面，在质疑的人中有部分清流文人，他们对李鸿章操纵购买军舰心怀不满。

对李凤苞的指责在当时闹得沸沸扬扬，连皇帝和太后都惊动了，皇帝上谕称：“有人奏出使德国之李凤苞系负贩小夫，略通西语，钻营保荐出使以来，不遵定制，私带武弁，并有挟妓出游，恣情佻达情事等语。使臣职任关系紧要，所参李凤苞各节是否属实，着李鸿章访查明确，据实具奏。”李鸿章对此感到十分紧张，对所参内容进行了多方查证，证明并非事实，向朝廷一一陈明。他说：“该大臣驻德四年以来，书问时通，于泰西各邦船炮、机器、军政、新法探讨入微，心精力果，一时罕有其匹。即于各国交涉事宜，亦能不激不随，洞中肯綮，实无贻误之处。原参各节，自由传闻之讹，应请无庸置议。”[1]然而，李鸿章还是盼望着“济远”舰早日回国，以向世人证实李凤苞的清白。

“济远”舰开到大沽后，李鸿章迫不及待地命令展开勘验。丁汝昌、周馥等人按照合同约定，对“济远”舰的各个部位进行了仔细检查，并写成完整报告，上报朝廷和李鸿章。从丁汝昌、周馥等人的勘验结果来看，他们虽然发现了“济远”舰存在“机舱较窄”等不尽人意的弊端，但没有发现更严重的问题，这说明“济远”舰在建造之初暴露出的一些问题，在后来的建造过程中得到了

〔1〕《李鸿章全集》10，奏议十，安徽教育出版社2008年版，第149页。

较好的解决，不像有些人指责的那样糟糕。在1885年11月17日的复勘中，李鸿章又亲自对“济远”舰进行了仔细观看，也没有发现严重问题，他心里的一块石头才落了地。[1]可是李凤苞却没有因此得还清白，还是被清政府撤职召回国内。

在建造“济远”舰过程中出现的一些问题，并没有使李鸿章停止建设北洋海军的步伐，相反，福建水师在中法战争中的惨败，大大刺激了他，促使他推动清政府开始了新一轮的购舰热潮。

就在国内舆论指责“济远”舰的时候，驻英国公使曾纪泽和驻德国公使许景澄奉李鸿章之命，在英德两国，开始了新一轮考察军舰的活动。李鸿章的计划是在这两个国家，按照“济远”舰的设计，各购买两艘巡洋舰。曾纪泽并没有草率行事，他向李鸿章报告说，前期刘步蟾告诉他，德制军舰上重下轻，待“定远”等三舰到华后，察其利弊，再定新舰。对此李鸿章并不同意，他说，刘步蟾说的话不可靠，前期“超勇”和“扬威”装有巨炮，也有人担心会上重下轻，可这两艘舰不是行驶得很好吗?“定远”等舰到华须10月份，不必等待，赶紧定购。[2]曾纪泽为了避免出现类似“济远”舰的情况，与英国海军界和造船界广泛接触，力争掌握最新巡洋舰发展的动态。在这期间，他结识了阿姆斯特朗公司的舰船设计师威廉·怀特。怀特向曾纪泽介绍了他的最新穹甲巡洋舰的设计方案，这一方案不仅克服了“济远”舰存在的问题，而且与“济远”舰相比有十大优点：第一，外面形状虽然与“济远”舰相似，但新船首尾两端及炮位，距离水面较高；第二，军舰武备没有大的差别，可以增添6寸口径炮三门，这一点是十分重要的，炮架安装方法也比“济远”舰优越；第三，新造军舰最优越的地方在于以蜂窠法分割房间；第四，穹甲与“济远”舰坚固程度相同，而浮力却比“济远”舰平稳；第五，新舰不使用直甲板，没有“济远”舰上重下轻的弊端；第六，新舰可以保护把舵机；第七，新舰设置了能够保护舰长的望台；第八，新舰的轮机在航海中是最上乘的，不仅省煤，而且其锅炉房都有隔间；第九，新舰速率比“济远”舰增加3海里，马力也是后者的两倍；第十，

---

〔1〕《李鸿章全集》11，奏议十一，安徽教育出版社2008年版，第231—232页。
〔2〕《李鸿章全集》21，电报一，安徽教育出版社2008年版，第575—578页。

装煤是“济远”舰的三倍。[1]通过与“济远”舰的比较，怀特凸显了新造军舰的优势，他最终给“济远”舰的评语是：“‘济远’舰名快船而不快，有铁甲而不能受子。”怀特的分析，迅速引起了曾纪泽的极大兴趣，他相信这位造船专家的判断，拟采纳怀特的设计方案。

1885年11月2日，李鸿章在给总理衙门及醇亲王奕譞、庆亲王奕劻的电报中报告了他与曾纪泽讨论英制军舰装甲问题的经过：

> 二十日接曾电：钢面快船，泽订全穹甲，以滑力拒炮子，较升出中腰穹甲傅厚甲于外者坚稳相等，不改为妙。鸿复电：穹甲以护机舱，若高出水面，则两旁水线上下易被炮穿伤机器。添水线甲十寸、八寸，约加银若干，吃水加深否，速仍十八海里否。二十一日曾电：穹甲边斜处正当水线上下，斜甲四寸，坚于竖甲十寸，机舱不危，上有分间舱盛煤，坚如六寸甲，可护机舱。若加甲，价约加五之二，吃水加深，速率亦减。鸿复电：水线下尺许，炮子能穿穹甲斜至水线下若干尺，隔堵盛煤御炮，阿厂新法。或谓煤用尽，则无弊。又，煤入子易燃。但令机舱不危，自可不改。曾二十五日电：穹甲边抵于水线四尺，非行极远，不动边舱煤。煤焚缓易浇等语。鸿按穹甲形如龟背，专护下舱机器。曾既称机舱不危，似可照式订造。且据称，若加水线甲胎，须加价五之二，速率亦减。船价银已拨定，碍难加拨。此系仿英快船式，与德式微异，各有所长。[2]

与此同时，许景澄在德国也展开了工作。他也力避“济远”舰的弊端，与伏尔铿船厂进行了认真磋商，最终选定了一种方案。该方案与“济远”的设计完全不同，是拥有铁甲堡的装甲巡洋舰。许景澄向李鸿章报告说，初拟采纳“定远”和“镇远”的铁甲堡式，水线以上装甲8英寸，以下装甲6英寸，前横壁连台装甲10英寸，后壁五舱平甲1英寸。全舰装甲仿照“济远”式穹甲，升高5英寸，吃水加6英寸，价格在300万马克。李鸿章似乎对许景澄上报的样式

〔1〕《薛福成日记》下，吉林文史出版社2004年版，第568页。
〔2〕《李鸿章全集》21，电报一，安徽教育出版社2008年版，第603页。

不十分满意，遂提出要求：请照“济远”式穹甲升高5英寸，加长8英尺，加宽1英尺，只是船底钢板宜略加厚，价格不得超过300万马克。希望从伏尔铿厂酌定两艘，并电告曾纪泽，按照相同的样式及价格，在英国船厂也定造两艘。就这样，经过反复商讨，在英德两国船厂定购军舰的样式就初步确定下来了。在英国船厂建造的两艘巡洋舰，虽然基本上按照李鸿章的指示，照德国船厂的设计建造，但还是进行了一些改进。不过，李鸿章提出的“吃水浅，用炮重，钢甲厚”的原则得到严格遵守，并将航速由原定的16海里，增加到18海里。总造价95000英镑。[1]

1885年9月19日，许景澄与德国伏尔铿船厂草签了两艘巡洋舰的定购合同，规定从合同草签之日起，第一舰18个月造成，第二舰21个月造成。不久，曾纪泽也与英国阿姆斯特朗公司签订了定购合同，规定从合同草签之日起，第一舰18个月交收，第二舰20个月交收。李鸿章商派福建船政匠首陈和庆赴德国验料，艺徒裘图安、曾宗瀛等两人赴德国监工；派福建船政匠首黄戴赴英国验料，艺徒张启正、林鸣埙等两人赴英国监工。[2]

1886年9月5日，李鸿章将在英国定购的两艘巡洋舰命名为“致远”和“靖远”，随后，又将在德国定购的两艘巡洋舰命名为“经远”和“来远”。在建造过程中，“经远”和“来远”也进行了一些改动，据许景澄奏报，该两舰照“济远”式加宽、长，加水线甲，加双层底。他向李鸿章报告说，这样“颇为周密，速率仍十五海里，似可并行不悖。惟每船加价四十七万马，合银八万余两，计定两船，应加银十六万余两。”李鸿章赞同这一调整，并向总理衙门报告，希望将增加的费用十六万余两拨付，由汇丰银行存息内匀付。皇帝很快同意了李鸿章的请求，指示户部按数额筹拨。[3]

四个月以后，四艘军舰陆续完工。“致远”级排水量2300吨，马力5500匹，航速18海里；“经远”级排水量2900吨，马力3400匹，航速15.25海里。

对于如何接收这四艘新舰，李鸿章做了精心安排。他借鉴接收“超勇”和“扬威”两艘军舰的成功经验，决定选拔优秀官兵出洋接收，驾驶来华，认为

〔1〕《李鸿章全集》21，电报一，安徽教育出版社2008年版，第583—584页。
〔2〕同上，第588页。
〔3〕同上，第605页。

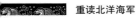

“致远”舰下水时举行了隆重的典礼

“致远”舰在英国试航

中英代表在“靖远”舰下水典礼的观礼台上。右五为中国驻英公使曾纪泽

在德国试航中的“经远”舰

在德国建造的“来远”舰

这样既没有雇用外国官兵花费太高的烦扰，又可使官兵在归国沿途得到锻炼。他报告朝廷的方案是：提督衔英员琅威理，正在北洋会同丁汝昌操练水师，此人精通船学，又与弁兵情谊相孚，堪以派充总理接船事宜。副将衔参将邓世昌，上次随丁汝昌出洋接收“超勇”和“扬威”两舰，充当管驾，情形熟悉，应令他随同前往，凡是涉及中国文报银钱等事，责令他一手经理，并兼管带第一号快船，偕同派定第二、三、四号快船管驾都司叶祖珪、林永升，守备邱宝仁及弁兵舵水人等四百余名，拟于1887年3月由天津起程。琅威理先于2月搭船前往英德两国船厂验视，并等候邓世昌等四船弁兵乘坐招商局轮船于5月间抵英接收新船，琅威理仍带两船弁兵乘招商局原船赴德厂一律验收，升换中国龙旗，在英国会齐后回华。[1]清政府批准了这一方案，随后在李鸿章的安排下，一行人按时出发了。

1887年8月22日，“致远”“靖远”以及在英国定造的大型鱼雷艇“左队一”号，齐集朴次茅斯军港，不久，“经远”和“来远”也从德国赶来会合。9月12日，四舰和一艘鱼雷艇在琅威理的率领下起锚离开英国，踏上归国的旅程。

12月，四舰抵达厦门，当时北洋已经封冻，李鸿章令琅威理率舰在厦门海口操练过冬，并派丁汝昌督带所部各舰前往厦门会同琅威理逐一验收。第二年春天，北洋解冻，李鸿章命丁汝昌率领四舰驶往北方，正式编入北洋舰队。四舰到达大沽后，李鸿章亲自登舰察验舰身、炮位及机器马力等项，并率同水陆营务处津海关道周馥等出海验驶，顺赴奉天之旅顺口、大连湾，山东之威海卫各防所，查勘船坞、炮台工程形势，与诸将领筹布一切。[2]他对这批军舰的性能感到满意。

1888年6月6日，李鸿章请旨对验收接带四艘巡洋舰回国的相关人员进行嘉奖。李鸿章在奏折中说：“该员邓世昌等远涉英、德两国，往返重洋数万里，驾驶四快船，并拖带新购英厂鱼雷艇一号回华，虽迭经风涛巨险，未用洋行保险之费。上年南洋小吕宋一带，曾有英国兵船及日本在法国新制兵船各一艘，先后遇飓风失事，该四船独能保护慎密，一路均臻稳妥。且沿途勤苦操练，严

〔1〕《李鸿章全集》12，奏议十二，安徽教育出版社2008年版，第34页。
〔2〕同上，第374页。

明纪律，所经各国皆称为节制之师，洵足壮军威而张国体。”所以，给予邓世昌等人奖励，其中叶祖珪并赏给捷勇巴图鲁名号，林永升并赏给御勇巴图鲁名号，邱宝仁并赏给劲勇巴图鲁名号，刘步蟾并赏给强勇巴图鲁名号。[1]除此之外，英、德两国出力人员也受到了奖赏。

就这样，“致远”“靖远”“经远”“来远”这四艘凝结了若干人心血，耗费了大量白银，代表了当时西方造舰新水平的巡洋舰，从此成为北洋海军的中坚力量。清廷上下，均感欣慰。皇帝、太后眼见北洋舰队规模初具，希望顿生，特给李鸿章下达旨意，要求“水师各船仍严饬管带各官认真训练，务期精益求精，克臻实效”[2]。

另外，在购买铁甲舰和巡洋舰的同时，李鸿章还秉持“北洋创设海军，必须购制出海鱼雷大快艇，与铁甲快船相辅而行，方于战守有益”的原则，在北洋海军成军以前购买了六艘鱼雷艇，其中最后一艘被李鸿章誉为“新式头等出海鱼雷快艇”，它长125英尺，宽13英尺，吃水6英尺6寸，马力1000匹，每分钟航行2.6英里，购价6000英镑，由“致远”等舰拖带来华，[3]命名为“左队一”号。其他五艘分别命名为“左队二”号、“左队三”号、“右队一”号、“右队二”号和“右队三”号。

总而言之，经过李鸿章等人的不懈努力，到1888年正式成军为止，北洋海军共拥有各种军舰25艘。当然，对于这样的成绩，李鸿章并没有感到满足，他认为这仅仅是海军建设的开始，按照他高度关注的《北洋海军章程》的规定，北洋海军还要继续发展，等国库稍微充裕，再添置大快船1艘、浅水快船4艘、鱼雷快船2艘。等到战舰可敷用之时，再另添鱼雷艇6艘、练船1艘、运船1艘、军火船1艘、测量船1艘、信船1艘，合之原有者共得战舰16艘、雷艇12艘、守船6艘、练运等船8艘，共大小43艘。[4]这便是李鸿章建设北洋海军的初期目标，只是此时清政府还拿不出钱来实现这个庞大的计划。尽管如此，李鸿章的愿望也足以让大清国的潜在敌人日本坐卧不宁，寝食难安了。

---

〔1〕《李鸿章全集》12，奏议十二，安徽教育出版社2008年版，第394页。

〔2〕同上，第384页。

〔3〕同上，第408页。

〔4〕《北洋海军资料汇编》下册，中华全国图书馆文献缩微复制中心1994年版，第746—747页。

陆将与海将：

饱受争议的北洋水师提督

甲午战败，多少愤怒的声音在追问战败之责，人们的反思，把一个个参与战争的人推到了风口浪尖。有一个人在120年中始终跳跃在政治家、史学家，甚至是文学家的笔尖上，这个人就是北洋水师提督丁汝昌。丁汝昌究竟是“陆将”还是“海将”？他的身份定位到底对甲午战败产生了怎样的影响？

1895年2月11日，率领北洋舰队在威海卫与日军进行了几个月残酷厮杀的丁汝昌饮恨自杀了，身后是人们对他的纷纷争议。日本海军大尉、子爵小笠原长生在甲午战后的一次演讲中，重点评说了北洋水师提督丁汝昌。在他的口中，丁汝昌是一位豪杰式的人物。他说，近来人们常提到丁汝昌，据我所知，他和其他中国将帅略有不同，我觉得他是一位具有古代豪杰风度的人物。他据守在威海卫内刘公岛，对日本陆海军的进攻进行了英勇的抵抗，竭尽全力之后，最终自杀以救部下，这实在是战则以义而战，降则以义而降。刘公岛上的士兵也和其他中国士兵不同，虽说善于防御，但主要还是由于丁汝昌平素重义爱兵所致。英国远东舰队司令斐利曼特对丁汝昌的评价是“刚毅而爱国”〔1〕。然而，在清政府中，有人将丁汝昌斥为“忍耻偷生，迁延首鼠，被天下之恶名，万国之讪笑”〔2〕的罪人。中外评价差距如此之大，代表了甲午战后对待丁汝昌的两种不同态度。直至今天，研究甲午战争的人们依然没有给出确切的结论。

丁汝昌究竟是一个什么样的人呢？当年李鸿章为什么要选择丁汝昌出任他苦心经营的北洋水师的最高领导人呢？这必须从头说起。

〔1〕戚其章主编：《中日战争》7，中华书局1996年版，第266、294页。
〔2〕戚俊杰、王记华编：《丁汝昌集》，山东大学出版社1997年版，第533页。

加入太平军的传说

丁汝昌，原名先达，字禹廷、雨亭，号次章，生于道光十六年十月初十日（1836年11月18日），祖籍安徽庐江县北乡石嘴头村（今庐江县石头镇丁家坎村）。丁汝昌出生于一个贫苦农民家庭，幼时母亲亡故，由祖母抚养。不满3岁祖母病故，便与父亲丁志瑾相依为命。7岁入乡私塾读书，后因家乡一带屡发水灾，上了三年便辍学回家，过起了放牛娃的生活。11岁在家乡附近白石天河的渡口给人放鸭子，闲时也摆渡。15岁父亲亡故，孑然一身，不得不自食其力。此后，先帮族叔做豆腐，但因“劳而无值”，生活十分清苦，又转而从事其他体力劳动，整日劳作不止。

丁汝昌

1854年1月，太平军攻占庐江县城，次年秋天，丁汝昌参加了太平军。关于丁汝昌为何参加太平军，在丁的家乡流传着两种不同的说法。一种说法是，1855年的春天，丁汝昌在距家乡不远的白立河口白河村“六担塘”与众村民挑秧泥，一个来自北方的流浪的牵骆驼人从圩埂上经过，与众人开了一个玩笑，说塘里有好大一个“红顶子”，意思是塘里要出做官的人。有一小伙伴便用泥巴做了一个泥顶子戴在丁汝昌头上，戏弄他说：“这个做官的人就是你。”丁汝昌性起，指着肩上的扁担对小伙伴说：“我把这根扁担抛向空中，如果扁担能够站住，我就去参军。”因为在那个年代，要当官有三条路，一是科举考试，二是用钱捐，三是参军。对丁汝昌来说，前两条路是走不通了，只剩当兵这一条路。说着，丁汝昌将扁担抛向空中。没想到，扁担落地直插泥中，稳稳地站住了，众伙伴欢呼不已，丁汝昌便生了参军的念头。[1]

另一种说法是，在帮族叔做豆腐期间，有一次不小心，丁汝昌把豆腐挑子弄翻了，族叔打他，他跑回村子，告诉别人想出去当兵。当年春节祭祖的时候，丁汝昌虔诚地磕头，外面的公鸡突然叫了三声。旁边的一个小伙伴逗他说：“你要能当成兵，除非公鸡再连叫三声！”果然，公鸡又连叫了三声。丁汝昌相信，他一定能当成兵。于是，就在太平军攻克庐江县城的时候，他加入了太平军。[2]

虽然上述两个故事给出了两种不同的参军动机，且都是民间传说，难以确信，但有一点是毫无疑义的，就是据《江表忠略·程学启列传》载，丁汝昌于咸丰三年十二月（1854年1月）参军，参加的是太平军，而非清军。

在太平军中，丁汝昌随程学启部防守安庆，在安庆的五六年中，他都做了哪些工作，参加了多少次作战，均无史籍可考。

1860年，湘军曾国藩、曾国荃、多隆阿、胡林翼、李续宜等5万余精锐，水陆并进，围攻安庆。当时，程学启部奉太平军安庆守将叶芸来之命扼守安庆北门外的石垒，屡挫强敌。曾国藩兄弟施展瓦解敌军计谋，策反程学启，程于1861年3月29日夜，率手下82人出城投降，投入曾国藩季弟曾贞干营。丁汝昌因与程学启“倾怀效能，意气相得”，而在这82人之中。曾国荃当时给友人的信中谈道：“安庆之贼，现添小划二三十号。据降贼供称，城中各头目均造划船，如三月后待援不至，则由大江逸出。”[3]这里说的“降贼”，当指程学启等83人。1864年4月26日，李鸿章在《为程学启请恤折》中奏报的内容也可证实：“伏查程学启籍隶安徽桐城，遭乱被掳，英逆四眼狗欲重用之，程学启以该逆荼毒百姓，尝自逃去，为贼追回，拘絷不得脱。咸丰十一年四月间，今浙江抚臣曾国荃督军进逼安庆，程学启密赴曾贞干营中纳款，曾国荃兄弟见其

〔1〕夏冬波：《丁汝昌十考》，《巢湖学院学报》2005年第7卷第6期。
〔2〕戚其章：《探访丁汝昌身世之谜》，《百年潮》2005年第5期。
〔3〕《曾国荃全集》3，书札，岳麓书社2006年版，第102页。

志趣忠勇，迥异寻常降将，遂留营带队攻剿。旋克复安庆省城，程学启之功居多，经督臣曾国藩等奏报在案。”[1]这样，丁汝昌就成了湘军的一员，被编入程学启的开字营，任哨官。

〔1〕《李鸿章全集》1，奏议一，安徽教育出版社2008年版，第477页。

曾在长江水师任职

在湘军中，丁汝昌待的时间并不长，只有一年左右，在这段时间里他又做了些什么，史料也无详细记载。李鸿章在后来的一份奏折中透露了丁汝昌曾经在湘军中做过的一份新工作，那就是统带战船。李鸿章说："该提督曾在长江水师管带炮船，嗣随刘铭传统带铭军转战南北，功绩卓著，干局英伟，忠勇迈伦。"[1]

对于李鸿章的这一说法，有些学者并不认同，他们认为，李鸿章在向朝廷奏报以丁汝昌统领北洋海军时，将其说成"曾在长江水师管带炮船"，一是为了掩盖丁汝昌在太平军的那段不便公开的历史，二是为了捏造丁汝昌的一段水师经历，以争取朝廷的批准。[2]笔者则认为，这种观点实属推测，并无事实依据。丁汝昌已经受到慈禧太后的赏识，无须再掩盖他的太平军出身来证明他的忠勇；在李鸿章上这封奏折时，丁汝昌在北洋差遣已有四年，李鸿章完全可以通过列举他在这四年中的劳绩，来证明他是称职的海军统领，并不需要捏造若干年以前任职长江水师的经历，以增加朝廷对他的信任。相反，在正式奏报中弄虚作假，有欺君犯上之嫌疑，李鸿章根本就没有必要冒这个风险。再者，当年曾国荃围攻安庆时，多次谈到被守安庆的太平军水师困扰的情况，说明太平军利用水师作战是常态，丁汝昌或许也参与过水师作战亦未可知。所以，丁汝昌在旧式水师中统领过炮船是完全有可能的。又有学者说，长江水师建成于

〔1〕《李鸿章全集》9，奏议九，安徽教育出版社2008年版，第509页。
〔2〕戚其章：《探访丁汝昌身世之谜》，《百年潮》2005年第5期。

1865年底，此时丁汝昌早已转入淮军，在刘铭传手下统带铭军，如何能在长江水师中统领炮船呢？实际上，长江水师是在湘军水师的基础上逐渐建成的，年头多了李鸿章显然是把两者混为一谈了，奏折中所说的长江水师，指的就是湘军水师，而非长江水师。

1862年春天，曾国藩命令李鸿章在江淮一带招募淮军，并调程学启开字营两个营作为淮军基础，丁汝昌又随开字营入淮军，继续任哨官。由于此时丁汝昌的官职低微，他的事迹不可能直接进入李鸿章的视线，他的作战详情也不可能大量记载于淮军档案中。不过根据他随程学启作战这一事实，我们对他的作战经历可以做出初步判断。李鸿章《为程学启请恤折》中对程学启的作战情况有这样的描述：

> 其时，臣在安庆，熟闻程学启智勇可任，适奉命赴沪，仓卒召募，几不能军，请带程学启所部两营东来。曾国藩、曾国荃念臣孤行危地，无以自立，慨然允准。同治元年三月，臣与程学启等至沪，五月虹桥之捷，八月北新泾之捷，十月四江口之捷，皆杀贼近万，大挫凶锋，实赖程学启多谋善战，以少击众，威名自此大振。[1]

丁汝昌一定也参加了上述战斗。随后，他进入刘铭传帐中，陈诗在《丁汝昌传》中有描述：“汝昌佐学启于泗泾、新泾、四江口诸役，每战辄先登。合肥刘壮肃铭传领铭字营，同战四江口，见其骁果，异之，乞置帐下。”[2]这一说法，虽属陈诗的一家之言，然并无不妥，故信之。此后，丁汝昌跟随刘铭传转战各省，追剿捻军，凭战功不断晋升，军衔由千总经守备、都司、游击、参将、副将，于1868年8月擢升总兵加提督衔，进入淮军高级将领行列。正如池仲祐在《丁军门禹廷事略》中描写的那样：丁汝昌“由行伍随刘壮肃公（铭传）攻克江苏常州府、安徽广德州，皆拔帜先登。嗣追贼宁国，阵毙贼目黄和锦。进剿徐州，援济宁，克长沟寨，解安徽雉河集、河南扶沟之围，克复湖北

---

〔1〕《李鸿章全集》1，奏议一，安徽教育出版社2008年版，第477页。
〔2〕戚其章主编：《中日战争》12，中华书局1996年版，第381页。

黄陂县城。五年，毙捻逆任柱于赣榆，大捷于寿光。六年，平西捻于徒骇河。大小百数十战，摧坚陷阵，常为先锋。积功荐保至记名提督、协勇巴图鲁”[1]。

正当战场上如鱼得水，官场上一帆风顺之际，1874年，丁汝昌突然离开军队，回到安徽老家，过起了闲居生活。

---

〔1〕《北洋海军资料汇编》下册，中华全国图书馆文献缩微复制中心1994年版，第1307—1308页。

辞淮军归故里之谜

1870年10月，丁汝昌跟随刘铭传赴陕西配合左宗棠镇压陕甘回民起义。据丁汝昌的同乡、庐江人士陈诗在《丁汝昌传》中载，恰在此时，丁汝昌与刘铭传发生了矛盾。陈诗记述道：

> 时议裁节饷，刘欲裁马队三营，置汝昌于闲散。汝昌时别屯，陈书抗议。刘怒其梗，命将召至而戮之。有相告者，汝昌亟率亲信十二人乘马驰归里。衣锦言旋，意度豪迈，分金犒从者，故旧亲戚罔弗周恤，以马赠人，饮博自喜。[1]

陈诗表达的意思非常明确，那就是丁汝昌离开铭军是因其与刘铭传有矛盾。这一观点在人们难以查实丁汝昌离营原因的情况下流传甚广，许多人深信不疑。陈诗的观点是否确实呢？这就需要进行一番考察。

1871年年初，刘铭传“移驻乾州后，曾拨记名总兵丁汝昌、蒋希夷等各率马队百余名，分往延安、定边一带察看地势”[2]。说明此时刘铭传与丁汝昌的关系是正常的。不久，刘铭传以秦陇间兵警渐息为由，奏请撤回淮军，并以“头风肝气，坐卧难安，渐入秋寒，愈增羸剧”请赏假回籍调治。1871年10月22日，刘铭传再以“痼疾难瘳”奏请假期三个月，并请饬前甘肃提督曹克忠到陕西接

[1] 戚其章主编：《中日战争》12，中华书局1996年版，第381—382页。
[2]《刘铭传文集》，黄山书社1997年版，第10—11页。

淮军将领刘铭传

统所部铭军。[1]这次刘铭传终于获得了朝廷的批准，于年底离营回籍。此后，刘铭传再也没有重掌铭军兵权。1880年11月，李鸿章曾有刘铭传"退归十年养精韬晦"[2]之说，也可证实刘铭传离开铭军的大体时间。

刘铭传离开铭军时，丁汝昌在哪里呢？当然是在新的统领曹克忠手下继续执行军务。然而，曹克忠与"所部铭军兵将既不相洽"，导致铭军武毅右营于1872年7月间发生哗溃。朝廷认为，"若不易人统带，必至以百战劲旅悉行溃散，后患殊深"，立即传令"向随刘铭传在营带队，约束严明，最称得力"的遇缺提奏按察使刘盛藻，"兼程前赴天津，听候李鸿章面授机宜，迅行赴陕接统铭军，不得稍涉迟回，致滋贻误"。正当李鸿章按旨操办之时，1872年10月26日，他接到了驻防长武的铭军统带总兵丁汝昌的奏禀："甘军杨世俊所部骑营红白旗马队在马营监溃变，裹胁颇众，由秦州东窜清水，欲犯陕疆。曹克忠亲统乾州马步七营，于九月初七日由扶、岐大路往堵……"有鉴于此，陕西巡抚邵亨豫致函李鸿章，盼望刘盛藻速往，且谓铭军必须留镇以维大局，势不能遽议撤回。[3]署陕甘总督穆图善亦"请将总兵丁汝昌、副将潘万才所带铭军马步八营暂缓遣撤"，获朝廷批准。[4]

典籍中再次出现丁汝昌的名字是在1875年5月。在陕西彬县大佛寺石窟中存有两块石碑，分别是"重修大佛寺碑"和"监修大佛寺官员及董事绅民各工匠姓名碑"。《重修大佛寺碑记》是时任陕西邠州直隶州知州吴钦曾撰写的，内称他倡议劝捐重修邠州大佛寺时，恰逢刘盛藻"自乾按邠阅所部"，"允以淮军独任其举，即饬营务处阎观察光显、丁提督汝昌、潘协戎万才、刘参戎学风

〔1〕《刘铭传文集》，黄山书社1997年版，第21页。
〔2〕《李鸿章全集》9，奏议九，安徽教育出版社2008年版，第226页。
〔3〕《李鸿章全集》5，奏议五，安徽教育出版社2008年版，第206—207页。
〔4〕《清实录》（影印本）51，中华书局1987年版，第490页。

偕予董其事以监修，遂诹吉于甲戌二月庀材鸠工，洗其尘而扫其苔，倾颓者振兴之，塌落者筑砌之，东边新建官厅三间焕然为之一新，渐次落成，忽于七月刘君奉调移师海防，都戎杜景贤留此监修”。这里的“甲戌二月”即同治十三年二月，亦即1874年三四月间，七月即1874年八九月间。也就是说，淮军官员参与重修大佛寺是在1874年三四月至八九月间，八九月之后铭军奉调离陕。而据李鸿章1877年11月26日《奏保丁汝昌片》，丁汝昌是在1874年五六月间“交卸离营”[1]的，这说明在铭军奉调离陕前，或者说在淮军官员参与重修大佛寺期间，丁汝昌离开了铭军。《监修大佛寺官员及董事绅民各工匠姓名碑记》中载，丁汝昌在所有参与监修大佛寺的官员中位列第三，排在“钦加布政使衔总统铭字武毅马步等军遇缺题奏按察使法克精阿巴图鲁”刘盛藻和“总理铭字武毅马步等军营务处三品衔湖北遇缺题补道”阎光显之后，其官衔、勇号全称是“钦加提督衔遇缺题奏总镇统领铭右全军协勇巴图鲁”。[2]自此以后，直到1877年重新出山，丁汝昌一直在家闲居，他的名字也就从档案文献中消失了。

上述考察表明，丁汝昌在刘铭传离开铭军之后，依然在铭军中服役了很长一段时间，于同治十三年四月，即1874年五六月间“交卸离营”。如此看来，丁汝昌离开铭军当与刘铭传没有直接关系，陈诗所述丁汝昌因与刘铭传有矛盾而离开铭军的说法属子虚乌有。至于丁汝昌在何地、因何离开铭军，至今尚不可知。

丁汝昌离开淮军的时候，他的家已经由庐江县搬到了巢县。回家后，他和妻子魏氏一起养花种树，修塘建亭，悠闲自得。可也时常烦闷，总觉得自己曾是驰骋疆场的大丈夫，就这样不明不白地隐居乡里，不能为国效力，心里失落异常。据魏应涛《诰授一品夫人魏夫人事略》载：“同治甲戌，军门以事罣误，罢兵归里，居常愀然，夫人宽之曰：‘有薄田数亩，足治饔飧……建功立业自有时也。姑待之。’”就是说，在他心情极其郁闷的时候，是他的妻子魏夫人告诫他要安心等待为国效力的机会。

丁汝昌的妻子魏夫人，也是个了不起的女子，她是丁汝昌的继配夫人。据

[1]《李鸿章全集》7，奏议七，安徽教育出版社2008年版，第472页。
[2]常青：《彬县大佛寺石窟所见清提督丁汝昌事迹铭记》，《文献》1997年第4期。

夏冬波先生考证，丁汝昌的亲生父亲叫丁志瑾，讳灿勋，生二子，长子丁先联，早年夭亡。次子丁先达，即丁汝昌。丁汝昌兼祧堂叔丁志宏为嗣。“双祧”的丁汝昌，共有五房夫人。在丁灿勋门下，先后娶了两房夫人，即钱夫人和魏夫人。原配钱夫人乃钱蓄千之女，卒于同治十一年二月十三日，即1872年3月21日，葬无为州小鸡山梅花地，终年34岁。丁汝昌的继配为湖北省安陆府钟祥县太学生魏湘清三女，生于道光三十年正月二十九日，即1850年3月12日，出身书香门第，幼年时参加太平军。1864年，清军攻破天京时，魏氏从太平军女营中跑散出来，后遇丁汝昌，丁见她聪颖贤惠，知书达理，非常喜欢，便娶她为妻，当时魏氏仅有15岁。魏夫人见过世面，胸有大志，极力辅佐丁汝昌。最后丁汝昌在刘公岛自杀殉国后遗体运回家乡，魏夫人见之于1896年1月14日吞金殉夫，终年45岁。后与丁汝昌合葬于无为小鸡山。[1]此时魏夫人的宽慰，给了丁汝昌以极大的信心。

〔1〕夏冬波:《丁汝昌十考》,《巢湖学院学报》2005年第7卷第6期。

津门进见恰逢其时

1877年秋，丁汝昌突然接到兵部公文，说陕甘一带有回族起义，要起用淮军旧部前往镇压，命丁汝昌立即送部引见，军前听命。这正应验了魏夫人大丈夫“建功立业自有时”那句话。丁汝昌不敢怠慢，立即启程前往北京。令他喜出望外的是，慈禧太后亲自召见了他。或许慈禧太后知道他曾经在陕甘一带执行军务很长时间，分配给他的任务是前往甘肃等候差遣，这让丁汝昌十分失望。三年来闲居家中，丁汝昌已经习惯了安稳的生活，再也不愿到西北苦寒之地打拼了，慈禧太后的命令他无心执行。于是，他借口回老家筹措资金，借道天津，声称伤病复发，暂留天津。丁汝昌很清楚，此时他的老上级李鸿章就在天津，何不拜谒李鸿章，谋求个一官半职，也好避开赴甘肃的苦差事。

就在丁汝昌赴兵部听命之际，李鸿章正为一件事发愁，那就是北洋海军的最高指挥官——水师提督的人选一直没有确定。

统领北洋海军的人选问题让李鸿章伤透了脑筋。依照近代化海军建设的需要，水师提督无疑要从经过专门训练的管带群体中选拔。可是，各舰管带都是水师学堂出身的学生官，李鸿章看重这些学生管带的才学，认为他们对西方船学操法，尚能讲求，但同时也认为，他们缺乏海上历练，特别是没有实战阅历，难以担当统领一支近代化海军的重任。后来，李鸿章是这样解释他的观点的：“闽厂驾驶管轮学堂之设，用意极为深远，嗣又派出洋肄习，今南、北各船之管驾，如刘步蟾、林泰曾、蒋超英等造诣皆有可观，但资浅年轻，未经战事，尚未敢信其能当一面，然而将来水师人才，必当于此辈求之。"[1]也就是说，从海军长远建设来看，水师将才必将从这些学生官中产生，但目前还不行，他们还需要历练。所以李鸿章认为，从管带群体中直接选拔提督，这条路走不通。另外，李鸿章还有一个不便公开的选人标准，那就是淮军出身。关于这一点，虽然在档案史料中难以找到相关佐证，但从后来他起用丁汝昌的情况分析，他的确有这样的心思。李鸿章之所以制定这样一个标准，是因为各舰管带均为福州船政学堂的毕业生，这些学生官大多是福建人，李鸿章认为，这种情况长此以往，会形成海军中的"福建帮"，也就是"闽系"。按照中国传统习惯，地域是联系人们感情的自然纽带，老乡团体和地域帮派在中国近代社会中是相当常见的。一旦"闽系"形成，恐怕将来非"闽系"人员要插手和驾驭就难了。而选择淮军出身的将领，不仅能够避免这一切，而且在北洋海军成军以后，能够为李鸿章牢牢掌握。

可是，李鸿章所倚重的淮军，找不出适合担任水师提督的人，而初创时期的北洋海军，又不能让提督这个位置长期空缺，这样不便应付日益繁重的巡弋和训练任务，于是李鸿章就先选定了一个非闽籍的人，让其暂时履行统领职责，这个人就是许钤身。

许钤身，字仲韬，浙江省钱塘县（今杭州）人，出身官宦之家，其父许乃普，曾任军机处章京、编修、贵州学政、侍读、内阁学士、刑部侍郎、吏部侍郎、兵部尚书、工部尚书、刑部尚书、吏部尚书等职。大伯许乃安、二伯许乃济也都是朝廷赫赫有名的人物。青年时代的许钤身受家族影响而懂洋务，引起了总理衙门重视，遂提名为出使英国副使和出使日本大臣，虽然由于李鸿章的反对没有上任，但还是在李鸿章的推荐之下，以直隶候补道暂任水师督操，以应各种紧急任务。

许钤身虽然"精明干练，办事实心，堪胜繁缺"[2]，但显然不是北洋水师提督最合适的人选。一来他虽然阅历丰富，懂得洋务，但属文人，对军事并不精通，对海军更显陌生；二来他不是李鸿章最看重的淮军出身；三来朝中有人指责他有不良行为。所以李鸿章只把他作为统领北洋海军的过渡人物。也就是在

---

〔1〕《李鸿章全集》33，信函五，安徽教育出版社2008年版，第369页。
〔2〕《李鸿章全集》8，奏议八，安徽教育出版社2008年版，第368页。

这个当口，丁汝昌出现了，这让李鸿章眼前一亮，他迅速用自己的用人标准去量度丁汝昌，发现丁汝昌身上有很多地方符合他的要求。第一，丁汝昌是淮军出身。虽然由于职位的关系，当年李鸿章与丁汝昌并没有很深的交往，但从他的同乡、淮军将领刘铭传那里，李鸿章也多少了解一些丁汝昌的情况，比如丁汝昌作风硬朗，出战强悍等。第二，丁汝昌有为将的素养。丁汝昌曾统领先锋马队，转战南北，具有丰富的作战经验，也立有若干战功。在新旧军事交替的时代，能骑善射依然不失为军人最重要的军事素质。在丁汝昌的家乡至今还流传着一个故事，当然是他加入北洋海军以后的事情了。故事说，丁汝昌率队赴英国接收“超勇”和“扬威”两艘军舰回到天津时，光绪皇帝非常高兴，准备召见他。李鸿章事先叮嘱，让他在皇帝面前将当年统带先锋马队时最拿手的马上功夫展示一番。丁汝昌听命，便在皇帝赐坐的御马上展示了马上功夫，果然得到皇帝的褒奖，赐赏给他一柄七星宝剑。另外，丁汝昌虽是军人，但素喜文墨，书法有一定的修养。从现存的手迹来看，丁汝昌的书法运笔洒脱，刚劲有力，功力显而易见。对此，李鸿章颇为看重。第三，丁汝昌具有在湘军水师中统带炮船的经历，这是其他官吏都不具备的重要条件。

正是由于以上原因，李鸿章决心起用丁汝昌。他在1884年3月10日复总理衙门的一封信函中说：“至兵船将才，甫经创办，尤最难得。陆军宿将强令巡海，固迂地弗能为良，即向带内江长龙舢板之楚将，不习海上风涛；向带红单艇船之粤将，又不习机器测量理法，均未便轻以相委。”[1]就是说，李鸿章在选取海军将才方面标准是很高的，陆军出身的宿将不可用，即使统带过“长龙舢板”和“红单艇船”的楚将和粤将，也不能轻易委以海军重任。按照这一标准，这水师提督是无论如何也轮不到丁汝昌来做的，这充分说明李鸿章在使用丁汝昌时是有私心的。

丁汝昌赴津几天后，李鸿章就给兵部打了报告，以“伤病复发”为借口，呈请丁汝昌缓赴甘肃，暂留北洋。结果，丁汝昌这一留，就再也没有离开北洋。

对于李鸿章起用丁汝昌出任北洋水师提督，120多年来非议不断，直至今日，还有学者认为这是一个严重错误。丁汝昌性格内向，能力庸懦，不懂海

〔1〕《李鸿章全集》33，信函五，安徽教育出版社2008年版，第369页。

军，李鸿章选择他并非为了海军的长远发展，而完全是为了更好地直接控制海军。甚至有些学者做了这样的假设：北洋舰队提督如果不是陆军行伍出身的门外汉丁汝昌，而是一位精通海军战术运用和战役指挥的海军将领，那么北洋舰队的命运和甲午战争的结局可能会大为改观。然而，需要注意的是，第一，在近代海军建设刚刚起步，海军人才还不能满足需求的情况下，使用陆将统带海军，并非过分之举，而是无奈选择。况且，这在世界其他国家的海军历史上，也不是没有先例。第二，丁汝昌也并非一无是处的无能之辈，他上过三年私塾，通晓文墨，能自己起草文函；他驰骋疆场多年，积累了丰富的作战经验，具有较高的军事素养，这一点对当好海军提督无疑是有帮助的。从他的公私信函中我们可以清楚地感到，他对北洋海军的日常管理、教育训练、舰船维修、后勤保障等事务相当熟悉，并且大多亲力亲为。第三，丁汝昌在17年的海军生涯中，虚心学习，躬身实践，多次执行重大海上任务，耳濡目染，又有外国高级顾问的辅佐，已经掌握了比较丰富的海军知识，将他不分前后地笼统称为“陆将”，未必符合事实。在洋员中一向傲慢的琅威理如是评价丁汝昌：“中国海军提督丁军门（汝昌），韬略素娴，倘使诸将领均如军门，则军士可保无虑；即余藐躬自顾，亦愿执鞭弭以从也。”〔1〕足见丁汝昌的海军素养是不差的。至于那个假设，如同“如果慈禧太后是一个具有治国理政能力的开明君主”“如果晚清政府不是一个走向衰败的半殖民地半封建政府”一样滑稽可笑。

总而言之，在海军人才极度缺乏，军队中派系关系十分复杂的情况下，李鸿章起用丁汝昌，算不上一个错误的选择。把后来北洋海军的作战失利，甚至全军覆没，归罪于丁汝昌的“陆将”出身，有失公允。

1879年，从英国订购的第二批“蚊子船”来华，李鸿章正式奏请将丁汝昌留归北洋海防差遣，他在奏折中说：

> 臣查该提督丁汝昌，干局英伟，忠勇朴实，晓畅戎机，平日于兵船纪律尚能虚心考求。现在筹办北洋海防，添购炮船到津，督操照料，在在需人，且水师人才甚少，各船管驾由学堂出身者，于西国船学操法，固已略

〔1〕中国史学会主编：《中日战争》（七），新知识出版社1956年版，第517页。

知门径，而战阵实际概未阅历，必得久经大敌者相与探讨砥砺，以期日起有功，缓急可恃。臣不得已派令丁汝昌赴“飞霆”等炮船，讲习一切；新到各船，会同道员许钤身接收。该提督颇有领会，平日借与中西各员联络研究，熟练风涛，临事或收指臂之助。合无仰肯天恩，准将记名提督丁汝昌留于北洋海防差遣，以资造就。[1]

在此后的两年中，丁汝昌的表现令李鸿章满意，随着大型巡洋舰的定购，李鸿章开始对水师提督人选的最后确定有些着急了。1881年1月18日，他在给张佩纶的信中表达了这种急切的心情：“北洋水师提督须早议设，极中机要。”[2]恰在此时，清政府从英国购买的“超勇”和“扬威”两艘巡洋舰建成，需要丁汝昌带队赴英验收和接舰，李鸿章接受了天津海关税务司德璀琳的建议，让丁汝昌在英国进行了一次深入的调研和见学，以增加对海军的认识。丁汝昌利用这一宝贵机会，在英、德两国开展了一系列活动。他于1881年2月10日抵达英国伦敦，四天后前往纽卡斯尔，察看两艘军舰的情况。丁汝昌在什切青待了很长时间，在这座以海运、造船、钢铁、机械著称的港口城市留意观察和学习。他除了赴埃森兵工厂预定装甲船用的火炮之外，还赴军港、船厂考察。在德国，他除了考察与海军有关的军事设施之外，还拜访了洋员汉纳根的父母，以增加对汉纳根的了解，以便日后在北洋海军中与之愉快地共事。丁汝昌告诉老汉纳根夫妇：“我和汉纳根很熟，汉纳根非常能干，非常可靠。他的中文进步很快，在我出国前我们见过面，他已经可以用中文和我很好地交谈了。我回国后很可能和他一起在旅顺口工作，共同建设军港。”这说明丁汝昌为在北洋海军开展工作下了很大功夫。当时，老汉纳根称丁汝昌为“海军上将”。[3]12月2日，因丁汝昌率队完成“超勇”“扬威”两舰接舰任务，李鸿章奏请朝廷为其赏换清字勇号并正一品封典，同一天，李鸿章奏请丁汝昌正式统领海船，奏折说：

---

〔1〕《李鸿章全集》8，奏议八，安徽教育出版社2008年版，第503页。

〔2〕《李鸿章全集》32，信函四，安徽教育出版社2008年版，第645页。

〔3〕刘晋秋、刘悦：《李鸿章的军事顾问汉纳根传》，文汇出版社2011年版，第118页。

丁汝昌1891年访问日本时摄

> 此次记名提督丁汝昌赴英带船升旗回华，欧洲诸国始知中国亦有水师，群起而尊敬之。……该提督在英随班谒见君主，待以优礼，因与各部尚书、各国公使往复周旋，并游历英、法、德各营垒厂局，各提督、总管、监督等均殷勤接待，讨论军实，借扩见闻。所带弁兵二百余人驻英半年，训练约束，和辑商民，传播新闻纸，津津乐道，洵足尊国体而固邦交。……自五年十月臣奏派该员督操蚊船，与中西各员研究观摩，颇有心得。今又出洋多增历练，臣详与咨询于西国船炮制造运用之妙，体会更深，顷委以统领北洋水师重任，督同员弁切实讲求操练，以期渐成劲旅，可收指臂之助。目今水师人才尤为难得，该提督久经大敌，远涉重洋，谋略机宜均臻妥洽。合无仰恳天恩，另单存记，破格擢用。遇有水师提督缺出，即予简放，以备折冲御侮之选。[1]

1882年10月10日，丁汝昌因率舰赴朝处理“壬午政变”，“扬威域外，足张国体”，获请赏穿黄马褂。[2] 1888年北洋海军成军时，丁汝昌被正式任命为北洋海军提督。

〔1〕《李鸿章全集》9，奏议九，安徽教育出版社2008年版，第509页。
〔2〕《李鸿章全集》10，奏议十，安徽教育出版社2008年版，第102页。

文强与武弱：

走出传统的军舰管带

当新式海军建设在古老的大陆帝国悄然展开的时候，一场人才革命不可避免地发生了，近代海军教育从此走进人们的视野。从以八股取士培养传统士子，到以现代自然科学技术造就新式人才，这一转变充满了探索、风险和变数，由此产生的第一批海军人才能够在“数千年来未有之变局”中担当大任吗？他们将在残酷的近代海战中有何表现呢？

1878年2月2日，正是中国农历的正月初一，清政府驻英公使郭嵩焘的住处，来了六位中国学生，他们是来给郭嵩焘拜年，同时汇报在英学习情况的。原来，这六名学生是清政府派往英国学习的第一批海军留学生，他们就读于世界著名的海军院校——格林尼茨皇家海军学院。他们是方伯谦、严宗光（后改名为严复）、何心川、林永升、叶祖珪和萨镇冰。李鸿章评价他们，在这所军校中“皆有专师指授，月试屡列前茅”[1]。郭嵩焘静静地听着他们的讲述。严宗光最为健谈，他讲述的一个发生在格林尼茨皇家海军学院训练场上的故事，引起了郭嵩焘的注意，事后郭嵩焘将这件事详细记录在了自己的日记中。严宗光说，西方人的身体强壮，中国人却不如。有一天，教习令数十名学生共同练习构筑堡垒，这些来自不同国家的学生，都穿着短衣配合教习的教学活动。学生们每人手拿一把锄锹，排成一列，齐头并进，掘土一尺左右深，堆积的土又一尺左右高，限一个小时筑成一堞，约三尺长，可以掩蔽自己的身体。一个小时过后，教师的堡垒先完成了，大多数学生都完成了一半，只有中国学生完成的工程最少，并且已经精疲力竭了。中国学生与西洋学生之间的差距，是由西洋人自小操练筋骨，已经形成习惯造成的。严宗光所描述的场景，实际上是格林尼茨皇家海军学院的一堂普普通

〔1〕《李鸿章全集》32，信函四，安徽教育出版社2008年版，第240页。

通的挖掘掩体实操课，这堂课，暴露了中国学生在实操能力和体质方面与西方国家学生的巨大差距。尽管严宗光没有说明这六名学生是否全部参加了这堂实操课，但想必他们多数人是在场的。这六名学生后来有四人成为北洋海军的管带，他们是方伯谦、林永升、叶祖珪和萨镇冰。

清政府派往英国留学的第一批海军学生共有十二名，除上述六名以外，还有六名未能进入这所一流海军学校学习，被直接派往英国地中海、西印度、大西洋等各舰队进行实习，他们是刘步蟾、林泰曾、蒋超英、黄建勋、林颖启和江懋祉，其中，刘步蟾、林泰曾、黄建勋、林颖启等四人后来也成为北洋海军的著名管带。

上述情况表明，中国近代海军教育所培养的最优秀人才，构成了北洋海军管带群体的主体，而严宗光所讲的故事告诉我们，这些最优秀的人才，在成长过程中曾一度难以摆脱中国传统士子“文强武弱”的特质，距离世界海军发展的要求甚远。

开先河的福州船政学堂

李鸿章曾经说过："泰西兵轮管驾之选，则必须学堂出身，盖轮机、炮械等事，理数均极精微，非专门名家，莫能殚究，不比从前楚、粤红单船，但能耐风涛、习战斗，便足升任也。"[1]李鸿章的话，道出了近代海军建设对人才的高要求。进入19世纪中叶，中国开启近代海军教育之门势在必行。

1866年6月25日，闽浙总督左宗棠提出了培养海军人才的设想，开先河地在福建马尾创办了一所海军学校，取名为"求是堂艺局"，后改名为"福州船政学堂"，从而开创了中国近代新式海军教育。

福州船政学堂第一次招生，共录取福建当地学生严宗光、罗丰禄、林泰曾、刘步蟾、方伯谦、林永生、黄建勋、蒋超英、叶祖珪、邱宝仁、何心川等几十人，另从香港录取张成、吕翰、邓世昌、叶富、林国祥等十余人，上述学生均是资质聪颖，粗通文字的优秀少年，有的还通晓英文和西学。1867年1月6日，学堂正式开学。

在中国近代海军教育创办之初，创办者虽然引进了西方的教学理念，也试图通过创新方法，培养出适应近代化海军的人才，但中国几千年形成的根深蒂固的传统思维，使海军教育难以实现脱胎换骨的转变。

福州船政学堂分为前学堂和后学堂，前学堂以法语授课，主要培养船体和蒸汽机的设计制造人才；后学堂以英语授课，主要培养驾驶和管轮人才。另外，学堂还附设艺圃，也就是学徒班，培养技术工人。为达到上述培养目标，

〔1〕《李鸿章全集》36，信函八，安徽教育出版社2008年版，第38页。

福州船政学堂

学堂聘请了外国师资，开设了法语、英语、数学、物力、机械学等对中国学生来说全新的课程，要求正监督法国人日意格和副监督法国人德克碑潜心教授法国语言文字，使学生通晓算法，都能按照图纸自造舰船；同时要潜心教授英国语言文字，使学生通晓一切作为船长应该掌握的学问，能够监造和驾驶舰船，做到这一些，才算是取得了教育的成效。

法语、英语、数学、物力、机械学等课程的开设，不仅给中国学生带来了从未接触过的新知识，而且，外国教习通过课堂上下向他们传播西方的思想观念，这无疑给这些依然在诵读《圣谕广训》《孝经》等典籍，接受传统思想驯化的学生，带来了价值判断上的难题。

这不仅是对学生的新挑战，更是对近代海军教育主导者的新挑战。福建船政大臣沈葆桢的担心，就代表了当时大多数主张近代海军教育的人们的心态。为了防止学生思想的全面西化，沈葆桢特别强调："盖欲习技艺不能不藉聪明之士，而天下往往愚鲁者尚循规矩，聪明之士，非范以中正必易入奇邪。今日之事，以中国之心思通外国之技巧可也，以外国之习气变中国之性情不可也。且浮浇险薄之子，必无持久之功。他日于天文、算法等事，安能精益求精，密益求密？谨始慎微之方，所以不能不讲也。"[1]很显然，这里的"中国之心思"

〔1〕《沈文肃公政书》卷四，光绪六年刻本，第46页。

福州船政学堂第一届学生合影

指的是中国学生的聪明和才智，而“中国之性情”指的是中国学生的思想和认识，前者是可以充分发挥，并使之征服“外国之技巧”的，而后者则不能因“外国之习气”而有所改变，这种观点，是对洋务运动中洋务派“中学为体，西学为用”指导思想的具体阐释，更是对近代海军学校人才培养方向的规制。正是由于办学者有这样的指导思想，福州船政学堂办学初期，在新式教育内容和教育手段之下，培养出了带有明显传统教育痕迹的海军学生。

1874年秋天，也就是福州船政学堂第一次开课的七年后，英国军舰“田凫”号访问了马尾。在这艘军舰上，有一名有心的军官叫寿尔，他认真观察了这所已经有相当名气的海军学校的学生，将他们的“心思”和“性情”做了详细记录，使我们今天得以了解这些学生的情况。他说：

> 我访问学校那天，学生大约五十人，第一班在做代数作业，简单的方程式，第二班正在一位本校训练出来的教师的指导下，研习欧几里几何学。两班都用英语进行教学，命题是先写在黑板上，然后连续指定学生去演算推证各阶段；例题的工作完成后，便抄在一本美好的本子上，以备将来参考。我查阅其中几本，它们的整洁给我很深刻的印象。有的口授的题目是用大写的。当我们想到用毛笔缮写的中国文字和用钢笔横书的拼音语言间的区别时，便更知道这是一件非凡的事。学生每天上学六个小时，但

课外许多作业是在他们自己的房间里做的。星期六休假。学生们一部分来自广州与香港，一部分来自福州。这些从南方来的，常是最伶俐的青年，但是他们劳作上不利之处是不懂官话；不懂官话在政府工作便没有升迁的希望。因此他们每天花一些时间同一位合格的本地老师学官话。在另外一方面香港来的学生差不多都英文好，因为曾在那岛上官立学校学过英文。……海军学校招收学生的方法是在福州城所有明显的地点遍贴告示。规定年龄为十六岁以下，但这项并未很严格执行，因为有一些由香港方面的广告招收而来的学生是在二十岁以上。报名学生，给以中国经典知识的考试，直到最近，学校未曾录取过对自己国家的经典与文献没有相当知识的学生。考取生由政府发津贴，每月四两（约五元），并可依成绩增至九两或十两。Carroll先生的职务并不伸展到学生们的私人住宿区去，那是一位官吏管理的。广州和福州的学生分开住，用不同的厨师。Carroll先生称赞这些学生，说他们勤勉与专心工作，也许超过英国的学生。因为他们不管他在场不在场，都坚毅地工作，未曾给他麻烦。从智力来说，他们和西方的学生不相上下，不过在其他各方面则远不如后者，他们是虚弱孱小的角色，一点精神或雄心也没有，在某程度上有些巾帼气味。这自然是由抚育的方式所造成的。下完课，他们只是各处走走发呆，或是做他们的功课，从来不运动，而且不懂得娱乐。大体说来，在佛龛里呆着，要比在海上做警戒工作更适合他们的脾胃。他们学习经典的方法是有些奇怪，这几乎不能叫做是一件新鲜的事，因为这种制度或者已经沿袭一千年了。各位学生将他的功课大声朗诵，而二三十人这样学习功课，其结果喧嚣嘈杂是可想而知了。

在寿尔的记录中，还转述了一封学生们写给外籍教师Carroll的信，信中除表达对Carroll的感恩之心外，还表达了对国家的忠诚。他们表示："生等愿尽所能为国效劳。……我们和你分别，虽觉难过，但我们为政府服务之心甚切，是以不能不把个人的意愿放于次要地位。我们的爱国心将不减少。"[1]

---

〔1〕中国史学会主编：《洋务运动》（八），上海人民出版社1961年版，第385—388页。

寿尔笔下的福州船政学堂学生，认真努力，忠君爱国，对西方自然科学知识表现出极大的兴趣，但身体素质和意志孱弱，反映了中西文化冲突与融合的教育结果。

对于学生的文强武弱，沈葆桢自然是知道的，但他并不觉得这是多么严重的问题，这总比全盘西化要好。他认为，通过进一步促使学生心智的开发和技能的提高，就可弥补这一不足。于是，他在受命钦差大臣离任赴台办理海防之前，向朝廷提出仿照幼童赴美的先例，分遣学生前往英、法两国学习。他在奏折中言道："前学堂习法国语言文字者也，当选其学生之天资颖异学有根柢者，仍赴法国深究其造船之方及其推陈出新之理。后学堂习英国语言文字者也，当选其学生之天资颖异学有根柢者仍赴英国，深究其驶船之方及其练兵制胜之理。速则三年，迟则五年，必事半而功倍。盖以升堂者求其入室，异于不得其门者矣。"更值得注意的是，他提出学生中有学问优良，而身体荏弱不克入厂上船之任者，亦可使之接充学堂教习，指授后进天文、地舆、算学等科，三年五年后，有由外国学成而归者，则以学堂后进之可造者辅之，斯人才源源而来。[1]试想，让身体荏弱不能入厂上船的学生充当学堂教习，教出的学生将会怎样呢？其后果的严重性是显而易见的。当然，他提出的让学生出国留学的主张则是开了中国近代海军留学教育的先例。

对于沈葆桢的建议，总理衙门指示南北洋大臣进行会商。李鸿章深表支持。他说，从福州船政学堂选派学生赴英法学习造船和驾驶，是解决海军教育根本问题的主张。福州船政学堂的创始人、闽浙总督左宗棠也时刻关注着船政学堂的建设，他对派学生出洋留学的建议，不仅举双手赞成，而且建议扩大规模和范围。[2]正在筹划之时，沈葆桢的职位发生了变动，卸下了福建船政大臣之职，而继任者丁日昌身体欠佳，不久专任福建巡抚，这样，就使派学生出国留学之事延误下来。直到1877年1月，李鸿章与南洋大臣、两江总督沈葆桢，福建巡抚丁日昌，督办船政候补三品京堂吴赞诚等，再次上奏朝廷，要求选派海军学生出洋。这次，无论是李鸿章还是沈葆桢，都对选派学生赴欧学习表示

---

〔1〕《沈文肃公政书》卷四，光绪六年刻本，第64—65页。
〔2〕《海防档》乙2，(台湾)"中央研究院"近代史研究所1957年版，第486—488页。

出更加迫切的心情，他们的认识也愈加深刻了。他们强烈要求学生“赴西厂观摩考索”制造技术，到英法等国“目接身亲”驾驶技术，希望经过历练的中国学生，都能有“驾驶铁甲兵船于大洋抗风巨浪中，布阵应敌离合变化”的能力和素质。

然而，人才培养是一个复杂的系统工程，要在中西文化的差异中把“文强武弱”的中国学生，真正打造成能在惊涛骇浪中英勇战斗的战士，谈何容易！所以，也就不可避免地出现了严宗光在英国格林尼茨皇家海军学院训练场上看到的那一幕。

严宗光是福州船政学堂培养的高才生，他之所以要把他在格林尼茨皇家海军学院训练场上看到的情形原原本本告诉郭嵩焘，显然是出于对包括自己在内的中国学生状态的不满。其实，福州船政学堂的学生早已意识到自己才智强大而实操能力弱小，在寿尔转述的那封信中就有他们想法的流露，他们把自己动手能力的不足，归结为中国传统教育方式的影响，认为“古时中国对于礼、智的原则曾适中运用，但几不注意西方国家所高度推崇的实用原则”，表达了他们渴望实践的心情。

那么，随着清政府不断加强的走出去（派遣留学生）和请进来（聘请洋教习）工作的展开，这批最早的海军人才是否会发生根本的转变呢？笔者选择北洋海军四位著名管带加以分析，以便从他们的成长经历中寻找问题的答案。

忠勇冠全军的邓世昌

邓世昌并没有获得出国留学的机会，在北洋海军初创时期，他是普普通通的一名管带，其名气远不如后来临阵脱逃的方伯谦，后者是留学英国著名的格林尼茨皇家海军学院的六名中国海军学生之一，还参与起草了《北洋海军章程》；更不及林泰曾和刘步蟾，这二人不仅有留学英国的经历，而且是北洋海军左、右翼总兵，是仅次于提督丁汝昌的第二、第三号人物。可是，邓世昌后来却成为百余年来在中国家喻户晓的民族英雄。这一奇特的现象，不能不引起人们对中国近代海军教育的深思。邓世昌思想和意志的转变，并不完全源于院校教育，更不源于留学外国的经历，而是源于他自小性格的形成，源于国内教育与训练的磨合，特别是源于他走出校门后真正的海上历练。

邓世昌便装照

邓世昌，原名永昌，字正卿，广东省番禺县人，生于1849年，在兄弟四人中排行老三。池仲祐对他的描述是“性沈毅，有大志，状貌魁岸”[1]。其父邓焕芬是个商人，家境富裕，经常带领子女来往于广州、上海等沿海城市之间，为邓世昌创

〔1〕《北洋海军资料汇编》下册，中华全国图书馆文献缩微复制中心1994年版，第1245页。

造了接受近代教育的良好条件。邓世昌出生时的广州，是近代中国对外开放最早的城市之一。这里既有国外涌入的新鲜事物，又有列强蹂躏留下的伤痕，它们都对少年邓世昌形成发奋为国的思想产生了重要影响。

19世纪60年代初，邓世昌跟随父亲来到上海求学。此时的上海，已是著名的商埠，形形色色的外国人汇集于此，使上海成为冒险家的乐园，处处都能看到中国积贫积弱的表现，这让少年邓世昌心情烦闷，忧心忡忡。课余之时，他经常来到黄浦江边，看着江中来来往往的高扬舰炮的各国军舰和装满货物的外国商船，看着在高大的外国战舰夹缝中来回穿梭的破旧的中国帆船，无限感慨，他对人说："中西互市久远，人日驭风涛，稔知我国阨塞。若我国不以西法练海军，一旦强邻肇衅，何以御之？"[1]从此产生了投入海军，以身报国的愿望。当时，父亲的朋友们无不为这个十几岁的孩子有如此报国之志而赞叹。现在的邓氏宗祠里悬挂着一副对联：龙跃云津凤鸣朝日，桂生高岭莲出绿波。据邓家后代讲，这是邓世昌少年时代的手笔，从飘洒自如的墨迹和他吟诵的"龙""凤""桂""莲"这四种事物中，我们深切感受到了少年邓世昌崇高的情操和远大的抱负。

1867年，18岁的邓世昌选择报考福州船政学堂。这是一个很不轻松的决定，因为在当时，延续了一千多年的科举考试，是人才培养的正途，一般富裕人家的子弟都要选择这条道路，而福州船政学堂是一所刚刚成立的培养近代海军人才的学校，其教育方式基本背离了传统的老路子，是一个新事物，还不被社会所广泛认同。当年严宗光报考这所学校时的经历，充分说明了这一点。严宗光是这所学校的第一届学生，入学时只有14岁。他出生于中医世家，父亲从小把他送进私塾，打下了比较好的国文基础。后来，由于父亲在抢救霍乱病人的时候受到传染，不治而亡，家道很快就败落了。严宗光听说船政学堂衣食住全由公家负责，每月还有四两银子的补贴，便与母亲商量，放弃科举考试，前去报考船政学堂。按照规定，报考船政学堂的考生必须有获得功名的人担保才行，严宗光的叔叔严厚甫恰好是个举人，但他对新式学堂没有好感，拒绝担保。无奈之下，严宗光模仿叔叔的笔迹填写了担保书，获得通过。叔叔得知后，不依

〔1〕《北洋海军资料汇编》下册，中华全国图书馆文献缩微复制中心1994年版，第1245页。

不饶，严宗光母子二人跪地求情，才算了事。这说明，在当时人们的思想中，近代海军教育还不登大雅之堂，家境殷实的邓世昌报考福州船政学堂是要具有冲破世俗的勇气的。

为了引起学子们的普遍关注，福州船政学堂的创办者开出了若干令人青睐的条件，比如吃住免费，每月发给学生四两银子的零花钱等。这些条件对于那些家境贫寒的学子来说，是有相当吸引力的，比如前面提到的严宗光。所以，要考取这所学校又不是一件轻而易举的事情，特别是这所学校开办之初，招生范围严格限定在福建一省，后来扩大到广东省，名额却十分有限，只有十名。邓世昌以其开阔的视野、扎实的国学基础和外语能力跻身其中，成为后学堂的第一届学生，成就了他加入海军的梦想。

学习期间，邓世昌表现得“颖异不凡”，深得沈葆桢的器重。1871年，邓世昌完成了堂课，开始登上“建威”号练习舰实习。这次实习是邓世昌的第一次远航，他随舰用了两年时间，历经香港、新加坡、槟榔屿等港口，经受了海上的锻炼。1874年，钦差大臣沈葆桢委派邓世昌担任“琛航”号运输船大副，并奖以五品军功。1875年，升“海东云”炮舰管带。当时，正值日本侵台事件刚刚落幕，日本大肆扩充军备，南洋大臣沈葆桢命船政所辖12艘军舰全部出动，驶往台湾，防止日本发动新的侵略战争。邓世昌率舰出发，担任扼守澎湖、基隆等要塞的任务，参加了清政府组建近代海军以来的第一次反侵略战争行动。

北洋海军建立之初，李鸿章在从外国购置军舰的同时，积极物色优秀海军人才。经过认真考察，他发现南洋水师中的邓世昌虚心好学，精通驾驶技术，是不可多得的人才，便将其调入北洋，委以“飞霆”号炮舰管带。1879年7月，邓世昌前往天津走马上任。李鸿章对他器重有加，刚上任，就交给他一项重要任务。11月29日，从英国订购的“镇东”“镇西”“镇南”“镇北”四艘炮舰建成来华，留归北洋，邓世昌奉命接收并暂行兼管。这是一项十分艰巨的任务，兼管人一方面要懂得舰船的技术性能，另一方面还要会和洋人打交道，而邓世昌在这两方面都具有一定专长，所以很快就出色完成了任务，顺利将四艘军舰编入北洋海军。李鸿章遂任命他为“镇南”舰管带。

1880年8月，英国人葛雷森出任北洋海军总教习，不久，他率“镇东”“镇西”“镇南”“镇北”“操江”等五艘军舰，赴渤海、黄海一带梭巡，这一带水域地形复杂，暗礁纵横，葛雷森和邓世昌等人对该地情形并不了解，加之海域暗礁未在海图中标出，当行至海洋岛时，“镇南”舰不慎触礁损伤，后在葛雷森帮助下脱离险境。事后，清政府以“驾驶不慎”[1]之罪将邓世昌撤职、摘去顶戴，使其遭遇了入海军以来的第一次挫折。尽管如此，李鸿章依然信任邓世昌，他在给督办船政的黎兆棠的信中说，邓世昌质地淳朴憨厚，只是带船的运气不佳，如果令他出洋历练一番，当有进益。[2]几个月之后，李鸿章果然又交给邓世昌一项更加艰巨的任务。

1880年12月，清政府在英国订购的“超勇”和“扬威”两艘巡洋舰建成，这是清政府大兴海军以来向外国订购的第一批巡洋舰。前面已经说过，按照以往做法，所购新舰都是由外国人驾驶来华，为此，清政府多付了不少银子。这次李鸿章产生了一个大胆的想法，由中国派员前往英国驾驶军舰回国。这样做尽管风险很大，但益处很多。一来可以节省经费，二来可以锻炼中国海军军官的技能和胆略。在挑选接舰人员时，李鸿章费了一番思量，他指定统带北洋海军的丁汝昌全权负责接舰事务，同时挑选了一批得力的军官，在这些军官中，邓世昌名列在前。

1881年8月2日，“超勇”“扬威”两舰试航成功，次日，在礼炮声中，驻英公使曾纪泽亲手升起了“超勇”舰的龙旗。8月17日，“超勇”“扬威”两舰在丁汝昌、林泰曾、邓世昌、葛雷森、章斯敦等人的率领下启程回国，中国龙旗第一次飘扬于海外。此次接舰，邓世昌的具体任务是协助章斯敦管驾“扬威”舰。一路上，“扬威”舰的航行并不顺利，状况频出。进入地中海时，与“超勇”舰失散，因为所带燃煤不够，在海上漂流了两昼夜；通过苏伊士运河时螺旋桨损坏；进入印度洋时机器出现了故障，锅炉舱还着了火。要知道，这次接舰不仅是北洋海军接收两艘军舰的问题，还是清政府的一项政治任务，关系到国家的尊严。在茫茫大海上，第一次孤立无援地独立处理这些状况，邓世昌的压力可想而知。他沉着冷静，大胆处置，特别是在印度洋机器出现故障的

[1]《李鸿章全集》9，奏议九，安徽教育出版社2008年版，第152页。
[2]《李鸿章全集》32，信函四，安徽教育出版社2008年版，第642页。

时候，情况十分紧急，邓世昌充分利用自己的技术能力，亲自排除故障，终于驶出了险境。回国后，李鸿章奏请朝廷对接舰有功人员实施了嘉奖，称赞他们：“西人佥以为至险至难，乃行经地中海、红海、印度海、南洋，风浪险恶异常，卒能保护平稳，实较出使随带人员仅有笔舌之劳而无驾驶保护船炮之责者尤为难得，其艰苦卓绝劳绩实未可泯。”[1]鉴于邓世昌的表现，朝廷将邓世昌以都司补用，并赏戴花翎，不久又任命他为“扬威”舰管带。

1882年，朝鲜士兵不堪忍受日本的压迫和朝廷的盘剥，发动兵变，攻击日本公使馆，袭击主政的闵妃集团，史称“壬午政变”。政变发生后，日本企图趁机进行干涉。清政府为平息政变，遏制日本控制朝鲜的企图，决定出兵增援。李鸿章命丁汝昌率领“威远”“超勇”“扬威”等军舰护送清军入朝，邓世昌随行。驾驶技术不断精进的邓世昌接到命令后，管驾“扬威”舰，首先驶抵朝鲜仁川月尾岛停泊。此时，日本“金刚”舰已先泊于港内，邓世昌为防不测，进行了严密的巡防，在日舰面前大壮了北洋海军的声威。随后，“扬威”舰又护送大院君李昰应来华，并来往递送文报、转运饷械，行动十分迅速。事后，邓世昌以游击尽先补用，并获赏勃勇巴图鲁勇号。

1884年，在日本的挑拨下，朝鲜再次发生内乱，亲日派开化党人攻入王宫，控制国王，组成了亲日政府，史称“甲申之变”。面对朝鲜动荡的政局，清政府再次命令驻朝军队采取紧急措施，平息政变。丁汝昌在这次行动中奉命率领“超勇”“扬威”“威远”三艘军舰开赴朝鲜，随行的还有庆军方正祥部一营。邓世昌率领“扬威”舰以迅速、果断的行动抵达马山浦，使日舰无机可乘。在北洋海军果断的行动面前，日本政府意识到，日本海军此时尚无法与北洋海军相抗衡，也无力与中国开战，不得不与中国协商解决朝鲜问题，朝鲜局势遂得以恢复稳定。

两次入朝执行任务，邓世昌都表现出了极强的作战意识和成熟的驾驶技能。1886年5月，李鸿章等朝廷大员前往大沽、烟台、威海、旅顺、大连等地考察防务，校阅南北洋海军。邓世昌指挥“扬威”舰参加了这次规模空前的海军大校阅，表演了列阵、射击等科目，得到李鸿章等人的赞赏。时人称赞他

---

〔1〕《李鸿章全集》10，奏议十，安徽教育出版社2008年版，第47—48页。

北洋海军“致远”舰管带邓世昌

“使船如使马，鸣炮如鸣镝，无不洞合机宜”，从而奠定了他在北洋海军中的地位。1887年12月，新订购的“致远”“靖远”“经远”“来远”四艘巡洋舰来华，邓世昌再次在接舰任务中功绩显著，受到朝廷的嘉奖，以副将尽先补用，并赏加总兵衔。

1888年，北洋海军正式成军，按照《北洋海军章程》对各舰管带的规定，李鸿章做了精心安排，让邓世昌出任中军中营副将，管带“致远”舰。在已经成军的北洋海军军舰中，有五艘新式巡洋舰，分别是“致远”“济远”“靖远”“经远”和“来远”，李鸿章安排的管带分别是邓世昌、方伯谦、叶祖珪、林永升和邱宝仁，均为副将衔。加上管带“镇远”和“定远”的总兵林泰曾和刘步蟾，在北洋海军中，副将以上的管带共有七人。五名副将的排序乍一看并无异常，但仔细分析便会发现，邓世昌在北洋海军高级将领中的地位之高是超乎寻常的，五名副将管带他位列第一，超过了留学英国并参加起草《北洋海军章程》的方伯谦。要知道，七名副将管带，其中有六人是福建人，唯独邓世昌是广东人，在福建人一统天下的管带群体中，广东人邓世昌的脱颖而出，体现了李鸿章掌控闽系集团的意图，足见李鸿章对邓世昌寄予的厚望。

甲午战争爆发后，邓世昌的表现更加值得注意，他被誉为“忠勇为全军之冠”。特别是在黄海海战中，他率“致远”舰英勇作战，时常挡在旗舰之前，牺牲精神跃然战场。激烈的海战中，“致远”舰受重伤，邓世昌在舰炮火力无法对日舰实施有效打击的情况下，毅然开足马力撞击日本联合舰队本队旗舰“吉野”号，想与“吉野”同归于尽。当发现在接敌过程中本舰官兵情绪有所波动时，他大声呼叫，我们军人从公卫国，早置生死于度外，今天我们与敌人厮杀于战场上，不就是死吗？有什么可惊慌的？官兵顿时为之肃然。但遗憾的是，在撞击“吉野”之前，“致远”受到日舰炮火轮番攻击，不幸沉没。邓世昌落水后遇救出水，但他已下定与战舰共存亡的决心，义不独生。他大声告诉施救者：我的志向是消灭敌患，今天死在这大海之上，是大义啊，为什么要求生呢？[1]随后毅然拒绝施救，奋勇自沉。其忠勇性成，殊功奇烈，一时称叹。

黄海海战后，清政府对邓世昌“加恩予谥”，“追赠太子少保，赐祭葬，世袭骑都尉兼一等云骑尉世职，寻予谥壮节，入祀京师昭忠祠”。[2]1897年9月20日，光绪皇帝上谕：“已故总兵邓世昌，恪遵母训，移孝作忠，力战捐躯，死事最烈。伊母郭氏，训子有方，深明大义。着赏给匾额一方，交谭锺麟等转给收领，以示旌奖。”[3]

---

〔1〕戚其章主编：《中日战争》12，中华书局1996年版，第397页。
〔2〕《北洋海军资料汇编》下册，中华全国图书馆文献缩微复制中心1994年版，第1248页。
〔3〕《光绪朝东华录》四，中华书局1958年版，总第3988页。

“苟丧舰将自裁”的刘步蟾

刘步蟾少年时代以优异成绩考入福州船政学堂，是该学堂第一届学生，也是清政府选拔赴欧洲留学的第一批海军学生。他自小性格沉毅，成人后“豪爽有不可一世之概”[1]，这一性情和意志的转变，是具有一定典型意义的。

刘步蟾，字子香，福建省侯官人，生于1852年。15岁入福州船政学堂，学习成绩名列前茅，是科举体制下培育的典型士子。与邓世昌不同，刘步蟾自小很少接触西洋文化，直到入船政学堂后，才第一次接触自然科学知识。但他以传统治学方法对待格致之学，很快产生了浓厚兴趣，学习驾驶、枪炮诸术，勤勉精进，试迭冠曹偶，实在难能可贵。

1870年，刘步蟾登“建威”号练船练习航海，历经中国沿海各口岸，南至南洋群岛，北至直隶湾、辽东湾，大受历练。1875年初，奉沈葆桢之命赴台湾琅峤查察日本营垒，任务完成后，奉派“建威”号管带。

1875年3月，沈葆桢派遣刘步蟾、林泰曾等，随同福州船政局监督、法国人日意格前往英法，采办军用器物，并分往各兵轮船，研究驾驶之法，一年后回国，赴台湾巡防，以劳绩保都司。日意格对刘步蟾和林泰曾颇有好感，认为二人“在后学堂为可造之才，在英国战船学习，远胜于扬”[2]。

1877年3月，清政府派出第一批赴欧留学生，刘步蟾位列其中，于9月上英国皇家海军“马那多”号军舰，赴地中海实习。一年后因病自塞浦路斯离舰

---

〔1〕戚其章主编:《中日战争》12，中华书局1996年版，第388页。
〔2〕《沈文肃公牍》，福建人民出版社2008年版，第275页。

刘步蟾早年在英国任少尉见习官时留影

前往巴黎休养。1879年2月病愈重返伦敦，于3月登上“拉里”舰继续往地中海实习。7月实习完毕，返回国内。当时，正值从英国订购的“镇北”“镇南”“镇东”“镇西”四舰来华，刘步蟾被任命为“镇北”舰管带。对于经过多年磨炼的刘步蟾，李鸿章给予很高的评价，并由衷地寄予期望。他说：“现管带镇北之都司刘步蟾，在英国学堂兵船肄习五年，深知机要。其材器颇堪造就，若再得精娴理法之西人，与为切磋，可备将来统带快船、铁甲之选。”[1] 1880年4月，李鸿章在天津与来访的张佩纶谈起四艘“蚊子船”的管带邱宝仁、邓世昌、刘步蟾、林泰曾时，也说刘步蟾最为优秀。

12月20日，李鸿章、沈葆桢、何璟合奏，为刘步蟾等人请赏，刘步蟾请以游击留用闽省尽先补用，并请赏戴花翎。[2]

1882年，正当“定远”“镇远”两艘铁甲舰在德建造之时，刘步蟾奉李鸿章之派前往英国，担任驻伦敦公使馆海军武官，[3]期间前往德国照料铁甲舰工程。在三年多时间里，刘步蟾在舰船制造和驾驶方面认真研究，颇有心得。1885年7月，“定远”和“镇远”回国时，刘步蟾帮同德国员弁驾驶两舰，远涉风涛数万里，俱臻平稳，得到李鸿章的赞赏，决定以水师参将尽先补用，并加总兵衔。[4]

1885年10月，“定远”和“镇远”两艘铁甲舰来华，不久，刘步蟾就被任命为“定远”舰管带。1888年北洋海军成军时，刘步蟾为右翼总兵兼“定远”舰管带，加头品顶戴，成为北洋海军中仅次于提督丁汝昌和左翼总兵林泰曾的第三号人物。

---

〔1〕《李鸿章全集》8，奏议八，安徽教育出版社2008年版，第512页。
〔2〕同上，第524页。
〔3〕《中国海关密档》3，中华书局1992年版，第344页。
〔4〕《李鸿章全集》11，奏议十一，安徽教育出版社2008年版，第235页。

刘步蟾多次赴欧洲学习和执行任务，不仅大开了眼界，而且逐渐形成了一定的战略思维。他曾与林泰曾合写过一个条陈，题目是《西洋兵船炮台操法大略》，上呈李鸿章，提出“非拥有铁甲等船自成数军决胜海上，不足臻以战守为妙”的观点。他还进见李鸿章，力陈请按年添购像“定远”和“镇远”一样的铁甲舰两艘，以防不虞。李鸿章在会见他时故意问道：你的策略的确不错，但如果我不采纳你的意见，你将怎样呢？刘步蟾慨然答道：您身居其位，怎么能说出这样的话来呢？如果平时不加防备，一旦有事，责任将由谁来负？此话一出，语惊四座，闻者都吓出一身冷汗，但李鸿章不仅没有责怪，反而被他感动了。〔1〕

一个军人的思想道德和意志品质究竟怎样，在战争年代是需要战争来检验的。对北洋舰队来说，苦心经营若干年，人才培养用尽浑身解数，所造就的人才究竟是否堪用，真正的检验是中国海军历史上史无前例的黄海海战。在这场海战中，刘步蟾在丁汝昌受伤，舰队失去统一指挥的情况下，坐镇旗舰“定远”号，“号令指挥，胆识兼裕”，与日军鏖战至最后一刻。战后以提督记名简放〔2〕，并获赏格洪额巴图鲁勇号。北洋舰队退守威海后，刘步蟾依然抗敌信心不减，希望聚集残存舰只力量，与敌做最后决战。当“定远”舰被日军鱼雷击中受伤时，他果断下令开船，将“定远”舰搁浅于刘公岛浅滩，作炮台用。当“定远”舰被自行炸沉时，他恪守“船亡与亡之义”，仰药以殉，实现了“苟丧舰，将自裁”的誓言。

黄海海战后，清政府照提督阵亡例给予刘步蟾从优赏恤，世袭骑都尉加一等云骑尉。

纵观刘步蟾的一生，其心智和性情的转变，与国内的教育和国外的历练有着直接关系。在当时的环境下，他能从一个传统士子转变为一名能够统率战舰从事近代海战的管带，是难能可贵的。当然，刘步蟾身上留存的旧式学生气息，是那个时代的海军教育不可磨灭的烙印，朝廷上下不时出现的对他的指责和数落就是证明；今人关于他在海战中战略战术意识、心理状态等素质的存疑也是证明。

---

〔1〕戚其章主编：《中日战争》12，中华书局1996年版，第388页。
〔2〕《李鸿章全集》15，奏议十五，安徽教育出版社2008年版，第467页。

“向来胆小”的林泰曾

林泰曾早年经历与刘步蟾颇为相似，但由于二人性格不同，其思想和意志演变历程也大不相同。

林泰曾，字凯仕，福建侯官人，1851年生，其祖父林霈霖是抗英名臣林则徐的胞弟，林则徐的女婿、福建船政大臣沈葆桢是其姑丈。但林泰曾并没有生活在朝廷名臣的光环下，相反，他自小失去父母，依靠寡嫂长大，也过了多年凄苦的生活。关于林泰曾幼年的生活状况，档案资料中没有太多记载，我们只知道他性格内向，气质特别。不过，著名剧作家田汉在日本求学时，从日本海军将领东乡平八郎撰写的《爱国读本》中了解了一些林泰曾童年的趣事，这些小事，反映了林泰曾的性格片段，对于我们理解他的一生不无帮助。至于东乡平八郎是如何了解到这些情况的，就不得而知了。田汉说，在林泰曾的家乡，人们曾这样议论：“林家这小孩到底是蠢货呢，还是英雄呢？”这说明，就连乡邻也看不透林泰曾的性格和想法。林泰曾自幼不轻易啼笑，也不大生气，只是空空寂寂地过着。10岁的某一天深夜，他独自一人走山路回家，回到家中，家人见他一副痴痴呆呆的样子，就问他：“你害怕么？”他说：“唔。”家人又问：“不怕么？”他依然答道：“唔。”家人有些急了：“怕不怕到底是哪一样对呢？”他率然答道：“都对。”这样的性格，家人也深感无奈。邻居有一位很信神的人，常常到附近关帝庙去求神，林泰曾有一天对这位邻居说：“老伯伯，你这样求关老爷有什么用，还不如求求我吧。”听了此话，这位邻居登时大怒，骂他是“欺神灭像的家伙”，并揍了他两三下。林泰曾既不生气，也不哭，只是嘻嘻地笑

林泰曾早年在英国格林尼茨皇家海军学院就读时留影

着。[1]可见他从小就性格特别，甚至有些怪异。

1866年，经沈葆桢保荐，林泰曾考入福州船政学堂后学堂，历次考试均为优等，生活中依然表现得沉默寡言，存心慈厚。1871年，他登上“建威”练船，出海实习，遍历南北洋海港。1873年，他随船赴新加坡、吕宋、槟榔屿等各港口，练习风涛沙线。1875年初，奉沈葆桢之命赴台湾后山测量港道，旋委充“安澜”舰教习枪械。任务完成后，调充“建威”号大副。这年3月，林泰曾受沈葆桢派遣，和刘步蟾一起，随同洋监督日意格前往英法，采办军用器物，并分往各兵轮船，研究驾驶之法，受到日意格的赞赏。一年后回国，赴台湾巡防。当时，沈葆桢曾评价过他钟爱的一帮学生，他说：张成、吕翰、刘步蟾、林泰曾已经在大洋历练二三年了，可以充当铁甲舰用人之选。张成、林泰曾尤其凝重有福气，将来可望成为将领。[2]值得注意的是，在这里，沈葆桢强调的林泰曾“可望作将领”的根据，一是“在洋二三年”，二是“凝重有福气”，而不是为将素质和能力，这说明沈葆桢并未站在近代海军建设对人才的要求的高度去观察林泰曾。

1877年3月，清政府派出第一批留学生赴欧洲深造，林泰曾名列其中。9月，林泰曾登上英国皇家海军“布兰克普瑞斯”号军舰，赴地中海实习。1878年6月，改上“潘尼洛布”号实习。8月，又改上地中海舰队“阿其力”号及“威灵顿”号实习。1879年7月，实习任务完成回国。林泰曾跟随英国军舰海上实习近两年，虽然没有资料显示具体情况，但长时间的海上历练，增进了他的驾驶技术和航海能力，则是完全可以肯定的。

1879年11月，“镇北”“镇南”“镇东”“镇西”四艘“蚊子船”来华，林泰曾被任命为“镇西”舰管带。

---

〔1〕翁军、马骏杰编：《民国时期中国海军论集》，山东画报出版社2014年版，第199页。
〔2〕《沈文肃公牍》，福建人民出版社2008年版，第290页。

1880年12月，李鸿章组成接舰团队，赴英接收“超勇”“扬威”两舰，林泰曾是团队中重要的一员。他在丁汝昌、葛雷森等人先期赴英后，担负起率领其余官兵在吴淞操练的任务。两个多月后，他率大队人马启程前往英国的纽卡斯尔。次年8月17日，“超勇”和“扬威”两舰起航回国。归国后，林泰曾奉命管带“超勇”舰。12月，林泰曾因接舰有功，以参将补用，并赏加果勇巴图鲁勇号、都司衔。当时，李鸿章、沈葆桢会同何璟上奏，对刘步蟾、林泰曾等出洋学生历年所获成绩进行了总结，以林泰曾“沉毅朴诚，学有实得”，保游击并戴花翎。

林泰曾在英国任少尉见习官留影

1882年7月，朝鲜发生“壬午政变”，为防范日本借机扩大对朝鲜半岛的控制权，清政府迅速派出马建忠、丁汝昌、吴长庆等携海陆军入朝，稳定朝鲜局势。林泰曾率“超勇”舰随丁汝昌开赴朝鲜，果断处置事件，圆满完成了任务。朝廷在奖励这次行动中的有功人员时强调，管带“超勇”快船留闽尽先补用参将林泰曾等五员，首先驶抵朝鲜海口，巡防严密，克壮声威，护送李昰应来华及往来驰递文报，转运饷械，均能妥速。林泰曾拟请免补参将，以副将仍留原省尽先补用。[1]

1888年北洋海军正式成军，林泰曾被委以左翼总兵兼“镇远”舰管带，是仅次于提督丁汝昌的第二号人物。

对于林泰曾在北洋海军中的地位，无论是当时还是现在，都有人拿来与刘步蟾相比较，因为二人的经历十分相似，而比较的结果，大多数人都认为刘步蟾在各方面都优于林泰曾。李鸿章就曾经认为，“刘步蟾、林泰曾皆曾在铁甲船学习，而刘尤胜”[2]。从对北洋海军的贡献和影响，特别是在海战中的表现来看，刘步蟾亦优于林泰曾。可现实却是，林泰曾在北洋海军中的地位高于刘步

〔1〕《李鸿章全集》10，奏议十，安徽教育出版社2008年版，第101页。
〔2〕《李鸿章全集》32，信函四，安徽教育出版社2008年版，第541页。

蟾。这是否与林泰曾和沈葆桢的关系有关呢？由于没有充分的史料依据，难以得出结论。但依据中国封建社会的风气和传统观念，沈葆桢对林泰曾的个人发展施加特殊影响，也是有可能的。因为从林泰曾的性格来看，他并不具备如沈葆桢所说的将才特质，相反，他的性格恰恰不适合担当率舰参与近代大海战的重任。

就在丰岛海战爆发前夕，日本增兵朝鲜，朝鲜局势骤然紧张起来。当时北洋海军在仁川的力量与日本海军相比处于劣势，仅有“济远”“平远”“扬威”和“操江”四艘军舰，并且有三艘已经或即将开往牙山。李鸿章立刻打电报给丁汝昌，让他在刘步蟾和林泰曾二人中酌派一员，统带数船速赴仁川，妥慎防护。丁汝昌命林泰曾率“镇远”铁甲舰及“广丙”“超勇”两快船前往仁川。林泰曾抵达仁川后，先是向李鸿章报告：听说日本尚有5000兵力将到仁川，日本陆海军已达10队。清军已经增兵，但未添大队海军，后路请速备大队军舰，陆海合军更加有力。鱼雷艇“福龙”必须令其出坞，“康济”号练船装修水雷等待出发，并请求调南洋军舰前来。从这封电报中，我们似可感觉到林泰曾的胆怯之心。李鸿章听后大为不快，致电丁汝昌指责道：日军虽然添兵，但目前谣言四起，实际上并未与我开战，何必请战。林泰曾等胆怯张皇，应令他们静守，相机进止，岂可据此就调回威海示弱。〔1〕第二天，林泰曾再次向李鸿章请求：“日本迭增兵队军舰，意在挑衅。我军泊船仁川，战守均不适宜，拟回威海或驻牙山，以备战守。”〔2〕很明显，林泰曾已经开始找借口想离开仁川了。李鸿章见林泰曾态度坚决，特别是听说日本鱼雷艇可能袭击驻朝中国军舰的传闻后，不得不同意了林泰曾的请求，让其前往牙山驻守。随着战情进一步发展，林泰曾感到情势越来越危急，在牙山也不安全，遂又要求休假，并已获得丁汝昌的允许，但被李鸿章回绝。李鸿章严饬丁汝昌：“如果他再要求，即斩掉他的头。”〔3〕

1894年9月17日，中日海军在鸭绿江口大东沟爆发激战，林泰曾管驾的“镇远”舰，与敌鏖战五个多小时，发挥了中流砥柱作用。战后朝廷的评价

---

〔1〕《李鸿章全集》24，电报四，安徽教育出版社2008年版，第66、70、83、84页。

〔2〕同上，第90页。

〔3〕王家俭：《李鸿章与北洋舰队》，生活·读书·新知三联书店2008年版，第446页。

是：头品顶戴提督衔左翼总兵果勇巴图鲁林泰曾，整队迎敌，坚忍不拔，战后获赏换清字勇号。[1]对于林泰曾在海战中的表现，当时就有人提出异议，只不过“镇远”舰始终与“定远”舰配合，与敌拼战到最后的事实，掩盖了人们的疑问。与林泰曾在黄海海战中交手的日本海军“浪速”舰舰长东乡平八郎对林泰曾的评价很高：“在日清战役的北洋舰队中，我觉得这个人了不起的便是林泰曾。他也许是丁汝昌以上的人物。我和他在战役前有一面之缘，那就是明治二十四年，北洋舰队访问我国的时候，我任吴镇守府参谋长，不意地和他晤面。及至日清战争一开，我任浪速舰长，他任镇远管带，我们又兵戎相见。特别是黄海海战的时候，他那种英勇的奋战，虽是敌人亦不能不为之惊叹。”[2]田汉对东乡平八郎的评价是津津乐道的，但笔者认为，东乡平八郎与林泰曾并没有很深的接触，他对林泰曾的评价未必全面，紧接下来发生的事件，触及了问题的关键。

1894年11月14日这一天，无论对于“镇远”舰还是林泰曾来说，都是一个黑暗的日子。这天的凌晨，“定远”“镇远”两舰由旅顺开来，依次沿威海港西口进入海锚地，就在此时，意外发生了。在“定远”舰上坐镇指挥的丁汝昌突然接到报告，说航行在后面的“镇远”舰受伤漏水。丁汝昌大惊，赶忙下令“定远”抛锚，自己乘小船亲赴“镇远”询问情况。靠近“镇远”，丁汝昌才发现，情况远比他想象得糟糕，“镇远”受伤颇重，已经因漏水而倾斜，管带林泰曾正组织弁兵在漏水船舱抽水。眼前的场景让丁汝昌不知所措。这究竟是怎么回事呢？丁汝昌在心情烦乱中听取了林泰曾的汇报。

原来，自甲午战争开战以来，进入威海港的东西两个海口均布设了大量水雷，西口的水雷布设在水道的西侧。为舰船进出安全起见，北洋舰队在水道上安放了两个浮鼓，作为航行标志。西侧浮鼓靠近水雷，东侧浮鼓靠近刘公岛，两个浮鼓之间相距600码，是为安全通道。靠近刘公岛的浮鼓距离刘公岛岛嘴300尺，而岛嘴延伸出来的礁石有250尺。11月14日这一天西北风很大，加之前行的“定远”舰分水力大，致使浮鼓被推向东南，这样两浮鼓之间距离拉

[1]《李鸿章全集》15，奏议十五，安徽教育出版社2008年版，第467页。
[2]翁军、马骏杰编：《民国时期中国海军论集》，山东画报出版社2014年版，第198页。

大，将岛嘴礁石括进了安全通道。另外，当时正值低潮，礁上的水深只有二丈一尺，而“镇远”舰因战备装足了煤水，又多装了弹药，使原来二十尺八寸的吃水深度，又增加了八寸。这些因素综合在一起，导致“镇远”舰在进口时触上了礁石。据林泰曾说，当时靠近东侧浮鼓行驶，突然感到舰身摇动了两次，随后发现船舱进水。

丁汝昌听完汇报，立即组织人力下水探摸“镇远”舰的伤情，几经周折，终于摸清伤情，发现“镇远”舰多处受伤。弹子舱下有三处伤，一处宽八寸，长六尺半；一处宽十寸，长三尺半；还有一处宽一尺八寸，长九尺。帆舱下有一处伤，宽十寸，尾渐尖小，长十七尺。煤舱锅舱下也有三处伤，一处宽二尺四寸，长十一尺，近伤前后左右有数个小孔；一处宽二尺四寸，长五寸；还有一处宽四寸，长一尺八寸。水力机舱下有一处伤，宽二尺六寸，长三尺九寸。

面对如此严重的伤情，丁汝昌慌了手脚，要知道，黄海海战已经造成了北洋海军的重大伤亡，舰艇损失也令人难以接受，万一“镇远”舰再丧失战斗力，北洋海军将如何应对强大的敌人？将如何向朝廷交代？所以丁汝昌赶忙从上海雇来潜水洋匠二人，乘“北平”轮由烟台到威海，下水补塞。同时也希望林泰曾尽快从惊恐中清醒过来，打起精神，投入到“镇远”舰的抢修工作中。可是，令所有人都没有想到的是，就在人们因抢修“镇远”舰忙得不可开交的时候，林泰曾却于11月15日夜吞下鸦片自杀了。

这一事件很快惊动了朝廷。11月19日，皇帝降下谕旨：

> 览奏不胜诧异。丁汝昌电称，“镇远”前因进口时为水雷擦伤，似此电之前，已有电将此事原委报明李鸿章，而李鸿章并无电奏。此船原泊何处，进何口被水雷浮标；既是水雷浮标，应碰伤船帮，何以擦伤船底，又何致派查数次未能觅出伤处；林泰曾纵因船损内疚，何至遽尔轻生。来电叙述既属含糊，情节更多疑窦，殊堪愤闷，难保该船无奸细勾通，用计损坏。着李鸿章严切查明，据实详晰复奏，不得一字疏漏。京津耳目甚近，此事实情无难即日发觉，谅该大臣亦不敢代为掩饰也。[1]

[1]《李鸿章全集》25，电报五，安徽教育出版社2008年版，第172页。

这道充满愤怒的上谕让李鸿章心里一紧，最让他害怕的是“难保该船无奸细勾通，用计损坏”几个字，因为这不仅关系到“镇远”舰受伤和林泰曾自杀的原因，而且关系到北洋海军的声誉，还关系到人们对未来战争的信心问题，特别关系到李鸿章本人的责任问题。李鸿章不敢怠慢，迅即展开调查。

尽管李鸿章对林泰曾的表现历来都不十分满意，但说他是日本的奸细，李鸿章并不相信。再说提出这一说法的人也只是因疑惑而猜测，并无真凭实据。所以，李鸿章在林泰曾自杀的第四天就匆匆将初步调查结果向皇帝做了汇报。他说：据丁汝昌报告，他率队由旅顺回威海进口时，“镇远”舰船帮被水雷浮标擦伤进水，因为水还没有全部抽干，水下的伤情还不明确。在下正命令丁汝昌赶紧提水补漏。林泰曾向来胆小，想必是因为疏忽内疚而轻生，未必有奸细勾通用计损坏。目前，正在寻觅工匠利用威海机器厂设法对“镇远”舰进行修补。奉到皇帝的旨意后，我进行了查询，等马格禄来到威海后，再令他查报转奏，对此事绝不会有意掩饰。[1]从李鸿章的这封奏折可以看出，第一，此时的李鸿章对“镇远”舰的伤情还不了解，还没有意识到“镇远”舰受伤的严重性；第二，对林泰曾是否是奸细，李鸿章还来不及做认真细致的调查，凭直觉他坚信林泰曾的自杀是他“向来胆小”所致；第三，李鸿章把向皇帝报告的重点放在了如何安排修船上。这说明，李鸿章对“镇远”舰受伤和林泰曾自杀的性质是看得很清楚的，他认为这件事并没有像朝廷中有些人想象得那样复杂。不过，这里值得注意的是，李鸿章明确地给林泰曾做出了“向来胆小”的评语，这还是第一次。

李鸿章本以为如此向上汇报就可以使事件很快平息，以便集中精力修理“镇远”舰。可是，他在注意一个问题时，却忽视了另一个问题，那就是用人问题。光绪皇帝看到李鸿章的报告后，显然是相信了他的说法，便把注意力从“奸细”问题转移到用人问题上，降旨责问：北洋海军的管带应该用那些奋勇之人来担当，既然林泰曾向来胆小，为什么派令他来担当如此大任？由此可见该大臣平日用人是不恰当的。[2]

---

〔1〕戚其章主编：《中日战争》1，中华书局1989年版，第671页。
〔2〕《李鸿章全集》25，电报五，安徽教育出版社2008年版，第181页。

李鸿章看到皇帝的圣旨，无言以对了。几天后，由总教习马格禄担负的调查事件真相的任务基本完成，调查结果也就出来了，丁汝昌迅速向李鸿章做了详细报告。他说，林泰曾平时是谨慎的，现在，正值时局方棘之时，北洋海军最重要的一艘铁甲巨舰受了重伤，林泰曾感到“辜负国恩，难对上宪”，同时，又担心局外之人不察事实真相，动辄就说是因为畏葸故意损伤战舰，感到“退缩规避，罪重名恶”，所以“痛不欲生，服毒自尽，救护不及”，并没有其他原因，更没有奸细勾通日人之事，这就是实情。马格禄调查的结果是与事实相符的。

鉴于马格禄的调查、丁汝昌的报告以及光绪皇帝的指责，李鸿章感到事件本身对北洋海军的声誉并无大的损害，于是对林泰曾的问题重新考虑，在转奏皇帝时改了口，他说，林泰曾素精船学，自知获咎颇重，故而轻生，并无别故，〔1〕再也不提林泰曾“向来胆小”的问题了。在随后的奏章中，李鸿章更进一步申明：北洋海军左翼总兵林泰曾，因所带“镇远”船为水雷浮标擦损，服毒自尽，当经电达总理各国事务衙门奏闻在案。查林泰曾由闽厂学生出洋肄业，西学优长，曾经历任船政大臣沈葆桢等迭次保荐，回华后历充师船管驾，及北洋设立海军，蒙恩简授左翼总兵，管带“镇远”铁舰，频年巡历重洋，驾驶操练，均极勤奋。日前大鹿岛一役，苦战多时，坚韧不拔，方冀从此历练，可成海军将材，乃因所带铁舰被伤，引义轻生，知耻之勇，良可悯惜。〔2〕给予林泰曾全面肯定。李鸿章态度的变化，是容易理解的。起初，他指责林泰曾“向来胆小”，是在心情极度愤懑之下，向皇帝指出林泰曾在“镇远”舰受伤中的过错，以为伤舰事件做一个合理的解释。但他没有想到，皇帝降旨却要追究他用人不当之责，这让李鸿章有些紧张，于是他很快就改了口。

然而，“广甲”舰管轮卢毓英对林泰曾的自杀，却给出了另外的解释。这是否就是事件的真相，目前还难以肯定，不过它可以为我们进一步认识“镇远”舰受伤事件提供帮助。卢毓英认为，林泰曾的死与刘步蟾有关。他说，林泰曾是“惧罪服毒而亡”。原因是林泰曾与刘步蟾自幼是同学，后来又一同留

---

〔1〕《李鸿章全集》25，电报五，安徽教育出版社2008年版，第189—190页。
〔2〕《李鸿章全集》15，奏议十五，安徽教育出版社2008年版，第489页。

学，一同回国，一同督率铁甲舰，一同得到保举。只不过每次保举，林泰曾的地位总是高于刘步蟾，这就使得刘步蟾对林泰曾产生嫉妒之心，事事想中伤林泰曾。林泰曾本来就忠厚胆小，刘步蟾又经常数落他的短处，这使得两人的关系始终不和睦。丁汝昌见状，便在他们两人之间进行调解，促使林刘二人结成了儿女亲家，但刘步蟾依然不能释怀。黄海海战中，林泰曾惊惶无措，故意喝了大量烈酒，醉倒在战台之下，所有调遣、指挥事宜全部由副管带杨用霖代为负责。这次“镇远”舰受伤后，林泰曾的惶惧可想而知。他慌忙前去会见刘步蟾，想与刘商讨解决办法。可是，林泰曾还没有开口，刘步蟾便顿足捶胸地说：“镇远”和“定远”两舰是国家的保障，朝廷多次明降谕旨，谆戒保护，而你竟然使它遭遇如此伤害，还有什么面目见人？林泰曾听完此话，愧惧交集，旋即回船服毒而亡。刘步蟾听说了林泰曾自杀的消息后，依然对人说：凯士之死，晚矣！〔1〕

卢毓英所描述的林泰曾和刘步蟾之间的关系，只是一家之言，在现有史料中找不到佐证。况且，这里我们讨论的重点也不在刘林之间的关系上，而在林泰曾的性格。可以说，卢毓英对事件的描述，进一步验证了李鸿章对林泰曾“向来胆小”的评价。关于这一点，还有一个人的说法可视为佐证，这个人就是“镇远”舰帮办管带、美国人马吉芬。马吉芬是和林泰曾在黄海海战中并肩作战的洋员，战后他在回忆录中讲述了他所看到的海战中的林泰曾。他说：“我不断地听到一个奇怪的声音从我下方的指挥塔里传出来。我觉得对这种声音最恰当的比喻就是狗吠。我很奇怪这到底是什么发出的，但我当时（战斗当中）没空去询问这个。……不久后我为了指挥战舰进入到指挥塔中，我惊讶地发现这竟是我那尊敬的舰长发出的！他正跪倒在地，以极快的语速用中文喃喃自语——祈祷着，或者说一边祈祷一边诅咒着——每一发炮弹击中军舰时他就像狗一样嚎叫起来。只要我还活着，我永远也忘不了那幕景象和那种声音。我真想踹他一脚，可是我没那么做。可是在整场战斗中，我能从他每一次嚎叫中知道有炮弹击中了我们。除此之外，我倒是因为忙于其他事务而不可能注意到

---

〔1〕林伟功、黄国盛主编：《中日甲午海战中方伯谦问题研讨集》，知识出版社1993年版，第554页。

军舰的每一次中弹。”[1]马吉芬的回忆，也证明了林泰曾性格的懦弱。

田汉对马吉芬的上述说法并不认同，他在一篇文章中指出：“一个可以‘因所带铁舰被伤’而‘引义轻生’，有‘知耻之勇’的男子，决无在临阵之际‘胆小如鼠，效乳臭小儿之啼哭’之理！何况虽‘沉默寡言笑’，而心中自蕴蓄着无限忧时之感，报国之诚，决不是麦吉芬（即马吉芬）乃至因我战败而抹煞一切的一般浅薄的观察者所想象的那样人物。”[2]可当我们看到卢毓英所做的“故□浓酒作长饮大醉而卜，□战台之下，所有调遣□托其副管带杨用霖□身上”的描述后，顿感马吉芬的描述并非出于臆断。编修张百熙在黄海海战后弹劾北洋海军的时候，也谴责林泰曾“战慄无人色，开轮后匿伏内舱不出”[3]，这恐怕并非偶然。

纵观林泰曾的海军生涯，特别是在重大任务中的表现和重大失误面前的人生选择，可以断定，由于性格原因，他的“心思”与“性情”的转变是不彻底的，他距一个优秀、合格的近代海军舰队管带还有相当距离。

---

〔1〕李·马吉芬：《他选择了中国》，山东画报出版社2013年版，第125页。

〔2〕翁军、马骏杰编：《民国时期中国海军论集》，山东画报出版社2014年版，第197页。

〔3〕《清光绪朝中日交涉史料》卷十九，故宫博物院1932年版，第2页。

“聪明谙练”的方伯谦

北洋海军“济远”舰管带方伯谦画像

方伯谦是中国近代海军教育造就的另一类海军人才，他聪明、机智、练达，在专业技术方面是高才生，但他缺乏海军军人最基本、最不可缺少的素养，那就是爱国、忠诚和血性。

方伯谦，字益堂，福建侯官人，生于1854年1月。他自小聪敏过人，知书识礼。6岁开始读书，8岁随父亲在水部琉球馆读书，15岁考入福州船政学堂后学堂学习驾驶，毕业后与刘步蟾、林泰曾等人一起参加了远航实习。1874年，方伯谦被派往“伏波”舰充正教习，旋调“长胜”轮船大副。1875年，调任“扬武”练船管带，沈葆桢奉诏赴台视师，特简方伯谦随同前往作为臂助。台事平定后，方伯谦升为守备。1877年3月，方伯谦作为清政府派出的第一批赴欧留学生前往英国。10月进入格林尼茨皇家海军学院深造驾驶，次年6月毕业，成绩优良。8月，登上英国海军东印度舰队旗舰“恩延甫”号实习。1879年8月，改上“士班德”舰实习。1880年期满回国，先任福建船政管轮学堂正教习，保升都司，并加参将衔。1881年出任“镇西”炮舰管带，一年后调任“镇北”炮舰管带。1883年，调任“威远”练船管带。

1884年12月，朝鲜发生甲申政变，方伯谦奉命率“威远”号随“超勇”和“扬威”两舰赶赴朝鲜，以平定局势。在处理朝鲜问题的过程中，方伯谦留意观察，深感国际关系的复杂性和海防建设的重要性，遂给李鸿章“上边事书数千言”，建议在紧要处建设炮台，巩固边防。

1885年，方伯谦奉命出任“济远”号巡洋舰管带，自此，他掌管“济远”舰近十年。1886年，方伯谦率“济远”舰随丁汝昌赴日本长崎，亲身经历了“长崎事件”。1888年《北洋海军章程》颁布，标志着北洋海军正式成军，方伯谦参加了章程的起草工作。章程的制订，是北洋海军的一件大事，李鸿章选择方伯谦参与此事，无疑是看好他对西方海军建设的了解，这表明李鸿章对他还是非常信任的。1889年，北洋海军正式定编，方伯谦升署北洋海军中军左营副将（1892年实授），委带“济远”舰。此后一直到甲午战争爆发，方伯谦多次率舰执行巡航、操演、运送等任务，并获赏捷勇巴图鲁勇号，特别是甲午战争爆发前夕，他再次给李鸿章上书，从政治、经济、外交、军事等不同方面，提出了若干颇有价值的战略战术思想，这些思想包括：第一，海军战舰，合则力厚，分则势单；未决裂时，宜速召聚一处，遇有变局以便调遣。第二，九连城、凤凰城、鸭绿江一带与高丽接壤之处，宜调兵数十营，以扼其要。第三，倭人窥韩，俄实暗中取利，盖韩为俄有，则俄战舰可由三韩港道出入，泰西各国所深虑也。倘我与英各国联络保韩，则倭不敢公然逞志。第四，倭人兵饷多取商民，彼国物产销售中国者十居其七，倘与倭议战，必先绝其通商，且当防他国代为销售。第五，当速筹添战舰。[1]这些情况表明，经过多年历练，方伯谦似乎已经成为一名博学、老练、沉稳、敬业的军舰管带了。

然而，军人的思想道德修养和意志品质是否适应军队建设需要，特别是是否适合战争需要，只看纸面上的夸夸其谈是远远不够的，还必须看他在实战中的具体表现。对于方伯谦等北洋海军高级将领来说，其素质和能力是否与舰长身份相称，必须经过战争才能得以检验。

检验的时刻很快就到来了。1894年2月，朝鲜发生“东学道”起义，日本决定利用这一机会发动战争，朝廷和李鸿章都闻到了战争的气味，决定派兵入朝。为避免遭受日军的偷袭，李鸿章决定雇用英国商船“爱仁”“飞鲸”“高升”等三艘轮船，载运2000余人增援朝鲜。此时，李鸿章对通过外交努力避

---

〔1〕中国史学会主编：《中日战争》（六），新知识出版社1956年版，第94—95页。

免战争抱有一定幻想，拒绝了丁汝昌派北洋海军主力护航的建议，仅同意派出“济远”“广乙”“威远”三舰赴朝接应。毫无疑问，在这三艘军舰中，“济远”舰是唯一能与日本海军新式军舰相抗衡的巡洋舰，方伯谦理所当然地成了这个编队的最高指挥官，对他的真正考验也就从此开始了。

清军在朝鲜的驻扎地是牙山，这里的水域地形复杂，登陆清军必须经过小船运输才能上岸。为避免登陆拥挤，李鸿章将三艘运兵船依次发送，“爱仁”号于1894年7月21日下午开航，“飞鲸”号22日傍晚开航，“高升”号23日早晨开航，目的地都是牙山。

7月23日，方伯谦率舰到达牙山，先后帮助“爱仁”和“飞鲸”两艘运兵船下载人员1300多人，以及一批物资登岸。“飞鲸”号因到达目的地较晚，卸载物资非常缓慢，直到24日晚上还没卸完。正在这时，“威远”舰管带林颖启向方伯谦报告，说日本舰队大批军舰将于次日开到朝鲜，意图不明。听到这个消息后，方伯谦这位近代海军巡洋舰管带，内心顿时升腾起掩盖在丰富海军阅历之下的恐惧与惊慌，他第一时间想到了撤离牙山湾这块是非之地。他决定不等“飞鲸”号人员物资卸载完毕，先撤回国。他让航速比较慢的“威远”舰先于当天晚上驶往朝鲜大同江一带日本舰队出没较少的地方等候，他则率领“济远”和“广乙”于第二天，也就是25日凌晨启程赴大同江，与“威远”会齐后一起回国。

屋漏偏逢连夜雨，方伯谦最担心的情况还是发生了。当25日方伯谦率“济远”和“广乙”两舰驶出牙山湾时，爆发了不期而遇的丰岛海战。战斗一开始，“济远”就遭到日本联合舰队第一游击队“吉野”“浪速”和“秋津洲”三艘新式战舰的围攻，伤亡惨重。方伯谦见寡不敌众，便失去斗志，率舰向威海方向退却。“吉野”和“浪速”穷追不舍，在危急时刻，方伯谦命令挂起白旗，但并未停车。第一游击队司令官坪井航三见“济远”既挂白旗，又不停航，便命令继续追击。此时的方伯谦，又做出了更加出格的举动，竟然挂起了日本海军旗[1]，东乡平八郎见“济远”表示投降，即发出信号命令停船，否则炮击。方伯

〔1〕“济远”舰在遭到日舰追击时挂白旗和日本海军旗，《东方兵事纪略》《中东战纪本末》以及日“浪速”舰长东乡平八郎日记均有记载，为确凿事实。

谦命令“济远”停止炮击并同时缓缓停船，这显然有等待日舰受降之意。就在这千钧一发之际，海面上突然出现了“高升”号运兵船和“操江”号兵舰，它们均是载运部队和物资增援牙山的。两舰船的出现，吸引了日军的注意力，坪井航三命令“浪速”停止追击“济远”，改变方向俘获“高升”，“济远”遂获机逃脱，重新开车起航。此后，在“吉野”追击迫近之时，“济远”炮手王国成、李仕茂怒不可遏，用尾炮连发四炮，有三炮命中“吉野”，“吉野”遂停止追击，“济远”得以逃回威海。

丰岛海战，中国海陆军付出了损失“广乙”“操江”两艘军舰和近千名官兵的惨重代价，方伯谦作为有护卫之责的巡洋舰管带，其表现自然成为朝廷内外议论的焦点，也成为人们长期讨论的话题。方伯谦在丰岛海战中以保存战舰为由，不顾“高升”和“操江”的安危，挂白旗和日本海军旗逃离战场，究竟是一种什么性质的行为，我们对此究竟应该如何评价呢？也就是说，方伯谦挂白旗和日本海军旗是为保存战舰的诈降行为，还是贪生怕死的投降行为？

关于这一问题，历来存在争议，分为“投降说”和“诈敌说”。持“投降说”的人十分普遍，他们从中国传统价值观念出发，把悬挂白旗，特别是悬挂日本海军旗看成是一种可耻的投降行为，加以无情的鞭挞。20世纪60年代在中国风靡一时的爱国影片《甲午风云》就采用此说。持“诈敌说”的人也慢慢多起来，特别是改革开放以后，史学界思想空前解放之时，“诈敌说”开始流行。比如国内研究甲午战争颇有心得的季平子认为：“‘济远’拒战甚力，其望台中炮，大副沈寿昌裂脑死，方伯谦初与沈并肩立，脑浆与血沾其衣，前炮台继中炮，二副柯建章为之洞胸，学生黄承勋为之断臂。战约一时许，方伯谦见力不支，悬白旗和日本海军旗诈敌，向西逃遁。”〔1〕台湾著名学者唐德刚也说，方伯谦在丰岛之役，以一船敌三舰，表现至为优异，〔2〕实际上是不承认方伯谦有投降的意图。然而笔者经过认真研究和分析认为，方伯谦挂白旗和日本海军旗的行为，是他在情急之下采取的两全之策，说得具体些就是，他既有诈降的想法，又有投降的目的。这话怎么讲？可以这样解释：如果能够逃脱，他对李

〔1〕季平子：《丰岛海战》，《历史研究》1980年第4期。
〔2〕唐德刚：《甲午战争百年祭》，《传记文学》（台湾）第26卷第4期。

鸿章的交代，就是诈降；如果不能逃脱，他对日本海军的交代，就是投降。这种观点有何根据呢？笔者用反证法加以论证。

第一，如果是纯粹的投降，挂起白旗时就应停船，像“操江”号一样，等待日军的受降。可他并没有这样做，而是加速逃跑，并且发炮攻敌。这说明此时他还抱有逃脱的一线希望。第二，如果是纯粹的诈降，在无法逃脱的情况下，就应做最后的抵抗，战至船尽人亡。可他也没有这样做，而是停下船，等待受降。这说明方伯谦的确有投降的想法。是“高升”号的出现为他赢得了机会，将他的命运导向了前者。战后方伯谦对悬挂白旗和日本海军旗只字不提，甚至在“济远”舰的航海日志中故意不加记载，这些情况都表明连方伯谦自己也认为这些行为是不可告人的，是可耻的。

上述分析如果不谬，方伯谦是何等的人才啊！

这件事后来的处理结果证明，方伯谦达到了目的。首先，光绪皇帝对外以诈降论处，不但没有追究方伯谦的责任，反而降下谕旨：“行军纪律，赏罚为先，畏葸者不可姑容，奋勇者亦须奖励，即如管驾‘济远’之方伯谦，于牙山接仗时鏖战甚久，炮伤敌船，尚属得力，着李鸿章传旨嘉奖。”[1]并奖励两名用尾炮打伤“吉野”的炮手白银一千两，其他官兵一千两，告谕全军，以为鼓励。[2]其次，无论是丁汝昌还是李鸿章，都始终没有提起方伯谦挂白旗和日本海军旗一事，显然是不赞成用这种方法来诈降。特别是李鸿章，对方伯谦在丰岛海战中的行为极表怀疑，他曾经在电报中警告丁汝昌：“林泰曾前在仁川畏日遁走；方伯谦牙山之役敌炮开时躲入舱内，仅大、二副在天桥上站立，请令开炮尚迟不发，此间中西人传为笑谈，流言布满都下。汝一味颟顸袒庇，不加觉察，不肯纠参，祸将不测，吾为汝危之。”[3]这段话表明了李鸿章对方伯谦真实面目的认识，也表明了他对北洋海军存在问题的担心。至于他后来对方伯谦的行为没有进一步追究，是因为他特别在意北洋海军的声誉，北洋海军一旦背上“临阵逃跑”“挂旗辱国”的骂名，不仅李鸿章脸上无光，他苦心经营多年的北洋海军也将成为众矢之的。于是，李鸿章对皇帝的奖赏表示默认，对外

〔1〕《李鸿章全集》24，电报四，安徽教育出版社2008年版，第223页。
〔2〕同上，第179页。
〔3〕同上，第207页。

也缄默不语。这实际上是掩盖了方伯谦的可耻行为，怂恿了他在未来作战中更加过分的举动，以至于断送了他的性命。

1894年9月17日，黄海海战爆发，当激烈的海战进行到下午3时30分时，方伯谦故伎重演，率“济远”舰撤离战场，逃回旅顺基地。这次他没有挂白旗和日本海军旗，也不需要挂这些旗子，因为没有日舰穷追不舍。然而，这次逃跑，后果远比丰岛海战那次严重，这次海战毕竟是中日两国海军主力的交锋，关系到黄海制海权的归属。北洋舰队的黄海之败，方伯谦难辞其咎，被清政府处以极刑也就在所难免。

方伯谦的海军生涯再次表明，花费了中兴臣子们若干心血的晚清海军教育，没有把方伯谦这位聪明过人的年轻人锻造成合格的军舰管带，这是值得后人反思的。

纵观邓世昌、刘步蟾、林泰曾、方伯谦等管带的成长经历及其在战争中的表现，我们不难发现，他们从懵懂少年成长为舰长，担承保卫国家海防的重任，其“心思”与“性情”的转变历程是不一样的，表现也大不相同，大半以个人性格为依归，这说明近代海军教育体制解决学生的“文强武弱”问题并不彻底。正如李鸿章所说：“闽厂学生大都文秀有余，威武不足，诚如来示，似庶常馆中人，不似武备院中人，然带船学问究较他处为优，在因材器使，随事陶成而已。”〔1〕造成这种状况的原因有四个方面：第一，中国近代社会环境无法营造崇尚爱国、奉献、牺牲的教育环境，难以树立海军军人崇高的信仰和荣誉感；第二，中国近代海军教育强调的是心智的开发和专业技术技能的提高，忽视军人特质的培养；第三，国内的海上练习，特别是赴欧实习、接舰的实践，尽管使他们经历了狂风浊浪、暴雨惊涛的洗礼，对锻造他们的坚强性格和意志大有裨益，但传统和习惯依然使他们把掌握“风涛海线”等航海技术放在首位，心性的改造始终不能成为必修的科目；第四，管带们不同的性格，都在他们“心思”和“性情”的转变中产生着决定性影响。

与邓世昌、刘步蟾、林泰曾、方伯谦等管带的转变形成鲜明对比的是杨用

〔1〕《李鸿章全集》32，信函四，安徽教育出版社2008年版，第642页。

霖的成长之路。

杨用霖，字雨臣，生于1854年，福建闽县人。少年时代父母双亡，与伯兄杨腾霄一起生活。他平时虽然不爱说话，但内心却特别崇尚气节。成人以后喜欢喝酒，酒酣时一改少言寡语的特性，常对天下大事侃侃而谈。1871年，杨用霖离家当兵，上了“艺新”舰做学生，跟随管带许寿山学习英文、驾驶、枪炮之学，由于他“日夕勤劬，寒暑不辍”，各种船上技艺大有长进，遂增补为“振威”舰管炮官。虽然在中国近代海军初创时期人才极度缺乏，但直接从士兵提拔为军官，也不是寻常之事，非有优秀品质不可，而杨用霖具备了直接提升军官的条件。在这之后，他又升为“艺新”舰二副。当时正值林泰曾从英国学成回国，由福建带舰北上，调杨用霖同行，加入北洋海军。到北洋后，杨用霖历任“飞霆”“镇西”各舰二副。1880年，杨用霖随林泰曾赴英国接收“超勇”“扬威”两舰，充任“超勇”舰二副，回国后升为大副。1885年，铁甲舰“定远”和“镇远”回国，杨用霖被荐升为“镇远”舰大副，又升帮带大副，是“镇远”舰上仅次于管带的重要职务。1888年北洋海军新设员缺，李鸿章奏请将杨用霖升署右翼中营游击。1891年赏加副将衔升用参将。从以上经历可见，在杨用霖的海军生涯中，并没有接受过正规的近代海军教育，但他却有着远远超过其他管带的军人气质。他治军严明，爱兵如子。黄海海战中，他奋然对属下说：时候已到，我将以死报国，愿意跟随我的就跟随，不愿跟随我的，我不勉强。众人感慨流泪答道：杨公为国战死，我辈怎能偷生？为赴汤蹈火，只有听命于公。可见杨用霖在官兵中的威望。黄海海战打响后，杨用霖指挥各员勇奋力鏖战，弹火飞腾，血肉狼藉，神色不动，而攻御愈力。[1]后来丁汝昌向李鸿章报告杨用霖的情况时说：杨用霖“虽非学堂学生出身，而自幼随船练习，于驾驶、测量尚能谙晓，平日操练钤束颇为得力，即东沟之战胆气尚好，为洋员所共知。”[2]林泰曾服毒自杀以后，李鸿章以杨用霖“熟悉机宜，战阵勇敢”[3]暂行代理其职。在北洋海军即将全军覆没之际，杨用霖拒绝了有人让他主持投降的提议，自杀殉国。而他的自杀方式，值得我们注意。他端坐“镇

〔1〕戚其章主编：《中日战争》12，中华书局1996年版，第392页。
〔2〕《李鸿章全集》25，电报五，安徽教育出版社2008年版，第192页。
〔3〕《李鸿章全集》15，奏议十五，安徽教育出版社2008年版，第489页。

远”舰官舱之内，口诵文天祥“人生自古谁无死，留取丹心照汗青”的著名诗句，“引枪衔口，发弹自击，脑浆自鼻窍垂注如箸，犹端坐不仆，观者惊以为神”[1]。于是，他成为甲午战争中唯一使用手枪自杀的清军将领。这种自杀方式，今天看来并没有什么特殊之处，但与当时人们普遍选择的“文雅”“安详”的“仰药自尽”相比，显然属于另类，它需要具有突破传统观念的勇气和胆量，更需要具有军人特有的血性。威海陷落，杨用霖死事壮烈，其事迹很快传遍朝廷上下。山东巡抚李秉衡奉朝廷之命调查丁汝昌等死事时听说，在黄海海战中，“镇远”舰管带林泰曾潜匿不出，杨用霖主动担任战场指挥，他腿足均受弹伤，依然坚立不退。他见危授命的事迹是可信的。[2]

邓世昌、刘步蟾、林泰曾、方伯谦、杨用霖等北洋海军将领的成长经历以及他们在战争中的表现，给我们带来了一系列关于近代海军教育的疑问：为什么这些将领的军人素养，不以接受近代海军教育的程度来决定呢？为什么这些将领个人的性格对他们形成军人素养会产生如此大的影响呢？为什么这些将领的军事技能与他们的道德品质和意志品质不能相辅而进，成正比发展呢？其实答案是明确的，那就是中国近代半殖民地半封建社会背景下兴起的海军教育，其形式的根本改变，并未带动教育理念和教育方式的彻底更新，传统观念还在深深地影响着教育过程。这种现象进一步证明，教育是一个国家社会文化进步的晴雨表，教育的转型，要靠社会变革来推动，也可以说，教育的转型，是社会变革的体现。中国近代海军教育的新生，必将孕育于即将到来的一系列革命中。

---

〔1〕戚其章主编：《中日战争》12，中华书局1996年版，第393页。

〔2〕《李秉衡集》中，中华书局2013年版，第314页。

职责与野心：

北洋海军中的洋员

魏源“师夷长技以制夷”的军事改革思想，在西方列强沉重的压迫下，痛苦地为中国近代海军的创设规划着路经。购买西方先进舰船，派遣留学生学习海军技术，聘请外援传授管理训练方法，成为中国近代海军创始者无奈的共识。于是，一个“洋员”群体开始活跃于中国海军建设的舞台。然而，这个良莠不齐、鱼龙混杂的外国人群，既给近代海军创设者带来了耳目一新之感，又给他们增添了不少烦恼。历史功罪，究竟怎样评说呢?

1886年是铁甲舰来华后北洋海军建设的关键年，围绕铁甲舰的训练、管理、保养、使用等一系列问题全面展开，清政府遇到了前所未有的挑战，这些棘手的问题，理所当然地要由李鸿章来筹划和处理。这年的5月12日，李鸿章端坐在总督衙门中，全面梳理着北洋海军建设的思路，一个关键问题活跃在他的思维中，那就是如何利用外国人为北洋海军建设服务。于是，他在写下给朝廷的《复陈部驳海防报销折》之后，又附上一个折片《洋员资费请准销片》。附片中，他凭借几年来对所聘洋员的观察、了解和思考，阐述了聘请洋员的目的、洋员来华的意图，以及如何吸引洋员在华努力工作等问题，颇有见解。李鸿章讨论的问题，是关系到北洋海军建设质量的重要问题。他针对朝廷中一些人对聘请洋员不理解的状况，认真分析了洋员在北洋海军建设中的作用，指出：

> 当以北洋创设外海水师，本系仿照泰西成法，意在取彼之长，以为自强之计。所购船炮、枪械、机器等项，日新月异，理法精奥，中国素未经见，其用法亦未谙悉，以至精至利之器授诸不谙用法之员弁，几同废物。是以不得不借材异域，雇募洋员来华教习，以期一物得一物之用，非好为此靡费，亦绝非冗员可比。

同时，李鸿章也清醒地认识到，洋员来华的目的与中国聘请洋员的目的绝不一致。洋员之所以不远数万里争先恐后来华服务，“所图者利耳”。因此他认为，在这种情况下，要想使洋员把全部才智发挥出来，为我所用，“惟饵以重利，彼方挟所长而乐为我用，且须视本领之高下，以定薪资数目之多寡，有于薪水外议给房膳、旅费、医药等项者，有将房膳等项并入薪水内者，有薪水在华全支或在本国留支若干以为安家者，各随所欲得而斟酌允行，办法本无一定，非若中国员弁公差，以官阶之崇卑、事务之烦简定薪水之等次也”[1]。由此可见，李鸿章深谙对洋员的管理之道。可是，再聪明的李鸿章也难以窥透那些外国人的内心深处，一个至关重要的问题还是被忽视了，那便是，他们想谋控制海军之权。

〔1〕《李鸿章全集》11，奏议十一，安徽教育出版社2008年版，第398页。

来自李鸿章的聘请

提高部队战斗力，训练为第一要义。从英国订购的几艘“蚊子船”到华后不久，李鸿章就想通过设立练船来加强官兵的训练。然而，在海军建设刚刚起步阶段，国内没有懂得近代化海军训练的人才，李鸿章不得不聘请外国军事人员担任训练、管理顾问和教练，后来指导范围逐渐扩大，军港、船坞、炮台建设等，都聘请了外国人，这些外国人被称为洋员。北洋海军较早聘请的比较重要的洋员是英国人葛雷森，此人是海关总税务司赫德推荐的，来北洋海军之前已在中国海关工作了十年。尽管如此，李鸿章依然对葛雷森不太放心，始终对他悉心观察。葛雷森来北洋后，最初的工作是拟定训练章程，照料北洋海军的“蚊子船”，并随时按照李鸿章的指令率舰出海操巡。经过一段时间的试用和考察，李鸿章觉得葛雷森“久习船务，胆略俱优”，教练作用发挥得还算出色，便将他提升为总教练，一般称为总教习。于是葛雷森就成了北洋海军第一任总教习。

刚刚上任，葛雷森就经历了一次考验。那是1880年5月13日，“镇北”“镇南”“镇东”“镇西”四舰和“操江”兵船由金州的大连湾驶往海洋岛，因该条航线水下地形复杂，该岛新发现暗礁在海图上没有载明，致使邓世昌管驾的“镇南”舰船底误行碰穿，情形危险。葛雷森本来在其他舰上操持公务，离出事地点很远，但他获悉紧急情况后立即赶来，亲自督率各船弁勇设法救护，最终使“镇南”舰被拖带出险，拖往上海修整。在这次抢险行动中，葛雷森的表现十分出色，既有对北洋海军的责任心，又有处置突发事件的能力，这使李鸿章感到十分满意。李鸿章称赞葛雷森说，葛雷森“赴援‘镇南’船之际，随机应变，镇定稳速，乃克化险为平，实堪嘉奖”。事后，李鸿章上奏朝廷，赏给葛雷森仿造二等金宝星一面。[1]后来，葛雷森又先后随舰完成多项重要任务，比如赴英接收“超勇”“扬威”两舰、东渡巡防朝鲜海口等，屡屡受到清政府的嘉奖。李鸿章对他的最终评价是：“向来熟习兵船驾驶事宜”，“教习蚊船操练，深资得力”。[2]1881年12月，葛雷森获赏加二品衔、花翎；1882年10月，获赏总兵衔。[3]

葛雷森为北洋海军聘请洋员开了个好头。自此以后，李鸿章采取驻外公使物色、在华工作洋员引荐、直接从来华洋员中遴选等措施，以合同方式，先后为北洋海军聘请了各类洋员近百人，这批外国人在北洋海军建设中发挥了很大作用。当然，清政府也付出了高昂代价，为他们支付了巨额费用。以总查琅威理为例，他两次受聘，第一次月薪是库平银600两，第二次涨到700两。700两银子在当时是什么概念呢？按照《北洋海军章程》的规定，提督的月薪是700两，总兵月薪330两，最低军官把总的月薪只有40两。琅威理的月薪相当于提督，是总兵的2倍多，是把总的17.5倍。除了琅威理这样的高级洋员外，其他洋员的薪水也很可观。即使是洋员士兵，也比北洋海军普通士兵的薪水高出十几倍，甚至几十倍。此外，清政府有时还需要为一些洋员支付医疗费、安置费、车马费等各种费用。总之，清政府在雇用外国人上面是花了大价钱的。

---

〔1〕《李鸿章全集》9，奏议九，安徽教育出版社2008年版，第152页。
〔2〕《李鸿章全集》33，信函五，安徽教育出版社2008年版，第93页。
〔3〕《李鸿章全集》10，奏议十，安徽教育出版社2008年版，第101页。

北洋海军受益良多

高昂的代价不能白白付出，聘请来的洋员必须发挥作用。洋员们尽管都是为谋利而来，但他们大多具有职业操守，在各自的工作岗位上尽职尽责，努力工作，对得起那份高额薪水。比较典型的例子除了葛雷森，还有李鸿章两次聘请来华的英国人琅威理和对北洋海军一往情深的美国人马吉芬。

琅威理两次应聘来华是赫德等人精心策划的一个带有政治目的的事件，在此暂且不表，留到下节讨论。这里要说的主要是琅威理进入北洋海军以后，在督导北洋海军的管理、训练、执行任务中的工作表现。

琅威理生于1843年1月，14岁入英国皇家海军学校学习，毕业后入海军舰队服役。1863年9月，随"阿思本舰队"首次来华，当时并没有什么名气，"阿思本舰队"遣散后，随即回国。1877年，中国从英国订购的两艘"蚊子船"来华时，供职于中国海关的金登干聘用随舰来华人员，琅威理被选中。1月19日，金登干向赫德报告说："两艘炮艇的舰长和船员都已选定。琅威理舰长资历在前，将指挥'伽玛'号，劳伦斯·庆舰长指挥'戴塔'号。他们二人都是第一流的人选，甚得英国海军部好感。"[1] 2月9日，金登干把琅威理的表现情况向赫德做了汇报。他说，勒·普里曼达吉舰长"看到了琅威理舰长按照他自己制订的方案，指挥他的水手操练大炮，取得极好效果的情景。您看吧，这些炮艇移交时准能像英国战舰那样——秩序井然，水手严守岗位。我认为，如果李鸿章不看一看炮艇上的英国水手是怎样操纵大炮的，那真是太可惜了。因

〔1〕《中国海关密档》1，中华书局1990年版，第489页。

北洋海军总查英国人琅威理

为这些炮艇和从前的那些炮艇截然不同，的确应该把它们当作新奇的珍品来看待。……‘伽玛’号和‘戴塔’号炮艇则是海军作战中的一个新的起点——大炮的口径之大，迫使人们不能不采取完全新的架设方法和操纵方法。……炮艇外形之壮观和水手操练之严格，也会显得有很大的提高。……我毫不怀疑‘伽玛’号和‘戴塔’号炮艇将以最漂亮的军舰的姿态驶抵中国。因此，到达那里以后，要使各个有关方面都感到满意，这些炮艇应该受到李鸿章本人的正式视察，以使他了解到，在称职的人手操作下，这些炮艇可以达到多么高的效能——不仅表现在港湾里的操练，也表现在作为远洋航行的结果和结束之后”。[1]“伽玛”号和“戴塔”号启航后，金登干又报告说：“‘伽玛’号和‘戴塔’号炮艇终于起航了！”“两位舰长更换了几名超龄或有病的水手，他们现在的水手都是最好的。‘伽玛’号上的几个人，曾在琅威理舰长手下干过。”[2]3月16日，金登干对琅威理做出了更高的评价：“琅威理是很优秀的舰长，从各方面来看，他都是完全胜任的。他在英国海军部就是出众的人物。他是从海军学院来到我们这里工作的。（他在普利茅斯时，由于在一个狂风大作的夜晚，没穿什么衣服在甲板上干了一整夜而患了重感冒，病情严重，出于荣誉和责任感，他几乎要提出辞职。）他对他所从事的职业十分热心，对他所指挥的舰艇感到非常自豪。他事必躬亲，再也找不到比他更称职的人了。”[3]6月初，“伽马”号和“戴塔”号抵达中国，25日移交给中国方面。[4]这样，琅威理再次来到中国。

虽然金登干对琅威理十分看好，但李鸿章此时并没有做好引进洋员的准

〔1〕《中国海关密档》1，中华书局1990年版，第502—503页。
〔2〕同上，第510—511页。
〔3〕同上，第519页。
〔4〕《中国海关密档》8，中华书局1995年版，第120页。

备，琅威理在经过了短暂的停留之后，依然返回了英国。

1879年夏天，鉴于续订的四艘“蚊子船”也即将来华，引进洋员的紧迫性加剧，李鸿章委托驻英国公使曾纪泽向英国兵部、海军部提出，希望他们能够推荐素质好的海军人员来华服务，曾纪泽自然忘不了向金登干咨询。金登干极力向曾纪泽推荐琅威理，说统带续购四船之船主琅威理，诚实和平，堪以留用，请俟船到察勘酌夺，如果需要另访更优秀的人员，容再报命。李鸿章接到曾纪泽的复函，对琅威理并没有什么印象，内心犹豫不决。不久，英国水师提督古德路过天津拜晤李鸿章，李鸿章当面提出，让古德帮助选派兵船熟手来华，古德也是力荐统带“蚊子船”的琅威理，称琅威理“明练可靠”。李鸿章认为古德所说恰好与金登干相印证，对琅威理有了很深的印象，决定待琅威理随“蚊子船”到天津时，对他进行重点考察。[1]1879年12月上旬，琅威理统带四艘新购“蚊子船”抵达天津，李鸿章亲自登船勘验，他特意命令琅威理出洋操演。随后，他把自己对琅威理的印象以及聘请琅威理的计划告诉了曾纪泽。他在信中说：

> 顷英国琅副将统带新购炮船四只到津，兄登船勘验，并令琅副将出洋操演，阵式整齐灵变，炮准亦好。其人勤干明练，船学颇精，与商留此帮同华员督操，伊尚情愿，惟以英例，须向水师兵部乞假允准。该副将资格已深，再历数年，可荐升至提督，若准假后，本国停俸断资，未免耽误升阶，恳由敝处转致执事，与水师部长官商调中国，借用三年，仍与在本国当差劳绩一般，未知可行与否，务望大才酌度，晤其长官，妥为计议。兄并属津关税司德璀琳函致金登干，代向兵部商托，如有成议，即由德税司酌拟合同草稿，转交金税司，与琅副将订约，届时尊处亦必与闻参酌一切也。琅君新娶一月即远出，又须回国请假，拟定议后来春回华。[2]

随后的进展并没有如李鸿章的想象那样顺利，中间出现了一些波折，主要

---

〔1〕《李鸿章全集》32，信函四，安徽教育出版社2008年版，第489页。
〔2〕同上，第497页。

是英国海军部和琅威理本人之间有利益冲突，耗费了一些时间，但最终经过英国驻华参赞威妥玛、赫德、金登干等人的积极斡旋，琅威理终于1882年秋天来中国任职。他在北洋海军的职衔是副提督衔总查，负责北洋海军的组织、管理、教育、训练等工作。

此后不久，1884年，中法战争爆发，英国宣布中立，琅威理按照英国国内的授意，于11月请假避回英国。1886年1月，应邀重返中国，又在北洋海军供职四年。

琅威理在北洋海军前后供职近七年，此间表现究竟如何，是史家都十分关心的问题。从现有史料看，其在北洋海军工作期间的表现，得到了李鸿章、丁汝昌以及其他官佐的认同。琅威理值得称道的成绩主要有两个方面：

第一，治军严格。琅威理身上体现了英国人办事严谨、认真的特点和风格，无论在日常管理还是在训练中，都照章办事。训练中，他严格按照英国海军的条令执行，用英国海军的规范约束北洋海军的海上行为；管理上，他常常为北洋海军订定章程，约法三章，对违反的官兵严加惩罚。丁汝昌曾说，琅威理“平日认真训练，订定章程，与英国一例，曾无暇晷”〔1〕。所以军中流传着“不怕丁军门，就怕琅副将”的说法。〔2〕

第二，办事认真。琅威理做事比较勤奋，事无巨细，都要亲自过问。平时他以身作则，了解他的人都说，“琅威理终日料理船事，刻不自暇自逸。尝在厕中犹命打旗语传令”〔3〕。“即在吃饭之时，亦复心手互用，不肯少懈。”〔4〕可见，他专注工作，已经达到了废寝忘食的程度。1886年6月，李鸿章陪同醇亲王奕譞视察北洋海防，朝廷奖励中外有功人员，琅威理因“教演水师尤为出力”，除了奖励宝星以外，还“着再加恩赏给提督衔”。〔5〕

综合各方面文献可以初步做出这样的判断：在琅威理管理北洋海军期间，舰队的面貌的确发生了很大变化，训练比较正规，秩序有条不紊，战斗力得到了有效的加强。有则材料从反面为我们提供了重要参考。英国海军部情报处在

〔1〕《北洋海军资料汇编》上册，中华全国图书馆文献缩微复制中心1994年版，第56页。
〔2〕戚其章：《北洋舰队》，山东人民出版社1981年版，第209页。
〔3〕余思诒：《楼船日记》卷下，第8页。
〔4〕《北洋海军资料汇编》上册，中华全国图书馆文献缩微复制中心1994年版，第56页。
〔5〕《清实录》（影印本）55，中华书局1987年版，第71页。

甲午战前，对中日双方海军实力进行过评估，认为中国海军的总体实力弱于日本海军，其中一个重要原因是包括琅威理在内的西方海军顾问的离去。报告指出："在很大程度上，中国的舰队编制还很简陋，日本海军才是真正的帝国海军，其舰队编制完全是模仿西方海军的编制。日本军舰的所有水兵和大部分军官，都是用西方的训练方式培养出来的。日本军舰屡屡远距离出海，军官都能实施有效的指挥。外国海军普遍认为，自从西方顾问离去以来，中国舰队的效能大大降低。尽管从吨位和大炮门数上说中国胜于日本，但在编制、纪律和训练上日本要大大优于中国，因而可以认为，日本海军力量较强。"〔1〕英国海军情报处的报告是保密的，专给自己人看，没有故意贬低或夸耀的必要，反映的看法应该是真实可信的。琅威理自己也对他离开前后北洋舰队的状况进行过对比评价，他认为，在他工作期间，"矧华人聪颖异常，海军虽练习未久，然于演放炮位、施放水雷等事，无不异常纯熟"。但自从他离开之后，"闲尝至其战船，已不无略宽之处"。〔2〕尽管琅威理有故意夸耀自己的劳绩之嫌，但反映的舰队变化却是实情。

马吉芬是另一位为北洋海军做出贡献的洋员。他于1860年12月13日生于美国宾夕法尼亚州的一个小镇，家族属传统的军人家族，祖父和父亲都是军官，亲戚中也有多人在军队服役，从小受行伍熏陶。1877年，马吉芬考入美国著名的安纳波利斯海军学院，六年后毕业，但没有得到进入海军舰队服役的机会。可他酷爱海军职业，不想放弃成为海军军官的愿望，于是决定向国外谋取发展。1885年2月，马吉芬从美国的旧金山出发，踏上了前往中国的历程，他要进入黄龙旗下的北洋舰队一展身手。

北洋海军"镇远"舰帮办管带美国人马吉芬

在天津，马吉芬经美国副领事介绍见到了李

〔1〕戚其章主编：《中日战争》11，中华书局1996年版，第54—55页。

〔2〕中国史学会主编：《中日战争》（七），新知识出版社1956年版，第518页。

鸿章，李鸿章答应他如果考试合格，便可留用。经考试，马吉芬进入天津水师学堂担任驾驶和枪炮教习。在此期间，马吉芬曾奉命参与指挥水师学堂的练习舰、测绘朝鲜海岸地图、赴英接舰等工作。1890年，马吉芬奉调担任刚刚建成的威海卫水师学堂教习，并在此工作到甲午战争前夕。

虽然马吉芬来北洋海军的初衷与其他洋员没有两样，都是为了金钱或个人的发展，但随着北洋海军建设的深入，中国人对他表现出来的仁厚和友好，令马吉芬产生了归属感，他渐渐被这支年轻的海军融化了。甲午战争前夕，他放弃了回国度假的许可，毅然选择留在中国上舰参战。他在向父亲解释原因时说："中国与日本即将爆发战争，可能我再也见不到你们了。如果我一去不返，请记住我是为了荣誉而留在了中国。在十年的军旅生涯后，在受了他们这么多的恩惠后，如果在此时抛弃他们是极为卑鄙的。我已被任命为'镇远'舰的指挥官。倭寇自认为能把我们打得一败涂地；当然他们最后肯定无法达到这一目的，但在一开始——我还是别说了吧。我的军舰将给日本人造成重大的杀伤，她将独占鳌头。我要么给敌人以致命的打击，要么就捐躯成仁；如果我死了，你们千万不要过于悲伤，这是最有意义的牺牲的方式。我们是正义的，而且，不管怎么说，我都是为了中国而献身。我不怕牺牲。我指挥着一艘优秀的军舰和一群出色的官兵。如果我们能够发挥出色的话我们就不会死……"[1]随后，马吉芬被调充"镇远"舰担任帮办管带。

在黄海海战中，他全身负伤十几处，几乎完全丧失了视力，两耳的鼓膜也因受到巨炮射击的冲击，及日军炮弹在炮台附近的爆炸而破裂，但他仍然坚持战斗。关于他在"镇远"舰上的战斗情形，在他写给母亲的信中有详尽的描述：

9月17日，星期一时我们在鸭绿江。大约正午时分我们看见南方有许多煤烟，我们很快权衡了一下，然后便恭候着他们的到来，并进行了战斗准备，我们以10舰对抗12艘日本军舰。所有的军舰都将大幅中国国旗挂在主桅上，另一面则挂在斜桁上。12：20时，"定远"号开火了，我们也随之开火（5000码，此距离非常适宜），一分钟后，日舰开火，随后弹雨

〔1〕李·马吉芬：《他选择了中国》，山东画报出版社2013年版，第101页。

便如地狱一般。

我把我的柯达相机架在飞桥上，并站在那里拍照，一直持续到开火约10分钟之后。我拍摄了七张照片，两张是拍我方军舰的，一张是在我们开火之前拍日舰的，随后三张是在他们向我们开火时拍日舰的。当我为第三张照片“按下快门”时，一发日本炮弹就在离我几英尺远的地方爆炸了，炮弹爆炸的气浪使相机脱手。我在它滚下飞桥之前捡起了它，然后拍完第三张，接着又拍了第四张。随后一枚炮弹击中了附近的飞桥，于是我把相机装进了盒子里。当我站起来时，一个在极近距离上爆炸的炮弹将我掀了起来——幸好将我掀到了右边，不然的话我就要从飞桥上掉到甲板上了——主甲板在飞桥下方3英尺。

然后我走进指挥塔。我在耳朵里塞了棉花，还分了一些棉花给舵手等人。我们十分需要这些棉花，因为有很多大口径炮弹击中指挥塔，其引起的巨响和震动都是可怕的……我很欣慰地发现自己当时没有被吓到，几乎与我现在一样冷静。我无法与您谈论战术，只能说我们和他们都在相互射击——炮弹如同冰雹一般，双方都表现甚佳——我担负着巨大的责任；我的中国同事高兴地将此责任交给我，但在我负伤之后他做得也很出色，因此关系不大。

时不时地传来诸如此类的消息：“大人，炮台卡住了”“大人，我们无法提升发射药了”，等等。有几次，我不得不离开指挥塔，进入炮台去鼓励炮手，他们都表现得极为英勇。突然传来消息：“大人，军舰前桅处着火了！”我说道：“派一名军官和消防队去灭火！”接着又有人报告：“水兵们无法前去灭火，炮弹太密集了！”

我发现，正如我所料想的那样，没有军官会前去灭火，而那些水兵自然是从不愿意单独行动的，于是我小声地咒骂了一句（我觉得在那种情况下我是会被宽恕的），把杨一个人留在了指挥塔里，召集志愿者同我去艏楼。许多勇敢的人马上过来说：“没问题，不管你去哪儿我们都跟着你。”——我知道他们会做到的。由于当时右舷炮塔正向左舷方向发射着其双联12½英寸线膛炮，因此我派了一名都司去右舷炮塔，令其停止射击，直到我和我的人离开为止。你在下文将会看到，他未能抵达那里。于是我们从左舷12½英寸炮的炮口下绕过去，爬上前部艏楼。前桅（钢制）正猛烈地燃烧着——实为附近涂有柏油的索具和木构在燃烧——我发现火灾非常严重。我还看见右舷大炮的炮口在转动，但我没有在意。

水兵们把软管传了过来。我俯下身去，把水管的一头拿起来。正当此时，一个炮弹或是弹片飞入了我的两只手腕中间，把我的两条胳膊都划破了一点儿——这还不足以使我松手，我拖住水管，此时又在左侧腹股沟处受到了一击，但这也不碍事。之后大概过了两分钟（或许有二十分钟呢，谁也说不准），我突然看到前方闪过一道刺眼的光芒，然后在大约1/10000000000秒的时间里心中掠过一丝恐惧，便被抛到了甲板上——现在我想说，主日学校的书里“没有另行说明”——我人生中所有的事件并未在我痛苦的头脑中一一浮现——“相反的”，我想着“这就是死亡”，之后就什么也不知道了。

但是软管掉到了我的头顶，当它向外汩汩流水的时候（它被打穿了），我仅仅恢复了几秒钟的意识——哦，我应该怎么说呢——但此时此地我看到在离我不到10英尺远的地方，右舷炮塔的一门巨大的、如饥似渴的12½口径线膛炮正盯着我。我看到它将炮口抬高了1到2英寸，之后又左右转了几英寸，一个念头闪过我的脑海，炮手们正在瞄准，当然，由于此炮在炮膛处的直径接近6英尺，可怜的我是不可能被发现的，而且，由于我们通常在快速瞄准后便开火，我感到自己在恐惧地颤抖。我思考了一会儿，用左手蒙上了眼睛等待着。这时我突然想到，试试看吧，于是向艏楼的边上滚去，跌到了下层甲板上，这时我听到并感觉到炮弹从我头顶上飞了过去。

在那里我的情况也没有好多少，我极想昏过去，但是我坚持着摇摇晃晃挪到另外那一边——那里没有安全的地方，因为炮弹从四面八方飞来，但我至少能不受己方炮火的侵害。您已经读到了我们的一门大炮突然开火，我们就在它前方15英尺偏左6英尺的地方（药包总共装药1200磅）。片刻之后，一枚日军炮弹又在我们前方8到10英尺的地方爆炸了。我的志愿队伍中的每个成员都被炮弹或己方火炮的气浪击中了——而我则被两者伤到了。我的裤子被撕成了碎布条，甚至新的结实的棉质衬裤也被撕成条状的了。

我的上衣上也穿了好几个洞，黑色的缎子花边和马海毛穗带也被扯掉了，外套被烧成了棕色和白色，袖子上的装饰带也几乎被烧成白色的了，我的帽子则再也没有见过。我被严重烧伤，我的头发烧焦了，眉毛、眼睫毛和右半边胡子也是如此，我的右眼和身体右侧也烧伤严重。我的眼睛没事儿，我在此说明，因此请您千万不要担心。您要知道当一个人穿着烧烂的衣服时，是不可能心平气和地说自己一切安好的。我吐了口血，刚从昏迷中醒来，便很快又昏了过去，只是由烧伤和眼伤所造成的痛苦稍有缓解。但是我身边一个可怜的同伴的眼睛已经被拍了出来，所以我不能在这里自夸。

我可怜的同伴们——每一个志愿者都被击中而牺牲或负伤了——这实在是极为悲惨的经历。伤者本该被送到炮塔下的装甲堡里去，但我没办法爬进炮塔里。看到我躺在这里半死不活的样子也没人愿意过来，他们看到我衣服烧成这样就知道我已经没救了。不久，一个水兵看到了我并走了过来，之后一队运送火药的水手把我抬走，放到了我客厅的沙发上……我躺在那里，身上疼得要命，我的状况真的惨不忍睹，我几乎失明，烧伤，半裸着身子，干渴难耐，两只手腕和臀部都受了伤，我的肺部受了冲击，感觉喘不过气来，就好像是一个小学生被球砸到了一样。〔1〕

从马吉芬的叙述中，我们可以深切地感受到海战的激烈与残酷，也感受到了他作为一名洋员难能可贵的地方。战后，马吉芬受到清政府的褒奖，着以水师游击用，赏戴花翎，给予三等第一宝星。

1895年5月，马吉芬回到了阔别多年的家乡，受到了英雄般的礼遇。可是，黄海海战中留下的伤痛始终折磨着他。一年以后，他的病情开始恶化，精神上遭受着巨大的痛苦。

1897年2月11日凌晨，在美国纽约市的一家医院里，响起了一声枪响，惊动了几乎整个医院，37岁的马吉芬开枪自杀了，随后赶来的警察和医生在调查

〔1〕李·马吉芬:《他选择了中国》，山东画报出版社2013年版，第118—122页。

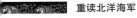

北洋海军总教习德国人汉纳根

他死因的时候发现，他的头部和身体的其他部位有12处弹片伤，有些弹片还没有取出，他的听力和视力几乎完全丧失。最终确定的他的自杀原因是不堪忍受病痛的折磨。也许是巧合，也许是马吉芬的刻意选择，他自杀的这一天，刚好是北洋水师提督丁汝昌自杀殉国的三周年纪念日。

德国洋员汉纳根对北洋海防、海军建设所做的贡献也值得一提。汉纳根是普鲁士陆军的一名退役军官，1854年12月1日出生于德国特里尔城一个世袭军人家庭，少年时代入军校学习，19岁被派往东普鲁士第八步兵团任候补军官，随后晋升为少尉军官。然而时间不长便因为一次意外的打架事件退出现役。赋闲在家的一段时间里，汉纳根系统学习了机械制图、建筑力学、建筑工程设计等方面的知识，特别对与机械和军事工程相关的知识给予高度关注，这为他日后在中国发展打下了坚实的基础。

天津海关税务司、德国人德璀琳与汉纳根家族是世交，比汉纳根早来中国15年。北洋海军建设起步后，李鸿章广泛招募外国顾问，德璀琳便向汉纳根发出了邀请。经父亲同意，汉纳根于1879年9月来到中国。然而，要成为李鸿章的军事顾问也并非易事，需要过几个关口，其中一关便是赫德的阻挠。在北洋海防筹建过程中，赫德早有插手之心，寻找一切机会对李鸿章施加影响。军事顾问是一个相当重要的职位，赫德希望由英国人担任。德璀琳对此十分清楚，他在推荐汉纳根的过程中，有意避开赫德，促成汉纳根与李鸿章的直接接触。1879年11月2日，25岁的汉纳根见到了李鸿章。后来汉纳根回忆了他进见李鸿章的情景，表达了他当时的心情：

我换了一套正式的礼服，在下午3点钟之前赶到德璀琳的家里，并立即跟着德璀琳先生赶往总督府。我们雇了两顶轿子，前面有一个人跑马开道，后面还有一个人保护。每顶轿子都有四个轿夫，另外还有两个人在旁边跟随。总共有14个人随着我们俩赶往总督府。这一路不容易，不仅路途较远，路也不好走，所以前面两个人开道是非常明智的。

总督的官邸是座很大的石头建的，绘有珍禽异兽和阿拉伯风格图案的两层建筑。带有许多高大的附属建筑，而且显然有非常多的小房间。人们很难看出中国在某种程度上的统治者就住在这里。

……

总督的出现是一个伟大的时刻。下午4点终于见到了百忙之中的李鸿章。他身材高大，蓄着灰色翘起的胡须，穿着一件长长的灰色羔羊皮大衣，中国式的帽子上有一红色的花翎和长长的向后垂下的羽毛。即使用欧洲标准来衡量，李大人也称得上是英武伟岸漂亮的男人。

他友好地问候着德璀琳，像父亲一样微笑着拍拍我的肩膀。开始，总督误以为德璀琳带来的这位年轻人是Chan Chan（禅臣），德璀琳更正道："是汉纳根。"

这次会见中，李鸿章和汉纳根谈到了汉纳根的成长经历，谈到了炮台建设，汉纳根给李鸿章留下了勇敢、诚实的印象。李鸿章当即嘱咐德璀琳草拟一份聘用合同，决定聘用汉纳根。事后汉纳根说："我又有了一个工作，我不再是个没有目的的、无用的游手好闲者，并且我觉得我的弱点在某种程度上也得到了修复。"〔1〕

就这样，在德璀琳的帮助下，排除了赫德等英国人的干扰，汉纳根成为李鸿章的军事顾问，从此与北洋结缘。

汉纳根来中国的第一份工作是担任北洋军队的教官，同时被任命为修葺大沽炮台的工程师。他频繁往返于大沽和北塘之间，考察地形，绘制图纸，拟定修葺计划，使大沽炮台得到有效修缮。

1880年年底，奉李鸿章之命，汉纳根赴辽东半岛的旅顺口修筑旅顺炮台，从此开始了为北洋海军服务的历程。此后汉纳根先后用了八年时间，分别为旅顺基地和威海卫基地设计建造了多座炮台。在旅顺基地建造了黄金山、老虎

〔1〕刘晋秋、刘悦：《李鸿章的军事顾问汉纳根传》，文汇出版社2011年版，第30—38页。

尾、崂律嘴、蛮子营、馒头山、摸珠礁、蟠桃山等炮台；在威海卫基地建造了南北帮、刘公岛等炮台多座。那段时间，他尽职尽责，十分劳累。刚承担旅顺建台任务时，他给家人的信中说："永远不能和中国人算细账，这一点在修炮台的时候我深有体会，因为很少有休息的时间。总督大人今年提前14天离开保定府，那时候我已经绘制了好几张图了，我忙得连喘气的时间都没有，更别说写信的时间了，就这样总督也没有让我外出休息的意思。"〔1〕当然，汉纳根得到的报酬也十分可观，月薪200至400两银子。除此之外，李鸿章刚刚开始就批准支付给他除了工资以外的住房补贴，这笔补贴为他解决了一套不错的住房。〔2〕据李鸿章奏报，从光绪七年正月起至光绪八年十二月底止，"办旅顺口炮台洋员汉纳根薪水、马干、川资银六千七百十五两"〔3〕，平均每月约280两；从光绪九年正月起至光绪十年十二月底止，"委办旅顺口炮台工程洋员汉纳根薪水、马干、川资银九千六百四十两"〔4〕，平均每月约402两；从光绪十一年正月起至光绪十二年十二月底止，"委办旅顺口炮台工程洋员汉纳根薪水、马干及办公川资银九千九百七十七两"〔5〕，平均每月约416两。可见，汉纳根的薪俸是逐年增加的。当时，"威远"舰上的教练大副月薪才只有50两，可见汉纳根的工资之高。

1886年6月，李鸿章陪同醇亲王奕譞视察北洋海防，朝廷奖励中外有功人员，汉纳根因"监造炮台坚固如式"，除了奖励宝星以外，还"着再加恩赏给三品顶戴"。〔6〕也正是在这一年，汉纳根与中国的第一个七年合同期满，恰逢他的父亲去世，汉纳根回到了德国，这一去便是五年。在这五年中，他从来没有忘记中国。1892年，汉纳根重回中国，并继续担任李鸿章的军事顾问。不过这一次来华，汉纳根明显感到了中日之间战争的气氛，同时他也意识到，自己必将要履行参战的义务。

1894年7月，中日战争一触即发，汉纳根身为军事顾问，多次为李鸿章出

〔1〕刘晋秋、刘悦：《李鸿章的军事顾问汉纳根传》，文汇出版社2011年版，第69页。
〔2〕同上，第48页。
〔3〕《李鸿章全集》11，奏议十一，安徽教育出版社2008年版，第555页。
〔4〕《李鸿章全集》12，奏议十二，安徽教育出版社2008年版，第269页。
〔5〕《李鸿章全集》13，奏议十三，安徽教育出版社2008年版，第16页。
〔6〕《清实录》（影印本）55，中华书局1987年版，第71页。

谋划策，强调牙山不可轻弃，须添大队。并主动请缨，自愿赴朝鲜勘度地势，侦探敌情。计划赴仁川、汉城察看日军实在情形，回来亲自向李鸿章汇报，以帮助李鸿章做出决策。[1]这些做法都让李鸿章十分感动，所以在“高升”号载军赴牙山增援时，李鸿章同意汉纳根一同前往。没想到，在丰岛海战中，“高升”号被日本舰队无情击沉，汉纳根落水。可他凭借一身好水性，泅水上岸，安然脱险。后来他搭乘英国军舰抵达烟台，并转赴天津。关于汉纳根在丰岛海战中的情况，池仲祐在《海军实纪·述战篇》中记载：“‘高升’者，英国怡和公司之商船也。载华军九百五十人，德员汉纳根率之赴朝。被击后，汉纳根入海遇救。翌日，法国‘利安门’兵船过之，从其桅顶及漂流舢板中，救出兵勇四十二人，舵工、升火三人，尚有凫水登海岛者。汉纳根函告停泊仁川之德国‘伊力达斯’兵船驶赴，载回兵勇一百十二人，水手、升火八人；又商诸英国‘播布斯’兵船，再往载回弁勇八十七人，均送至烟台，分起回营。计法、德、英三国兵船先后救回二百五十二人。”[2]

鉴于汉纳根在战争之前对北洋海防的贡献，以及在战争中表现出来的胆识，李鸿章有意让他进入北洋海军，担负总查这个已经空闲了四年的重要职位。据汉纳根说，李鸿章是当面向他发出邀请的。李鸿章问：你愿意加入北洋海军代为指教，以辅助丁汝昌吗？丁汝昌已经受命，将率领北洋海军各舰出海寻找日本舰队，倘若日本舰队侵入直隶海域，应该立即迎头截击。如果你愿意一同前往，老夫的心就安生了。汉纳根闻听此言，慨然许之，遂登上“定远”铁甲舰，会督北洋海军，并随舰队克日出洋，梭巡了两次，但都没有遇到敌人。[3]

1894年8月23日，汉纳根在旅顺口正式就任北洋海军总查。次日，李鸿章欣喜地电告总理衙门：“昨派德员汉纳根前往襄助海军防剿事宜。”[4]

9月17日，中日黄海海战爆发，汉纳根这位陆军军官出身的海军总查第一次参加了海战。虽然不知道自己应该做什么，但他表现出了一个军人应有的素养。他不怯战，不慌张，不顾轻伤，自始至终认真观察战场情况。战后舰队给

---

〔1〕陈旭麓等主编：《甲午中日战争》（下册），上海人民出版社1982年版，第65页。

〔2〕《清末海军史料》，海洋出版社1982年版，第318页。

〔3〕中国史学会主编：《中日战争》（七），新知识出版社1956年版，第538页。

〔4〕《李鸿章全集》24，电报四，安徽教育出版社2008年版，第267页。

李鸿章的战况报告，就出自汉纳根之手。虽然他对战局的描述不够准确，但对海战中北洋海军官兵表现的评价是客观的。

鉴于汉纳根在黄海海战中的表现，10月9日，光绪皇帝降下谕旨："洋员汉纳根在海军当差教练有方，此次大东沟之战奋勇效力，深堪嘉奖，加恩赏给二等第一宝星，以示鼓励。"[1]

正当朝廷上下都对汉纳根寄予厚望的时候，他却突然撂挑子不干了，据他自己说，是因为黄海海战后，"华舰遂匿而不出，盖皆不愿再入险地；诸舰又皆须修理，而并无他舰之来助也。且弹药无从配置，英雄安有用武之地？迁延日久，诸事皆无可为力。舰中籍隶福州诸弁兵更有畏缩不前之概。余默为体察，中国之于海军，实未宽为筹备，其阵亡之缺额，复仓猝无从募补。无奈，往津谒见李中堂，开呈一单，告以必须照单行事，余始回船；至单中所开各节，余固不必告君也"[2]。从汉纳根列举的辞职原因看，他对北洋海军存在的装备不齐、人员不足、士气不高等问题极端不满，他或许认为，为这样一支海军服务难有作为，甚至有可能担心有一天会连累自己的前程。至于他所开列的回船条件，笔者没有看到完整的叙述，仅从后来李鸿章的电报中了解了一二。

对于汉纳根的辞职，李鸿章颇感意外，这种意外很快又转化成了担心。他担心的并不是汉纳根的离职对北洋海军的影响，而是如何向朝廷交代。如果按照汉纳根提出的理由照实汇报，甚至给皇上呈上汉纳根回船的条件清单，无疑是通过汉纳根的口暴露北洋海军存在的问题，在内外交困之中，李鸿章是绝对不会这样做的。其实汉纳根也早就考虑到了李鸿章的难处，特意向李鸿章承诺，所列清单是不会呈报给皇帝看的。那么，李鸿章将如何向朝廷报告汉纳根的辞职理由呢？对此，李鸿章做了一番认真的思考和准备。

10月13日，李鸿章在给丁汝昌的电报中说："据德税司称，汉纳根为人信服，惟以船上无用弁兵甚多，极为难处，非奏派汉以提督衔任海军副提督，赏穿黄马褂，不肯再上船。大鹿岛之战虽赖汉出力，特旨已赏二等第一宝星，未便再奏。"[3]这里的"德税司"指的是德璀琳。在这道奏折中，李鸿章说了些实

---

〔1〕戚其章主编：《中日战争》1，中华书局1989年版，第338页。
〔2〕中国史学会主编：《中日战争》（七），新知识出版社1956年版，第538页。
〔3〕《李鸿章全集》25，电报五，安徽教育出版社2008年版，第42页。

话，既透露了汉纳根所呈清单的部分内容，即“以提督衔任海军副提督，赏穿黄马褂”，又说明了他没有满足汉纳根要求的原因，即“已赏二等第一宝星，未便再奏”。但对汉纳根提出的北洋海军存在的问题，即使对丁汝昌，也未有半点透露。

实际上，汉纳根对北洋海军乃至清政府的不满远不止此。战后，他向媒体倾诉了战争期间清政府存在的种种弊端。他说：

前者中国之败，由于武备废弛，且将领未得其人，以目前大局言之，当事诸公多狃成见，不知振作，万难托以军事，其轻视武员之习，又非始于今日，纵有才具非常者，亦不愿出而效力，盖恐徒劳无功也。以中国定制言之，各官皆循序而升，原未可目为无用，然虽位臻极品，亦不尽由历练而来，其身居显要之大员，又皆昧于审时，关于度势，询以当今最要之军务，率皆茫然莫晓。中国被挫于日，竟至如是之甚，复被外人耻笑，其弊皆缘于此遇。尝谓中国之人才，原非逊于他国，今竟战无一胜，事由泥守古法罔知变通，以为得一勇敢之人，自能所向无敌，不知有勇者亦须济以机谋，参以见识，始能决胜于疆场也。此次与日媾衅，始终皆望言和，未尝大修军实，则望欧洲各国居间调处，如斯而已矣。试以水师言之，虽欲有所作为，亦受各官掣肘，不能妥帖布置。前者李傅相曾命我与丁军门同心拒敌，我亦乐于从事，至去年十一月二十一日与日军战于大东沟海面，可称一场胜仗。然所以制胜者只有铁甲船二艘，而所备之炮弹火药，俱已用尽，中国各官并不再筹供给，以致全军束手，渐至趋而愈下，无可挽回。我曾往谒京津大员，直陈无隐。论及军械握要等件，各大员皆弗以为意，且疑有叵测之心。至本年二月底，始略思整顿，则未免太迟矣。我自一千八百七十九年初就中国北洋之聘，甚欲使所部营伍焕然改观，卒以屡劝不从，索然意沮。当李傅相经营北洋港口屯驻水师之际，曾命我至旅顺、威海、大连湾等处察勘，一切无如所献计策，俱不能见诸施行，因有数大员只知自顾私囊，出人意料之外故也。此次议和之先，以为欧洲大局将必为之摇动，不意只有俄国出阻割取辽东一节。然俄之干预辽东，寔无意于中国，此在中国人非不知之也。刻下中日之衅，未尽敉平，而揆度中

> 国之意，似即作为了事日本之迫胁。高丽本属最要关目，中国亦置不理，惟听欧洲各国与日本如何结束而已，倘有最好机会能使中国振兴自立，固属甚善。然或如前此之酣睡未醒，不思鼎新革故，亦未可知。[1]

光绪皇帝获悉汉纳根辞职的消息后，于10月19日询问李鸿章，说洋员汉纳根在北洋当差若干年，如果令他统带舰队出洋作战，是否相宜，并且应该如何加重他的职权，授以实官，这些问题都应该妥善考虑，然后上报朝廷。话语之中似乎含有挽留汉纳根之意。由于李鸿章事先对汉纳根的辞职问题有了考虑，并决心已定，接旨后从容回报皇帝说："臣查汉纳根系德国陆军千总出身，颇谙韬略，臣招致来津，派筑炮台已逾十年，临阵甚有胆识，前委赴海军总查，八月十八日大鹿岛之战受伤尚未全愈，目下海军战舰仅修成六艘，力量过单，只可为北洋各要口防守之用，势难遽令出洋攻剿。该员已蒙特旨赏给宝星，又经臣奏请赏加提督衔，足资鼓励。窃以目前战船过少，似无庸遽授洋员实职，若将来购得大快船及鱼雷猎艇全到时，或参用洋将，仿照从前琅威理之例授以副提督，会同督率，互相稽核，庶于军事有裨。此汉纳根宜暂缓授官之情形也。"[2]很显然，李鸿章避开汉纳根辞职的真正理由不谈，反而指出目前北洋海军暂不需要汉纳根继续留任的原因，其目的显然是掩盖北洋海军存在的严重问题。然而，这样的回复不能令光绪皇帝满意，于是他特意安排总理衙门当面询问汉纳根。

汉纳根在接受总理衙门各官员的询问时，就中日战争形势及战守等问题提出了自己的看法。他特别提出了扭转战局的三项措施：一是接济宋庆兵力；二是速购智利出售的战船；三是加练十万新军。在谈到海军问题时，汉纳根提醒各员，六艘军舰修理完毕，可以出海，只是要遏制日本海军，仍然必须抓紧时间购买快船，快船买来后，需要配齐炮弹子药，护送陆路所需要的器械，一齐来华。目前虽然是在外洋买军械，但如果遇到日本军舰，恐怕要被抢截，如果用自己买的七艘军舰兼运军械，则百无一失。并且必须雇用外国人担任管带，

〔1〕《中倭战守始末记》，（台湾）文海出版社有限公司1987年版，第183—184页。
〔2〕《李鸿章全集》15，奏议十五，安徽教育出版社2008年版，第476页。

如果在海面上遇到日本军舰，只管开战。管带的洋人到达天津后，也可以与海军各舰互换，这样水陆皆可制胜。否则单办一边，徒劳无益。听说智利有铁甲快船大小七艘，甚好，要赶紧订买。汉纳根还告诫各员说："我劝列位大人勿惜钱财，所费者少，保全者大。买船一事，实为当时要务，千万不可惜小费，误大事。如海军胜了，尚可到长崎游弋。将来不惟奉天倭人不能久占，即朝鲜仍须退出，亦未可知。"总理衙门各员听到汉纳根的建议，都认为他说的问题均切中要害，要求汉纳根提供书面"详细节略"，汉纳根当即表示，节略已经完成，过几天就会送上。〔1〕

汉纳根所提建议，虽然有些内容并不切合实际，比如购买智利军舰，难以对战争形成补益，但站在即将脱离北洋海军的局外人立场上所做的一些分析，还是中肯的。

几天后，汉纳根履行诺言，将节略上呈总理衙门，并很快转到皇帝手上。皇帝看后大加赞赏，不仅称赞汉纳根所提各节"颇多中肯"，而且对汉纳根提出的招募10万军队、选派洋将、购置船炮等项表示认同，并指示总理衙门赶紧筹办，特别强调将所招募新军交给汉纳根训练，"一切教练之法，悉听该员约束，倘有故违，准该员据实申呈，按律严办，决不宽贷"〔2〕。由此可见，由于汉纳根在募练新军方面有切实可行的建议和筹划，皇帝决定将募练新军的大权交给他。在这种情况下，汉纳根离开海军的缘由，皇帝已经不再关心了。

然而对李鸿章来说，汉纳根离开海军的真正原因必须掩盖到底，所以在朝廷确定汉纳根募练新军一个多月后的12月20日，李鸿章依然向总理衙门解释说："前派汉纳根总查海军，英水师提督犹讥之谓非水师出身也。而汉纳根从此遂不上船。"〔3〕他又给出了汉纳根辞职的另一个理由。

除琅威理、马吉芬、汉纳根外，还有一些洋员的表现可圈可点。特别是在黄海海战中，他们与中国官兵并肩战斗，有的身负重伤，有的牺牲在战位上。"致远"舰负责轮机的英籍洋员余锡尔，在舱底坚守岗位，与战舰同沉。"定远"舰帮办总管轮、英籍洋员尼格路士，见炮手负伤，便代司其职，又奋勇救

〔1〕中国史学会主编:《中日战争》(三)，新知识出版社1956年版，第173—175页。
〔2〕同上，第211—212页。
〔3〕《李鸿章全集》25，电报五，安徽教育出版社2008年版，第262页。

火，不幸被弹片击中，他拒绝进舱包扎伤口，对身边炮手说："听予留此可得观战之处，平安以死。现在君可去尽职，勿以余为念！"[1]最终牺牲。"定远"舰德籍洋员、炮术顾问阿璧成，双耳被炮弹震聋，毫不畏惧，"仍专心致志于救火之役"[2]。战后，他们的表现受到了李鸿章和清政府的肯定。李鸿章称赞说："此次海战洋员在船者共有八人，阵亡二员，受伤四员。该洋员等以异域兵官，为中国效力，不惜身命，奋勇争先，洵属忠于所事，深明大义，较之中国人员尤为难得。"遂请旨褒奖。阵亡的余锡尔和尼格路士，按照西国章程，给予三年薪俸；阿璧成以水师游击用，赏戴花翎，给予三等第一宝星。[3]

〔1〕中国史学会主编：《中日战争》(六)，新知识出版社1956年版，第50页。
〔2〕中国史学会主编：《中日战争》(一)，新知识出版社1956年版，第170页。
〔3〕《李鸿章全集》15，奏议十五，安徽教育出版社2008年版，第467—468页。

洋员不是省油的灯

中国人的事归根结底要由中国人自己来办，这是被无数事实证明了的一个硬道理。洋员思想深处的那些勾当，及其给北洋海军带来的负面影响，不能因某些客观的益处而忽视。

前面谈到的总查琅威理虽然为北洋海军的建设做出了一定的贡献，但他的来华，是赫德、金登干等人为在北洋海军中安插英国人所策划的一个阴谋。

自从1879年冬天，李鸿章有意让琅威理来华工作，遭到英国方面的阻挠而未能成行后，赫德一反常态地主动张罗起琅威理的来华事宜。1882年4月8日，赫德在给金登干的信中清楚地表明了他力推琅威理的目的："希望你请伦道尔劝说迪尔克促使海军部同意把琅威理为中国政府工作期间算作其海军服役时间。从个人、政治、海军和情理各方面来看，同意这样做，是明智的。要是琅威理不来，中国海军将完全落入德国人或美国人之手；如果琅威理真的来了，中国海军不管怎么着仍旧在中国人的手里；希望这一活动取得成功。"金登干接到赫德的电报后，工作卓有成效，他通过游说，使英国海军部终于同意将琅威理派赴中国工作，并解除了琅威理的后顾之忧。不久，李鸿章在天津会见了琅威理，与琅威理签订了合同，协议他出任"总查"，每月薪俸和津贴库平银600两。11月7日，李鸿章正式任命琅威理为"总查"，赫德高兴地于当天晚上举行了盛大舞会，来庆祝其目的的实现。[1]

从琅威理第一次出任北洋海军总查的过程看，赫德、金登干起了关键作

〔1〕《中国海关密档》3，中华书局1992年版，第124、130—131、139、156页。

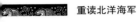

用，而他们的目的只有两个字——控制，即处心积虑地控制这支刚刚建立的中国海军。关于这一点，赫德后来毫不掩饰：“琅威理的前途是极其光明的，要是他小心从事，他将会代表中国海军，就像我代表她的海关一样。”〔1〕

在这个阴谋中，虽然琅威理是被动的受命者，但在北洋海军供职期间，他也暴露出了有意争夺地位和权力的西方殖民者本性。最典型的一个例子就是著名的“撤旗事件”。

“撤旗事件”发生于1890年。这年3月，北洋舰队奉命南巡，丁汝昌率舰队驻泊香港。在港期间，丁汝昌率“致远”“济远”“经远”“来远”等四艘军舰赴南海一带操巡，离开香港二十多天。按照北洋海军规定，舰队平时升旗应升最高将领旗，丁汝昌在舰队时毫无疑问应该升提督旗，提督不在舰队时，应升次级将领旗，即总兵旗。丁汝昌离港后，旗舰“定远”舰管带刘步蟾按规定升起了总兵旗。可是，这一举动引起了琅威理的不满。琅威理认为，早在1886年6月，清政府就已经明确赏给他提督衔，尽管在发号施令方面他不能与丁汝昌平起平坐，但在官职上，他应该与丁汝昌是相同的，丁汝昌不在，自己还在，舰队理应继续悬挂提督旗，刘步蟾改升总兵旗显然是无视自己的存在，是不妥的做法。

刘步蟾对琅威理的看法并不赞同，他强调，自己这样做是有根据的，按照《北洋海军章程》规定，北洋海军只有一个提督，并无两个提督之说，琅威理的要求显然有悖于章程。琅威理不服，遂于1890年3月6日致电李鸿章询问，希望得到李鸿章的支持。他说：“丁提督离军时，琅威理应升何旗？”李鸿章没有弄清事情的原委，对琅威理的询问不解其意，便于第二天打电报给林泰曾，向林说明：“琅威理昨电请示应升何旗，章程内未载，似可酌制四色长方旗，与海军提督有别。”〔2〕很显然，李鸿章既没有建议升提督旗，也没有建议升总兵旗，而是提出临时制作“四色长方旗”，这说明李鸿章把琅威理放在了既区别于提督，又区别于总兵的位置上，这让琅威理有些失望。5月，北洋舰队南巡任务结束，返回威海，琅威理迫不及待地赶赴天津面谒李鸿章，希望李鸿章在撤旗问题上为他说一句“公道”话，以进一步明确他在北洋海军中的地

〔1〕《中国海关密档》4，中华书局1992年版，第191页。
〔2〕《李鸿章全集》23，电报三，安徽教育出版社2008年版，第23页。

位。李鸿章此时已完全弄清了事情的来龙去脉，认为按刘步蟾的意见升总兵旗是对的，没有支持琅威理的主张。这让琅威理深感受到了轻侮，于是，他愤然提出辞呈。李鸿章对琅威理的辞职并未在意，而是漠然处之，也未加挽留。这就是一时闹得沸沸扬扬的“撤旗事件”。

“撤旗事件”很快通过赫德等人惊动了英国政府。8月19日，驻英公使薛福成给李鸿章发来电报，向李鸿章报告英国方面对此事件的反应。他说，对琅威理退出北洋海军，英国外交部电令英国驻华大使查明原因并回复，薛福成判断，如果得不到满意的答复，英国有可能把所有在华的英员全部撤回国内。薛福成建议，能否将矛盾化解，以便对中英邦交有益。李鸿章接电后，并未理会薛福成的意见，他在给薛福成的回电中明确说出了他拒绝琅威理的理由，并指示薛福成：“琅威理要请放实缺提督，未允，即自辞退。向不能受此要挟，外部等或未深知，望转达。似与邦交无涉。”〔1〕11月27日，薛福成遵照李鸿章的指示复照英国外交部，对琅威理的辞职做出解释：“琅威理请派水师实缺以代虚缺，若不准给，定须告退。查此项实职给与外国官员实属尚来所未有，是以未能答允，只得准其告退。”〔2〕李鸿章处理“撤旗事件”的态度表明，他对西方列强攫取北洋海军控制权保持了高度警惕，为维护北洋海军的利益，他不惜以他十分信赖的洋员辞职为代价。

赫德的态度与李鸿章截然不同，他对琅威理的辞职表示了极大的不满和愤恨。早在1888年1月，他就担心琅威理辞职会坏了他的大事，他提醒金登干，“琅威理也在谈辞职，海军的大权很有可能从英国人手中失去”〔3〕。这次，他的担心变成了现实，他责怪琅威理的鲁莽打乱了他精心筹划的“策略”。1890年10月12日，他在给金登干的信中写道：“琅威理的辞职未免‘操之过急’了……当他在香港对扯下旗帜的事发出第一次咆哮时，事实上他是面对公众‘破釜沉舟’，特别是同海军军人对立了。正如我以前说过的，他是宁要个性而不要策略。”〔4〕但他已无力挽回。

〔1〕《李鸿章全集》23，电报三，安徽教育出版社2008年版，第85页。
〔2〕转引自戚其章：《琅威理与北洋海军》，《近代史研究》1998年第6期。
〔3〕《中国海关密档》4，中华书局1992年版，第678页。
〔4〕《中国海关密档》5，中华书局1994年版，第265页。

北洋海军总教习汉纳根的顾问兼秘书、英国人戴乐尔

在洋员中，欲染指北洋海军控制权的还有总查、德国人汉纳根的顾问兼秘书、英国人戴乐尔。此人青年时期随英国舰队来华，后转入赫德主持的中国海关，长期在缉私船上服役。1894年受雇于北洋海军后，对北洋海军的权力有浓厚兴趣。他曾提议购置智利巡洋快船八艘，交其本人指挥。“定远”舰管带刘步蟾听说后，以戴乐尔有控制北洋海军之企图而坚决反对，使其目的没有达到。戴乐尔又欲谋总教习一职，汉纳根建议以戴乐尔为总教习的继任者，丁汝昌犹豫不决。刘步蟾闻讯又进行阻挠，力陈戴乐尔之为人，野心难羁，终将偾事，使丁汝昌打消了任用戴乐尔的念头。刘步蟾的两次干预，阻止了戴乐尔攫取北洋海军控制权的企图，这使他难以忍受，终将矛头指向了刘步蟾。[1]

甲午战争爆发后，戴乐尔参加了黄海海战和威海卫保卫战，战后他回到中国海关，一直工作到1920年才回国。在回国前后，他开始撰写回忆录，定名为《在中国牵线》。这本书在他去世后的第二年，也就是1929年在英国出版。出于对刘步蟾的不满，他在书中极力为刘步蟾扣上一顶又一顶大帽子，说刘步蟾是一个临危丧胆的懦夫，在黄海海战中为求自保，竟然施诡计，故意挂错旗舰信号，擅自改变舰队的战斗队形。

笔者在该书《大东沟海战》一章中看到了这样一则注释：

> 我得遗憾地说，我此处以及其他几处对刘步蟾的评论当然只是我自己的主观推断，但是我本人坚信这种推断毋庸置疑。

〔1〕戚其章主编：《中日战争》6，中华书局1993年版，第23—24页。

接着，戴乐尔开始了对刘步蟾在海战中表现的叙述：

总兵刘步蟾，旗舰的管带，以及事实上的提督——为人和善、油滑、精明，他曾受训于英国海军——此时他正思度着如果遇上了敌军如何保全其自身。

……

信号是以旗舰为中心的并列横阵，而非提督与他的管带们战前议定的那种小队纵阵。

刘实现了他的阴谋，当我们与敌军接战后，他就能够保全其身了。现在战列舰在中间而弱舰位于两翼，敌军就会首先对两翼发起攻击。这个办法只能拖延一些时间，可能拖一小时或更久一点，它避免了旗舰因位于领队位置而首先与敌军遭遇。显然，这只是一招权宜之计，但也是他所能想出的最好办法了。

提督与冯·汉纳根站在飞桥的前方。显然他们还未发现眼前这种情况。这时我突然想到——当时我真是无知又无畏——我或许应该做些什么。我的建议有可能被采纳。刘的这一诡计能得逞吗？能被纠正吗？我当即下定决心。这一信号已经造成了舰队的混乱，此时更改可能会造成更大的混乱，我害怕舰队由此溃散。因此我两害相权，决定应当维持现在的信号。无论是对是错，这就是我当时的决断，并且我将奉行我的决断。我跳进指挥塔，来到长官们中间。“总兵挂出了错误的信号旗，这是以旗舰居中的并列横阵啊。不信就看看舰队，但现在改变信号将会造成舰队的更大混乱。”大家都同意我的意见。

但此时并列横阵还没有完全形成。位于弱小两翼的军舰，感受到了其位置的危险，因此踟蹰于阵后，于是我们的阵形成为了一个新月形。两支舰队逐渐接近。敌军此时位于大约1万码以外，以其现在的运动方向，他们将横越我舰队的前方，然后打击我军的最弱一翼，即右翼。显然，此时需要下令全舰队一齐右转（从全文以及中日舰队作战阵形观之，应为左转——引者）四个罗经点。此举虽然不一定能保证让战列舰率先接敌，但至少增加了这种可能性。总兵肯定不希望如此行动，而提督与冯·汉纳根又很难看出这样行动的必要性。而且，不论其他人是如何考虑的，此时是不会有人敢于提出建议的。所以我再一次面见我的长官们并向他们提出了我的建议。我的建议再一次被采纳了。冯·汉纳根去舰尾向副官下达命令，并留在了他那里。信号旗升起来了。一些军舰挂出了答复信号，随后信号旗降下，表示命令各舰开始转向。

我站在指挥塔上方的开口处等待转舵，总兵站在我的下方。但舵迟迟不转。“总兵大人，转向的信号旗已经降下啦！如果此时不立即左转，全舰队将陷入更大的混乱！”总兵于是下令道：“左舵！”但一边又轻声命令道：“保持航向，保持航向。”因此军舰并未改变航向。我怒不可遏，咒骂了一句，便爬出指挥塔去找丁提督。我没想到的是他当时一个人待着，我们之间无法交流——因为我几乎不懂中文，而他则完全不懂英语。我刚走到他身边，就听到一声巨响，我当即被震晕了。原来是刘总兵下令十英寸主炮塔开火，而我与丁此时刚好站在炮塔上方的飞桥上。那飞桥诚如其名：它真的被震飞了起来，我与丁也被震飞了起来。大东沟海战便由此开始。

……

另一个严重问题——至今尚未为外界完全知晓——总兵刘步蟾，丁提督的技术顾问，实为一个病态的懦弱之徒，不仅在危机面前吓破了胆，而且他不惜一切代价，费尽心机苟且偷生。因此，不用多说，中方在此方面受到了很大的不利影响。[1]

戴乐尔绘声绘色的描述，的确说出了海战中“定远”舰上的惨烈场面和他的切身感受，不过在刘步蟾的问题上，正如他自己所言，是自己的主观推断，但不是他所说的“毋庸置疑”，因为这些描述有多处是不能自圆其说的。首先，刘步蟾先发一炮是在中日双方舰队相距5000米的距离上，而这一炮打响后双方并未展开炮战，此时丁汝昌也并未从飞桥上被震落地。丁汝昌受伤是双方展开激烈炮战后发生的。其次，北洋舰队展开的战斗队形，是战前丁汝昌与各

〔1〕《我在中国海军三十年（1889—1920）——戴乐尔回忆录》，文汇出版社2011年版，第40—43页。

管带经过商议而决定采取的战斗队形，并非因信号旗挂错而导致，这在后面还要详加论述。再次，除了戴乐尔的一家之言外，没有任何史料证明戴乐尔曾提出过队形转向的建议，也未见到有汉纳根采纳队形转向建议的记载。这些都说明戴乐尔是在有意加罪于刘步蟾。

1931年，在美国学习的历史学家张荫麟看到了戴乐尔的回忆录，将其中涉及北洋海军和甲午海战的部分翻译成中文，以《甲午中日海战见闻记》为题发表于国内的《东方杂志》第28卷第6号上。当时，国内有关甲午海战的史料相当缺乏，张荫麟在译者按语中指出：

战史之最可宝贵而最难得之资料，莫如军事专家之报告，而作者预存作史之志，身当战阵之冲。以此标准衡量我国近世史料，予惟得泰莱[1]氏甲午中日海战之记载。

甲午一役关系我国国运至巨，宜为治我国近世史者所注重。顾关于此役，从中国观点之第一手的记录至为窘乏。即间接之史料亦稀。此其故可得言焉。直接参预战事之主要人物，或殁于战阵，或失机而服上刑，或败而以身殉，其存在盖已无几。重以此役，师徒覆丧，朝野羞称，生还者于其经历，即非讳莫如深，亦鲜足以促其表暴真相之动力。政府方面不见有方略一类之书者亦以此故。其后民国初海军部刊海军实记，实为关于此役之惟一官书，然简略已甚。其私人之专书纪载，而有史料价值者，以予所知，惟丹徒姚锡光之《东方兵事纪略》，美人林乐知之《中东战争纪事本末》(用中文作，乃采辑当时报纸而成)，及顺德罗惇曧之《中日兵事本末》而已。近时流行之通史外交史，及近世史一类著作，其关于此役，则大抵直接或间接译自日人之普通著作，即上举各书亦罕见参及也。

予以泰莱氏之纪载，与现存中国之记录较，不独许多重要事实，前此未记载，且颇有牴牾之处。因亟为译出，以供我国治近世史者之参考。泰莱氏之记载见于一九二九年印行之Pulling Strings in China（伦敦Constable

〔1〕戴乐尔英文名W. F. Tyler，早期译作泰莱。

书店出版，定价十五先令）一书中（页三五至九八）。原书为自传性质，故多涉及个人琐事及意见，无关于史者，予间为删汰。[1]

正因为如此，戴乐尔的回忆录被译成中文后，在中国流传很广，影响很大，普遍被史学界所采信，故刘步蟾成了一心保全自己的“懦夫”。特别是著名历史学家范文澜所著《中国近代史》采用戴说，将刘步蟾的历史地位一锤定音。新中国成立以后长春电影制片厂摄制的著名影片《甲午风云》，更是将刘步蟾塑造成了一个反面人物，使刘步蟾的“丑恶”形象根植于几代中国人的心中。直到改革开放以后，史学界思想解放，深入挖掘新史料，开始对刘步蟾问题重新审视。史学家们以严谨的态度、充足的史料和有力的论证，澄清了戴乐尔出于成见而故意歪曲的事实，刘步蟾才得以平反昭雪。

最后，还要提到北洋海军最后一任总教习马格禄。马格禄是英国人，原为印度支那公司一艘轮船的船长，后来又被任命为大沽趸船公司的拖船船长，因酗酒而被撤职。不知何时，他又出任了天津海关辖属的引水船“金龙”号的船长。从他的这段经历看，他虽然有海上经验，但与海军并没有什么关系。由于北洋海军没有专门配备侦察、通信等方面的辅助船只，丰岛海战后李鸿章雇用“金龙”号为北洋海军服务，这样马格禄就有了接触北洋海军的机会。

从现有史料看，马格禄受雇于北洋海军后，从事的工作有侦察敌情、传送信件、引领民船、协助拖带军舰等。在这些任务中，马格禄的总体表现是可圈可点的，得到了李鸿章的首肯，此时德璀琳趁机向李鸿章推荐，希望马格禄能出任北洋海军总教习一职，以弥补汉纳根辞职留下的空缺。李鸿章并没有进行过多的权衡，就接受了德璀琳的推荐，因为战争开始以后，丁汝昌身边急需一位辅佐他作战的洋员，马格禄在完成任务时所表现出来的“胆气”，正是李鸿章所需要的。再者，在战局紧急之下，李鸿章也没有时间和精力再去物色别的人选，所以他很快就决定聘用马格禄出任北洋海军总教习，其正式头衔是“帮办北洋海军提督”。1894年11月15日，李鸿章通知丁汝昌：“顷札派马格禄帮办北洋海军提督，帮同认真办事，若遇海战，务奋勇御敌。月薪三百两，战时

〔1〕《东方杂志》1931年第28卷第6号，第65页。

加倍，受伤阵亡照各洋员一律。明日乘北河赴威，即传谕各管驾以下员弁谨受指挥。”[1]对于李鸿章的决定，英国驻华大使欧格讷似乎不太理解，他在给本国外交部递交的报告中提到：马格禄“原是印度支那公司一条轮船上的船长，后来又被任命为大沽趸船公司的拖船船长，因酗酒而被撤职。不幸的是，他酗酒的毛病虽然人人皆知，但在汉纳根退休后，却由德璀琳先生推荐在丁提督手下当助手。”[2]

对于李鸿章的任命，丁汝昌的反应比较平淡，想必他也拿不准在未来十分艰苦的作战中，马格禄究竟会有什么样的表现。他在给德璀琳的信中说：“马君既为足下素佩，谅必能矢忠竭力，终始不渝，以济大事。鄙人既倚为左右，岂有不格外优待之理？请释尊怀。”[3]此话更像是对德璀琳托付关照的礼节上的回应。然而戴乐尔却表示了对此事的担心。他说：“马格禄不过一本地曳货艇主之流。彼曾为沿海航行之船主，而出于颇有声望之家门；惟彼已过中年，且以沉湎于酒著名。此老迈之要手殆视此役为莫大之机会而跃赴之无疑。然以斯人而当斯任，实为至残酷、至愚蠢之事，对于丁提督，此事尤为残酷。”[4]

11月20日，马格禄赴威海卫走马上任，后来参加了威海卫保卫战。就现有史料看，他在威海卫保卫战中的确没有什么建树，既没有帮助丁汝昌拿出有效的防卫筹划，也没有英勇抗敌的表现。不过，在鼓动丁汝昌投降的洋人名单中，也找不到马格禄的名字，说明他也不是投降的积极策划者。

总之，洋员的负面影响是不可忽视的。甲午战败后，北洋海军官兵在总结教训时，其中一条就是“洋员不力”。“来远”舰帮带大副张哲溁说：“东沟仗后，所请洋员，非醉酒，即聚谈，未尝设谋制胜，曰［自］告奋勇。直怕死之徒耳。”[5]从一个侧面反映了一些洋员在甲午战争中的不良表现。

---

〔1〕《李鸿章全集》25，电报五，安徽教育出版社2008年版，第156页。

〔2〕戚其章主编：《中日战争》6，中华书局1993年版，第640页。

〔3〕《北洋海军资料汇编》上册，中华全国图书馆文献缩微复制中心1994年版，第557—558页。

〔4〕中国史学会主编：《中日战争》（六），新知识出版社1956年版，第52页。

〔5〕陈旭麓等主编：《甲午中日战争》（下册），上海人民出版社1982年版，第399—400页。

泥穴与屏障：

北洋海军基地建设

以大舰巨炮为标志的近代化海军，最大优势在于其海上机动性，但这绝不意味着它可以长期漂泊于海上。它需要有个“家”，不断补给，恢复战力，这个“家”便是海军基地。在北洋海军建设雏形略露之际，李鸿章便开始了海军基地的筹建，经过十几年的努力规模初具。这些苦心经营的海军基地，在即将到来的残酷海战中，究竟是束缚手脚的泥穴还是护卫自身的屏障呢?

北洋是指山东、直隶、奉天等省份的沿海地区，北洋海军的基地自然要建在这些地区之内，特别是拱卫京津的山东半岛和辽东半岛，更是北洋海军防卫的重中之重。那么，海军基地选择建在何处最为合适呢？对于这一问题，无论是清政府还是李鸿章，在北洋海军建设之初，都无法给出明确的答案，因为他们不知道海军基地建设究竟需要哪些条件。但李鸿章没有坐等，他一面考察天津、烟台、大连湾、旅顺口、威海卫、胶州湾等地，力争全面掌握北洋港湾情况；一面听取对军港有一定研究的洋员及官员的意见。比如肩负重任苦心经营旅顺口的袁保龄，对北洋各口选建海军基地有自己的独到见解，他的分析或许是李鸿章最终选址的理论根据。袁保龄指出：海军专门从事海上游击，铁舰、快船吃水比较深，本不能进浅水港口，也不可任其久泊口内，否则战斗力将渐渐削弱。所以西方国家无不在海外另外设立口岸，作为海军的根本。这些港口有陆上炮台和军队的依护，船坞、学堂、煤、粮、军械设置于港口之内。中国如果有四支海军，则必须选择南、北两洋沿海地形优势的地方，分别驻泊和训练。就北洋来说，大连湾口门太宽难以防守，旅顺口虽然水浅，口门狭窄，但正当渤海门户，几年来经过筹议疏浚港澳，修筑船坞，工费花费巨大，先其所急，不得不竭力经营。如果还有余力，再在山东的威海卫、胶州湾等地逐渐布置。[1]他还说：

> 北洋各口，烟台平旷显露，无险可扼，偪近海滨，旁无遮蔽，即糜重费，亦难议守；广岛孤悬海中，地又狭小；登州水阔岸高，东北风起船无泊处；营口地势偏在东北；大连湾亦水师习战之区，周环数十里而非可言守，二者皆我所不必守，亦敌所必不争也。论者谓西国水师建闸择地，其要有六：水深不冻，往来无阻，一也；山列屏障，可避飓风，二也；路连腹地，易运糗粮，三也；近山多石，可修船坞，四也；口滨大洋，便于操练，五也；地出海中，以扼要害，六也。合此六要者，海北则旅顺口，海南则威海卫耳。两地相去海程二百数十里，扼渤海之冲而联水陆之气，此固天所以限南北也。若举数百万之费经营两口，筑堤浚澳、建船坞、营炮台、设武库，数年以后，规模大备。[2]

袁保龄是在认真研究西方各国海军基地建设的大致情况，以及北洋各地实际情况的基础上做出上述分析的，这些分析既符合西方国家海军基地建设的一般规律，又符合北洋沿海口岸的实际情况，是从战略和战术两个层面论述海军基地建设的重要思想。尤其是袁保龄对西方海军基地建设标准的介绍，是晚清时期中国人认识近代化海军基地建设的钥匙，对李鸿章开启中国海军基地建设提供了直接的指导。李鸿章在1886年2月给醇亲王奕譞的信中，非常自信地复述了这些标准。与此同时，他积极筹集经费，组织人力，对旅顺口和威海卫展开大规模建设。这说明，李鸿章建设海军基地的决定，是听取袁保龄等人的意见，认真研究，反复权衡的结果。

---

〔1〕《阁学公集·公牍》卷二，宣统三年版，第148页。
〔2〕《阁学公集·文稿拾遗》，宣统三年版，第33页。

建设大沽口船坞

天津是京师的海上门户，也是北洋地区内陆通向外海的重要口门，北洋大臣驻节于此是有相当考虑的。在北洋海军创建之初，指挥北洋海军的中枢机构自然要设立在这里。同时，在天津还设立了总理水师营务处、天津海防支应局、天津军械局、天津机器局等与海军建设有着密切关系的机构和部门。

自从19世纪70年代中期清政府加快购舰步伐以来，在短短几年中，大大小小的战舰相继开来中国。这些军舰与以往的战船不同，它们需要深水港口才能驻泊，李鸿章面临的一个新问题是将这些军舰泊于何处。李鸿章了解到，日益增多的北洋海防兵轮船，需要周期性的保养和修理，而当时损坏的舰船必须开赴福建、上海等地的工厂修理，路途遥远，往返既费金钱，又费时日，绝非长久之法。如遇多事之秋，很难保证按期修理，增加了贻误军需的可能性。如果按照海军基地的标准建设，建设周期又相当长，在拥有大型基地之前，必须拿出解决当务之急的方案。在这种情况下，具有一定小型舰船驻泊能力的大沽便成为李鸿章的首选。他认为，在大沽驻泊北洋海军新式军舰，不仅可以直接拱卫京津，而且便于他随时查验、检阅和督训这支海军，原先的一些民用设施也可以迅速派上用场。于是，李鸿章决定在大规模建设海军基地之前，先在大沽建设海军船坞。

1880年2月，总税务司赫德以冬季藏泊灯船为由，与津海关税务司德璀琳就酌修一座土坞展开商议，李鸿章借此机会令前任津海关道郑藻如、候补道许钤身会同德璀琳在大沽海口选购民地，建造船坞一所。郑藻如等受命后几经奔波，购用民地110亩，随即开工，建筑各厂、各坞，以便尽快投入使用，对北洋海军各舰船进行维修。4月，李鸿章聘用英员葛兰德为船舶总管，安德森为轮机总管，斯德浪为收支委员。5月，委任罗丰禄为大沽船坞总办，共同经营船坞建设。

建成后的正规船坞共有五座，即甲坞、乙坞、丙坞、丁坞和己坞，另有土坞多座。甲坞的工程建设，由天津四合顺承包，该公司先盖了轮机厂房、马力房、抽水房等设施，随后从国外购进床机二十余台，马力机、搧水机、卧式锅炉各一具。此后，大木厂及码头、起重架、绘图楼并各办公房等相继动工建设，一年多时间即告完成。各厂的具体建设情况是：模样厂设于库房楼上，铸铁厂设于楼下，熔炉吹风，皆用人力。库料处原设于库房楼上，后来搬迁。熟铁厂因筑工未竣，原址搭盖厂棚一处，安装熔炉七八座。熟铜厂设于绘图楼下。锅炉厂因工未竣，搭建厂棚于木厂东檐。工厂全部工人600余名，工匠300余名，来自福建、广东、宁波等地，约半数从本地招募。月支经费5000两，由天津支应局支领。

11月，甲坞主要工程全部完工。经“迭次修整，‘操江’及‘镇北’等兵船均能妥速如法，坞基坚固，屡经海潮震撼，力保无虞”[1]。

1882年，大沽船坞所设各厂的汽剪、汽锤、熔炉、火锯等设备全部配齐，进一步保证了船坞建设进度。1884年，乙、丙两坞开工建设，当年11月竣工。1885年4月，丁、己两坞开工。1886年，在船坞区续盖了办公房、报销房、西坞抽水房、西坞军械库等设施，工程当年即竣工。

大沽口船坞遗址

〔1〕《李鸿章全集》9，奏议九，安徽教育出版社2008年版，第478页。

建成的船坞和设施很快就投入了使用，特别是在清政府从欧洲所购舰船不断开来大沽时，大沽船坞提供了不可或缺的保障，成为北洋海军创建初期的重要基地。正是由于大沽船坞发挥了重要作用，1892年，李鸿章奏请朝廷，继续外购机器，在船坞设立炮厂，经朝廷批准，于当年开工建筑。1893年，中日关系紧张，朝廷认为炮厂距海最近，一旦战事开始，难以保住，遂下令停止建筑，该厂机器运往天津东制造局安装。〔1〕

经过多年建设，在大沽建成的船坞有：甲坞长三百二十尺，宽九十二尺，深二十尺；乙坞长三百〇五尺，宽八十尺，深十七尺；丙坞长三百尺，宽八十三尺，深十六尺；丁坞长三百尺，宽八十三尺，深十四尺。除此之外，还有已坞以及土坞数座，以备舰艇避冻之用。〔2〕

以上所述为甲午战前大沽船坞建设的基本情况。可见经过14年的陆续建设，大沽船坞已经具备了一定规模，发挥了海军基地的作用。随着北洋海军建设规模逐渐扩大，对基地体系建设提出了更高的要求，仅大沽一坞，距离近代化海军所需要的基地体系还差得很远。特别是从地理情况看，大沽口水太浅，最深处也只有二十尺，收泊小型炮舰尚可，停修大型巡洋舰和铁甲舰根本不可能。所以李鸿章早期从国外订购舰船时，必须时刻考虑大沽口的驻泊能力，认为如果舰船吃水在十尺以下，出入沽口正合适，但如果铁胁船吃水过深，沽口的条件就不相适宜了。〔3〕再则，大沽口位居渤海腹地，距黄海太远，距京师过近，不适于做海军基地。有鉴于此，在大沽船坞刚刚兴建之时，李鸿章便把海军基地建设的重点转向了旅顺口和威海卫。

〔1〕《清末海军史料》，海洋出版社1982年版，第156—158页。

〔2〕同上，第217页。

〔3〕《李鸿章全集》32，信函四，安徽教育出版社2008年版，第647页。

建设旅顺口基地

1879年10月，李鸿章接到一封来自驻德公使李凤苞的信函，此时朝廷上下均有购买铁甲舰的呼声和动议，李鸿章也正在考虑购买铁甲舰的问题，若干难题正理不清头绪，令他心事重重，这封信的内容又恰恰与铁甲舰有密切的关系，使李鸿章的心境更加苦闷。李凤苞在信里都说了些什么呢？原来这封信是按照李鸿章的思路，着重讨论拥有铁甲舰的相关条件的，这无疑给李鸿章增加了更加沉重的思想负担。李凤苞在信中强调，拥有铁甲舰必须同时具备四个条件，缺一不可：一是炮台庇护；二是船坞修理；三是快船辅佐；四是水雷防护。[1]炮台庇护就是要依据港口自然条件，构建炮台体系，保证港口和舰船的安全；船坞修理就是要在舰船出现故障或损伤时及时修理，以恢复其战斗力；快船辅助就是在平时和战时对于物资消耗较大的快船，提供及时的物资、弹药补给和供应；水雷防护就是在港口的重要航路上构筑水雷防护网络，以防止来自海上的袭击。很显然，这四个条件只有通过建设海军基地才能实现，这就意味着，拥有铁甲舰不可或缺的前提是海军基地的建设，而建设海军基地是一项系统工程，不仅需要大量资金，而且需要技术支持和人员保障，对当时的清政府来说，这一切谈何容易。然而，要拥有一支能战斗的近代化海军，海军基地建设是一个永远绕不过去的坎儿，对此，李鸿章比谁都清楚。于是，他在挖空心思购舰的同时，不得不考虑海军基地建设问题。

早在筹备建设大沽船坞的时候，李鸿章也在寻觅和物色更适合建设海军基

〔1〕《李鸿章全集》32，信函四，安徽教育出版社2008年版，第493页。

地的地方。1879年底，他的目光聚焦在了大连湾和旅顺口，而在这两个地方之间，李鸿章更倾向于大连湾。他认为，大连湾距离奉天金州三十里，属于海汊，并非海口，实际上它是扼北洋要冲的形胜之地，最宜湾泊多船，如果明年春天能找到合适的洋弁，拟派大员率领现有“蚊子船”、轮船，经常赴大连驻泊和操练，以待后年铁甲舰购到之后，逐渐合成一小队，成为北洋的一小结构。[1]此后，李鸿章多次派英员葛雷森和哥嘉率带“蚊子船”前往大连湾驻泊，并详细调查在大连湾设军港的可行性。可是，葛雷森和哥嘉调查后，以西方人的眼光给李鸿章泼了一盆冷水，他们认为，大连湾口门过宽，非有大支水、陆军相为依护，不易立足，显然不同意在大连湾建设海军基地，而更青睐旅顺口，回禀李鸿章说：“目前仅蚊船四只，明春再添碰、快船二只，船数无多，只可先择著名险要之旅顺口屯扎，以扼北洋门户。”葛雷森和哥嘉的意见引起了李鸿章的重视，他再次对大连湾的地形进行了研究。他发现，旅顺与庙岛相对，仅二百余里，恰好是前期赫德选中的在大连湾、金州中间适合停泊“蚊子船”的处所，如果洋员们都反对在大连湾建港，不妨先使用一下旅顺口，以验证西方人的说辞是否准确。于是他决定，暂时先按照葛雷森和哥嘉的意见，将“蚊子船”泊于旅顺口，等李凤苞订购的两艘铁甲舰来华后，兵船气力稍厚，再移扎大连湾。[2]可是，随着对大连湾和旅顺口的了解越来越多，李鸿章反复比较，越发感到葛雷森和哥嘉所说的“大连湾口门过宽，非有大支水、陆军相为依护，不易立足”的观点的正确性，便改变了原先的看法，最终下决心把北洋海军的基地建在旅顺口。

旅顺口位于辽东半岛最南端，与山东登州遥遥相对，两地之间由一串岛链相连，形成了拱卫京津的天然门户，战略地位十分重要。作为港口，旅顺口优势明显，现代史学家曾这样评论：它的位置约当东经121度15分，北纬38度48分之间，平均温度常在10度左右，全年的雨量约为500毫米。严冬不冻，实为一天然的良港。再加以口门向南，东有黄金山，西有老虎尾半岛，左右环抱，宛如蟹之双螯。西面较长，东面较短，两侧距离不过300米。且两岸山势

〔1〕《李鸿章全集》32，信函四，安徽教育出版社2008年版，第490页。
〔2〕同上，第564页。

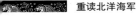

从黄金山眺望旅顺口

险峻，不易攀登，不经口门，难以入内。口门狭小，无法容纳多舰进口。在军事上易守难攻，实可谓北洋不可多得的国防门户。[1]

旅顺口在明清两代均驻有水师，但规模不大。直到近代日本图谋侵吞朝鲜，威胁中国京畿安全，国内才有人呼吁加强旅顺口防务，但并未引起重视。此次李鸿章把旅顺口确定为海军基地建设的重点，如果能够付诸实施，将是历史上在此地进行的最大规模的防务建设。

经过初步考察，李鸿章决定海岸炮台建设和船坞建设并举，迈开了北洋海军基地建设的关键一步。他派出县令陆尔发，随同对炮台建设颇有研究的德员汉纳根等人，前往旅顺口查勘修建炮台和船坞的具体位置，并于1880年11月命汉纳根先修建黄金山炮台。1881年1月，他在一封私人信件中说："蚊船非炮台不能立足，旅顺之台须费十数万金，异日必为北洋一大屏障。该处有此一军扼扎登州、烟台，敌当不敢久泊。"[2]4月，李鸿章的幕僚马建忠鉴于旅顺口炮台已经开始建造，日后经过挑淤浚口，建设船坞，必将成为北洋海军重要的根据地，便亲自前往查勘。他登山涉水，察看周边形势，回衙后向李鸿章做了

〔1〕王家俭：《中国近代海军史论集》，（台湾）文史哲出版社1984年版，第101页。
〔2〕《李鸿章全集》32，信函四，安徽教育出版社2008年版，第642页。

详细汇报。7月，李鸿章在给船政大臣黎兆棠的信中表示，等北洋各船到齐，聚扎旅顺口为老营，派人统率训练，稍壮声势。只是“该口虽甚扼要得势，凡筑炮台，添陆军，建军械库、煤厂、船坞，至少须费百万以外，一时未易就绪”，令他十分忧虑。[1]11月，李鸿章率领署津海关道周馥，水师营务处道员马建忠、黄瑞兰，编修章洪钧，知府薛福成，提督周盛传、刘盛休，总兵唐仁廉等，在大沽口验收了新到的“超勇”“扬威”二舰之后，赴旅顺口察勘。李鸿章等人登岸察勘了该口形势，发现旅顺口“实居北洋险要”，“为奉、直两省海防之关键”。“口内四山围拱，沙水横亘，东西两湾中泫水深二丈余，计可停泊大兵船三只、小兵船八只。内有浅滩，其口门亦有浅处，拟用机器船逐渐挖浚”。当前的状况是，“快船、炮船及他日购到之铁甲船，皆可驻泊，为北海第一重捍卫。其口旁黄金山高四十丈，可筑炮垒，以阻敌人来路”，前期汉纳根修筑的炮台工程已完成大半，其余局厂船坞各项，也将筹款陆续兴造。李鸿章决定，等炮台竣工，再酌调陆军防护。[2]

李鸿章对旅顺口的这次详细察勘，以及他对旅顺口建设情况的描述，表明在旅顺口建设北洋海军基地的计划，此时已全面确定。

旅顺口海军基地的修建工程大致分为两个阶段。第一阶段从1880年开始，到1887年完成，历时七年。这一阶段，由清政府派员组织实施，工程主要包括拦水坝及防波堤的兴建，港口的疏浚，航路船池的挖凿，澳口石岸的建筑，炮台、库房、厂房、营盘的建设，道路的修建与铺设等基础工程。第二阶段从1887年开始，到1890年基本完成，历时三年。这一阶段，由法国公司承包，主要包括船池和船坞的修建。由于旅顺口“为渤海咽喉，北洋水师屯驻之所，必须挖浚浅滩，展宽口门，创建船坞，添造库厂，储备粮饷军火，分筑炮台，控制洋面，百事创始，极形艰难”[3]，所以前后历时十年的工程，规模浩大，建设过程复杂，涉及问题颇多。

第一阶段工程由清政府派员组织实施，人员、物料、经费、洋员都是至关重要的问题，笔者在此分述如下：

---

〔1〕《李鸿章全集》33，信函五，安徽教育出版社2008年版，第51页。

〔2〕同上，第507—508页。

〔3〕《李鸿章全集》13，奏议十三，安徽教育出版社2008年版，第150页。

人员问题

一项关系到北洋海军建设质量的宏大工程，其人员的选择至关重要，然而在这一问题上，李鸿章并未进行细致周到的筹划，所选择的负责旅顺口工程的官员并不称职，致使工程建设一波三折。1880年，在主持旅顺口工程的专门机构尚未成立前，李鸿章就派出县令陆尔发参与旅顺口炮台的建设工作，所以陆尔发是首位专门负责旅顺口工程建设的官员。当时，陆尔发随同德员汉纳根赴旅顺修建黄金山炮台，但他是在北洋办理洋务出身，对港口工程建设几乎一窍不通，主要任务是随同汉纳根工作。因为修建黄金山炮台工程单一，不需要复杂的整体筹划，也没有多少技术问题，特别是有炮台专家汉纳根的主持，陆尔发的欠缺没有全部暴露出来，也就勉强工作了一年时间。至于汉纳根，他是在来旅顺前一年经天津海关税务司德璀琳的推荐来华的炮台专家，对工作尽心尽责，在炮台建设方面得心应手，使得黄金山炮台建设工作进展顺利。

1881年11月，当李鸿章验收“超勇”“扬威”二舰后勘查旅顺口，并决定扩大建设工程规模的时候，对陆尔发一年的工作进行了认真调查，发现陆并没有多少实绩，让他全面负责即将启动的旅顺口工程并不合适，所以他在决定设立海防营务处工程局的同时，撤回了不懂工程建设的陆尔发，命海防营务处道员黄瑞兰主持工程局工作，主要负责炮台和拦水坝的建设。后来，负责旅顺口工程的袁保龄在谈到撤回陆尔发，起用黄瑞兰的原因时说，李鸿章感到在岸上炮台修筑方面，县令陆尔发耽误了很多事，汉纳根又不完全可信，所以起用黄瑞兰全面经理。

然而，黄瑞兰的工作表现更令李鸿章失望，此人不仅官僚主义严重，与洋员汉纳根经常闹矛盾，而且贪鄙无能，随意挥霍，对工程马虎敷衍，偷工减料，在一年的时间里，耗费了工程款白银3万两，而建筑的拦水坝经常坍塌，隐患重重。1883年11月上旬就发生过一次险情，在黄瑞兰的继任者袁保龄的率领下，经过数百人的奋战才勉强克服。抢险的经过是这样的：

1883年11月上旬，连续三日天降暴雨，到了第四天不仅暴雨未止，又刮起了西北风。这一天的早晨，旅顺口南坝极南塌方五尺许，袁保龄闻讯后，立即奔向出事地点，赶紧督促所属官弁调动施工人员展开抢险。他们一层土一层草秸加固堤坝，但由于风急浪高，他们一边加固，堤坝一边坍塌。到了中午，坍塌的区域越来越大，增加到了八尺，并且与水面平齐，人力已无计可施。袁保龄看到，整个坝长一百三十丈，从中段到北端有六十丈，这六十丈外面的埽石蛰下有一尺左右的护石松动，堤面还没有开裂，勉强可以支撑；最南端超过四十丈的水平处，其中段有二三十丈都横列了大缝，宽七八寸到一尺不等。袁保龄见险情无法控制，立即商调两队清军赶来援救，在中段斜向东南地方退筑小埝两道。在全体官兵和施工人员的努力下，经过两三个昼夜的奋战，筑埝工程有所推进，恰在此时，天气放晴，风势锐减，海潮越来越小，筑埝工程得以全部完工。随后，袁保龄又增加施工人员，继续加高培厚堤坝，分拨人夫镶高塌陷的四十余丈之处，在原来的地方添加土秸，层叠而上，并用浮桥和破船支搭而过，用了七八天的时间，将大堤封闭合龙，才使已经建成的堤坝没有前功尽弃。

经过这次抢险，袁保龄对坝工忧心忡忡，他说，这次大坝两次出现险情，仅用一两分钟就导致了一丈四尺多长的坝体坍塌，这让参与施工的数千人员都感到诧异，究竟是什么原因呢？推求其缘故，实际上在于此坝下面全仗胶泥托底，坝体距口门太近，沙石和胶泥极易被海水冲走，造成坝势悬空，风潮冲刷坝的根部，顷刻间就有了坍塌的险情。目前，整个旅顺口塘澳工程已经完成了八九成，耗费的资金已经超过20万两白银，倘若就这样功败垂成，日后从何处补救？想到这些，袁保龄焦灼万分。他认为，虽然建港资金有限，必须考虑节省问题，但是作为一项紧要的工程，必须从长计议，详细筹划。

面对如此糟糕的工程，袁保龄在给津海关道周馥的私信中吐露了心中的怨气："仰天太息，涕下弥襟，代人受累乃至此极。上帅（李鸿章）禀中咬定牙不说前人一字坏处，以力避世俗倭卸之习。恃公爱我，一倾吐之。"[1]

仅仅上任半年多时间，黄瑞兰就把北洋海军的命脉工程建成这个样子，不仅令建设者们感到吃惊，而且令李鸿章感到着急。在这种情况下，李鸿章决定撤回黄瑞兰，改派徐建寅接任。恰在此时，李鸿章丁忧回家，直隶总督一职交由张树声署理，[2]津海关道周馥遂向张树声推荐委办海防营务处的袁保龄继任，

---

〔1〕《阁学公集·书札》卷二，宣统三年版，第18页。

〔2〕1882年4月，李鸿章因母病暂辞直隶总督职，回籍探望，两广总督张树声署理直隶总督。

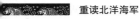

张树声采纳了周馥的意见。1882年11月，袁保龄上任。

黄瑞兰离开旅顺后，翰林院侍读王邦玺向光绪皇帝奏请，让黄瑞兰赴援台湾。光绪皇帝对黄瑞兰并不熟悉，也不放心，便询问李鸿章，黄瑞兰此前在直隶任职时是否得力，有没有劣迹，指示李鸿章必须“据实复奏”。李鸿章接到皇帝的饬令，联想到黄瑞兰在旅顺口工程建设中的糟糕表现，心里顿时升起一股怨气，便将他对黄瑞兰的看法以及建议全部报告了皇帝。李鸿章说，直隶试用道黄瑞兰与我是安徽同乡，同治元年调充上海前敌文案，在与太平军作战的时候，因为奉命招降太仓州的太平军没有成功，被太平军囚禁，后经官军克复太仓州而获救，算是有功之人。正因为如此，光绪五年，黄瑞兰由工部主事指捐道员到直隶省任职，我派他委办营务处及旅顺口工程。但由于此人对兵船规制、用法懵无所知，所以没有派他专办水师营务。此人表面上质朴耿直，但实际上举动任性，办事糊涂，文武将吏都不愿与他共事。考察他以往的表现，其语言狂妄，好像有心理疾病。臣不敢因为他是同乡便庇护于他，所以撤去了他在旅顺的差使。此人已经赋闲两年了，时常怀着对朝廷的抱怨，此次自行赴京钻营保荐，为他说话的人或许受了他的欺蒙，而这个人实不堪任用。虽然没有实在的劣迹可以指摘，但如果令他会同统带水师赴闽，断不可靠，自应作为罢论。

袁保龄

李鸿章的奏折，不仅否定了黄瑞兰在旅顺港建设工程中的工作业绩，而且将黄瑞兰的一贯为人也做了详细说明，足见李鸿章对黄瑞兰在旅顺所作所为的愤慨之心。

袁保龄到旅顺后，给工程带来了全新局面。袁保龄，字子久，河南项城人，是咸丰同治年间钦差大臣漕运总督袁甲三的次子，也是袁世凯的叔父。他自幼承其父袁甲三、其兄袁保恒之训，励志勤学，于1862年考中举人，次年随父亲到安徽北部围剿捻军，谙习戎机。1866年起任内阁中书、侍读，历时13年，熟悉掌故，博通经济。1881年，李鸿章将其调赴直隶委办海防营务。1882年，朝鲜发生内乱，清政府出兵援救，袁保龄赞画军谋，动中肯綮。当年，李鸿章将其派往奉天旅顺办理工防。袁保龄为经营好工程，对旅顺口的战略地位、天然形势进行了较为深刻的研究。他曾乘船到大沽、大连、旅顺、烟台、登州、威海等地仔细考察，认为，"旅顺为北洋第一险隘，可战可守，前有老铁山与南北城隍岛最近，然亦有四十余里之海面。若水师得力，此两山炮台、水雷足以助势，敌舟无敢轻过。倘专恃陆守，则天下岂有二十余里击船命中之炮？又岂非大言欺人乎？是以关锁洋面之说，蒙不敢谓然。而通计北洋形势，铁舰不能进大沽口，大沽是天生奇险，亦非必巨舰驻守；大连湾口门太阔，是水战操场，未易言守；庙岛两面受敌；登州船不能进口；烟台一片平坦，形势最劣；芝罘岛、威海卫各足自守，而无藏铁舰驻大枝水师之地。"[1]正是因为有这样的认识，袁保龄受命后才发宏愿，决以旅顺口海军基地建设为己任。在工程艰难的推进中，他一面不辞辛劳，事必躬亲，一面继续强调经营旅顺口的重大意义。他在给友人的信中说："去年孟冬，始来旅顺，周览形胜，实为渤海第一要隘。若经营有成，得精强水军巨舰，屯泊于此，西策津沽，北顾辽沈，可令环海群邦不敢以片帆相窥伺。"[2]他还形象地比喻说："水师为骊珠，旅顺威海皆为鳞爪。譬诸贵家世疾，书室中几案精洁，架上宋椠本纷然罗列，而其家子弟皆务饮博，不知以巨金营，此室将何用？"[3]

袁保龄自1882年11月赴旅顺总办北洋旅顺营务处工程局，至1887年12月旅顺船坞交由法国公司承包，历时五年有余，共主持完成引河、海门、机器厂、库房、碎石码头、马路、铁路、拦水坝、水雷营、鱼雷营、医院、船澳及泊岸石坝、炮台等多项工程，仅炮台一项，就完成黄金山、老驴嘴、老虎尾、威远、蛮子营、母猪礁、馒头山、田鸡、团山、田家屯等炮台10座，安装大炮60余门，他所经历的艰难困苦，在其遗集《阁学公集》中历历在目。他考虑周到，办事认真，从1883年9月1日的一则修建北洋海军弹药库房的禀文中可

[1]《阁学公集·书札》卷一，宣统三年版，第26—27页。
[2]《阁学公集·书札》卷二，宣统三年版，第12页。
[3]《阁学公集·书札》卷一，宣统三年版，第42—43页。

见一斑。禀文中说：“六月二十一日，职道含芳到旅率同提调王县丞仁宝，随员汉纳根同往白玉山西相度，靠河汊山坡地势平坦，口门外难以窥测，隔澳高山层叠，不畏越炮飞击，拟于此处迤北，建水师药库五间，高铺地板，专存炮药，凡别种自来火、子弹以及他械，一概不准搀入，以昭慎重。迤南建子弹库九间，以两间高铺地板，一存炮弹引信门火，造设吊架、立架，便于收储；一装连珠各炮、后膛洋枪子弹。中间七间用灰土地面专存大小炮子。两处库屋之外，均须绕以围墙。每库之侧各建住房六间，共十二间，以备看守兵弁栖止之所。”“另造陆军药库五间，与水师药库高宽丈尺做法相同，仍与各库均行隔绝，以备不虞。”[1]工紧时，他每夜“非交丑不能熟睡。幸筋力顽壮，每日奔走看工尚不知疲”[2]。他在给友人的私信中感慨道：“既受人知，必思所报。遂置室家于不顾，乘风破浪，冒不测之沧海，毅然远行。此邦山僻海隅，大似东坡惠州风味，而又无其闲适。所历艰苦，实为四十年所未有，亦聊足忏除少年逸乐罪过。方来之始，万事瓦裂。今则公帑节省数万金，海防军容渐如荼火，差可自慰。而面黑肤瘦，形容憔悴，须发已渐渐白矣。”[3]这些文字既含凄凉，又有矢志，今日读来，让人感动至深，肃然起敬。

1889年8月16日，袁保龄因积劳成疾，病逝于旅顺，终年48岁。他的病逝与旅顺口工程有密切的关系，病重期间他曾对友人说过自己得病的原因。他说，天津税务司德璀琳，性情非常贪婪和狡猾，对旅顺口工程百般干预。他推荐德国人善威为工员，善威两年来没有丝毫的劳绩和效果，还以中国官员掣肘为借口，混淆视听，蒙惑长官，我袁保龄与他再三争纠，但没有效果。我没有一天不与他怄气，这就是我病根的由来。由此可见，袁保龄为旅顺口工程付出了大量心血和精力，所以李鸿章对他的死颇为惋惜，对他的贡献评价很高。李鸿章在给袁保龄请恤时说：“该员力任烦劳，迭与提督宋庆、丁汝昌，臬司周馥，道员刘含芳等察看妥筹，次第兴作。其筑拦潮坝一役，于冰雪风雾中昼夜抢修，始获平稳。九年，法越开衅，海防戒严，旅顺口仅成黄金山炮台一座，该员跋山涉海，勘地督工，不数月而东西两岸大小七台屹然并峙，声势稍壮，

〔1〕《阁学公集·公牍》卷二，宣统三年版，第21—22页。
〔2〕《阁学公集·书札》卷一，宣统三年版，第51页。
〔3〕《阁学公集·书札》卷四，宣统三年版，第17页。

敌舰竟未敢北窥。十年冬，又值朝鲜之变，其时电报未通，津、沽封冻，消息间阻，凡驻朝淮军饷械及派往水师各船，赖该员筹助接济，俾得迅赴事机。十二年间，醇亲王亲临阅视，曾以旅防布置合宜，该员等尤为得力，奏奉懿旨：从优议叙在案。惟该口远处海滨，瘴湿甚重，寒苦异常。该员经营数年，遂成脾泻中风等症。……臣查袁保龄世受国恩，竭忠图报，学问具有根柢，识力亦甚坚卓，洵足干济时艰，不期积劳过久，受病过深，年未五旬，赍志以殁。旅顺口工程防务，该员出力为多，其功实未可泯。"[1]

除负责旅顺口工程的官员外，参与工程建设的其他人员也非常关键。在袁保龄到任前，陆尔发和黄瑞兰均留下一些旧部，这些旧部受其长官影响，不乏敷衍贪腐之人。袁保龄深知工程涉及钱物，如果容忍大量敷衍贪腐之人参与，一旦失察便会引发大案，不仅败坏了风气，而且有损工程建设。于是，他上任后大胆整治风气，把旧有不称职的人悉数辞退，起用守正廉洁的官员。例如，提调王仁宝，军库工程提调牛昶昞，专司出纳的谢子龄，澳工委员朱同保、潘煜，管钱委员李竟成，候补知县裴敏中，候补经历周敏道，候补从九品张葆纶，库工委员刘献谟，管煤委员李培成，管理导海大挖泥轮委员黄建藩，挖泥船委员陶良材等，都是袁保龄在实际工作中经过考察任用的官员。这种以绩取人的做法，在当时人浮于事、官僚成习的社会风气中，尤其难能可贵。实践证明，这些官员经住了考验，他们不是精明勤练、晓畅工务，就是守正不阿、诚朴廉介，都在工程中发挥了重要作用。

至于工匠，大多来自当地或附近地区及海南等地，常保持在5000人左右，部分营勇也参与工程建设。管理这些人员的工作和料理他们的生活，不是一件轻松的事，但袁保龄通过真心实意的关心照顾和严格监督，既为他们排忧解难，又按规矩处理问题，赢得了广大工匠的拥护，也激发了他们劳动的积极性。1883年夏天，气候反常，自4月份以来，连续几个月晴多雨少，工程环境十分糟糕。塘澳中的淤泥秽恶不堪，在烈日熏蒸之下臭气熏天。再加上海滨地区湿气严重，潮风不断，一日之间寒燠数易，温差悬殊，致使很多工匠和防军都生了病。对于这种情况，袁保龄早有准备，他于上一年冬天就与宋庆、丁汝

[1]《李鸿章全集》13，奏议十三，安徽教育出版社2008年版，第150页。

昌、刘含芳商量妥当，先期从天津广办药材，在施工过程中权设药局，并招募了两名医士各处诊视。夏天到来之际，他安排医士为匠工巡诊，最大限度地避免了疾病的发生和蔓延。这些措施，使工匠们感恩戴德，他们的干劲自然也就高了不少。

夏天的工作艰难，冬天的日子也不好过。有一年冬天，天气特别寒冷，有几天风雪肆虐，恰在此时，坝工出现了险情，两次夜间的大潮使坝顶过水，新加的秸土埝与海面持平。工匠和员弁们屹立在雪中，狂飙忽来，严寒透骨，而员弁为了施工方便，都穿着薄薄的单衣，其艰苦程度可想而知。袁保龄和工匠、员弁们一样立于风雪之中，他感叹道："不知这般人前世欠黄佩老何等账目，今日来替他了此冤孽！"可令他欣慰的是，员弁和工匠"上下一心，群情固结，挖山取土，来回数百丈，于风回雪舞之时，踊跃争先，欢呼用命，竟能抢护无虞，真非始愿所及"[1]。

物料问题

旅顺口建设工程浩繁，用料不仅量大，而且种类繁多，大宗的物料包括石材、赛门德土[2]、木材、钢材、砖瓦等；机械设备包括挖泥船、起重机等。这些物料和设备，有些需要从国外购买，有些需要从全国范围内采购，涉及采办、运输、储存等若干环节，是工程建设中一项十分棘手的问题。

黄瑞兰主持工程时建筑的拦潮坝之所以质量低劣，问题主要出在工料上。由于在采购、使用等关键环节上，有人营私舞弊、偷工减料，致使堤坝的抗风浪能力极低。为杜绝黄瑞兰时期出现的问题，保证工程质量，袁保龄对工程物料和设备的选用十分考究。他认为，采买物料和设备，既要节省经费，又要保证品质。但要做到两全其美是非常不容易的，比如材料的来源就是个大问题，在采购修坝筑坝的材料时，常常会遇到"稭料极难买，又不敢过于放价，亦颇感棘手"[3]的状况。因此，袁保龄广开思路，把目光投向了国内若干地区，比如石料，主要购自山东各地。有些国内没有和少有的物料和设备，则直接从国

[1]《阁学公集·书札》卷一，宣统三年版，第9页。
[2] 即水泥，英文cement，故当时称为"赛门德土"。
[3]《阁学公集·书札》卷一，宣统三年版，第18页。

外购买。这一做法尽管提高了工程质量，但也带来了运输、存储等方面的诸多问题。

今日的旅顺，不仅是辽东半岛的旅游胜地，也是一座交通发达的现代化城市。可是当年，这里却“僻处海隅”，交通运输极不方便。一方面，往来于旅顺的轮船很少，消息隔阂，给采购物料带来了诸多不便。运送物料的轮船并不固定，有时以军舰充任，有时专门从有关部门调拨，所以经常耗费周折；另一方面，旅顺地居滨海，料物既非常昂贵，工匠又不易招徕，绝非津沽及直隶等地可比，袁保龄常常会因某种物料的采购渠道不畅，以及运输、存储等问题大伤脑筋。例如，为便于运输大件装备，旅顺港内需要修一条小铁路。为解决铁轨的来源和节省经费，李鸿章协调到福建船政存于台湾的一批铁轨，船政局同意将铁轨北运旅顺。1882年冬天，袁保龄禀请李鸿章，咨商福建船政衙门派“海镜”轮船装载台湾所存铁轨北来，以备旅顺工程之用。由于铁轨件数繁多，旅顺库房没有建成，无处堆储，为避免损坏，不得不卸载在大沽口，使用时，再从大沽运到旅顺。〔1〕这无形中又增加了劳动量。再如工程大量需要的赛门德土，均购自德国，远距离的运输不仅成本高，而且不能保证按时到货，在卸载、存储等方面也存在不少麻烦。1883年6月的一次到货，共卸载赛门德土5600桶及砂样5包，袁保龄动用艇船弁兵、车价夫力等百余人，历时14天才完成。〔2〕就是在这样的情况下，袁保龄主持完成了各项主体工程。

经费问题

光绪朝以来，虽然国内形势稍有平静，财政经济状况有所好转，但清政府的经费始终不敷堪用。拿海防经费来说，虽然名义上每年有400万两，但真正到账的仅有数十万两，使用起来实在是捉襟见肘。旅顺口建设工程浩大，虽然李鸿章尽量筹集资费，但计划外的用钱比比皆是。仅黄瑞兰留下的隐患工程和烂尾工程，整修过程中就额外增加了数万两银子的开支。袁保龄上任后，对经费管理非常严格，他精打细算，规定部属人等不论大小用款，均须随案登账，

〔1〕《阁学公集·公牍》卷二，宣统三年版，第3页。
〔2〕同上，第11页。

先期报销，不得借故延误。笔者在《阁学公集》中看到一笔小账，可作为袁保龄用银精细的一个例证。1883年6月卸载赛门德土时，袁保龄对雇用人力的花费进行了核算：雇用车价夫力共合用湘平银三百一十五两九钱六分六毫八丝，以运土五千六百桶计之，每桶约合银五分六厘四毫二丝一忽五微五尘。[1]这笔账拿到今天，实在令人不可思议和难以想象。

外界对旅顺口工程的经费使用并不了解，对袁保龄的苦心更无法理解，有不少人以势利的眼光看待袁保龄的经费管理和旅顺口工程用款，无端生出诸多猜疑和指摘，这让一心扑在旅顺口工程上的袁保龄十分困扰。他无法对外界解释和说明，只能把心迹透露给自己的好友。他在给周馥的一封信中说道："曾文正有言，愿以散员效力行间，甚不欲处脂膏之地，生平于财利避之若浼。今则士感知己，真是无可如何。若私减丈尺，冀幸铁舰乘潮进口，则弟宁乞骸骨归田里，不敢作此欺天丧心，贻误大局之行径也。"又说："盖帑项过重，人人视为脂膏之地，稍拂其意，怨谤横生。龄则谓我辈丈夫，作事如青天白日，倘蒙傅相有檄召还，我当与君携手同归，岂非一大快事！若我辈在此一日，终是抱定迂拙作法，举朝廷之帑项，百姓之脂膏，以填此辈难盈之谿壑，而博悠悠之浮誉，义之所不敢出也。"[2]表达了自己一片清洁之心和责任感。

袁保龄在任五年，省吃俭用，精打细算，头四年仅费工银20余万两[3]，此是省之又省的最低数目了。谁说晚清腐败的官场上没有忠诚、勤恳、廉洁的官吏？

洋员问题

袁保龄在给李鸿章等人的书信中坦称："保龄以一书生，官西掖十余年，虽恪守先训，未敢为非，自知才力不足，干事于土木各工及修守机宜，尤属茫无知识。"[4]"不学之身，于土木会计均非夙习，加以停泊铁舰，修建炮台，半须参用西法，与各项工程迥别，绝无轨辙可循，不知将来如何陨越。夙夜惴

[1]《阁学公集·公牍》卷二，宣统三年版，第11页。
[2]《阁学公集·书札》卷一，宣统三年版，第10、19页。
[3]《阁学公集·书札录遗》，宣统三年版，第16页。
[4]同上。

惴，若临渊谷。”[1]从袁保龄的这番话可以看出，他对土木各工以及其中的道理不甚了解，特别是对停泊铁舰、修建炮台等从西方传入的军事知识更加缺乏，担心自己不能胜任旅顺口工程这样的重大事项。作为一介有责任心的官吏，袁保龄的担心是完全可以理解的。然而，在当时的官员中，不懂“土木各工及修守机宜”的何止袁保龄一人，绝大多数官吏都是一窍不通，否则李鸿章也不会在用人上费了那么多的周折，错用了陆尔发和黄瑞兰这样的人。究其原因，在于旅顺口建设工程属近代化国防工程，涉及的技术极为复杂，仅靠清政府的官员和懂得诸如筑坝、堆埝、镶埽等传统河工技术的人员，是远远不能驾驭的。加之工役、民夫土工知识不多，工具简陋，要想建成一座近代化的军港，难上加难。那么，如何解决这一问题呢？从李鸿章到朝廷各员都有一个基本的认识，那就是像建设北洋海军一样，大量聘用洋员。

在袁保龄任内，有一批洋员工作于旅顺口工地上，这批洋员的国籍是值得注意的，因为他们与西方列强对中国主权的干涉程度有关。众所周知，天津海关税务司德璀琳是德国人，他向发展中的中国海防安插德国势力势所必然，加之他本人与李鸿章又有着密切的关系，所以参与旅顺口工程的德国人居多，计有：炮台工程专家汉纳根，炮台教练瑞乃尔、额德茂，台澳工程专家哲宁，鱼雷营教习施密士，浮重船工匠刁勒，导海挖泥船管轮丁治、士本格，导海副管轮核粗、为而得，导海轮洋水手司荣巴、格温、瓦尔脱、康喇脱，工程师舒尔次，土木工程师善威等。英国人只有一位，名叫勒威，是一名挖泥船洋匠，从大沽船坞调派而来，充当汉纳根的助手；美国人也有一位，名叫满宜士，原为大沽水雷营教习，1883年调来旅顺，教习水雷。[2]在旅顺口海军基地第一阶段的修建工程中，再无其他国家的洋员参与其中。上述洋员虽然在工程建设中发挥了无可替代的作用，但他们大多依靠国势和技术，骄横自傲，看不起中国官员和工匠，追求奢华，花费铺张，常与中方人员发生矛盾。汉纳根是洋员中比较优秀的人物，虽然被袁保龄比喻为“譬如破落户人家犹存一阔少，大为司盐米者之累”[3]，但他的表现总体上还能被袁保龄接受。袁保龄曾说，在旅顺口工

---

〔1〕《阁学公集·书札》卷一，宣统三年版，第39页。
〔2〕王家俭：《中国近代海军史论集》，（台湾）文史哲出版社1984年版，第109页。
〔3〕《阁学公集·书札》卷四，宣统三年版，第30页。

程中，安置大炮和疏挖海泥是两项至关重要的事情，在用人上必须精挑细选，在经费上务必省之又省。在一段时间里，凡在道理上行不通的事情，袁保龄必与汉纳根据理力争，往往经过一番争论后，汉纳根最终都能够按照袁保龄的意见办，刚到旅顺时的虚浮气习已大有改观。袁保龄认为，汉纳根“果能长此不变，则其任事之勇，趋事之勤，固亦大可造就”〔1〕。

不过，像汉纳根这样能够在实践中逐渐适应中国人的工作方式，逐渐改变自己的人并不多见，大多数洋员都固执己见，屡犯错误。比如汉纳根的助手勒威，曾因与营兵发生矛盾，而用木棍将营兵几乎打死，军中群情激愤。幸亏袁保龄和宋庆及时采取措施，派人抚恤受伤营兵，并勒令勒威与军营隔离。勒威不肯从命，袁保龄下了最后通牒，如果不按时移住远离军营的老虎尾住房，中方只好按合同给付200两盘缠，由天津送回英国。勒威只好从命，这才避免了一场事端。〔2〕

对洋员的管理，袁保龄颇感头痛，他在一禀文中表达了为难之情。他说："今旅顺船坞各工，殆亦非常之举也。工程机器用物，在在参用洋法，绝无例案可循。洋员动以西国往事为言，若曲徇所请，则财力实有未能，体制又多不协；若专守常经，则巨工终无成效，转更贻笑远人。斟酌其间，颇难裁定。"〔3〕然而，袁保龄必须面对现实。他最终还是在实践中摸索出了一套管理洋员的方法，那就是大处坚持原则，小事退让将就。如是，旅顺口工程才得以有序进展。

旅顺口海军基地修建工程的第二阶段由一家法国辛迪加（The French Syndicate）承办，其大致过程如下：

在工程第一阶段的后期，船坞的建设因铁甲舰的到来而显得特别急迫，李鸿章说，铁甲舰驻泊的地方，必须有大石坞预备修理。西方报纸讽刺中国说“有鸟无笼”，指的就是有铁甲舰而没有船坞的窘境，所以，修建船坞是“当前至急至要之事”〔4〕。可是，恰恰在这修造船坞的关键工程问题上，袁保龄与德国工程师善威在用料、工费、工期、机械等方面屡屡产生矛盾，善威始终站在德方立场

〔1〕《阁学公集·公牍》卷二，宣统三年版，第9页。
〔2〕《阁学公集·书札》卷一，宣统三年版，第49—50页。
〔3〕《阁学公集·公牍》卷八，宣统三年版，第40页。
〔4〕《李鸿章全集》34，信函六，安徽教育出版社2008年版，第11页。

旅顺船坞局厂门

旅顺船坞

上，无视袁保龄的正当要求，固执己见，在有些工作上严重拖沓，效率太低，这使得袁保龄十分无奈。直接与善威交涉根本不起作用，找汉纳根中间调解，汉纳根又往往站在善威一边，因此袁保龄只能向李鸿章反映问题，诉说自己的苦衷。有一次他向李鸿章愤愤地说：洋员善威，才疏学浅，连一些极琐碎的小事都应付不了，更何况一些长远的大事。就拿坞岸完整的工程图来说，用了近一年的时间也没有完成，经过严厉的催要和婉转的督促，最终也没有交上来。最近臣与善威商定购买机器的合同，善威瞻前顾后，担心的事极多，言语也反复无定，多不能自圆其说。仔细分析整个事件的细微之处，发现善威在机器方面属于严重的外行，所以他向各厂要图掩蔽自己的缺陷。他舍弃坚固的石料不用，而力主烧砖。目前烧砖的窑匠已到，保龄亲自询问该匠，对他委婉地加以开导，商定先出烧砖样后再做决定。可是，砖样只有等机器一切到齐之后才能完成。现今向善威索要砖样，他无言以对，造成砖样至今也没有造出来。前期，叮嘱善威从德国购买砖样来进行实验，现在已过去半年多时间了，依然杳无消息。所以保龄深知，善威的才能也仅限于参酌谋议，万不能让他独力承担如此艰巨的工程。〔1〕

袁保龄所反映的情况说明，即使在旅顺口工程中担任主要职责的所谓洋员“专家”，也有有名无实之处，袁保龄的难处由此可见一般。在这种情况下，李鸿章决定换人。他报告总理衙门，说善威在旅顺经营一年多，毫无布置，且事关巨款，善威孑然一身，无人代为保固，建议辞退。〔2〕李鸿章的话自然分量

〔1〕《阁学公集·书札录遗》，宣统三年版，第17页。
〔2〕《李鸿章全集》34，信函六，安徽教育出版社2008年版，第130页。

很重，无论是中国的官员，还是西方在华官员，都必须高度重视。所以后来经津海关道周馥等多方物色，选定了善做坞船的法国工程师德威尼参与旅顺口工程。德威尼是经上海法兰西银行推荐，并经法国制造公会选派来津的，他在天津与周馥进行了会晤，双方的意向颇为一致。后来，德威尼代表法国一家辛迪加，以较低价格中标，承担旅顺口第二阶段工程。1886年11月7日，清政府就旅顺口工程与法方在天津正式签订合同。此时，袁保龄已经因病瘫痪在床，不能出席签字仪式，中方代表由津海关道周馥担任，法方代表由法国辛迪加总工程师德威尼担任。双方正式画押后的第三天，周馥偕同德威尼等乘坐“利源”轮前往旅顺办理交接手续。[1]不久，德国工程师善威被辞退，袁保龄也因身体原因卸掉了工作，由他主持的旅顺口工程至此告一段落。

袁保龄主持旅顺口工程期间，工程质量上乘，没有人比他更适合完成这项工作，对此李鸿章十分清楚。可是，在袁保龄病重之后，他又不能不重新物色人选，最终他选定了周馥。李鸿章之所以让周馥继任，统揽旅顺口工程，在奏折中说得很明白：“该道周馥才识闳远，沉毅有为，能胜艰巨，历年随臣筹办军务、洋务、海防，力顾大局，劳怨不辞，并熟悉沿海情形，堪资倚任，自应暂缓回任，派令总理北洋沿海水陆营务处，克期前往旅顺督饬洋员妥办坞工，并联络旅顺、大连湾、威海卫水陆各将领妥筹布置，借以裨助微臣耳目所不逮。”[2]

按照合同，法国公司承建的工程，计大石坞一座，各工厂、储料各库、办公住人各屋，以及环绕船澳三里余的靠船大石泊岸，还有铁道、起重码头、电灯、自来水等，工期30个月，工程费白银125万两。合同还规定，工程验收后，一年内仍由德威尼和担保的法国银行负责照料修理，一年过后再保固十年。这期间，如果因工程不精造成损坏，法国银行负责赔偿。

1887年4月，旅顺口第二阶段工程正式开工。开工后工程进行得并不顺利，闸坝透水、淤泥过厚都是主要困难，甚至发生过泊岸石坝倒塌的事故。在工程即将完成之时，德威尼又发现了一个问题，即船澳口门太宽，风浪太大，建议于东、西、北三面加砌石坝，对船坞有益。统领北洋水师的丁汝昌也提

---

〔1〕《秋浦周尚书（玉山）全集·周馥自订年谱》卷上，（台湾）文海出版社有限公司1973年版，第23页。

〔2〕《李鸿章全集》12，奏议十二，安徽教育出版社2008年版，第69页。

出，三面建坝关系紧要。周馥偕同综理旅顺口水陆营务的刘含芳与德威尼详加勘验，反复商议，最终决定在东、北两面建石坝一百丈，西面对原来所砌石堤修理加固，并建宽大经久之铁码头一座，码头上石阶、铁路、铁梯、船桩、电灯、淡水管等，如法布置。这样，就需要追加经费14.35万两，工期延展六个月。〔1〕刘含芳又于旅顺口东西两岸后路山坳，另造水陆师子药总库五处，工程艰巨，布置精详。〔2〕

1890年11月初，经过十年的风风雨雨，旅顺口工程终于全部完工。5日，李鸿章遴派北洋水师提督丁汝昌、直隶按察使周馥、津海关道刘汝翼会同前往验收。验收前，德威尼因事回国，派监工吉礼丰开具英文工程清单，由刘含芳译成中文，丁汝昌等照单“逐细量验”。验收结果是，工程不仅与清单相符，而且质量也与合同相符。9日，所有验收工作结束，宣告旅顺口海军基地建设工程“收工完竣”。

旅顺口海军基地的建成，使李鸿章对北洋海军的建设又增添了一份信心，他欣慰地说：“从此量力筹画，逐渐扩充，将见北洋海军规模足以雄视一切，渤海门户深固不摇，其裨益于海防大局，诚非浅鲜。”〔3〕当然，旅顺口的设施建设并未全部终止，在甲午战前又有所添建。1894年5月，李鸿章最后一次校阅北洋海军时，除了先前完成的工程外，道员龚照玙又于船坞口门内镶砌了石帮，斜砌了石撑，满砌了石底，这些措施都是为了防止渗漏。龚照玙又在口门外添制了大铁船门，以备轮流启闭，不误油修。还在船坞旁添建了吸水厂大铁房一座，用大石块、赛门德土砌了一个五丈深、六丈见方的水池，涵洞五十余丈。另外，还建了铆锅厂、合拢锅炉厂大铁房各一座，舢板厂大铁房一座，船械局库一所，以备各舰更换锅炉、制造舢板、领换器械之用。改造摸珠礁、馒头山炮台各一座。自西岸海口后营起至城头山炮台前面计十里，沿筑长墙一道。又于西岸老虎尾、东岸白玉山各建铁码头一座。〔4〕这样就使得旅顺口海军基地更加趋于完备。

〔1〕《李鸿章全集》12，奏议十二，安徽教育出版社2008年版，第557—558页。
〔2〕同上，第383页。
〔3〕《李鸿章全集》13，奏议十三，安徽教育出版社2008年版，第513—514页。
〔4〕《李鸿章全集》15，奏议十五，安徽教育出版社2008年版，第334页。

晚清明信片上的旅顺口

旅顺口海军基地是北洋海防的重要组成部分，是北洋海军不可缺少的战略依托，它的作用是无可替代的。它的建成，凝结着晚清海防人无数的心血和精力，虽然因中国近代海防工程建设技术的不纯熟而留有若干缺陷，但它却彰显着一种精神，而且这种精神至今仍从那斑驳的遗迹中透射出来，释放着一种民族的力量。

然而，自旅顺口海军基地建成前后，国内外的舆论评价就褒贬不一。国外的评论大多从本国利益出发，难以形成公正的观点。例如法国人的评价多为赞誉之词，因为旅顺口海军基地是在法国公司的手里交工的。一位法国记者专门在天津英文版《中国时报》上撰文，夸耀法国工程技术人员在技术与财务双重困难之下完成工程的艰辛，还宣称基地的建成，是法国人对敌对者的一次真正的胜利。同时还为法国未来赢得在中国的更多机会而欢欣鼓舞。文中指出，法国人所创造的奇迹，将会对法国在华的工商业发生一种深远的影响。一旦其他的工程，诸如海港、铁路、开矿等机会来临时，法国人定能与其他国家立于同等的地位，争取中国政府的考虑。英国人对此却不以为然。一位英国银行家曾经一针见血地指出，法国的辛迪加在竞标的时候，不仅急于取得旅顺口的合同，并且还正考虑得到黄河的工程，再加上中国人贪图便宜，不懂技术，才使法国人赢得了工程建设权。一位曾经参观过旅顺口工程建设的英国海军军官，直接指出了堤坝漏水的问题。他说，漏水问题不是法国人故意偷工减料所致，而在于他们的技术不够，这与薛福成在日记中记载的漏水问题不谋而合，说明已经完工的旅顺口工程的确存在问题。

建设威海卫基地

旅顺口海军基地的建设并不是孤立的事件，它是北洋海军基地总体筹划的一部分，无论是袁保龄还是李鸿章，都将其与其他基地建设联系起来，通盘考虑，特别是威海卫基地建设，几乎是旅顺口的姊妹篇，这反映了李鸿章等人在建设北洋海军过程中的战略思维。李鸿章借用袁保龄的话说，旅顺口正当渤海门户，尽管工费过巨，也先其所急，不得不竭力经营，若有余力，再在山东之威海卫、胶州湾逐渐布置。〔1〕又说："综览北洋海岸水师扼要之所，惟旅顺口、威海卫两处进可以战，退可以守，而威海卫工巨费烦，故先经营旅顺，以为战舰收宿重地，兼以屏蔽奉省，控制大沽。"〔2〕所以，当旅顺口基地建设初具规模之时，威海卫基地的建设便被提上了议事日程。

威海卫位于山东半岛东北端，与辽东半岛旅顺口遥遥相对，构成天然的"渤海锁钥"。威海卫所处之地，古代仅是滨海渔村，汉代称石落村，元代称清泉夼，明代洪武年间为防倭寇设威海卫。威海卫城前海湾呈半圆形，三面环山，一面临海。所环之山，峰峦连绵起伏，形势险峻，海湾两岸，伸入海中；所临之海，湾阔水深，中间横亘刘公岛，成天然屏障，是建港的理想之所。

早在1874年，郑观应就注意到辽东半岛和山东半岛拱卫京津的重要作用，特别是忆起1860年英法联军进犯京津，利用山东威海驻泊兵船辎重的情形时，更加感到威海卫战略位置的重要。他说："夫津门为京畿屏蔽，而要口则

〔1〕《李鸿章全集》11，奏议十一，安徽教育出版社2008年版，第148页。
〔2〕《李鸿章全集》34，信函六，安徽教育出版社2008年版，第10页。

在奉、东。……为今计，宜合直、奉、东三省之力，以铁甲船四艘为帅，以蚊子船四艘、轮船十艘为辅，与炮台相表里，立营于威海卫之中，使敌不敢屯兵于登郡各岛。而我则北连津郡，东接牛庄，水程易通，首尾相应。彼不能赴此而北，又不便舍此而东。就令一朝变起，水陆夹攻，先以陆兵挫其前锋，后以舟师捣其归路。即幸而胜我，彼亦不敢久留；败则只轮片帆不返，则北洋之防固矣。”〔1〕1875年，山东巡抚丁宝桢曾经提出过在威海卫建设海军基地的问题，他说：威海卫的地理环境，“三面皆系高山，惟一面临海，而外有刘公岛为之屏蔽，刘公岛北、东两面为二口门，岛东口门虽宽，水势尚浅，可以置一浮铁炮台于刘公岛之东，而于内面建一砂土炮台，海外密布水雷，闭此一门，但留岛北口门为我船出入；其北口门亦有山环合，可以建立炮台，计有三座砂土炮台于内，有二浮铁炮台于外，则威海一口可以为轮船水寨。轮船出与敌战，胜则可追，败则可退而自固。”〔2〕然而当时无论在认识上还是财力上，都不允许在威海卫修建一处大型海军基地。几年后，日本的跃跃欲试和中法战争的惨痛教训，使清政府的海防需求日益强烈，旅顺口海军基地建设的起步，极大地牵引了威海卫基地的建设。

1883年，李鸿章命候补道刘含芳先在威海金线顶建水雷营一处，在刘公岛设水师机械厂、鱼雷营料库、雷厂等。1884年初，李鸿章有了在威海卫建设海军基地的积极想法，他在上奏皇帝时强调：“其威海一口，东西两峡对峙，水深岸阔，最宜操练舟师。现饬丁汝昌统带蚊快各船，与所延英将琅威理常往操巡，道员刘含芳带领鱼雷学生与所延德将哈孙常住操习，甫经建设厂坞码头囤储煤械，尚未及修筑炮台，将来亦须添驻陆军，逐渐经营，水陆相依，方可立足。”〔3〕然而这年的6月25日，李鸿章巡阅北洋海军，第一次赴威海卫阅看刘含芳会同哈孙演示鱼雷的情况后，不无遗憾地说：“惟该处濒海，南北两口，地阔水深，若筑台设守，需费极巨，一时不易措办耳。”〔4〕此时，旅顺口工程正在热火朝天地进行当中，已经牵扯了大量的人力和物力，李鸿章知道，要在

〔1〕夏东元编：《郑观应集》（上册），上海人民出版社1982年版，第129页。
〔2〕《丁文诚公奏稿》卷十二，光绪二十二年版，第14页。
〔3〕《李鸿章全集》10，奏议十，安徽教育出版社2008年版，第351页。
〔4〕同上，第480页。

旅顺口和威海卫同时进行大规模建设是不现实的。1886年5月21日，李鸿章陪同醇亲王奕譞视察海军，第二次来到威海，这次来威距上次已近两年，他和奕譞目睹威海卫依然处于无防状态，都很着急。而此时，旅顺口基地工程第一阶段已经接近尾声，应有余力关顾威海卫。所以他们在回到天津后，立即上奏皇帝和太后，强调虽然威海卫“南北两口宽各数里，筑台布雷，需费颇巨”，但“仍须量力次第经营”。[1]此后，威海卫基地建设才真正进入实质性阶段。

修筑炮台

对于炮台的建设，李鸿章十分重视，他认为：“水师以船为用，以炮台为体，有兵船而无炮台庇护，则兵船之子药煤水一罄，必为敌所夺。有池坞厂栈而无前后炮台，亦必为敌所夺。故炮台极宜并举。”[2]1887年4月，李鸿章提出，除了调派兵勇分驻大连湾、威海卫察勘形势，扼扎营垒外，海滨露处以购炮筑台为先务，亟须预订巨炮以壮威势。为进一步推动两处炮台建设，这年6月，李鸿章直接提出在威海建设十余座炮台的建议。他认为，北洋沿海一带除已经建成的炮台、已经设防兵的各口外，还有山东的威海卫、奉天的大连湾两处，水深口宽，形势扼要，关系渤海门户，不能不妥善布置。特别是威海卫，濒临大海，地段绵长，碛砂林立，恰当黑水洋来路，水势既宽且深，该处南北各口必须分筑大炮台十余座才可凭以扼守。当然，要建设如此多的炮台，所需经费也不可能是小数目，李鸿章便与总理海军衙门商量妥当，拟每年从江海关洋药厘中拨银25万两，浙海关洋药厘中拨款5万两，共计30万两，作为建设经费，以十年为期，逐渐经营。另外，李鸿章与营务处周馥，绥、巩各军统领戴宗骞再三商量，忍痛将绥、巩等军马队两营、护卫步队一营暂时裁减，以节省的月饷弥补炮台建设工用之不足。[3]炮台建设就是这样在李鸿章的积极筹划中艰难起步的。1888年5月14日，当李鸿章第三次随北洋舰队来威海卫查勘海防时，威海卫的炮台建设已经有了清晰的眉目。他看到北口北山嘴、祭祀台炮台，南口鹿角嘴、龙庙嘴炮台，以及兵房、子药库、铁码头、铁道等设施的建

〔1〕《光绪朝东华录》二，中华书局1958年版，总第2107页。
〔2〕《李鸿章全集》11，奏议十一，安徽教育出版社2008年版，第149页。
〔3〕《李鸿章全集》12，奏议十二，安徽教育出版社2008年版，第71、123—124页。

设已经开始筹备，随即对下一步的建设目标做出了指示。他认为，威海卫的刘公岛横踞外口，势甚扼要，曾设水师机器厂屋，北洋海军各兵船经常在此聚泊操练，应该建设一座铁码头横入水面，以便各船上煤。刘公岛南侧须建炮台一座，岛的北侧须建地阱炮台两座。威海南口的日岛矗立澳心，必须建铁甲炮台一座，以便水陆相依，造成威海卫巩固之势。[1]

然而，炮台的建设并不顺利。一方面，威海卫的地质很特殊，遍山石骨嶙峋，要踹扎营垒，必须先凿石填坡，翻山运土，在这样的地势上雇夫募匠施工，非常困难；另一方面，建设炮台所需要的各项物料在威海当地无从采买，必须从外地购买，远道运来。[2]所以当时的工程建设难度是可想而知的，好在承担主要建台任务的绥、巩军兵勇，均能克服重重困难，将工程艰难推进。

在李鸿章的积极推动下，到1891年李鸿章第三次巡阅北洋海军来到威海时，威海卫海军基地已发生了很大变化。李鸿章欣喜地看到，军港规模初具，建成了赵北嘴、鹿角嘴、龙庙嘴等南岸炮台，北山嘴、黄泥沟、祭祀台等北岸炮台，以及刘公岛上的东泓、东峰、南嘴、旗顶山、麻井子等炮台，再加上黄岛炮台、日岛炮台，总共13座，配备德国克虏伯后膛钢炮、英国阿姆斯特朗后膛地阱钢炮等各种大炮54门。李鸿章认为，这些炮台均得形势，做法坚固，足与大连湾各炮台遥相呼应。到1894年5月李鸿章最后一次校阅北洋海军时，他又看到：“道员戴宗骞于威海卫南北岸原设六炮台外，又于柏顶、九峰

黄岛炮台

〔1〕《李鸿章全集》12，奏议十二，安徽教育出版社2008年版，第383—384页。
〔2〕同上，第124页。

北山嘴炮台

赵北嘴炮台

龙庙嘴炮台

顶、杨峰岭、谢家所四处添建新式陆路炮台各一座，于仙梯岭、马蹄疃分建子弹总库、火药总库各一座，添修拐角快炮台、田鸡炮台共三座，南北两岸各建水雷营一座，自卫城至上庄开通山道九十里，修木石桥一百座，西接烟台嵩武军所修桥道。总兵张文宣于刘公岛南嘴添筑炮台一座，又于岛中山沟建总药库一座、甜水仓一座，山顶筑护墙一道共长十里，又筑南嘴土墙一道，岛西接连之黄岛添设地阱炮台一座。”[1]

威海卫的海岸炮台和陆路炮台，构成了陆海遥相呼应的炮台防御体系，再加之弹药库、水雷营的添建，道路的开通，桥梁的架设，使整个威海卫的防御能力大大提升，黄海海战后丁汝昌率领残存的北洋海军舰艇坚定地退守威海卫，其重要原因之一就在于此。

当然，在晚清海防建设人才缺乏，关键技术主要依赖洋员的情况下，要使威海卫基地建设得完美无缺是做不到的，英国人戴乐尔就曾指出过威海卫炮台防御的缺陷。他认为主要有两点，一是南部的内陆炮台向内的一面并无保障，一旦敌人从此面进攻，难以防范；二是岛上及其他处皆无测度射程的设备，同时，汉纳根设计赵北嘴炮台时，舍弃了东山明代炮台旧址，结果使该炮台对东南方向形成射击死角。龙庙嘴炮台的设计建造也有问题，它的位置过于深缩港内，大大影响了对湾口防御作用的发挥，且一旦被敌夺取，容易被用来对港内军舰和刘公岛实施攻击。

设立威海水师学堂

1889年，李鸿章鉴于北洋仅有天津水师学堂一所海军学校，“储才无多，恐难敷用”，便命丁汝昌在刘公岛筹办水师学堂。丁汝昌奉命择购民地，按照天津水师学堂成规，很快就成立了威海水师学堂，招募员司、教习、学生、书识、号鼓、夫役等共59人，同时建造大小房屋63间，并制备了书籍、器具等，共花费白银10868两，均从北洋海军经费项下支出。[2]可惜的是，该学堂只培养了一届共30名驾驶专业学生，便遭逢甲午战争。

---

〔1〕《李鸿章全集》15，奏议十五，安徽教育出版社2008年版，第334页。
〔2〕《李鸿章全集》14，奏议十四，安徽教育出版社2008年版，第134页。

设立水师提督衙门

北洋海军正式成军前的1884年3月，李鸿章就已经在考虑设立水师提督衙门的事情。他在给总理衙门的信函中说："至南、北洋水师提督，自应于海口形胜之地择要设立专阃……应俟铁舰回华，快船齐备之后，训练成军，先于北洋之烟台、旅顺、威海三处酌择一口建置水师提督衙署，以便往来洋面，梭巡会哨。"[1]

刘公岛水师学堂东辕门。摄于1986年

1887年，作为威海卫基地核心部分的刘公岛开始全面建设，水师提督衙门也由此开工。建成后的水师提督衙门，坐北朝南，大门之上高悬"海军公所"四个大字，出自李鸿章的手笔。大门东、西两侧各置角楼，角楼两侧建东、西辕门。提督衙门按中轴线厅堂三进，有前、中、后三厅，及东西厢房。前厅为礼仪厅，中厅为议事厅，后厅为祭祀厅。东、西跨院有长廊贯通，与陪厅、厢房连成一体，整个衙门占地1万多平方米，是北洋海军提督丁汝昌办公、议事、生活之所。衙门之内还专门建有甜水库，以解决饮水困难问题。

设立水雷营

前已提及，早在1883年，李鸿章就命候补道刘含芳在威海金线顶建设了一处水雷营，同时，在刘公岛上设置了水师机械厂、鱼雷营料库、雷厂等设施和场所。当时，正值中法关系紧张，李鸿章深虑列强乘势北上，一面强调不可与

〔1〕《李鸿章全集》33，信函五，安徽教育出版社2008年版，第368—369页。

欧洲强国轻言战事，一面在力所能及的条件下，加强海防建设。随着威海卫各炮台建设的完成，李鸿章发现了炮台防御的局限性，特别是威海一处与刘公岛隔海对峙，刘公岛将海口分为南北两个海口，北口水宽四里多，南口则有日岛矗立中央，日岛又将南口分为左右两个海口，各宽五里，实际上南口已被分为三口，口外一片汪洋，毫无拦阻，这样的地形地势仅靠炮台是难以实现全面防守的。前期李鸿章已经在此设绥军水雷勇一哨，但这一营是用来护营的，用于防守海口远远不够。那么如何解决这一问题呢？李鸿章发现，西洋新式水雷是沿海守口的利器，如果将其与海口炮台互相控扼，则敌船不易深入，所以各国均以新式水雷为海防要图。有鉴于此，李鸿章于1891年8月提出在威海卫增设水雷两个营，一个营驻北口，一个营驻日岛之南，〔1〕并兴建相应的配套设施。

总而言之，建成后的威海卫海军基地，虽然由于地形所限和设计原因，存在一些缺陷，但仍不失为具有比较完整防御体系的近代化海军基地，李鸿章称之为“北洋海军根本重地”〔2〕，并不为过。

〔1〕《李鸿章全集》14，奏议十四，安徽教育出版社2008年版，第119—120页。
〔2〕同上，第119页。

其他要地的考察和建设

烟台的考察及建设

较早提出有关烟台海防形势问题的是山东巡抚丁宝桢，他在1875年10月29日上总理衙门的《筹办海防折》中，从军事角度分析了烟台海防条件的利弊，并提出建设炮台的建议。他在给皇帝的奏折中强调了两个方面的问题：第一，在烟台建设驻泊海军的基地是不合适的。因为烟台的地势平坦，无险可扼，虽然北面有芝罘岛为天然屏障，东面有崆峒等诸岛为掩蔽，但是两者的距离太远，之间海面过于辽阔。而在芝罘和崆峒两岛之间可以扼要屯营的地方，只有烟台山最为适合。然而烟台山有洋人环山而居，没有空隙之地，而且山形不甚宽广，在烟台山上修筑炮台太为蹙逼。除此之外，虽然八蜡庙山嘴尚可设立炮台，但距崆峒岛有十二三里有奇，距芝罘岛也有十八九里有奇，一般大炮的射程很难达到。况且烟台山系孤悬东首，与后山均不联贯。而烟台没有城郭圩寨，其中居民都是商贩聚集，一旦有警，势必四散。并且在烟台山周围华人和西洋人杂处，很难区分画守。烟台的南山之背，即为海面，容易被敌人包抄。由此判断，烟台不宜建设海军基地。第二，烟台必须设防。虽然烟台不适宜建设海军基地，但并不是不需要设防，相反必须加强防守。烟台为通商口岸，外国船只聚集于此，与津门信息常通，常洋两关皆归宿于此，势不能不守。至于芝罘岛，沙堤横亘，其外都属海岸，直达登州，百余里之内，处处都是我之后路，自应慎密筹布。有鉴于此，丁宝桢拟在通伸冈设大座防营，驻兵3000人，以固后路；分别于烟台山下、八蜡庙及芝罘岛之西各设一浮铁炮台；再于芝罘东首筑一砂土曲折炮台，这样前后可以相顾，我国的轮船，也可出可入可战可守。[1]这就是丁宝桢对烟台海防的分析和决策，即使以今日的军事眼光观之，也颇感有理。笔者沿丁宝桢提到的地方进行了勘查，进一步加深了对烟台不适合建海军基地这一观点的认识，原因有二：第一，烟台港口北面向海，南面背山，西面则是开阔之地，后路难以建成较为严密的炮台防御体系；第二，烟台港口过宽，正面无险可恃，崆峒岛距离港口4海里有余，难以发挥守口作用。

分析了烟台的海防条件后，丁宝桢强烈建议尽快建筑炮台："于烟台通伸冈先筑一圩，沿墙置炮，中屯陆师，圩中设望楼，安放走轮大炮。复于八腊庙筑一圆式炮台，分内外两层，外层添设隔堆，分布炮位，内层仍置望楼，安设走轮大炮。又于芝罘山东庄建曲折炮台一座，以资联络，则烟台之防，基局稍立。"[2]对丁宝桢的分析，总理衙门是认同的，认为山东要隘，以烟台为最，遂命令李鸿章遴选得力将领扼要驻扎，与沽、塘、旅顺相犄角。[3]李鸿章也觉得，"渤海大势，京师以天津为门户，天津以旅顺、烟台为锁钥"，他确信丁宝桢的分析是正确的，所以在筹划北洋海军基地建设时，很早就放弃了在烟台建设海军基地的想法，他的理由是："山东之烟台口为南北通津，洋船北来须在彼停泊，接济煤粮，其要地久为洋商所占，炮台未能修筑，仓猝难遽兴工，仅有东勇振子三营驻扎。"[4]与丁宝桢的分析基本相同。

烟台炮台的建设始于1876年，丁宝桢在获得总理衙门和李鸿章筹办烟台海防的首肯后，立即饬派山东委用道张荫桓会同登莱青道龚易图购办料物，准备兴工。几个月后，工程启动，到这年的5月底丁宝桢查阅工程进展时，通伸冈炮台的基础设施已经初具规模。他看到，"沿山筑圩高以一丈二尺为式，面宽一丈六尺，底厚二丈一尺，周二百九十五丈。东北临水最要之地，添建圆式炮台，上下两层，上层露天，足以安放走轮大炮；下层分别炮门，中设隔堆及兵房药房，均做太平盖，内嵌铁板，亦与西法无异。圩东一面，建小护台三座，以备接应联属；东南一面，建圆式炮台一座，仍如前法做太平盖、兵房药

[1]《丁文诚公奏稿》卷十二，光绪二十二年版，第13—14页。
[2]同上，第15—16页。
[3]《李鸿章全集》10，奏议十，安徽教育出版社2008年版，第350页。
[4]同上，第351页。

烟台通伸冈炮台遗址

烟台岿岱山炮台遗址

房隔堆；圩南迤西，建设营门一座，门外加外圩一层；西南一角建露天炮台一座；正西建护墙小炮台两座；西北建露天炮台一座。此外，沿墙一律建设护墙枪墙，以资屏蔽。一切工程悉用三合土筑造。建望楼于东北隅，兼用砖石”。他进一步详细察勘发现，“东北一台可以顾海口，东南、西南两台可以顾后路，西北一台，可以顾沙堤。……圩北之垛山相距二里许，足相犄角，拟令于山腰添建一台；圩东田塍之隈，添建小炮台，如碉堡之式”。足见丁宝桢在炮台建设上花费的心血。至于建台的费用，是丁宝桢从山东海关所拨解的常税银4万两中支取的。[1]

然而，通伸冈炮台建成后，由于种种原因，其他炮台始终没有动工，直到1891年5月，李鸿章随同醇亲王奕譞视察北洋海防时，烟台炮台建设情况再次引起了李鸿章的重视。他有意考察了烟台等地的地理位置及防务设施，回府后，对烟台等地的后续海防建设提出了自己的见解。其中，对于烟台的防务建设，他有以下高论：“烟台为北洋通商三口之一，中国沿海商岸，南自琼州，北至营口，俱已建置台垒。烟台水深口宽，尚无建置，实不足以壮声威。况威海既为海军屯驻口岸，烟台相距百余里，系威防后路，不容一隙之疏。或谓通商口岸，一二国启衅，不能扰累各国商务，而甲申法人犯宁波，即商岸也。臣等查烟台十里外仅有通伸冈一台，距口门过远，虽置巨炮，亦难遥击。惟岿岱山与崆峒、芝罘两岛鼎峙，海门天然，关隘岿岱，背山面海，尤为轮船进口必经之路，亟应先在岿岱筑炮台一座，并于东南相连之玉带山添筑炮台一座，以

〔1〕《丁文诚公奏稿》卷十二，光绪二十二年版，第30—31页。

便策应。芝罘、崆峒从缓添置，似此则黑水洋迤北深水船澳悉有守御，使敌船北来，无可停泊之地，渤海千余里固若长城矣。”并说，“所需经费，拟请将山东海防捐截留作为建筑炮台之费，虽数目极微，尚可分年兴办。”[1]李鸿章的意图很明确，就是在日益紧迫的海防形势下，尽可能地在烟台建设炮台，以提高防御能力。随后，岿岱山炮台开始建设。

1892年2月底，岿岱山炮台初步建成，山东登莱青兵备道盛宣怀以及负责防守烟台的汉中镇总兵孙金彪等认为，仅岿岱山一座炮台形势孤立，应建玉带山炮台与之形成掎角之势，因为玉带山形势稍微突出，是敌舰南来首先要面对的地方，如果没有玉带山炮台防御，敌船不待进口就可袭击我之岿岱山炮台，建议两座炮台用二十四生炮2尊、二十一生炮2尊、十五生炮4尊、快炮16尊，至于经费，须收海防捐45万至50万两银子。对于盛宣怀和孙金彪的意见，汉纳根并不同意，他认为在岿岱山筑台，可以抵御海船来路，应于后路老炮台边另筑一座小炮台，用15生炮可以打内塘口泊船处，另外，旁边再添连珠快炮即可保护炮台，在玉带山建炮台没有什么用处。虽然在玉带山建炮台形势稍出，能击口外，但自身也容易受到敌人攻击。盛宣怀等则反驳说：“如建铁台及老炮台边另筑一小台，除省廿四生二尊、十五生两尊，尚须多费银十五六万两，共需五十五六万。”双方各执己见，只有期待李鸿章定夺。李鸿章回复盛宣怀说：“吾未登岸察勘，碍难悬定，望与少襄逐细踏勘核复。”[2]最终，还是按照汉纳根的意见，放弃了在玉带山建台的设想，不过也没有在岿岱山老炮台边另筑一座小炮台，而是在通伸冈老炮台下又建了两座新台，由孙金彪统带原驻海防之嵩武四营于1894年承办完成，李鸿章于这年的5月24日亲往烟台验看了这两座炮台。[3]另外，“于中营东面临海加修长墙一道，于后营就通伸岗旧垒接修护墙一道，于响水湾、通伸岗两处各建弹库一座，岿岱山下建石码头一座，山顶建设学堂一所，自烟台至上庄开通山路九十里，中修木石桥五十三座，东接绥巩军所修桥道”[4]。

[1]《李鸿章全集》14，奏议十四，安徽教育出版社2008年版，第96—97页。
[2]《李鸿章全集》23，电报三，安徽教育出版社2008年版，第260、262页。
[3]《李鸿章全集》36，信函八，安徽教育出版社2008年版，第27页。
[4]《李鸿章全集》15，奏议十五，安徽教育出版社2008年版，第335页。

此外，李鸿章还在烟台设立了北洋海军采办厅等机构，以为过往北洋海军舰船提供保障。此时的烟台，已成为北洋海军来往于威海卫、旅顺口、大沽口各基地的中转之地。甲午战争爆发后，山东巡抚李秉衡“即驻该处居中调度，以期兼顾”。不过此时仅剩少数几门大炮，其余五六千斤炮位数尊，均被李秉衡运往蓬莱城西沿海的天恒山安置，以加强那里的防御。[1]

胶州湾的考察及建设

李鸿章对胶州湾的关注始于中法战争期间，当时他听说，法军屡次声言，要在胶州湾登陆，进图北犯。清廷也有察觉，令李鸿章设法防备。李鸿章奉旨后，饬令山东巡抚加强胶州湾防御，并派管理鱼雷营的道员刘含芳率炮舰前往勘察。经认真查勘和测量，刘含芳把胶州湾的情况及自己的建议一并上报李鸿章。他在给李鸿章的电报中，先报告了这次勘查测量的具体情况。他说：“胶口水深八九丈，两山相距八里，澳周百里，淤浅多半。入口西北十里内水深三五丈，海外能见。口东四丈深水之区，宽约二里、长十里，青岛屏蔽而沿边滩礁皆二三里，岸上运积，施工非易。再向东行，山虽高而水更浅，口外两山来龙，低峡数处，亦能登岸抄入，设守颇繁。此口地太偏僻，目前水师兵单饷绌，用之无益。芳拟初一日全师回旅，绘图禀呈。”[2]回到旅顺后，刘含芳将胶澳勘查测量情况，以条陈形式全面报告李鸿章。他首先详细描述了胶州湾的自然环境：

> 胶州澳居山东之南海，自登州府文登县之威海卫开轮，由西向东六十里至成山，绕山之后折而向西五百四十余里至胶州澳口，口东青岛高四十七八丈，有市有关，地属即墨，山脉来自崂山；口西陈家岛高三十六七丈，岛前有庙，居民甚少；西南大山起伏，地接琅琊，此外口群山远望之势也。青岛、陈家岛为外口门户，相去八里，中间水深十余丈、八九丈不等。再向内口而行，青岛西角小梅坞，平岗七里，向西直伸，断

[1]《李秉衡集》上，中华书局2013年版，第220页。
[2]《李鸿章全集》22，电报二，安徽教育出版社2008年版，第21页。

续相连，直接玉女小岛，岗岛皆低，岗如隄而岛如阜。海外口内，遥遥相见，无可遮蔽。故入口之船必须稍向西行，方进内口。而正西有黄岛高十七八丈，与玉女岛相对为内口，水势深浅不一，与外口相等。在内口中流西望，则陈家岛又居南，青岛居东，黄岛居西。青黄东西相距十二里，故外口之水，流向东南，此内口之水深山势也。澳内地周百余里，东北皆水，一望无际；西北至胶州百里，东至即墨县九十里；西南多山，间有湾澳，皆属淤滩，宽三五里、十余里不等。向北水深能行大舰之处，仅十二里。以镇边炮船吃水九尺，自黄岛向内开行至十八里而止，再远则淤滩愈多，而水更浅矣。此西北面之水，虽有十余里能停泊大船，而有事之时，内外相望，无可遮护。向东一面，淤滩相等，仅止青岛北面山能屏蔽之处，有深水一条，宽约二里，直通即墨之女沽镇，能行大舰。自三五丈以至十丈者，仅长十里，沿边淤滩暗礁一二三里不等。再东又浅，去女沽镇尚有十五里，可望而不可即。以全澳论之，地虽宽广，而能泊大舰有屏蔽之处，仅此青岛北面深水一条，宽约二里，长仅十里。此全澳之水势也。

其次，刘含芳从军事角度对胶州湾的利弊进行了分析：

合山水之势论之，则口门小于威海，而不如旅顺口门之紧固，而水比威旅加深。守土者宜设防于此，庶有事之时，可以杜外人占为立足之地。然口门三岛、左右山凹，台炮之费已属不少，而青岛之东，陈家岛之西，山势过峡，各有数处，能由海外登岸抄入，其布置之饷力，诚非易事。若以目前水师口岸而论，其事之难者，更有数端。水师口岸以修船之坞、供船之煤最为要务，而煤为尤重。无坞，则船不能修；无煤，则船不能行。修坞作厂之费，固已非小款，而砖瓦木料，就地无可取材。砖瓦尚可设法造窑，木料则隔海远运于奉省之东沟。即以上岸码头而论，自岸以至大舰能泊之处，长须二里，费亦不赀。此皆一成而不再用之费。使饷力充足，犹可以人力施之，不过事难多费而已。至于常用之煤斤，兵马之刍粮，日所必需，不容缺乏者也。近日，天津之煤出大沽口运旅顺，五百七十余里，运胶州则一千二百四五十里，是军需各物水道运程无故而加至一倍半之多，终年日用之常，具暗耗者积少成多，其数岂可限量。此转运之事终年暗耗之病也。论者谓，莱州、潍县产煤，足可供用，是又画饼充饥之说。胶州城去潍县二百四五十里，上游虽有胶莱河，不常有水，即有佳煤，旱道何以运取？再以胶城至口百里，水浅处八十余里，只能以数百石之民船驳运，水陆展转，运价又当几何？况潍县煤产只见浮面，未考其下之多寡精粗，岂非画饼之谓乎？

最后，刘含芳的结论是：

以兵力而论，北洋之船现仅十余艘，自顾十四岛、旅顺、烟威之门户，尚虑船单，即将来添至三十艘，亦不足分驻其地。盖其地僻处海角，去成山五百余里，又去黑水洋行船正道三百余里，轮船来往百里外不见其烟，况数百里之外乎？设或一朝有事，如敌船由黑水洋北驶胶澳，尚未知觉。此口地势之偏僻，断非目前之兵力饷力所宜用也。[1]

听了刘含芳的汇报，李鸿章暂时放下了对胶州湾的考虑。可是不久，驻外公使许景澄的一封奏折，再次把李鸿章的目光拉向胶州湾，甚至使他产生了在此建埠的念头。许景澄在欧洲了解到，西方人对胶州湾的军事价值十分看重，称其为“屯船第一善埠”。许景澄遂把他所听到的西方人的议论写成一折，上报清廷。在奏折中，许景澄陈述了海军应办的六条事宜，其中一条就是“山东之胶州湾宜及时相度为海军屯埠”[2]。醇亲王奕譞将许景澄的奏折转寄李鸿章，明示李对胶州湾是否如西人所说进行考察和研究。李便于1896年6月12日致电丁汝昌，要求他和琅威理赴胶州湾调查，就下列问题详细勘度：胶州湾是否宜作水师口岸，如何布置，约估需要陆军多少，经费多少等。丁汝昌于6月27日率领各舰驶抵胶州湾，当即命令各管带将澳内水深丈尺详细测量，发现与西洋海图原载尺寸略有变更，并将该口应行设防布置之处详细勘度，摹绘图幅，注

〔1〕《清末海军史料》，海洋出版社1982年版，第256—258页。
〔2〕《清实录》(影印本)55，中华书局1987年版，第61—62页。

明各节，另具图说。事毕后，由琅威理撰写《布置胶澳说帖》呈报李鸿章。

琅威理在勘察了胶州湾的地理形势后，得出了与刘含芳完全不同的结论。他所描述的胶州湾的地理状况是这样的：

> 谨按山东胶州澳在芝罘之北经三十六度三分，东纬一百二十度十四分，地气和平，口外东边山势崔嵬，无沙石之险，大小船只可以离岸百码行驶无虞。口门环抱，外口以陈家岛为南，青岛为北，偏东取准约八里，又以陈家岛为南，坦岛为北，取准约六里，为此口至狭之处。内口以黄岛为西，坦岛为东，取准约七里，澳内水面广大如湖，虽水之深浅不一，可以按船之啮水之尺寸分别行驶驻泊，即比之欧洲最盛之水师两军之船均可容泊。澳中东北一带，内不见外，西南近黄岛一带，内外略露，有事时船可尽泊澳内，东边大山可以屏蔽。由外口驶进，过陈家岛正西偏南有暗虎石，湖涸略露。转进内口，近坦岛之北偏东有浪荡石，湖涸亦见，均无碍于船之行止。内外口无论潮之涨落，啮水最深之船可以随时出进，实为海军之地利、南北洋水师总汇之区也。

在把这些情况上报李鸿章时，琅威理还摹绘了胶州澳图，不仅注明了水尺、礁沙、岛口等名目，而且还对胶州湾的海防布置，进行了详细的筹划。他指出：

> 一、口门外口南岸陈家岛宜设炮台三座：一在张驼山，一在佐壁，一在凤凰山。北岸宜设炮台二座：一在小梅洼，一在坦岛。内口西岸黄岛宜设炮台一座。均用三合土建筑，炮台宜小，工料要坚，每台应配置七百磅子至八百磅子后膛大炮三尊。如即开办，可先筑图上画方圈者四处，圆圈者两处可缓办。若从省或先筑土垒，每一炮台改为三垒，每垒置大炮一尊，似非长策。
>
> 一、陈家岛内之南湾地甚潜密，可以藏伏雷艇，进退便速。该处岸边坡而不陡，可以设立存储雷艇之所，约需大小雷艇十二只，鱼雷酌配。
>
> 一、口门两边各山岛近海边过峡处宜分筑小土垒，配置机炮、快炮各

约二十尊，以防小船近攻。惟各土垒宜在大炮台相近山过峡处安置。

一、陈家岛东海边山嘴，照图上红点处宜设二等灯楼一座，以便夜间行船。此灯自东偏南一字，自南偏东二字，其色须红，灯光约照十海里外。又自北偏东五字，自东偏北一字，其灯色亦须红，以照口内暗虎石。其余各灯向皆白色，口门诸处均可洞照。

一、口门水溜甚急，宜专设浮雷，约七十个可敷堵御。

一、口门两岸并黄岛一带寻常须驻陆军六营，择要分布，兼守各炮台，操演炮位，有事时须添派六营，为两岸游击之师。

一、坞厂军库，现审度澳内阴岛可以安设，应由办工人择定地势，方可合宜。水浅处宜设长码头。

一、煤为水师大宗，亦应预为筹画。探闻潍县马司庄有民人开挖，距胶二百余里，其煤质之精粗，煤苗之多寡，未能遥度。如设水师口岸，应先派矿师前往试验。

一、距澳三十里灵山卫出砖瓦，距澳百里张坝出石灰。至石条石块可就地开凿。惟木料附近无产处，须由关东、江南运来。

一、粮草食物并船上需用萆麻子车油、花生油等项，胶地均不昂贵。

一、以上布置所需鱼雷艇、鱼雷及守口浮雷，各项炮位、军械等件购价，应由军械总局估计；炮台、坞厂、军库各工程经费，应由海防工程局估计；灯塔造费，应由海关营造局估计。照以上布置有成，以后每年需饷项经费若干，应由海防支应局核计。

一、如照以上布置，若敌人来犯，不能得利。[1]

琅威理的说帖，颇具专业眼光，不仅考虑到了基地建成后的防御部署、各种保障设施安排，还考虑到了建设基地所需之用工用料、后勤供应等诸项，可谓全面周到，一丝不苟。对此李鸿章当然是认可的。但按琅威理的筹划，工程浩繁，用费甚巨，就当时的北洋财力，实在难以承担。有鉴于此，李鸿章不得不说服朝廷，暂缓筹划胶州湾防御设施建设。他在1886年7月16日给海军衙门

〔1〕《李鸿章全集》34，信函六，安徽教育出版社2008年版，第35—36页。

的复奏中说："山东胶州湾宜为屯埠一节，规画远大，尤关紧要"，可是，按照琅威理的规划，"约估需费已不下数百万两。在西洋各国创设水师屯埠，关系至重，原不惜此巨款，而北洋目前兵力、饷力实形竭蹶，一旅顺小口，澳坞、军库并日而营，至今尚未齐备，断难远顾胶州"，只能就琅威理所画图内，"南岸陈家岛、北岸坦岛、西岸黄岛各处，分扎营垒，俟筹有的款，再行购炮筑台，逐渐经营。将来南北洋水师添多铁舰、快船，成军后即可在该处会哨驻操，随时择要布置"。[1]

对于此种情况，朝廷也无可奈何，只能依照李鸿章所说，等以后再办。于是，胶州湾的海军基地建设便暂时搁置下来。直到1891年五六月间，李鸿章巡阅海军来到胶州湾，亲自对胶州湾的地理形势进行了详细察看，感到"胶澳设防，实为要图"，"自应预为经画，未可再缓"，便奏请总理衙门，建议截留山东海防捐作为胶州湾炮台建设之费。[2]正当他准备展开建设之际，朝廷又出现了不同声音，户部有停购船械两年之议，这就为胶州湾防务建设再次增添了障碍。李鸿章无奈地表示："正在议办胶州澳，而适见农部裁勇及停购船械之议，正与诏书整饬海军之意相违。宋人有言，枢密方议增兵，三司已云节饷，国家大事岂真如此各行其是而不相为谋者耶。"[3]可是他并没有放弃海防建设的努力，依然不失时机地寻找机会推进胶州湾防务建设。

1894年5月23日，李鸿章校阅海军时再次来到胶州湾，他乘舰环视，看到原拟在北岸之青岛、坦岛、团岛各设一座炮台的计划，均已实施。登州镇总兵章高元承办的各台基址都已规模初具，所拟安设炮位处所，尚得形胜。直隶候补道龚照玙在青岛前建设的大铁码头也已完成，正准备在铁码头后建造水雷营紧扼口门。这些都让李鸿章十分高兴和安心。只是他感到，"团岛适当海口来路，一台尚嫌单薄，拟于岛左添筑炮台一座，分置二十四生特长钢炮三尊，十二生特长快炮两尊，均用新式磨盘架，四面环击"[4]。遗憾的是，两个月以后便爆发了中日甲午战争，胶州湾的海防设施建设全面停工，李鸿章的愿望自然

---

〔1〕吴汝纶编：《李文忠公（鸿章）全集》海军函稿卷一，（台湾）文海出版社有限公司1980年版，第22—28页。

〔2〕《李鸿章全集》14，奏议十四，安徽教育出版社2008年版，第96页。

〔3〕《李鸿章全集》35，信函七，安徽教育出版社2008年版，第207页。

〔4〕《李鸿章全集》15，奏议十五，安徽教育出版社2008年版，第334页。

青岛太平山炮台

也就无法实现了。

除此之外，大连湾的建设也有经年。1891年6月李鸿章巡阅北洋海军时，河北镇总兵刘盛休所部铭军就已建成和尚岛、老龙头、黄山、徐家山各处炮台六座，这些炮台均仿照外洋新式，曲折坚固。后面兵房子药库纯用条石砌成，前墙厚培素土，宽至十数丈，足御敌弹。老龙头一座轰山拓地，以作台基，用力尤巨。[1]至1894年5月李鸿章最后一次校阅北洋海军时，刘盛休部在老龙头与黄山接连之处，添筑长大墙一道，计八百余丈。黄山炮台添设护炮八卦墙两座、运子石墙两道。老龙头、和尚岛分设子药库两座，柳树屯添造水雷营一座。[2]

综观清政府和李鸿章甲午战前建设海军基地的活动，可以得出以下结论：

第一，李鸿章等人的努力，贯彻了拱卫京畿的战略思想，他们把创设中的北洋海军作为拱卫京畿的主要力量，基本为北洋海军建成了布局比较合理的基地体系，充分体现了他们的战略思维。

第二，李鸿章等人对基地建设的筹划，遵循了海军建设规律，为北洋舰队

〔1〕《李鸿章全集》14，奏议十四，安徽教育出版社2008年版，第94页。
〔2〕《李鸿章全集》15，奏议十五，安徽教育出版社2008年版，第334页。

提供了设施比较完备的基地保障，对北洋海军形成战斗力助益颇大。

第三，在人力、物力极端困难的条件下，基地建设能稳步推进，李鸿章等人是尽了力的，特别如袁保龄这样的官员所做出的无私贡献，值得后人称道。

至于从当时到如今，有人指出的北洋海军基地建设中存在的种种弊端，笔者认为这是不可避免的。拱卫京津的战略既然已经形成，基地的选择便不可能再离开北洋一隅。北洋所属有建成基地可能的扼要之处，李鸿章等人都进行了认真考察和反复论证，权衡利弊后的选择并无可指摘之处，而持异议的人也并未提出更好的选择与方案。如此，北洋海军基地的建设就算是成功的。

西规与中矩：

难以执行的《北洋海军章程》

国有国法，军有军规。一支近代化海军，更离不开法规的约束与规范。当李鸿章等人历经千辛万苦，将北洋海军这支脱胎于西方模式的中国近代海军培育成型之际，一个新问题出现了：以怎样的法规规范这支海军呢？以西法？这是一支中国人自己的武装力量，岂能不按中国传统驾驭之？以中法？这是一支中国人从未拥有过的武装力量，以往的陈规陋习岂能驾驭之？于是，一部试图融中西海军法规于一体的崭新法规——《北洋海军章程》诞生了。这部章程的内容如何？它又将对北洋海军产生怎样的影响呢？

万事俱备，只欠东风。在北洋海军的舰船购进、人才培养、管带配备、基地建设等工作基本完成后，成军就在眼前。古今中外，一支军队的正式建军，其重要标志便是营制、饷制、官制等规定的建立。北洋海军既然要成军，其规章制度的制定就势在必行。

《北洋海军章程》的制定

早在北洋海军主力铁甲舰来华之前，被派往福建会办海疆事务的张佩纶即建议在沿海沿江七省设立兵轮水师。他一面强调在这些省份建设水师的重要性，一面提出了海军建设缺乏新规制带来的不便。他在奏折中说，外海师船没有改变旧的章程，各省的舰船均没有制定规制。无警时，各海关均大量欠解南北洋海防建设经费，有警时，各省又大量截留南北洋海防建设经费。长此以往，沿海水师要想足备攻援、足资战守是相当困难的。[1]当时北洋海军舰船不齐，张佩纶反映的情况在北洋海军建设中表现得还不十分突出，因而并未引起李鸿章等人的重视。

在筹建北洋海军的过程中，李鸿章早已意识到，无论旧式水师还是新式海军，要想建得正规，有战斗力，明确的营制、饷制、官制等制度是不可缺少的，对于一支近代化的海军来说更是如此，西方海军建设的成例早已说明了这一点。随着苦心经营的北洋海军一天天壮大，李鸿章规制海军的心情也日益迫切。总理海军事务衙门大臣奕譞等人和李鸿章一样，也希望尽快出台一部章程，早日看到北洋海军正式成军。1886年6月，奕譞会同李鸿章查阅北洋海防，看完军舰合操、水陆营操练、炮台建设等项目后，奕譞建议“妥定章程，以专责成而固军志”[2]。

1888年4月，鉴于从英德购买的“致远”等四艘新式战舰已经来华，海军

〔1〕《李鸿章全集》10，奏议十，安徽教育出版社2008年版，第453页。
〔2〕《光绪朝东华录》二，中华书局1958年版，总第2107页。

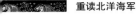

《北洋海军章程》封面

《北洋海军章程》稿本

衙门提出要在次年编立第一支近代海军，指示李鸿章抓紧时间拟定北洋海军定额、兵制、驻扎、会哨等各章程草案，并将草案寄京公酌会奏。为了从一开始就保证章程质量，除亲自参与以外，李鸿章还组织了直隶按察使周馥、候补道罗丰禄和北洋海军将领丁汝昌、林泰曾、刘步蟾等人参与讨论章程起草事宜。当时，正值李鸿章因病卧床休养，他推却了若干应酬，抱病参加讨论。康复后，李鸿章更是对章程起草工作详加考议。1888年5月19日，已被清政府由兼办沿海水陆营务处的津海关道正式任命为直隶按察使的周馥，因章程起草工作奏请延期上任。与此同时，丁汝昌也派出林泰曾和方伯谦一同前往天津，“会议水师章程”。[1]

7月，《北洋海军章程》底稿粗成，李鸿章命周馥携带初稿进京赴海军衙门，向醇亲王奕譞面禀章程起草情况。6日，周馥正式交卸津海关道任赴京。在此后的两个月里，奕譞数度与周馥商谈章程修改事宜，并安排周馥与海军衙门总办章京等官员对初稿进行修改。

9月30日，总理海军事务衙门大臣奕譞就《北洋海军章程》制定情况上报慈禧太后，并附上《北洋海军章程总目》备览。奏折中特意指出：“海军系属初创，臣等此次所拟章程，本无成例可循；且因时制宜，间有参用西法之处，与部章未能尽合，应饬部免其核议。至章程内容有未备及临时应行变通者，由

〔1〕《北洋海军资料汇编》上册，中华全国图书馆文献缩微复制中心1994年版，第219页。

臣等随时酌拟具奏。”[1]对《北洋海军章程》的内容及其制定缘由，慈禧并无异议，三天后，她批准了《北洋海军章程》的颁行。

《北洋海军章程》自1889年开始全面实行。因为北洋海军的有些工作是按年度或季度计划执行的，无法在年底前突然变更，比如俸饷，李鸿章就此专门作过说明。他认为，俸饷等项应从光绪十五年正月初一日，即1889年1月31日开始实行，理由是：“章程内俸饷等项，现在厘定之数，与向发数目多寡均有不同。本年冬季薪饷，因各轮艇纷纷具领，已照向章陆续发给，年内不便改发。应请自光绪十五年正月初一日起，将海军俸饷等项，均照新定章程办理。海军提镇等官有补缺在先者，其俸饷亦自来年正月起，照新章开支，以归一律。所有向发薪饷等项，既与现定俸饷新章不同，即于光绪十四年十二月底截止，仍归北洋防费旧案造报。其自来年正月起照新章收支海军经费，另作起讫造册，按年报销，以期各归各款，免致牵混。至工需杂费，新章所定系属约略大数，将来如有变通增减之处，应如何截长补短，匀搭支用，随时察酌情形，核实办理。”[2]

《北洋海军章程》的制定和颁行，标志着中国第一支近代化海军——北洋海军正式成军。

---

〔1〕中国史学会主编：《洋务运动》(三)，上海人民出版社1961年版，第195—196页。
〔2〕《李鸿章全集》12，奏议十二，安徽教育出版社2008年版，第516页。

《北洋海军章程》的主要内容

《北洋海军章程》(本节简称《章程》)从起草到定稿，经过反复修改和完善，这一点，从内容变化即可看出。初稿时，章程分为12部分，分别是船制、官制、升擢、考校、俸饷、恤赏、仪制、钤制、军规、简阅、武备、水师后路各局；到定稿时，其内容已经变成了14部分，增加了事故、工需杂费两项，说明制定者在不断追求章程体系的完整性。

船　制

船制包括船的类别和人员配备。

按照功能，《章程》把所有舰船分为用于海上冲击的铁甲快船、用于守口的蚊炮船、用于辅助各船战守的鱼雷艇、用于教练员弁兵丁的练船、用于转输饷械的运船以及用于侦探敌情的信船。这样的分类显然是参考了西方方法，与中国旧式水师大不相同，使舰船的任务区分更加明细。同时，为战守部署计，《章程》把整个舰队分为左翼、右翼、中军三路，每路三船，以一船为一营，故管带该船者也被称为“营官”。

在制定《章程》时，北洋海军的舰船类型并不齐备，按照上述类型划分，共有“镇远”“定远”铁甲2艘、“济远”“致远”“靖远”“经远”“来远”“超勇”“扬威”快船7艘、“镇中”“镇边”“镇东”“镇西”“镇南”“镇北”蚊炮船6艘、鱼雷艇6艘、“威远”“康济”“敏捷”练船3艘、“利运”运船1艘，计25艘。这一规模，看上去“局势略具”，但“参稽欧洲各国水师之制，战船犹嫌其少，运船太单，测量、探信各船皆未备，似尚未足云成军”。然而，奕譞、李鸿章等人认为，从制定《章程》的角度看，虽然“目前库藏支绌，固难遽议添购”，但“规划远久造端不可不宏拟”，等库款稍充，再添大快船1艘、浅水快船4艘、鱼雷快船2艘、鱼雷艇6艘、练船1艘、运船1艘、军火船1艘、测量船1艘、信船1艘，使整个舰队达到拥有各类舰船42艘的规模，如此可“以之防守辽渤，救援他处，庶足以壮声威而资调遣”。有鉴于此，《章程》仅就“现有之船舰，现用之人数，分战、守、练、运四项订明船制等第，员弁兵匠数目，俾有遵守”。[1]

在人员配备方面，按照舰船各个岗位需求，《章程》都做了明确的员额分配。以“镇远”舰为例，全员329名，分设管带1员，副管驾1员，数目不等的各类大、二、三副，以及炮弁、巡查、管轮、水手、管旗、升火、管舱、管油、管家具、管汽、油漆匠、帆匠、木匠、电灯匠、锅炉匠、铁匠、铜匠、洋枪匠、鱼雷匠、夫役、文案、医官、管病房司事、教习、学生等。同时为主要岗位人员标明了军衔，以与官制相衔接。

官　制

官制规定了各舰乃至全军岗位职级、衔级定额，以及职级与衔级的对应关系。《章程》规定，北洋海军军官分为战官、艺官和弁目，战官“由水师学堂出身，能充各船管带及大、二、三副职事，其才艺兼备，博览天算、地舆、枪炮、鱼雷、水雷、帆缆、汽机诸学，而精于战守机宜”，类似今天的作战指挥军官；艺官“由管轮学堂学生出身，能充各船管轮官，专司汽机”，类似今天的专业技术军官；弁目“由练勇、水手出身，可充各船炮弁、水手总头目等，专司枪炮、帆绳者”，类似今天直接从士兵中提拔的军官。[2]之所以做如此区分，一来是仿照英国海军官制；二来是北洋海军建设的需要。从《章程》官制的说明来看，李鸿章等人更加重视战官的规制，尤其是统领北洋海军的提督以及各舰管带的配置。特意指出：“查英国海军官制，其提督有一二三等，或会办海部事宜，或统领各军，或督办各口船政。德国一等提督系海部大臣兼摄其

〔1〕《北洋海军资料汇编》下册，中华全国图书馆文献缩微复制中心1994年版，第745—747页。

〔2〕同上，第909页。

二三等提督，则统领海军巡防要地。”这里说的一二三等提督，指的是英国海军的上将、中将和少将。由于北洋海军属于初创，难以完全效仿西例，故《章程》指出，提督名目自应仍遵旧制，设北洋海军提督一员，统领全军操防事宜，归北洋大臣节制调遣，择威海卫地方建衙或建公馆办公，另于威海卫、旅顺口两处各建全军办公屋一所。还设总兵二员，分左右翼，各带铁甲战舰，为领队翼长。其余副将、参将以下等官，各以所带船只之大小、职事之轻重而别其秩。总兵以下各官皆终年住船，不建衙，不建公馆。[1]

《章程》官制的一大亮点是规定了职务和军衔的对应关系。军衔是区分军人等级、表明军人身份的称号和标志，是国家给予军人的荣誉。实行军衔制度是军队实施统一编制、指挥与管理，加强组织纪律性，提高军人荣誉感和责任心，调控军队人员结构和流动循环的重要举措，也是军队正规化建设的重要保障。军衔制最早出现于15至16世纪的西方国家，到17至18世纪已成为一项国际制度。在这项制度中，军人的职务与军衔是密切联系的，统领旅、师、军、集团军的军官，相应被授予准将、少将、中将、上将等军衔。随着空军、海军等军种从陆军中独立出来，军衔也出现了越来越多的军兵种和勤务区分。在中国，魏晋南北朝时期就有了“官衔”的说法，这里的“衔”，指的是官吏的阶位，官衔用来表示文官或武官的官位、级别的高低，这还不是军衔，但它是军衔的前身。军衔是特指军人官阶高低的军事术语，它与官衔的本质区别不仅在于特指军人，而且还在于它把士兵的级别也纳入其中，形成了完整的军队等级体系。清朝时期，中国引入了世界通用的军衔制度，在八旗和绿营军队中全面实行，出现了提督、总兵、副将、参将、游击、都司、守备、千总、把总、经制外委等军衔级别，并与一定的职务相对应。北洋海军成立时，沿用了陆军的军衔规制，并未形成海军特有的军衔，出现诸如“海军提督”“海军副将”的说法。但与陆军不同的是，北洋海军的军衔所对应的职务，是舰队或军舰职务，军舰大小不等，管带的军衔也不相同。比如《章程》规定，“镇远”“定远”两艘铁甲舰的管带军衔为总兵，“致远”“济远”“靖远”“经远”“来远”五艘巡洋舰的管带军

〔1〕《北洋海军资料汇编》下册，中华全国图书馆文献缩微复制中心1994年版，第872—873页。

衔为副将；“超勇”“扬威”两艘快船的管带军衔为参将；“威远”“康济”“敏捷”三艘练船、“利运”运船的管带军衔为游击；“镇中”“镇边”“镇东”“镇西”“镇南”“镇北”六艘炮舰、“左队一”鱼雷艇的管带军衔为都司；“左队二”“左队三”“右队一”“右队二”“右队三”五艘鱼雷艇的管带军衔为守备，等等。其他管带以外的战艺官岗位职务，也有相应的军衔对应。这样，全军在舰（包括练勇学堂）军官就拥有提督1员、总兵2员、副将5员、参将4员、游击9员、都司27员、守备60员、千总65员、把总99员、经制外委43员，共计315员。

对于士兵，《章程》所规定的军衔等级有一、二、三等练勇，一、二、三等水手，水手正副头目，一、二等炮目及候补炮目等。

升　擢

对于官兵的擢升，《章程》规定了一套完整的制度。首先，要求战官和艺官必须从学堂学生中选拔，战官升擢条件是学生在堂学习四年期满，考列优等，选上练船学习一年，考验中式，请咨部以把总候补，再逾一年考验中式，送回水师学堂学习六个月，枪炮练船学习三个月，如列一等，保以千总候补，其此等仍为候补把总加尽先字样，俱随时由北洋大臣咨部给奖，不归三年校阅保举之案。艺官升擢条件是学生在堂学习几何、算法、代数、三角、格致、轮机理法，考列优等，派入机器厂学习拆卸、合拢、修理锅炉、汽机等件，由管带战船官会同全军总管轮官考试厂艺，如能深明管轮应办之事，并舱内一切器具用法，准上兵船练习，保以管轮把总候补，遇有管轮把总缺出，准其挑补。弁目的升擢虽然没有要求从学堂优等学生中遴选，但起点比较高，最低从副炮弁和一等炮目中考充。凡炮目应考者，必须将从前考过优等凭单呈验，其主试官必须查明实系老练水手，善于驾驶运舵之法，并谙夜间悬灯避碰章程，能在船上值更。先在枪炮练船上考过，略知算法，如残分小数三率平方根对数表、三角用炮表法、船旁各炮专攻一点法、以象限仪安置炮靶法、教习学徒法、记载收储军火法。[1]下级军官向上级军官的考升也相当严格，以副将晋升总兵为

〔1〕《北洋海军资料汇编》下册，中华全国图书馆文献缩微复制中心1994年版，第911—924页。

例，“凡总兵缺出，在实缺副将内择其历外海战船俸已满三年者，并劳绩最多、人缺相宜之员，由北洋大臣开单咨会海军衙门，拟定正陪，请旨简放”[1]。军官的服役年限也有明文规定，最低年限为20年，以入海军学堂年龄为14至17岁，在堂学习四年，上练船实习一年而后晋升把总计算，军官的最低服役年龄当在39至42岁，可谓相当年轻化。另外学堂招生、学生考校等问题也都有专门条款。这一系列规定，既保证了北洋海军军官群体的活力，又保证了他们的能力素养，这在晚清军队建设史上无疑是开先河之举。

士兵的招募、考升关系到北洋海军士兵的质量，也关系到部分军官的选拔，是李鸿章等人关注的又一焦点。练勇是北洋海军士兵中层次最低者，是士兵的基础，为保证兵源质量，《章程》对练勇的招募进行了严格规定。北洋海军平时储备250名练勇，遇有各船水手告假、革退、病故等事，即从练勇中挑补。练勇来自沿海的船户和渔户，年龄在16至18岁之间，身高以裁衣尺寸为准，要求16至17岁者达到四尺六寸以上，18岁者达到四尺七寸以上。招募时，须由练勇学堂督操官或练船管带官会同驾驶大副、医官三人，察看合选，然后收录，以杜绝滥竽充数或走后门。这套招考练勇的要求和方法，是仿照西方国家募兵制的结果，其优点有三：一是兵船不杂生手，操作整齐，无虞错乱；二是水兵时有告假，练勇时有添募，风气渐开，有事时增兵较易；三是练勇派官督操，专补兵额，各船管带不能招艺劣者以充兵数。练勇分为一、二、三等，三等考升二等、二等考升一等、一等挑补三等水手，《章程》都设有严格的条件限制。由各等水手考升炮目亦是如此。另外，考充管旗、管舱、管油、管汽、管家具、鱼雷头目、鱼雷匠、升火、电灯匠、锅匠、铜匠、铁匠、洋枪匠、油漆匠、木匠等，都有相应的条件。

俸饷

官兵的俸饷制度也是《章程》的重要组成部分。按照《章程》规定，军官的基本俸饷由“本官之俸”和“带船之俸”两部分组成，另有其他资费。“本官之俸”视官职大小而定，占基本俸饷的40%，实际上属于军衔俸饷。“带船

[1]《北洋海军资料汇编》下册，中华全国图书馆文献缩微复制中心1994年版，第914页。

之俸”视船只大小而定，占基本俸饷的60%，实际上属于职务俸饷。这两部分俸饷相加，军官的年薪分别为：提督8400两，总兵3960两，副将3240两，参将2640两，游击2400两，都司1560两，守备960两，千总720两，把总480两，经制外委240两。另外，提督以下守备以上军官，临阵受伤成废，或因公受伤成废，或在海军供职逾15年，积劳受伤，不能做官当差者，均于开缺后给予一年官俸，以资养赡，并按原籍省份，道路远近，酌给川资银两。千总、把总、外委人员如有上述同样情况，在海军供职逾20年，也可得一年官俸。兵匠钱粮按月支付，从30两到4两不等。北洋海军官兵还享受医药费、阵亡病故恤银等待遇。

北洋海军官兵的俸饷虽然因“海军初创，饷力未充”而未能援引西方国家海军的给俸名目和俸饷数量，但李鸿章等人考虑到“兵船将士终年涉历风涛，异常劳苦，与绿营水陆情形迥不相同，不能不格外体恤，通盘筹计。拟请仍照北洋现发薪饷银数作为范围，衡度事任，略有增损”[1]，使得北洋海军官兵俸饷大大高出同期绿营军队，特别是高级将领，待遇可谓优厚，后来暴露出来的北洋海军管带大肆购地建房等问题，与其待遇高有很大关系。

钤　制

有权利就会有责任。《章程》对各岗位权责进行了严格划分，强调提督在北洋大臣节制调遣之下有“统领全军之权”。特别突出了管带的责权：“各船管带有管理全船之责，凡船上大二三副及管轮官等，不论衔职大小，均听管辖调遣。凡管轮官所用一切管油、升火、匠夫人等，鱼雷大副所用鱼雷匠兵人等，倘有违误，应行惩责等事，俱应报由管带官处治。”[2]对官兵违反军令，诸如逃亡、损坏军械军火等，都有严格而明确的惩罚规定。

北洋后路各局

《章程》的最后一部分是“北洋后路各局”，规定了旅顺口船坞、大沽船

〔1〕《北洋海军资料汇编》下册，中华全国图书馆文献缩微复制中心1994年版，第965—966页。

〔2〕同上，第1029页。

坞、天津海防支应局、旅顺军械局、天津军械局、旅顺鱼雷营、威海行营机器厂、总理水师营务处、天津水师学堂、威海行营海军学堂、旅顺口、威海卫水师养病院、天津储药施药总医院、天津机器制造东南两局、海军测量、图书、翻译等机构，以及应添设的旅顺船械局有关海军的职能和权限范围。可以看出，这些机构有的为海军专设，有的为陆海军共有。按西方海军例，这些部门涉及海军的职官均由受命于海军部的大员负责管理，其权位皆与海军司令相等。李鸿章等人有意模仿这种编制体例，但在中国，海军衙门并无海军部的职能，上述部门统归北洋大臣管辖，与北洋海军没有统属关系。李鸿章等人考虑到这些部门“为海军命脉所系，固赖众材各举其职，尤赖经费充裕，不致掣肘”[1]，将其写入《章程》，以备考核。

总之，《章程》内容虽然不是十分完备，但从人员到舰船，从训练到后勤，都有涉猎，从中可以感受到制定者的良苦用心。

〔1〕《北洋海军资料汇编》下册，中华全国图书馆文献缩微复制中心1994年版，第1056页。

《北洋海军章程》评析

评价《北洋海军章程》并非易事，需要涉及中国近代海军法规的演变、近代海军建设的特点，以及海战实践等多个方面的内容。尽管这些内容谈论起来并不轻松，但笔者还是要在此结合这些方面对章程的得失做一初步探索，因为《北洋海军章程》的得失不说清楚，就很难对整个北洋海军做出科学评价。

中国近代海防建设之初，水师法规建设以承袭旧制为主，此时水师的性质依然没有摆脱旧式水师的窠臼。在旧式水师法规中，影响比较深远的当数《长江水师章程》。长江水师是曾国藩在湘军水师的基础上筹建的一支旧式水师，它于1862年6月获得清政府批准，1865年底正式成立。1866年2月18日，曾国藩、李鸿章、彭玉麟等会订《长江水师永远章程》，设立长江水师提督，驻太平府，于岳州设行署。[1]《长江水师永远章程》的主要内容包括《长江水师事宜》“四十条”和《长江水师营制》“二十四条”两部分。1868年3月，曾国藩又补充了《长江水师未尽事宜》“十条”，使章程得以进一步完善。值得关注的是，曾国藩把长江水师的章程称为“长江水师永远章程”，表明他试图将这支水师和这支水师的章程作为一成不变的范例。曾国藩希望，待长江水师规模粗定，通过实施《长江水师事宜》“四十条”，使水师习惯成自然，到时《长江水师事宜》“四十条”就成为水师的“令典”。曾国藩还期望，数十年后，滨江之督、抚、提、镇随时损益，以补今日之缺疏；遇事讲求，以冀将才之辈出，庶几有举不废，历久常新。但他同时也看到，“溯查咸丰三年衡州

---

〔1〕窦宗仪编著：《李鸿章年（日）谱》，国家图书馆出版社2011年版，第64页。

试办水师之始，初非有旧例之可循，亦非能一办而即妥，大抵屡试屡变，渐推渐广。前月所立之法，后月觉其不备而又增之；今岁所行之事，明岁觉其不便而又改之。……在目下，已不敢谓立法之善，将来时移事异，更恐有窒碍难行之处。且法待人而后举，苟非其人，则虽前贤良法，犹或易启弊端。况臣等才智短浅，创议新章，深虑弊窦之丛生，致烦后人之讥议，夙夜兢兢，不胜祇惧"[1]。曾国藩虽然已经意识到随着水师的建设和运用，水师章程需要不断补充和完善，但他依然希望那些人们已经习惯了的行为能固化成规范，成为一成不变的令典。这表明，对真正近代化海军的到来，他此时还没做好充分的思想准备。即便如此，他的继承者和长江水师的管理者、指挥者，也远远赶不上他的认识水平，直到1872年，长江水师兵弁还在认真训练弓箭，而不讲求新式枪炮的使用，这明显背离了章程的要旨。从这一情况看，长江水师无论如何也与近代海军扯不上边。可是，就是这样一支水师的章程，却被人长期奉为一成不变的“令典”。1875年2月，两江总督李宗羲在视察长江水师时，发现“防务已松”，但在处理的过程中还是认为“一切处分仍照旧章办理”[2]。1876年10月，兵部右侍郎彭玉麟又阅巡长江水师，他看到专习弓箭的问题已基本解决，所以在给清廷的奏折中说：“查前两江督臣曾国藩原定章程，水师以使船为第一要义，考缺升补，以荡桨迟速定其优劣，近来营哨官未能寻绎此义，往往于更换勇粮时以陆营充补，以致荡桨一事技艺生疏，即使演炮有准，已失使船之本义。”[3]在对近代海军的认识上，彭玉麟并没有超过曾国藩。1880年，内阁学士梅启照意识到了长江水师装备的陈旧，在筹议海防的奏折中提出了“长江水师添拨中号轮船”的建议，以弥补难以“御外患”的“不足”[4]，但其中也没有提到对长江水师章程的修订。甚至连张之洞这样的洋务派大员，在处理具体问题时，也表现出了对旧制的留恋。由此可见，由于物质基础、守旧观念等原因，旧式水师章程已经阻碍了近代海防建设的发展，承袭旧制不可能走出一条近代化海军建设道路。

---

〔1〕《曾国藩全集》10，奏稿十，岳麓书社1988年版，第5913—5914页。
〔2〕《光绪朝东华录》一，中华书局1958年版，第13页。
〔3〕同上，第297页。
〔4〕《清末海军史料》，海洋出版社1982年版，第20页。

随着近代海防建设的深入，洋务派渐渐感到，章程制定中的因循守旧，将给海军近代化进程带来严重阻碍，随后，他们加紧了对旧式水师的改造。最早认识到这一问题的是李鸿章，他从1871年开始就主张改造北洋三省的旧式水师，之后用十年时间完成了改造。1881年，李鸿章的幕僚薛福成拟定了《北洋海防水师章程》，其条款吸收了西方海军章程的部分内容。中法战争期间，李鸿章面对福建水师的惨败，深为福建船政办了二十年，竟然没有一艘可用于作战的船只而感叹。他在给张佩纶的信中说，如今要大办水师，必须事事以西洋的法规为范例。日本的战船不如中国的多，但它规制闳远，就是肯学西方海军法规的缘故。[1]1885年，他又指出："自开办水师以来，迄无一定准则，任各省历任疆吏意为变易，操法号令参差不齐，南、北洋大臣亦无统辖画一之权，遂至师船徒供转运之差，管驾渐染逢迎之习，耗费不赀，终无实效，中外议者多以为訾。或谓宜添设海部，或谓宜设海防衙门，有专办此事之人，有行久之章程，有一定之调度，而散处之势可归联络。"[2]引起各疆吏的讨论。1886年，由于海军经费紧缺，清廷准备"将不能海战之船酌量裁撤停驶，抽出款项以补兵轮饷需之不足"，李鸿章对此以西方海军章程之例表示反对："西国水师定章，战舰之外必另有运饷械、练水手、通文报之船，诚以战舰专为冲锋破敌，不可无他船以供其用"，"现将北洋大小各船通盘细算，实属无可裁撤。"[3]1888年5月，清政府在英德订购的"致远""靖远""经远""来远"四舰来华，李鸿章做出了更加明确的表示：在正式章程颁布之前要"面饬丁汝昌、琅维里加紧训练，参酌英水师定章办法，期有实济"[4]。几个月后，《北洋海军章程》便颁布施行了。

颁布后的《北洋海军章程》指明仿照或吸收西方国家海军章程内容的地方有十几处，涉及船制、俸饷、简阅等多方面内容。但整个章程也不是完全照搬、照抄，在某些方面仍然延续了旧制。比如"行船公费"一项，章程明确

〔1〕《李鸿章全集》33，信函五，安徽教育出版社2008年版，第366—367页。

〔2〕《李鸿章全集》11，奏议十一，安徽教育出版社2008年版，第150页。

〔3〕吴汝纶编：《李文忠公(鸿章)全集》海军函稿卷一，(台湾)文海出版社有限公司1980年版，第11页。

〔4〕《李鸿章全集》12，奏议十二，安徽教育出版社2008年版，第384页。

规定仍照“前船政大臣沈葆桢奏定章程”实行[1]；“阵亡病故恤银”一项，章程明确规定“应查照前南洋大臣左宗棠奏定章程”办理[2]，等等。另外，还有一些内容是根据北洋海军的实际情况做出的规定。正如李鸿章总结的那样：“此次所拟章程大半采用英章，其力量未到之处或参仿德国初式，或仍遵中国旧例。”[3]这就说明《北洋海军章程》是一部以吸收西方海军章程为主，同时又保留了部分传统旧制的海军章程，其性质属近代化法规。

从以上梳理可知，奕譞、李鸿章等人在制定《北洋海军章程》的过程中进行了可贵的探索，他们对西方海军法规的借鉴是必需的，对中国传统水师法规的继承也是必要的，而把两者有机地结合起来，无疑开了中国近代海军法规建设的先河，他们的努力是值得充分肯定的。

一支近代化海军的建设涉及多个方面，包括组织、兵役、人员、管理、战争、教育、训练、奖惩、后勤，等等，必须有一个由多部法规构成的相对完整的法规体系加以规范。近代以来，中国的海军在设置上沿袭旧制，沿海各地创设的海军均归各地督抚节制，没有形成全国的统一，海军章程一般都是由各地督抚根据各自的具体情况制定。由于各省海军规模不同，体制各异，近代化程度不一样，所担负的任务也有差别，因而在制定章程时，造成了种类多、随意性大、互不联系、不成体系的状况。从现有资料看，在《北洋海军章程》制定之前，督抚们提出、筹议或制定的，包括实行和未实行的海军法规有《轮船章程六条》《经费章程》《保护船只章程》《水师补缺章程》《雷营章程》《轮船薪粮章程》《驻防口岸调防章程》《海洋水师章程》《轮船出洋训练章程》《轮船营规》《轮船巡缉章程》《北洋海防水师章程》《预筹防范章程》，等等。这些法规虽然都与实际相联系，在一定程度上反映了海军建设状况，但最大的问题在于缺乏系统性、完整性和周密性，特别是缺少对战时的规定。翰林院侍讲学士何如璋曾经对这一时期的海军法规建设情况提出过批评，他说：“中土自筹办水师以来，各省陆续购制计有大小轮船四十余号，第船械非良，兵弁多滥，章程

〔1〕《北洋海军资料汇编》下册，中华全国图书馆文献缩微复制中心1994年版，第993页。
〔2〕同上，第1003页。
〔3〕吴汝纶编：《李文忠公（鸿章）全集》海军函稿卷三，（台湾）文海出版社有限公司1980年版，第7页。

不一，训练不精。”[1]有鉴于此，李鸿章等人在制定《北洋海军章程》时力图将庞杂的条款加以梳理，纳入一部章程中，这在中国近代军事法规建设中还是第一次。

然而，由于制定者缺乏对近代海军的深刻认识，章程依然不具备近代海军所必需的系统性和完整性，特别是缺乏战时规定，存在着难以在短时期内克服的致命缺陷。

《北洋海军章程》刚刚完成之时奕谖就说：“海军系属初创，臣等此次所拟章程，本无成例可循”，“至章程内容有未备及临时应行变通者，由臣等随时酌拟具奏。”[2]这表明，此时的奕谖已经意识到这部章程不可能是一部内容完备的章程，其存在的缺漏，有待于以后弥补。那么，这部章程究竟存在哪些缺陷呢？

《北洋海军章程》的最大缺陷在于缺乏战时规定。

综观《北洋海军章程》，与战时有关的条款寥寥无几。

第一，《北洋海军章程》对海战中的统一指挥问题没有明确规定。

一支近代化舰队，其装备、编制、任务的复杂性和多样性，特别要求其行动的统一性。就海战而言，舰队的战略任务、战术意图、战斗行动都是通过各舰的协调一致的动作来实现的，因而各国海军法规无不把“统一指挥”作为首要内容加以规定。

《北洋海军章程》的“铃制”一项，虽然已经注意到了“兵船驶行海上，瞬息百里，动辄隔绝闻问，遇有战事，督队官仅能调度数船，多则远望莫及”，对北洋海军提督及各舰官兵权限做了规定，但内容却只限于平时，没有涉及战时，这无疑与制定者的初衷相矛盾。他们不会想到，这种情况是导致北洋海军在海战中出现混乱的重要原因。黄海海战一开始，北洋海军就面临严峻考验。海战打响后数分钟，旗舰“定远”的桅樯被日舰炮火击中，安置于桅樯的信号系统随即被摧毁，丁汝昌也因望台被炸损毁而负伤。“定远”舰的信号

[1] 中国史学会主编：《洋务运动》(二)，上海人民出版社1961年版，第532页。
[2] 中国史学会主编：《洋务运动》(三)，上海人民出版社1961年版，第65页。

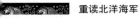

装置是提督丁汝昌发号施令、指挥舰队进退行止的唯一工具，信号装置被摧毁，等于中断了丁汝昌的命令，意味着全队将失去统一指挥。果然，在长达五个小时的海战中，北洋舰队始终处于各自为战的混乱境地，各舰管带均没有挺身而出，接替指挥。直到海战接近尾声时，“靖远”舰管带叶祖珪才在帮带大副刘冠雄的提示下，代升督旗收队，但为时已晚。

作战中的北洋海军缘何会出现这种情况？论者普遍认为，此时的各舰管带，特别是左翼总兵兼“镇远”舰管带林泰曾，应该具有全局意识，主动担负起统一指挥的责任。但实际上林泰曾等管带并没有这样做，而是听任各舰继续处于无序状态，这说明林泰曾等管带的战术意识薄弱，北洋海军长时间处于混乱状态的责任，应由这些管带来负。可笔者并不这样看，笔者认为，仅用“战术意识”来解释林泰曾等管带的行为未免有些不公，这一问题的实质，是舰队指挥权的行使和移交。

在《北洋海军章程》中，有关指挥权的行使和移交问题，仅在“铃制”中有规定。对舰队指挥权的问题规定如下：

> 北洋海军提督有统领全军之权，凡北洋兵船，无论远近，均归调度，仍统受北洋大臣节制调遣。
>
> 提督在何海口，该口北洋兵船概听提督一人之令，总兵不得与提督平行，其中军、左右翼及鱼雷艇、练运各船管带官，皆不得自出号令。
>
> 提督他往，则听左翼总兵一人之令；如左翼总兵他往，则听右翼总兵一人之令；右翼总兵他往，则听副将之令。同为副将，则听资深副将之令，不分中军、左右翼，以次递推。凡练船、运船，不分官职大小，俱听战船之令；战船他往，则运船听练船之令。[1]

这些条款明确划定了提督及各管带之间的权限范围和移交时机，虽然不是战时规定，但在无战时规定的条件下，必然成为战时行为的基本依据。

---

〔1〕《北洋海军资料汇编》下册，中华全国图书馆文献缩微复制中心1994年版，第1028—1029页。

黄海海战前，丁汝昌并未预见到战斗中会出现信号装置被毁的情况，所以他没有事先安排接替指挥的管带，在这种情况下，先不说林泰曾等管带在刚刚开战时能否观察到“定远”舰信号装置被毁和丁汝昌受伤的情况，即使观察到了这些情况，丁汝昌并未牺牲或“他往”，舰队指挥权也不能随意转移。鉴于《北洋海军章程》没有战时规定，各管带只能参照平时规定执行，于是就出现了管带们不敢越界用权，听任舰队持续处于混乱状态的局面。至于叶祖珪敢于在海战结束前挂旗收队，是他在紧急情况下的无奈选择，这一选择违反了《北洋海军章程》规定，因而在海战后并没有得到清政府及李鸿章的特别奖赏。

第二，《北洋海军章程》对海战中作战舰船退出战斗问题没有明确规定。

在海战中，往往会出现因为某种原因，作战舰船退出战斗的行为，由于这一行为对海战产生的影响是巨大的，所以，西方海军章程有严格的规定：“凡船伤重而不能战，强迫归伍，非沉于海，即掠于敌，故能系船而归者，主帅不加之罪也。”[1]这一规定对舰船退出战斗的“罪”与“非罪”做了界定：凡满足“伤重而不能战”，为避免“沉于海”或“掠于敌”而“系船而归”这个条件者即为“非罪”，不具备这个条件的显然就为有“罪”。这些内容无疑应该在《北洋海军章程》的“军规”一项中详加订定，而事实却非如此。“军规”中对下级官兵酗酒聚赌等不法行为规定了具体惩罚措施，对水兵临阵逃亡也有“斩立决”字样，但这些都与整艘军舰脱离战场毫无相通之处。这就使得北洋海军的作战舰船退出战斗的条件、时机、退出后的处置、不同情况的定性等，失去了依据。

我们还是看看海战中的情况。黄海海战进行到下午3时30分左右，管带方伯谦率领“济远”舰首先退出战场，开往旅顺方向，次日凌晨到达旅顺口基地；随后，管带吴敬荣率领“广甲”舰也退出战斗，在大连海面的三山岛附近搁浅，几天后丁汝昌为避免“广甲”舰被日本舰队俘虏，而将其炸沉。由于

〔1〕戚其章主编：《中日战争》6，中华书局1993年版，第61页。

《北洋海军章程》缺乏相关规定，战后对上述两舰行为的定性和处理就出现了困难，以至于为后人留下了无法排解的难题。一是方伯谦和吴敬荣的行为属于什么性质，难以判断。当时，丁汝昌、刘步蟾等人都认为，方伯谦和吴敬荣的行为属“临阵退缩”，理应严加惩处。李鸿章也持同样看法〔1〕，并以此影响了光绪皇帝。这种认识是丁汝昌、刘步蟾、李鸿章等人根据历史上军规的相关内容以及中国传统的道德价值尺度做出的判断，并没有明确的法律依据。对方伯谦来说，因为《北洋海军章程》对战舰驶离战场的行为没有明确定性和处罚标准，制定《北洋海军章程》的参照物——西方海军法规又对丧失作战能力的舰船退出战斗有非罪的规定，他率舰退出战斗的行为，从主观上难以认定是否有罪。这是今天人们对方伯谦是否有逃跑主观故意形成争论的一个重要原因，也是主张为方伯谦翻案的人们的一个重要依据。二是方伯谦和吴敬荣应该如何处置，界限不清。光绪的谕旨是这样裁定的：“‘济远’管带副将方伯谦首先逃走，致将船伍牵乱，实属临阵退缩，着即行正法。‘广甲’管带守备吴敬荣，随‘济远’退至中途搁礁，着革职留营，以观后效。”〔2〕这一裁定显然存在十分明显的问题。方伯谦和吴敬荣是同罪吗？如果是同罪，为什么同罪不同罚？如果不是同罪，其界限根据又在何处？造成困惑的根源依然在于《北洋海军章程》，因为它不仅没有明确“逃”与“退”的区别，而且也没有明确“罚”与“赏”界限。当时制定这部章程的时候，制定者心里就没底，特意加进了这样一句话：“其余不法等事，由提督等援引会典所载雍正元年钦定军规四十条参酌办理。”〔3〕但《清会典》中的《军规四十条》是针对陆军的行为制定的〔4〕，近代化的海军“援引”160多年前的旧式陆军法规，显然是不合适的。三是对方伯谦的处置应该怎样执行，程序不明。《北洋海军章程》中有这样的条款：“凡管

〔1〕《李鸿章全集》24，电报四，安徽教育出版社2008年版，第360页。

〔2〕同上，第366页。

〔3〕《北洋海军资料汇编》下册，中华全国图书馆文献缩微复制中心1994年版，第1038页。

〔4〕光绪十四年天津石印十二款本《北洋海军章程》为“雍正九年钦定军规四十条”，而此处却为“雍正元年钦定军规四十条”，有误。据雍正二年开始编纂，雍正十年完成的《清会典》载，“雍正九年世宗宪皇帝命将从前行军规制酌定条约，颁刻通行为军令四十条”，此处“军规四十条”当指此。如此，上述十二款本所说“雍正九年”当是准确的。十四款本中写为“雍正元年”，当为笔误。见《清会典》(影印本)，中华书局1991年版，第448—449页。

带官违犯军令，由提督秉公酌拟呈报北洋大臣核办。”[1]但对于极刑的执行程序，就没有下文了。方伯谦从被定罪到被执行极刑，仅有两天时间，从现有史料中我们找不到在这两天中“方伯谦案”曾经进入司法程序的证据，从这一点上也能够看到《北洋海军章程》的不完备性。

上述对方伯谦毫无章法的处罚，均源于《北洋海军章程》缺乏战时规定。换个角度说，方伯谦之所以敢于临阵逃离战场，也是因为这一漏洞的存在。当然，不仅仅是方伯谦的行为受到了《北洋海军章程》的影响，“广甲”管带吴敬荣，乃至威海卫保卫战中密谋逃跑、造成严重后果的“左队一”号鱼雷艇管带王登云，“福龙”号鱼雷艇管带蔡廷干等人的行为，也都与《北洋海军章程》缺乏战时规定有关。

第三，《北洋海军章程》对海战中的赏罚情节没有明确规定。

一支军队只有赏罚分明，纲纪才能得到充分维护，官兵的战斗力才能得到有效激发。这一点，在《北洋海军章程》制定过程中仍然被忽视了。章程除了在惩处“临阵退缩”之罪方面缺乏明确规定外，在惩治其他妨害战争的行为方面，也无具体规定。在这种情况下，当北洋海军的官兵遇到妨害战争的行为时，就因找不到依据而失去了对自己未来命运的准确预判，造成了不必要的损失。一个典型的例子就是“镇远”舰管带林泰曾的自杀。林泰曾的自杀固然有他个人素质的原因，但法规的影响也是客观存在的事实。由于《北洋海军章程》没有舰艇损害程度的认定标准，也没有舰艇损害责任的认定标准，更无损害舰艇惩罚措施的规定，从而使林泰曾面对“镇远”舰严重受损的局面时，无法对自己将承担怎样的罪责，受到怎样的处罚做出准确判断，这一点恰与林泰曾的性情相作用，酿成了他自杀的悲剧。

与惩罚规定相对应的是奖赏的规定。奖赏既与惩罚相区分，又与惩罚相联系。一些行为，究竟应该受到惩罚，还是应该得到奖赏，一般情况下是可以判明的，但在特定的条件下就没那么容易判明了。这些行为如果发生在战时，不同的判断结果将对战争产生不同的影响，甚至是相反的影响。如果不通过法规

〔1〕《北洋海军资料汇编》下册，中华全国图书馆文献缩微复制中心1994年版，第1033页。

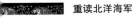

加以明确规定的话，后果是很难想象的。对于这一点，早在丰岛海战之前丁汝昌就意识到了，他向李鸿章提出“请定赏罚章程”的要求，李鸿章也同意“照办”，[1]但由于当时战情紧急而没有实施。黄海海战中果然遭遇了无“赏罚章程”的尴尬。邓世昌在海战中壮烈殉国了，他的牺牲不是被迫的，他有若干逃生的机会，但他最终选择了与舰同沉。这一行动，毫无疑问是崇高爱国主义精神的体现。但如果邓世昌不选择与舰同沉，他就不是一个爱国主义者和民族英雄了吗？我想答案是否定的。那么，问题究竟出在哪里呢？或许丁汝昌、李鸿章的奏报会给我们答案。

黄海海战后，针对邓世昌的殉国举动，丁汝昌特建议李鸿章拟定《海军惩劝章程》，界定海战中官兵行为的性质，明确惩劝事项。他说：

> 海军战备首重选才，拔之千百人，养之数十年，然后得一将之用。兵船犹可骤添，将才殊难猝致。昔人得一良将，比于敌国百城，盖深知其难也。大东沟之战，“致远”管带邓世昌首先冲锋攻毁敌船，旋因“致远”船沉同没，业已被人救起，自以船亡不能独存，不肯出水，仍复溺毙，闻者无不叹伤。在该管带忠勇性成，死事固其本分，特恐诸将狃于闻见，但以轻生为烈，而不知徒死无益，非所以示常守之法而全有用之才，应请明定章程，俾有遵奉。拟嗣后海军各船遇敌退缩，即以军法从事。其有前敌冲锋尽力攻击者，或被敌轰沉，或机器损坏，或子弹罄尽，或伤焚太甚无可挽救，虽军舰沉焚，而船中将士遇救得生，准免治罪，仍予论功。倘敢临阵擅离部位，船被沉焚，即死亦不准邀议恤之恩，其遇救得生，仍当治以应得之罪。至船中有进水、被焚等事，应由管带官督令扑救，仍行迎敌，如遇险时弁兵倡议逃驶，准管带官先予正法，收队再报，以肃营规。

丁汝昌的这番话，以保护将才为出发点，以邓世昌殉国为例证，建议李鸿章明确“罪”与“非罪”、“罚”与“赏”的界限，并以章程的形式规定下来，以便使官兵在战时准确选择有利于北洋海军的行为。他的主张实际上是在弥补

---

〔1〕《李鸿章全集》24，电报四，安徽教育出版社2008年版，第129页。

《北洋海军章程》的缺漏。李鸿章对丁汝昌的建议表示赞同，他在上奏朝廷时补充道：

> 臣查海军交战与陆路不同，一船被毁，大众同沉，及至遇救得生，实非意料所及，万目共睹，断非捏饰逃避者所能借词。即如此次与船同沉之管带邓世昌，业经救起而坚执船亡与亡之义，卒以身殉，迹其至诚激发，本无纤毫徼功畏罪之心，完节纯忠，无可訾议。但使遇救果能不死，亦为众所共谅，则为海军留一忠勇可恃之将，所全更多。该提督所请分别拟定章程，系为爱惜人才、整肃军纪起见，自应准如所拟办理，以昭核实而示劝惩。[1]

只可惜，丁汝昌正确的建议和李鸿章的鼎力支持，皆由于北洋海军的战败而落空，留下的只有刻骨铭心的教训。甲午战后北洋海军官兵在检讨失败原因时就曾指出“奖恤失当”的问题，“来远”舰帮带大副张哲溁尖锐地指出：“海军经仗之后，无论胜败，其各船中奋勇者有之，退缩者有之，使能分别赏罚，庶足以鼓人心。我军仗后，从无查察，其畏葸避匿者，自幸未尝冒险。其冲锋救火奋勇放炮者，尚悔不学彼等之黠能。受伤虽住医院，而扶侍之役，资派本船水手。阵亡者，衣衾棺槨出己之薪俸口粮。领恤赏之时，亦有幸与不幸。士卒一念及此，安得死敌之甘心。谁无父母妻子，使能给养其家，何有求生之念。”[2]很显然，如果《北洋海军章程》有明确规定，张哲溁所反映的问题或许就不会出现。

第四，《北洋海军章程》对海战中官兵伤亡抚恤没有明确规定。

战争中军人的伤亡抚恤，体现了军人的社会地位，不仅关系到军队的长远建设，而且关系到官兵的作战士气乃至军队战斗力的发挥。尤其是大战后的伤亡抚恤，对激发士气、恢复战力关系重大，对后续战争影响甚巨。所以订立明

---

〔1〕《李鸿章全集》15，奏议十五，安徽教育出版社2008年版，第451页。
〔2〕陈旭麓等主编：《甲午中日战争》（下册），上海人民出版社1982年版，第399页。

确而具体的官兵伤亡抚恤规定，历来为军队之必须。《北洋海军章程》有关官兵抚恤的规定，集中于“恤赏”一项，但内容十分简单，仅有寥寥数语，主要以规定平时官兵的积劳病故恤银为主，有关战时规定仅有“阵亡、伤亡者加倍”这样简单的几个字，并写明“无庸另议章程”。再则，抚恤的标准也不是根据北洋海军实际情况制定的，而是以左宗棠以前奏定的章程为标准。

甲午战争正式爆发后的海上第一战是丰岛海战，这场海战中北洋海军官兵们的惨烈牺牲使丁汝昌心理受到巨大冲击，他深感按照原有抚恤标准，难以弥补官兵们的付出，如果不重新制定抚恤标准，恐怕后续作战难以激发广大官兵的战斗热情。有鉴于此，丁汝昌在丰岛海战结束后，建议李鸿章尽快订立《海军赏恤章程》，他拟定的章程内容包括：

> 有能击破敌人大舰一只，赏银一万五千两，中舰一万两，小舰五千两，夺获船只者按照大小加倍给赏。其阵亡各员，副将、参将、游击给恤银六百两，都司、守备四百两，千总、把总、外委及驾驶、管轮、教习、炮目等二百两，受伤者按照官阶减半给予养伤之费。至文员在船当差者，道、府照副、参、游，同、通、州、县照都、守，佐杂、教职、举、贡、生、监照千、把、外委之例核给。匠役兵勇阵亡者，给恤银一百两，头目一百五十两。受伤者分别等差酌给伤费，一等给银六十两，二等四十两，三等二十两，饬由海防支应局司道等核议。

这是一份十分具体的战时抚恤方案，是丁汝昌根据北洋海军在丰岛海战中遇到的新情况制定的，无疑是对《北洋海军章程》的必要补充。对此，李鸿章自然表示认同。他在上报总理衙门时首先表明，丁汝昌“所拟各条，系为激励戎行起见”，随后充分论证了订立《海军赏恤章程》的必要性。〔1〕

令人遗憾的是，这一章程还未正式制定，黄海海战就爆发了，更加惨重的牺牲接踵而至。海战的失败，彻底打乱了丁汝昌的计划，成建制的伤亡，使得丁汝昌已经算不清如何对他们进行抚恤，他和李鸿章的注意力已经无法旁顾，

---

〔1〕《李鸿章全集》15，奏议十五，安徽教育出版社2008年版，第405页。

只能集中于急需解决的舰队战斗力恢复问题、应对朝廷出战命令问题，特别是这支舰队如何摆脱覆亡命运的问题。这样，章程的制定也就完全失去意义了。这一沉重的历史教训再次告诉我们，海军建设必须做在平时，远谋战时，临时抱佛脚，一切晚矣！

第五，《北洋海军章程》对各舰艇炮弹的基数及其日常备便没有明确规定。

在总结甲午战争失败的军事原因时，一个绕不开的话题就是北洋海军在作战中舰炮的弹药问题。到目前为止，大多数研究甲午战争的人们，都得出了北洋海军在海战中弹药不足的结论，并且各自分析了弹药不足的原因。有人说是天津机器局官员懈怠，没有生产出足够的炮弹提供给北洋海军；也有人说是天津军械局胆大包天，私自将炮弹出售给日本人从中渔利；还有人说是丁汝昌缺乏临战思想，没有将足够的炮弹从弹库中搬上军舰，等等。在这里，笔者无意讨论上述观点的是非曲直，只想搞清楚《北洋海军章程》的规定与北洋海军弹药问题之间的内在联系。

要讨论一艘军舰携带的弹药量是否充足，首先要了解一个基本概念——舰炮弹药基数。所谓舰炮弹药基数是规定的舰炮每管配备弹药数量的单位。舰炮弹药基数是根据各种舰炮的战斗使命和毁伤能力等来计算的，在计算过程中将各种炮弹按一定的比例搭配，构成该种舰炮的一个弹药基数。而一个弹药基数所包含的弹药的种类和数量，是平时经过科学试验或通过实战检验确定的，是一个相对固定的数值，一般不会轻易变更。在今天，某种舰炮的弹药基数都有相对应的弹药基数表，要了解某种舰炮的弹药基数，只要查对一下弹药基数表便可一目了然。一般情况下，平时舰艇所携带的弹药数量为一个弹药基数，遇有执行作战或训练等任务时，舰队指挥员可以根据实际情况决定携带若干基数的弹药。

北洋海军主力战舰的舰炮均建造于英、德等国的著名企业，无论是英国的阿姆斯特朗公司还是德国的克虏伯公司，都是具有丰富造炮经验并有相当信誉的兵工企业，定会对确定弹药基数提出恰当的建议。陈悦先生在他的《北洋海军舰船志》中就明确标出，由德国克虏伯公司生产的“定远”舰和“镇远”舰

305毫米主炮的备弹是50发，这50发的数量当为一个弹药基数，其炮弹种类包括开花弹和实心弹。而“致远”舰和“靖远”舰210毫米的克虏伯主炮的备弹也是50发，包括开花弹、子母弹和实心弹。其他外购军舰舰炮的弹药基数想必也是明确的。当然，弹药基数也可以根据舰队担负的使命适当调整。

弹药基数决定了一艘舰艇的带弹量，它关系到这艘舰艇是否有充足能力完成作战或训练任务，所以是相当重要的。舰队指挥官虽然无须操心一个弹药基数为何要确定为某个数字，但他必须具备根据作战和训练任务情况，判断所需某个基数炮弹的能力。为了促进舰队和各舰指挥官判断的准确性，弹药基数以及在各种情况下使用的弹药基数量，必须要有章程进行原则性规定，以保证平时充足的弹药储备和作战、训练行动中的弹药使用。

北洋海军的弹药问题，被列入《北洋海军章程》“水师后路各局”一节，全部规定包括：

> 枪炮弹药一应收发、考验等事，则总管军火大员主之；
>
> 旅顺军械局总理全军枪炮弹药一切军火事宜，稽察、考核各船收发、存储，由北洋大臣遴委文武大员管理；
>
> 天津军械局为水陆各军军火收发总汇之区，由北洋大臣遴委文武大员管理；
>
> 天津机器制造东南两局，专造北洋水陆各营枪炮应用火药、子弹及水雷铜帽、门火等件，现复添作新式长炮钢弹、栗色火药、哈乞开司炮子，由北洋大臣遴委文武大员管理。[1]

这些规定虽然明确了弹药制造、存储、收发、考验等环节的责任区分，但没有规定与弹药基数相关的任何具体事项。笔者在研究北洋海军的军械保障问题时，既没有发现有类似弹药基数表的资料存世，也没有发现相关记载。特别是在战争期间清政府安排的专门针对北洋海军弹药等项的查验工作，只查清了

〔1〕《北洋海军资料汇编》下册，中华全国图书馆文献缩微复制中心1994年版，第1056—1062页。

北洋海军各舰所存弹药的具体数量，并没有提及弹药基数问题。这说明北洋海军的管理者、保障者、指挥者根本就没有把弹药基数问题作为一个重要的问题来对待，他们中有些人抑或根本就不知道还有弹药基数一说，致使北洋海军在作战中携带的弹药，没有留下明确的数目记载，仿佛是丁汝昌等人随意所为。曾有论者考证，在黄海海战中“定远”“镇远”两舰所带305毫米主炮炮弹，不足一个弹药基数的60%。[1]如果此考证不谬，丁汝昌在战情紧急之时，连一个基数的炮弹都未为主力铁甲舰主炮配足，足以证明他不了解弹药基数的概念和规定，于是就有了后人对于海战中弹药是否充足，以及谁来承担弹药不足责任的无休止的争论。

上述情况表明，奕譞、李鸿章等人制定《北洋海军章程》的目的，重在规范平时，忽视了规范战时。那么，他们此举何为呢？笔者认为，这与李鸿章长期秉持的海军威慑战略思想有相当关系。依据这一思想，李鸿章把北洋海军牢牢定性为一支威慑力量，而非一支夺取制海权的作战力量，而这支威慑力量，又不是在完整的威慑理论指导下的威慑力量。这样，这支舰队的作战功能从一开始就被弱化了，导致了它的先天不足，使之成为一个外强中干的庞然大物。

综上所述，《北洋海军章程》尽管是开先河之作，但距离近代化海军建设的需要还有相当差距，所以在它颁布施行的第二年就有人提出：“泰西各国，莫不以互相师法，争强竞胜。今海军为中国创办之始，规画宜详。若能由出使大臣将各国海军向来成法及现办章程，赶紧翻译成书，以备采择，未始非创办之一助也。”[2]暗示了《北洋海军章程》的不完备性。也有人在战后检讨黄海海战时提出：“海军章程，须仿照英国水师定章行办，稍为破除忌讳。盖英国水师已立多年，其中利弊业经考究，故章程无微不至，诚足采用也。”[3]从侧面表示了对《北洋海军章程》的不满。这些在建设忧烦和失败痛苦中悟出来的浅显道理，虽然没有触及《北洋海军章程》的根本，但也足以说明问题。

---

〔1〕钟琳：《甲午战争中的北洋海军弹药供应问题》，《北洋海军新探——北洋海军成军120周年国际学术讨论会论文集》，中华书局2012年版，第460页。

〔2〕中国史学会主编：《洋务运动》（三），上海人民出版社1961年版，第122页。

〔3〕陈旭麓等主编：《甲午中日战争》（下册），上海人民出版社1982年版，第404页。

出战与避战：

不宣而战的丰岛海战

经过处心积虑的战争谋划和疯狂的扩军备战，日本在“大陆政策”的指导下，终于完成了对华战争准备。而慈禧太后等人无视强敌窥视，依然沉湎于天朝自大的酣梦中，耗费大量宝贵的人力物力筹备生日庆典，战争筹划毫无章法，最终把自己推向危险的悬崖之边。一场突如其来的海战，在李鸿章“我不先与开仗，彼谅不动手”的毫无根据的自信中发生了。这场海战究竟给人们留下了多少疑问和困惑？它又将开启怎样的战争之端呢？

1894年7月27日，李鸿章收到了一份报告，是北洋海军“济远”舰管带方伯谦打来的。报告中说，中国雇用的英国轮船“爱仁”号和“飞鲸”号满载清军增援朝鲜牙山，于23日和24日陆续登岸，25日晨，护送运兵船的“济远”舰和“广乙”舰在牙山口外突然遭到日本军舰的拦截，并首先开炮聚攻，“济远”舰竭力拒敌，鏖战四个多小时，“济远”中弹三四百发，弁兵伤亡40人；“广乙”舰也中敌炮，船身倾斜，未知能否保全。日本军舰伤亡亦多。而另一艘雇用的英国运兵船“高升”号则被日舰击沉。[1]方伯谦的报告，彻底击碎了李鸿章先前的“我不先与开仗，彼谅不动手”[2]的幻想，跟日本打了二十多年交道的李鸿章，在筹划战争的最后时刻，严重失手了。

〔1〕《李鸿章全集》24，电报四，安徽教育出版社2008年版，第168页。

〔2〕同上，第148页。

朝鲜“东学道”起义

经过两次政变的朝鲜大地，阶级矛盾已经难以调和，国内形势恰如一堆干柴，一遇火种便会燃起冲天大火。就在甲申政变的10年以后，一簇更加强烈的火种出现了，这就是“东学道”起义。在朝鲜南部盛传一种叫做“东学”的宗教，即“东学教”，又称“东学道”或“东学党”。“东学”意为东方之学，是与西方宗教相对立的学说。“东学道”实际上就是一个以宗教为掩护的农民革命组织，其宗旨是“济世安民”“尽灭权贵”“逐灭夷倭”。它的领袖崔时亨曾有诗表达“东学道”对朝鲜社会的强烈不满：“金樽美酒千人血，玉盘佳肴万姓膏；烛泪落时民泪落，歌声高处怨声高。”〔1〕

在严酷的压迫之下，革命爆发了。1894年2月，“东学道”的地方首领全琫准领导朝鲜南部古阜、泰仁两郡的农民发动了声势浩大的起义。虽然起义在朝鲜政府罢免地方官员后暂时得到平息，但矛盾并未根本解决。5月4日，起义再度兴起。31日，起义军攻陷全罗道首府全州。为了呼应全罗道的起义，忠清道、庆尚道、京畿道、江原道、黄海道等地接连爆发了规模不同的农民起义，一时间，革命烈火有席卷全朝鲜之势。

朝鲜政府面对愈演愈烈的农民起义已经束手无策，招讨使洪启薰率领的800名朝军在强大的起义军面前毫无办法。面对此种情况，朝鲜政府于6月3日派出曹判书闵泳骏，向中国驻朝总理交涉通商大臣袁世凯递交乞援书，正式向清政府乞援。袁世凯是向朝鲜派兵的积极倡导者，他迅即将这一情况报告了李鸿章。

〔1〕王芸生编著：《六十年来中国与日本》第二卷，生活·读书·新知三联书店1980年版，第16页。

日本决定发动战争

就在“东学道”起义爆发之初，驻在汉城的日本驻华公使兼驻朝公使大鸟圭介，就已经意识到朝鲜局势的危险性。他认为，如果农民起义进一步加剧，就有清政府以平乱为名出兵吞并朝鲜的危险。他向日本政府建议，日本应协同中国改革朝鲜内政，以防止中国出兵和吞并朝鲜。5月，“东学道”起义再度爆发，大鸟圭介休假赶回国内，直接向日本政府汇报情况，他向外相陆奥宗光提议，若能在中国之先派兵镇压内乱，就可以取得日后改革朝鲜内政的主导权，建议日本做好出兵准备。闵泳骏向清政府乞援的消息，第一时间就被日代理驻朝公使杉村濬获悉，他向日本政府报告说：“朝鲜政府已请求清帝国派遣援军。”[1]意在敦促日本政府赶快做出相应决策。

就在闵泳骏向袁世凯递交乞援书的前一天，也就是6月2日，日本召集内阁会议，讨论出兵朝鲜问题，恰在会议期间，日本外务省接到了杉村濬报告朝鲜向中国乞援的急电，会议遂决定利用这个大好时机向朝鲜出兵。

日本的这次出兵决定与以往不同，从一开始就没有想用和平的方式解决朝鲜问题，而是直接把发动战争作为最终手段。参谋本部次长川上操六在与日本外相陆奥宗光讨论出兵方案时，直截了当地指出，预计中国向朝鲜派兵5000人，日本应派出一支拥有8000兵员、能够完全压倒中国的战时编制的混成旅团。川上操六估计，如果混成旅团在汉城附近取得胜利，中国必将求和；如果中国不投降，就再派一个师团在平壤打败清军，然后从满洲南下，这样，

〔1〕(日)信夫清三郎编:《日本外交史》上，商务印书馆1980年版，第260页。

中国肯定就会讲和了。陆奥宗光完全接受这一观点。外务次长林董在评价这一观点时说，当时会议所讨论的，“已不是如何用和平方式解决问题，而是如何发动战争，如何取得胜利”[1]。

日本参谋本部次长川上操六积极推动对华开战

早在“东学道”再次发动起义的当天，日本使馆即派出翻译郑永邦往见袁世凯，极力劝诱中国出兵。6月3日，杉村濬拜会袁世凯，也敦促中国出兵。他表示，期盼中国速速派兵，代为剿灭“东学道”，并询问袁世凯，中国方面是否同意。袁世凯答复说：“韩惜民命，冀抚散，及兵幸胜，姑未文请，不便遽戮。韩民如请，自可允。”杉村濬说：“倘请迟，匪至公州，汉城甚危，拟先调兵来防护，华何办法。”袁世凯答：“或调兵护，或徙商民赴仁川，待匪近再定。”杉村濬又说：“韩送文请告知，以慰盼念，倘久不平，殊可虑。”从这段对话中，可见杉村濬催促中国出兵的急切心态。可“聪明一世”的袁世凯却没有看穿杉村濬的诡计，竟向李鸿章报告：“杉与凯旧好，察其语意，重在商民，似无他意。”[2]就这样，中国即将跳入日本设下的圈套。

[1]（日）信夫清三郎编：《日本外交史》上，商务印书馆1980年版，第260页。
[2]《李鸿章全集》24，电报四，安徽教育出版社2008年版，第45页。

李鸿章的错误决策

接到电报后，李鸿章对袁世凯的分析是认同的，但他认为需要进一步印证，于是迅速会晤了驻天津日本领事，日本领事的表态与杉村濬略同，李鸿章当面表示："韩请兵势须准行，俟定议，当由汪使知照外部，事竣即撤回。"[1]

经过分析袁世凯的报告和与驻津日本领事的会晤，李鸿章最终做出两项决定：第一，向朝鲜派兵。饬丁汝昌派海军"济远""扬威"二舰赴仁川、汉城护商，并调直隶提督叶志超率同太原镇总兵聂士成，选派淮军1500人，配齐军装，分坐招商船先后开往朝鲜。第二，致电中国驻日公使汪凤藻知照日本外务省，通报中国出兵情况。朝廷着李鸿章筹备，迅即调兵助剿。

在李鸿章做出上述决策的过程中，有一个人提出了不同意见，他就是李鸿章的幕僚姚锡光。

姚锡光，字石泉，江苏丹徒人，生于1857年，1885年考取拔贡，次年经北洋大臣李鸿章奏请充任北洋武备学堂教习。1888年考中举人，1889年任内阁中书，此后入李鸿章幕。此人注重研究军事，特别在中朝日关系、中国海防建设、军事战略战术等方面颇有建树。在国际风云变幻莫测，列强插手中国事务越来越严重的情况下，姚锡光审时度势，对中外政治、军事、地理等问题开始了全面的考察。他多次实地调查天津的海防情形，掌握了丰富的中外政治、军事、地理等知识，用他自己的话说，已对"东西诸国之强弱，其兵轮战卒之良

〔1〕《李鸿章全集》24，电报四，安徽教育出版社2008年版，第45页。

楛；及其国之山川、道里、风俗、政令粗知崖略”[1]。通过研究，他深感与他国相比，中国军事建设存在相当的差距。于是，他开始从细微之处入手，探讨学习西方军事的方法。1893年，他在给李鸿章的《北洋军防利器用法未竟说帖》中指出：“自泰西诸国称雄海上，其制造之新奇，军火之便利，有出神入化之思”，而北洋各军，虽为天下劲旅，但“其间运用之道尚有未尽合成法者”。提出了“炮说、炮表宜分译”“表尺、水银尺宜精审”“各军用枪宜一律”“击刺之法宜并练”[2]等四条主张。从这些主张中可以看出，尽管姚锡光没有从国防建设的高度审视中国军队的发展状况，但他已经深入军事领域，注重从细微之处入手，研究军事。后来，他在分析日本侵略朝鲜的原因时指出：“方今国家全盛，日本竟扰朝鲜。诚以中国久事包荒，不欲以细微与外人挈长较短，而戒心既启，遂以窥我藩属，瞰我边疆。”[3]其研究军事的目的，正是“欲以细微与外人挈长较短”，其爱国之心由此可见一斑。“东学道”起义发生之后，姚锡光秘密谒见李鸿章，力请以北洋海军全部舰船护送小站防营盛军万人赴朝，分驻汉城及仁川海口，以争先着。他强调：“我不发兵则已，苟东渡必发重兵，辅以大枝海军，扼其汉城及海口之孔道，示日人以形胜，彼自慑于我之先声而不敢遽动。如是乃有回翔之地，转可以和平成议，不至终出于战。若以偏师往必无济于朝鲜，徒挑衅于日本，宁毋渡兵，尚不失中策。”[4]

李鸿章

姚锡光的建议无疑是正确的，从日本发动战争的筹划来看，它并没有取胜

〔1〕中国史学会主编：《中日战争》（五），新知识出版社1956年版，第233页。
〔2〕中国史学会主编：《洋务运动》（三），上海人民出版社1961年版，第636—638页。
〔3〕中国史学会主编：《中日战争》（五），新知识出版社1956年版，第233页。
〔4〕同上，第235—236页。

的十分把握，清政府若派重兵赴朝，慑止日本的企图是完全有可能的，这一做法不失为上策。如果发重兵难以办到，一兵不发也是一个可选的选项，虽然日本发动战争是迟早之事，但不给其留下出兵的借口，日本也必然会对直接发动战争存有顾虑。至于平定朝鲜局势，正如姚锡光所说，不足为虑。后来的事实也证明，“东学道”起义的平息并未费若干周折。所以，一兵不发，不失为中策。最为不利的局面，就是既发兵，又兵力弱，即姚锡光所称的“偏师”，如是既不能慑止日本的企图，又为日本留下了发动战争的借口，无疑是直落日本圈套的下策。

然而，李鸿章在日本的哄骗之下，对处理朝鲜问题信心满满，天真地认为派少量兵力赴朝，摆平“东学道”起义再撤回，就万事大吉了。有这样的心思，李鸿章自然就不会重视姚锡光的建议，毅然选择了下策，即派少量海陆军赴朝。

6月6日，从天津芦台等地调集的淮军以及天津武备学堂见习军官共910人，由山西太原镇总兵聂士成率领，乘坐招商局“图南”号轮船，在北洋海军“超勇”舰护卫下，从大沽出发，作为先头部队在朝鲜牙山湾内的白石浦里登陆。两天以后，直隶提督叶志超统率淮军正定练军等部1555人，分乘“海晏”“海定”两艘商船先后开赴朝鲜。〔1〕

就在中国出兵的前一天，日本成立了战时最高指挥机构大本营，其发动战争的意图越来越明显。获悉中国出兵朝鲜后，日本政府即授大鸟圭介临时处断之全权，命其乘军舰“八重山”号，由横须贺出航，随行陆战队若干人，同时命第五师团派出混成一旅团，由大岛义昌少将率领赴朝鲜，归大鸟圭介指挥。大鸟圭介于6月9日抵仁川。10日，由“松岛”“千代田”“太和”“筑紫”“赤城”“八重山”等六舰，联合组成陆战队400余名，护卫大鸟圭介返回汉城。12日，大岛义昌混成旅团之先遣队1000余人也抵达汉城。随后，大岛义昌率同本队于16日抵达仁川。这样，数日之间，仁川、汉城等战略要地已有日军7000余人，国内还有大批日军等候调遣。李鸿章等人完全落入了日本人的圈套。

〔1〕日本参谋本部：《明治二十七八年日清战史》第一卷，东京印刷株式会社1904年版，第78—79页。

中日两国出兵朝鲜之时，朝鲜政府已与起义军达成了协议，缔结了“全州和约”。

“东学道”起义的平息，使中日两国军队再无驻朝的必要。6月13日，朝鲜政府向中日两国提出了要求共同撤兵的照会。李鸿章立即电令已经进至公州的叶志超迅即调回牙山。[1]然而日本却提出了“帮助”朝鲜改革内政的无理要求。

6月21日，日本举行御前会议，决定向朝鲜继续派出第二批部队，并撇开中国单独“改革”朝鲜内政。次日，日本政府向中国发出所谓“第一次绝交书”。6月29日，大鸟圭介以书面方式诘问朝鲜国王，是否是中国的保护属邦，并恐吓说，日本已备兵2万，如果认属两国即失和，就要兵戎相见。李鸿章急电袁世凯，要求他力劝朝鲜国王，不要屈从于日本的压力，擅自否定朝鲜对中国的属国地位。7月5日，大鸟圭介向朝鲜政府再次提出“改革”内容的具体细节。九天以后，又向中国发出“第二次绝交书”，反诬中国提出按约撤兵的正当要求是“有意兹事”，企图把挑起战端的罪责推给中国。至此，日本已经完成了发动战争的舆论准备。

李鸿章口头上说要做好战争准备，心里却寄希望于西方列强的调停，以避战端。他一方面请求俄、英两国出面调停；另一方面派人秘密赴日进行谈判。

在调停中日关系问题上，俄国开始是比较积极的，因为其在远东地区与英国的矛盾始终没有缓和，英国已表现出与日本越来越紧密的关系，俄国想通过帮助中国劝说日本撤兵，提高在朝鲜半岛的影响力，以联合中国遏制英国。所以当6月20日李鸿章通过俄国驻华公使喀西尼请求俄国出面干预的时候，俄国政府表现出极大的热情，电令俄国驻日公使希罗多渥劝日本撤兵。可是，俄国的“劝告”遭到了日本的拒绝。特别是随着朝鲜局势的日益紧张，俄国闻到了火药味，犹豫了，担心介入这场纠纷，有可能被直接卷入战争，在远东为中国打一场战争不符合俄国的国家利益，于是决定从这场漩涡中抽身，不再从中斡旋，更不可能派兵来朝。李鸿章只能是空欢喜一场。

英国出面调停是在俄国之后。看到俄国积极准备介入朝鲜问题，英国担心一旦俄国调停成功，将成为中国的座上宾，这样对英国极为不利。于是，在李

---

〔1〕《李鸿章全集》24，电报四，安徽教育出版社2008年版，第58页。

鸿章向英国发出调停请求的时候，英国政府给予了积极回应。6月14日，英国外相告知日本驻英公使，“朝鲜乱民已经溃散，清帝国方准备撤兵，因此希望日本也同样撤兵”〔1〕。7月1日，英国驻天津领事宝士德面见李鸿章，转交了英国驻华公使欧格讷的信函。信函中称：欧格讷屡次致电外交部，与驻日公使商谈促使日本撤兵问题，但遭到日本方面的拒绝。此后，在逐渐感到日本对朝鲜问题的强硬态度后，英国不再坚持原先的观点，只是轻描淡写地向日本提出这样的要求：如果中日之间发生战端，希望事先得到大英帝国的允诺，因为战争一起，可能会妨碍上海交通，而上海为英国利益的中心。这样的要求，日本自然会满足的，外务大臣陆奥宗光很快就答复：“遵来意，如不幸，日清两国间虽启兵端，帝国政府亦不向上海及其通路为战时之运动。”〔2〕

就这样，李鸿章通过俄、英出面调停的第一条管道彻底断绝了。

在极力推动俄、英出面调停的同时，李鸿章还秘密派人与日方沟通，以期实现和平解决朝鲜问题。这是其在总理衙门不知情的情况下的自作主张，总理衙门始终坚持日本必须从朝鲜撤兵后方能进行谈判的原则。7月12日，李鸿章派出幕僚伍廷芳拜访日本驻天津领事荒川己次，让伍转告荒川，他的态度是与总理衙门不一样的，他并不以日本首先撤兵为谈判的前提。14日，荒川己次将李鸿章的意思电告日本外务大臣陆奥宗光，并补充说，李鸿章可能会正式派伍廷芳和英文秘书罗丰禄与日本进行谈判。接到荒川己次的报告，已经决定发动战争的陆奥宗光回电说：“告诉伍廷芳，过去的经验教育了我们，与中国进行朝鲜问题的谈判，最后只能使我们失望。所以尽管李鸿章真的希望建议解决目前这一问题，除非此建议以最明确具体的形式，并通过适当公认的渠道传达给我们外，日本政府将不予考虑。”〔3〕此时的日本政府已经坚信，只有通过战争，才能达到它在朝鲜问题上的一切目的，谈判只能损害日本的利益。李鸿章直接与日本进行谈判的这条渠道也没有打通。

---

〔1〕《日本外交文书》第27卷第2册，第269页。
〔2〕戚其章主编：《中日战争》9，中华书局1994年版，第381、382页。
〔3〕同上，第272页。

危险的运兵计划

早在日本提出要帮助朝鲜改革内政之时，驻日公使汪凤藻就隐约感到日本的图谋并不简单，便于6月17日致电李鸿章，提醒他“似宜厚集兵力，隐伐其谋”，等“东学道”起义平息后，再与日本商量撤兵事宜，如此才“可望就范”。汪凤藻这里所说的“兵力”，显然是指陆军兵力，而非海军兵力。可李鸿章认为，“倭性浮动，若我再添兵厚集，适启其狡逞之谋。因疑必战，殊非伐谋上计”。不同意汪凤藻的看法。所以，当驻守牙山的叶志超以“倭猖韩危”为由，“拟拔队来汉尽保护责”时，遭到了李鸿章的制止。在李鸿章的用兵思维中，陆海军的使用是不一样的，陆军的驻扎是一个相对静态的过程，其数量的增加容易对日本产生刺激，而海军兵力的运用却是一个动态过程，且早已常态化，不易刺激日本。很显然，李鸿章要在海军威慑思想指导下，充分利用海军舰队的机动性，来弥补陆军兵力不足所带来的实力差距。所以，当他从袁世凯的电报中获悉仁川的日舰已有七艘，而北洋海军仅有“操江”一艘弱舰在仁，其余“济远”“平远”“扬威”三舰均赴牙山时，非常着急，立即电令丁汝昌，从刘步蟾和林泰曾二人中选派一人，“统带数船速赴仁川，妥慎防护”[1]。丁汝昌随后派出林泰曾率“镇远”“广丙”“超勇”三舰赶赴仁川。

可是，丁汝昌并不理解李鸿章的用意，他仅仅看到李鸿章反对增加陆军兵力极力避战的一面，却没有看到李鸿章要适时调动海军兵力增援朝鲜显示声威的另一面，只一味强调北洋海军的劣势，主张避开敌锋，回基地厚集兵力，等

[1]《李鸿章全集》24，电报四，安徽教育出版社2008年版，第66页。

待与敌决一死战。从表面上看，这似乎是丁汝昌的求战心理，实际上暴露了丁汝昌内心隐藏的怯敌心态。这种怯敌心态，或许是受李鸿章避战态度影响所致，或许是受北洋海军官兵消极情绪影响所致，或许他的内心本来就存有对日本的畏惧，总之是客观存在的。

当然，在北洋海军官兵中，此时有怯敌心态的不只丁汝昌一人，二号人物林泰曾也不是有胆气、有血性之人。他率舰赶赴仁川后，听说日军5000人将增援仁川，而中国未添大队海军，心理产生畏惧，于6月25日致电李鸿章，请求调派南洋军舰增援朝鲜。丁汝昌则干脆以厚集兵力为由，请求将“镇远”舰调回威海卫基地，以图大举。

李鸿章见丁汝昌、林泰曾等北洋海军的领头人根本不理解海军被清流派指责避战的苦衷，更不理解自己的用兵意图，心中大为不快，致电丁汝昌加以训诫：“日虽添军，谣言四起，并未与我开衅，何必请战。林镇等胆怯张皇，应令静守，相机进止，岂可遽调回威示弱。”[1]这段话，既批评了丁汝昌的贸然请战，又批评了林泰曾的胆怯张皇。可是，林泰曾并没有被李鸿章的训诫遏制，仍一意坚持撤兵回威的主张。在接到李鸿章训诫的第二天，林泰曾再次电报李鸿章：“日本迭增兵队军舰，意在挑衅。我军泊船仁川，战守均不适宜，拟回威海或驻牙山，以备战守。”[2]李鸿章还未来得及对林泰曾的态度进行批驳，便听到了一种传闻，说日本海军鱼雷艇可能袭击驻朝北洋海军舰艇。他认为，如果此传闻属实，那么驻朝海军舰船将面临严重危险，于是开始考虑是否同意林泰曾的请求。李鸿章拿不定主意，遂致电丁汝昌，想听听丁的意见。丁汝昌在回电中明确表示：“‘镇’‘济’等牢驻牙山，纵备艇、雷，万一失和，日必要截，音信、煤粮中阻必被所困，兵分力单，两难济事。前请调‘镇’‘济’‘丙’回防，奉谕恐示弱，故未敢渎请，只得照林议筹备。愚见水陆添兵必须大举，若零星调往，有损无益。现拟仍申前请，将三船调回，与在威各舰齐作整备，候陆兵大队调齐，电到即率直往，并力拼战，决一雌雄。”丁汝昌的意见，仍然是在清政府向朝鲜大举调兵之前，将驻朝海军舰艇撤回威海。

〔1〕《李鸿章全集》24，电报四，安徽教育出版社2008年版，第84页。
〔2〕同上，第90页。

李鸿章见丁汝昌如此坚决，又考虑到在朝舰艇的煤粮接济问题，于是同意将“镇远”“济远”“广丙”三舰暂时调回威海卫基地进行整备，但嘱咐丁汝昌，留在牙山的军舰如何巡探接济，应妥筹办理，前后兼顾。[1]就这样，北洋海军驻朝的主力军舰终于回到威海卫基地。

北洋海军主力舰从朝撤回，使本来就弱于日本的驻朝军事力量遭到进一步削弱，这说明，此时的李鸿章依然没有意识到战争的临近。与李鸿章相比，丁汝昌的行动更加缺乏谋算。7月4日，丁汝昌请示李鸿章：“初十内征船齐，整备周妥，拟请带‘镇’‘致’‘靖’‘经’‘来’‘济’‘乙’‘丙’八船探巡汉江、外冰洋、大同江一带，五六日回威。可否请再电龚道，添派‘福龙’‘右一’来威，拟两随队，两留威。”仅用五六日探巡汉江、大同江一带，显然是虚应故事，不啻为清流派谴责海军留下口实，所以李鸿章接电后表示反对，并严厉质问丁汝昌：“兵船时时要整备。汝拟初十内带八船操巡汉江、大同江一带，五六日即回，此不过摆架子耳。诸船派仁、牙两旬，竟不敢分一船往大同。据袁道电，闻大同有日兵船常巡驻，确否。大同江是我将来进兵要口，既往巡，即须在彼妥酌布置备护，陆军同去同回有何益处。人皆谓我海军弱，汝自问不弱否。”[2]李鸿章所说的“海军弱”，并不是指海军的实力弱，而是指海军的“示弱”，进一步说是海军的怯战心态。

正当李鸿章就海军如何行动与丁汝昌、林泰曾等人反复周折的时候，光绪皇帝降下了谕旨，命令李鸿章：“现在倭韩情事已将决裂，如势不可挽，朝廷一意主战。李鸿章身膺重寄，熟谙兵事，断不可意存畏葸，着懔遵前旨，将布置进兵一切事宜，迅筹覆奏。若顾虑不前，徒事延宕，驯致贻误事机，定惟该大臣是问。”[3]

在皇帝的严厉敦促下，7月16日，李鸿章初步制定了增兵方案：汉城、仁川附近一带，日军水陆分布严密，历来中国进兵朝鲜皆由平壤北路进发，现派总兵卫汝贵统率盛军马、步6000余人进平壤，宋庆所部提督马玉崑统率毅军2000人进义州，均雇用商局轮船，由海道至大东沟登岸，节节前进，相机

〔1〕《李鸿章全集》24，电报四，安徽教育出版社2008年版，第92页。
〔2〕同上，第105页。
〔3〕《清实录》（影印本）56，中华书局1987年版，第382、383页。

妥办。同时，电商盛京将军派左宝贵统率马、步八营进平壤，会合各军，图援汉城。至于已经入朝的叶志超一军，已经电商该提督移扎平壤，厚集兵势。等叶志超回复后，即派丁汝昌酌带海军能战之船往朝鲜海面巡护游弋，以资策应。[1]

既然陆军已经有了明确的行动方针，海军也必然有所配合，李鸿章于15日告诉丁汝昌："叶军现居绝地可危，拟十六派商轮大小五只往牙，将全队下船，驶洋后绕赴大同江，移扎平壤。必须兵船五只护往，即留该兵船守江口，以便盛军续往。此为目前最要最急之事，望密派定，俟商轮过威同行。"[2] 16日，他又电告叶志超，叮嘱他派商轮至牙山接载时，声称撤回国内，等航至洋面大青岛一带再迅速折赴大同江登岸。丁汝昌会率领大队轮船前往巡护。

然而，丁汝昌和叶志超似乎对李鸿章的计划都有异议。丁汝昌认为这个计划对形势的严重性估计不足，提出"务熟权轻重，致全力收要著，始足有济"[3] 的意见，意思是担心派五艘军舰不够用，希望派出北洋海军的全部主力；叶志超则直接将计划否定了。他对海上转兵心存疑虑，担心海军不能提供安全保护，所部陆军一旦在海上失去安全保障，将无用武之地，难担责任。对于叶志超的顾虑，李鸿章感到不无道理，便于当天再次电令丁汝昌：商轮现在已经备齐了，你必须统率海军大队在牙山海口掩护叶军出口，一路同行，送入大同江口，担保必无他虞，只有这样，我和叶志超才敢放胆为之。如果你单以游弋护迎为托词，造成意外的疏失，我一定会拿海军是问的。对于我的指示，你尽快转电叶志超知照。[4] 可是，无论李鸿章如何指示，叶志超依然建立不起对海军的信任，表示不愿从海上转移，同时提出暂留朝鲜南部的意愿，理由是"由陆扼要移扎稍有把握"，而且可以"梗日兵南路"，牵制日军兵力。如果清军全部移扎朝鲜北部，"日以全力专顾北面，势益张"。叶志超的态度和做法表明，陆海军之间从一开始就没有建立起相互信任的关系，这就预示着在战争中实现陆海协同将是一件难事。

---

〔1〕《李鸿章全集》24，电报四，安徽教育出版社2008年版，第134页。
〔2〕同上，第130页。
〔3〕陈旭麓等主编：《甲午中日战争》（上册），上海人民出版社1982年版，第8页。
〔4〕《李鸿章全集》24，电报四，安徽教育出版社2008年版，第137页。

形势紧急之下，李鸿章觉得叶志超说的也有几分道理，经过再三考虑，他同意叶志超暂留牙山，等待援军，待时机一到，再图北进。他电告叶志超："惟贵军过单，恐不足当一面。再四筹思，除芦、榆马队添调外，拟令吴育仁挑精队千五百，交江自康带往牙口登岸，归弟调遣，合之将及五千，气力稍厚，以后但筹济饷需。如电报中阻，应由釜、汉日电借发，不知顺手否。北兵尚早，贵部不可距汉过近。俟北南能通气会合时，再行前进。望相机稳慎筹办，勿性急。"[1]随后，李鸿章令淮军吴育仁部挑选仁字营1500人及天津练军500人共2000人，委记名总兵江自康率带增援牙山。

虽然李鸿章坚信日本不敢首先开仗，但出于防备万一的心态，他还是认真考虑和筹划了这2000人渡海赴朝的安全问题。他特意安排津海关道盛宣怀重金租用英国印度支那汽船公司的商船"爱仁""飞鲸""高升"号载运这2000人赴朝，他认为，这三艘轮船挂的是英国国旗，谅日本不敢对英国船只实施无理行动。

19日，李鸿章和盛宣怀初步确定了三艘英国商船的出发时间。他特意叮嘱丁汝昌，"无须兵船护行"，只"酌派兵船数只，届期往牙山海口外游巡，须俟四船人马下清后，再巡洋而回"。[2]至于三船载运的清军总人数，实际突破了原计划的2000人，接近3000人。"爱仁"号载1150人及军装、饷银；"飞鲸"号载700人，马47匹，并军械；"高升"号载800人，炮队一哨，分别于21日晚、22日晚和23日晚依次出发，前往牙山。三船之所以要分头出发，是因为牙山口外地势复杂，轮船抵达时需换乘驳船行70里才能抵岸，而叶志超手里只有30艘驳船，每艘驳船最多载运30人，如果三船同时到达，登岸是个大问题，万一日舰袭击或阻挠，将置清军于危险境地。因此，三船必须依次出发，分头到达。出发前，德国洋员汉纳根在李鸿章面前条陈军事，说牙山不可轻弃，驻牙清军须添大队，自己愿意赴牙山勘度地势，侦探敌情。并且拟赴仁川、汉城察看日军实在情形，回来后报告李鸿章。李鸿章同意汉纳根随"高升"号先赴牙山，并随队上岸。[3]

---

〔1〕《李鸿章全集》24，电报四，安徽教育出版社2008年版，第138页。
〔2〕同上，第145页。
〔3〕陈旭麓等主编：《甲午中日战争》（下册），上海人民出版社1982年版，第65—66页。

“爱仁”号

“飞鲸”号

“高升”号

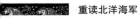

21日下午6时，“爱仁”号从大沽出发，直驶牙山。“飞鲸”号于22日下午5时30分出发，沿同一路线行进。本来这艘船的运送计划临时有变，欲派往新城载运盛军赴平壤，原定载运700人赴牙山的任务由次日出发的“高升”号一并完成，但由于下达命令时大批粮饷、军械、人员已经登船，不得不取消改运计划。没想到这一无奈决定竟挽救了700清军的生命。

丁汝昌按照李鸿章的指示，令方伯谦率“济远”“广乙”“威远”三舰前往牙山掩护清军登陆，等商轮人马下清，留“威远”来往于仁川和牙山，换“扬威”随队绕巡回威海。〔1〕方伯谦遂于22日上午9时率舰从威海启程驶向牙山。

然而，这一切行动均未逃过日本间谍的眼睛。

日本间谍在中国的活动由来已久，早在1872年，日本陆军元帅西乡隆盛等人就向中国奉天派出池上四郎等三名间谍调查情况，是为日本间谍深入中国内地之始。此后，日本间谍蜂拥而至，以商人、学生、普通劳动者等身份，渗透到中国各地，形成了若干间谍组织，构成了庞大的间谍网。甲午战争爆发前夕，随着战争步伐日趋加快，日本间谍在中国的活动，特别是在京津、辽东半岛、山东半岛一带的活动越发猖獗，日本海军于丰岛海面偷袭中国舰船得手，就与日本间谍获取情报有直接关系。

丰岛海战爆发后，清政府破获了石川五一间谍案，揭开了“高升”“操江”两船情报被泄露的真相，此案当时在朝廷上下引起广泛关注。礼部右侍郎志锐对案情进行了一定了解，他向朝廷奏报说：“天津军装局总办候补道张士珩为李鸿章外甥，昨闻于其所用书办家擒获日本奸细，供出日本截我高升、操江二船皆其先期电闻。”〔2〕之后，户科给事中洪良品也奏称：“前日天津拿获日本奸细一名，冒广东人，薙发穿中国衣服，有器械局书吏刘桂甫者收藏在家，在其家内搜出私信一函，所有高升轮船兵若干，带兵官姓名，并所带物件以及青菜若干斤，均详信内，其为与之暗通无疑，刻下业已讯明。”〔3〕石川五一本人也证实了这一说法，他在供述中称：“打电报叫日本打高升船官兵的信，是中堂

〔1〕《李鸿章全集》24，电报四，安徽教育出版社2008年版，第145页。
〔2〕《清光绪朝中日交涉史料》卷十六，故宫博物院1932年版，第35页。
〔3〕《清光绪朝中日交涉史料》卷二十，故宫博物院1932年版，第17页。

参与掩护清军在牙山登陆的“威远”号炮舰

衙里送出来的，电是领事府打的。”[1]这些史料虽然不能绝对证明“高升”号被击沉就是石川武一与日本奸细刘桂甫串通一气给日本提供情报的结果，但至少表明石川五一间谍案与日本舰队击沉“高升”，掳走“操江”有直接关系，也说明日本间谍在中国的活动无孔不入。由此可以断定，“爱仁”“飞鲸”“高升”“操江”等船只装运和出发的情报，并非仅由石川五一一人获得和传递，其他日本间谍也参与其中。因为当时在天津等地聚集了为数不少的日本间谍，包括像泷川具和这样的海军武官，他们化名改装，或扮作商贾，混迹于天津生意场；或装成苦力，穿梭于塘沽码头区，通过多种渠道侦获北洋军事情报。李鸿章曾委托德商信义洋行经理满德利用自己的便利身份，调查日本间谍的活动情况。满德在调查中发现了一些令人震惊的事实，以信函形式向李鸿章做了汇报，并阐述了自己的看法。满德谈道，中国人在日本没有能够探听到日本的军情，而日本人在中国却能洞悉中国的军事。这些情况并非满德自己的臆造妄言，比如满德奉李鸿章之命乘“爱仁”轮船运兵赴牙山这件事，当他未抵塘沽时，就听说居然有一个日本人久住塘沽，这个日本人才具甚大，汉语、英语、德语、法语等多国语言都能精通，与其他人谈话聊天的时候，往往随时用铅笔记载，这些情况都是小行洋人俾尔福亲眼所见。满德在坐火车时，又有日本人与他同行。满德并未敢与之交谈，可这个日本人对“爱仁”“飞鲸”“高升”等船载多少清军、多少军饷、何人护送、将到哪个口岸，无不了彻于胸。满德认为，既然这个日本人对情况十分熟悉，怎会不电知上海，再由上海通知日本国内呢？不然，“高升”号之罹灾，何以这样快呢？[2]

---

〔1〕戚其章主编：《中日战争》1，中华书局1989年版，第236页。
〔2〕陈旭麓等主编：《甲午中日战争》（下册），上海人民出版社1982年版，第103页。

由此可见，虽然日本海军于丰岛海面偷袭中国舰船，意在挑起甲午战争，并非以击沉“高升”，掳走“操江”为目的，但掌握了“高升”“操江”等舰船的行踪轨迹，确为事实，这充分反映了甲午战前中日情报工作的不对称性。然而，对于如此严重之情况，无论是朝廷还是李鸿章，都置若罔闻。在接到满德的上述信函后，李鸿章并未做出有效反应。石川五一间谍案甚至还牵扯到李鸿章手下的一批人，如李鸿章的外甥、天津军械局总办张士珩，水师营务处罗丰禄等，李鸿章也没有做出相应的调查和处理。[1]朝廷对此也麻木不仁，明知“驻津日领事及武随员二人，自五月初至今日，派奸细二三十分赴各营、各处侦探，并有改装剃发者”[2]，却并未提醒地方政府加以防范，即使在丰岛开战后，各种军事行动全面展开之时，关键地区的警卫工作依然形同虚设，竟“仍令在华倭人自如侦探”。[3]可见日本间谍的渗透和清政府的疏于防范都到了令人吃惊的程度。

清廷乃至李鸿章对情报工作的麻木，实质上反映了他们对日本发动战争的可能性的轻视，更反映了李鸿章等人对军事常识的无知，如此态度，必将付出沉重代价。

---

〔1〕详情见戚其章：《甲午日谍秘史》，天津古籍出版社2004年版，第188—199页。

〔2〕《李鸿章全集》24，电报四，安徽教育出版社2008年版，第179页。

〔3〕陈旭麓等主编：《甲午中日战争》（上册），上海人民出版社1982年版，第31页。

日本海军不宣而战

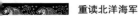

就在李鸿章筹划增兵朝鲜的同时，7月20日，大鸟圭介向朝鲜政府发出两份照会，要求驱逐牙山的清军，废除中朝间一切条约章程，限于22日答复。与此同时，日本陆军在朝鲜各要隘均“派兵驰守”，这就意味着日本准备动手了。叶志超匆忙给李鸿章发电，称“倭备战益急益密，闻粮械转运不息，足支一年”，“乞飞催各军，加紧前进”。然而，直到此时，李鸿章依然认为仗打不起来，他给叶志超回电说：“日虽竭力预备战守，我不先与开仗，彼谅不动手，此万国公例，谁先开战即谁理诎，切记勿忘，汝勿性急。”[1] 此时的李鸿章哪里知道，日本国内为发动战争正在做最后的军事调整。

7月17日，日本召开第一次大本营御前会议，决定发动战争。同一天，解除了持守势论的中牟田仓之助的海军军令部部长职务，以持主战论的预备役海军中将桦山资纪代之。桦山资纪早就主张整备日本海军力量，组成强大舰队，以攻势作战消灭北洋海军有生力量，夺取黄海制海权。

日军的作战计划最初是由大本营陆军首席参谋、陆军参谋次长川上操六陆军中将主持拟定的，规定开战之初即在直隶平原与清军进行决战。大本营做出开战的决定之后，海军省主事山本权兵卫海军大佐坚决反对这一计划，认为如果没有获得制海权，在直隶平原决战的计划不过是纸上谈兵。因为当时的日本海军，不仅没有战胜北洋海军的把握，而且还怀有一丝恐惧的心理。考虑到海军内部的这一强烈主张，大本营最后形成的作战计划不得不将海军的胜负因素

〔1〕《李鸿章全集》24，电报四，安徽教育出版社2008年版，第148页。

考虑其中，于是，作战计划分为两期，第二期作战根据海军作战情况设定了三种方案：

第一期作战，将第五师团派往朝鲜，以牵制清军。舰队则引诱清国舰队出来，将其击毁，夺取制海权。其他陆海军部队则在日本做出征准备。

第二期作战有下列三个作战方案，其选择取决于第一期作战的结果。甲、在海战大胜，取得黄海制海权时，陆军则长驱直入北京；乙、在海战胜负未决时，陆军则固守平壤，舰队维护朝鲜海峡的制海权，从事陆军增遣队的运输工作；丙、如日本舰队大败时，陆军则全部撤离朝鲜，海军守卫沿海。〔1〕

为适应战争需要，7月10日，大本营即对海军舰队进行了第一次改编，在原有常备舰队（司令官为海军少将坪井航三）的基础上，增设了警备舰队（司令官为海军少将相浦纪道）。7月19日，大本营又对海军舰队进行了第二次改编，将警备舰队改称西海舰队，并将常备舰队和西海舰队合编成联合舰队，任命海军中将伊东祐亨为司令长官，并向其发出命令："贵司令官当率领联合舰队，控制朝鲜西岸海面，在丰岛或安眠岛附近的方便地区，占领临时根据地。"〔2〕此时联合舰队的编制序列为：

第一游击队："吉野""秋津洲""浪速"；

本队：第一小队："松岛""千代田""高千穗"；

　　　第二小队："桥立""筑紫""严岛"；

第二游击队："葛城""天龙""高雄""大和"；

鱼雷母舰："比睿"；

护卫舰："爱宕""摩耶"。〔3〕

7月23日，伊东祐亨接到大本营作战密令，率领舰队自佐世保港起锚向朝鲜海面进发，准备对中国海军发动突然袭击。上午11时，伊东祐亨首先派出坪井航三率领"吉野""秋津洲""浪速"三艘快速巡洋舰组成的第一游击队，作为联合舰队的前锋，前往牙山湾，侦察北洋海军的动静。"且赋与内命，谓牙

〔1〕（日）外山三郎：《日本海军史》，解放军出版社1988年版，第42—45页；藤村道生：《日清战争》，上海译文出版社1981年版，第78页；誉田甚八：《日清战史讲授录》，（台湾）文海出版社有限公司1975年版，第7—8页。

〔2〕（日）藤村道生：《日清战争》，上海译文出版社1981年版，第79页。

〔3〕日本海军军令部编纂：《二十七八年海战史》上卷，东京水交社1905年版，第73—75页。

山湾附近如有优势的清国军舰驻泊，可由我方进而攻击。”[1]下午4时，伊东祐亨做好了亲率其余12艘军舰出发的准备，桦山资纪亲自乘“高砂丸”号到港口送行，桅杆上高悬“发扬帝国海军荣誉”的信号。[2]伊东祐亨则在“松岛”舰上升起信号：“坚决发扬敌国海军荣誉”，遂率舰队出发，以单纵阵队形航行，舳舻相接，开往朝鲜西海岸。

与北洋海军不同的是，日本海军的出击行动采取了严格的保密措施，大本营除了在全国范围内实行舆论控制外，对联合舰队的出动严密封锁消息。舰队夜间航行实行严格的灯火管制，除向导舰和旗舰外，其他各舰一律熄灭灯火。就这样，日本联合舰队的主力舰在北洋海军毫无察觉的情况下，于7月24日上午全部驶过济州海峡。

再说中国方面。李鸿章于7月21日得到一个情报，说泊于佐世保港的日本联合舰队有11艘舰船出海，不知去向。他担心叶志超部陷入危局，增援牙山的清军难以登岸，遂命令丁汝昌统率大队舰船往牙山一带海面巡护，并特意叮嘱丁汝昌，“如倭先开炮，我不得不应，祈相机酌办”[3]。其实，李鸿章得到的情报并不准确，此时日本联合舰队正在集结，并未开始行动，但李鸿章对这一消息还是十分重视的。

接令后，丁汝昌随即进行了部署，准备率领“定远”“镇远”“致远”“靖远”“经远”“来远”“超勇”“广甲”“广丙”等九艘军舰，以及两艘鱼雷艇出航。他对李鸿章“如倭先开炮，我不得不应，祈相机酌办”的命令是这样回应的：“惟船少力单，彼先开炮，必致吃亏，昌惟有相机而行。倘倭船来势凶猛，即行痛击而已。”从丁汝昌的电报中，我们丝毫感受不到他在大战来临之际的积极情绪，字里行间透露的都是无奈和无助，假如国人明晰这位系之于民族大任的海军司令在大敌当前之时如此消极，将是怎样的悲哀和愤懑！更加奇怪的是，在电报中，他说了一句让李鸿章既莫名其妙又十分气恼的话：“牙山在汉江口内，无可游巡，大队到彼，倭必开仗，白日惟有力拼，倘夜间暗算，猝不

[1]（日）田保桥洁：《甲午战前日本挑战史》，南京书店1932年版，第186—187页。
[2]日本海军军令部编纂：《二十七八年海战史》上卷，东京水交社1905年版，第82页。
[3]《李鸿章全集》24，电报四，安徽教育出版社2008年版，第153页。

及防，只听天意，希速训示。”[1]看到此话，李鸿章立刻回电训斥：“牙山并不在汉江内口，汝地图未看明。大队到彼，倭未必即开仗，夜间若不酣睡，彼未必即能暗算，所谓‘人有七分怕鬼’也。”[2]

丁汝昌长期出没于黄海海域，对朝鲜海岸特别是西海岸的地形当十分熟悉，在这关键时刻，怎会错以牙山于汉江口内呢？这究竟释放了一种怎样的信号？时至今日，人们都难以做出合理解释。戚其章先生认为，按当时的习惯，江华岛与永宗岛之间称汉江口，因此，丁汝昌所说的“汉江口”，系泛指江华湾而言，而“汉江口内”即是深缩在江华湾内的牙山湾。[3]其实，戚先生的解释是很牵强的，既然按照当时的习惯，汉江口系指江华岛与永宗岛之间的狭小区域，怎能造成丁汝昌对江华湾的泛指呢？一个军事指挥员在作战时如此泛指，还怎样指挥打仗呢？陈悦先生认为，丁汝昌这里所称的“汉江口”就是“牙山湾”，这是过去与李鸿章“约定俗成”的称法，是李鸿章忘记了过去的约定俗成。[4]可是，陈悦先生并未提供他们“约定俗成”的证据，笔者也未从档案史料中找到这样的佐证。再者，将两个相距既不遥远又不很近的地理概念“约定俗成”为一个地方，实在是没有道理。笔者认为，或者是丁汝昌接到李鸿章电报后内心确有慌乱，发报时心不在焉，从而致错；或者是丁汝昌对牙山湾并不熟悉，一时反应不及，将两个地方搞错。总之，是丁汝昌出错了。丁汝昌的出错释放的，并不是有些论者所说的积极求战信号。笔者联想到在“济远”等三舰出发赴朝之前丁汝昌训示“广乙”舰管带林国祥的一段话。当时，林国祥请示于丁汝昌：“若遇倭船首先开炮，我等当如何应敌？”丁汝昌回答：“两国既未言明开战，岂有冒昧从事之理！若果倭船首先开炮，尔等亦岂有束手待毙之理！纵兵回击可也。”[5]这一训示实际上是在贯彻李鸿章的指示，并无半点比李鸿章更积极的态度。

正当丁汝昌准备出航之时，一个人的出现改变了李鸿章的主意。此人就是俄国驻华使馆参赞巴布罗福。巴布罗福前来拜谒李鸿章的目的，是与李鸿章就

---

〔1〕《李鸿章全集》24，电报四，安徽教育出版社2008年版，第157页。
〔2〕同上，第158页。
〔3〕戚其章：《甲午战争与近代社会》，山东教育出版社1990年版，第143页。
〔4〕陈悦：《甲午海战》，中信出版社2014年版，第15页。
〔5〕《中倭战守始末记》，（台湾）文海出版社有限公司1987年版，第34页。

日本在朝鲜的行动交换意见。巴布罗福说，日本兵在汉城筑炮台，守城门，作据城状，俄使馆不安，已电请国家派兵驱逐。李鸿章问俄国海军现驻摩阔崴的军舰有几艘，巴布罗福说有大舰十艘，如果要调往仁川是很便利的。李鸿章心中顿时升起希望，立刻表示，如果俄国能派军舰赴朝，中国也可派海军提督前往会办。巴布罗福说甚好，待国内回电后即知会中方。

巴布罗福的来访使李鸿章心头几乎已经熄灭的和平之火又重新燃烧起来。恰在当天晚上，李鸿章接到了中国驻英公使龚照瑗的电报，说英国政府已经电令其驻日公使，警告日本，以后如有开战，要承担一切责任。[1]李鸿章以为，这是英国发出的干预日本侵略朝鲜的信号，日本不会不有所顾忌。也正是在这一天，李鸿章安排罗丰禄向日本驻天津领事荒川已次表示了派罗做密使，赴东京与伊藤博文谈判朝鲜问题的意向，日方还未回话。所有这些因机缘巧合聚集到一起的因素，使李鸿章做出了日本不至于马上发动战争的错误判断。于是，他改变了主意，电告丁汝昌："叶号电尚能自固，暂用不着汝大队去。将来俄拟派兵船，届时或令汝随同观战，稍壮胆气。"[2]

对于李鸿章改变主张的内情，丁汝昌并不清楚，所以他颇有微词，抱怨说："海军进止，帅意日一变迁，殊令在下莫计所从也。昨者之电，意在令昌亲带大队赴牙，今日之电，复又径庭。只有将应需所未备逐事通筹至足，以待调遣之明令耳。"[3]其实，北洋海军中对李鸿章出尔反尔的做法大惑不解的不只是丁汝昌，"济远"舰帮带大副何广成事后分析说："是役也，丁提督原约济远、广乙开船后即遣大队战舰相接应，至廿二日下午三点钟大队在威海已升火将启行矣。丁提督电爵相告行期，右翼总兵刘步蟾惮行，揣时方议和，当轴必不轻启衅，竟将丁电私加'遇倭必战'四字。爵相得电，果为所悚，覆电令缓行，是以船已起锚，忽然不开。"[4]在这里，何广成竟然把李鸿章改变计划的原因归于刘步蟾在电报中加了"遇倭必战"四个字所产生的刺激，这也是不了解内情的一种揣测。

---

〔1〕《李鸿章全集》24，电报四，安徽教育出版社2008年版，第155、157页。

〔2〕同上，第158页。

〔3〕《北洋海军资料汇编》上册，中华全国图书馆文献缩微复制中心1994年版，第528页。

〔4〕中国史学会主编：《中日战争》（六），新知识出版社1956年版，第85页。

就这样，仅仅持续了一天的派大队出航计划，被抱着和平希望的李鸿章瞬间放弃了。然而这一最终决定，不但没有消弭李鸿章最不愿意看到的战争之祸，反而把增援朝鲜的陆海军官兵推向了死亡的深渊。

7月24日凌晨4时，“爱仁”号轮船抵达牙山湾，此时，北洋海军的“济远”“广乙”“扬威”三舰已在湾内，“威远”舰被派往仁川送交电报。方伯谦见“爱仁”到来，立即安排驳船载兵上岸。6时，驳船全部到齐，仅一个小时，1150人和116箱弹药就全部上了驳船。8时，已卸载人员、物资完毕的“爱仁”号驶出牙山口，返航烟台。下午2时，“飞鲸”轮船到达，方伯谦派出各船小艇，拖带驳船装运士兵、马匹和军需上岸。

下午5时30分，前往仁川送交电报的“威远”舰返回牙山，管带林颖启给方伯谦带来了一个糟糕的消息，说昨日日军已经攻入朝鲜王宫，劫持了国王，并据英国军舰舰长罗哲士透露，日军海军大队舰船将于明日开到。听到这一消息，方伯谦有些紧张，他立即命令官兵帮助陆军加紧卸载“飞鲸”上的物资，又令“广乙”“威远”两舰升火，准备开船回国。并叮嘱两船管带，回国途中，如遇“高升”等运兵船，可令其返回威海或大沽。可此时“广乙”舰上携带的小艇因拖带驳船上驶白石浦未回，还不能返航。方伯谦遂改令让航速慢、防护力弱的“威远”舰先行，赴大同江口一带，等待“济远”“广乙”到齐后一起回国。

由于“飞鲸”所载人员、物资较杂，卸载耗费了很长时间，直到25日凌晨，下载数量刚刚过半。方伯谦心急如焚，决定不等“飞鲸”完成卸载，即先撤离。4时，“济远”和“广乙”在方伯谦的率领下鱼贯驶出牙山湾。

这天天气晴朗，夜色清澈，海上风平浪静。方伯谦率舰平稳地航行了一个半小时，当行至丰岛海面时，情况出现了：在南方海天相接之处的微微白光中，突然出现了一缕缕黑烟，像是舰艇编队，方伯谦下令加速前进。7时半，天已大亮，远处驶来的军舰已经看得很清楚，方伯谦判断是日本军舰，“一吉野，一浪速，一不知名”[1]，那艘不知名的军舰后来判明为“秋津洲”。15分钟之后，方伯谦下达了全体官兵进入战位，准备迎敌的命令。

〔1〕中国史学会主编：《中日战争》（六），新知识出版社1956年版，第84页。

日舰为何此时出现于丰岛海面？原来，日本联合舰队第一游击队自离开佐世保港后，便一路侦察北洋海军动向，但直至24日上午也没有发现异常情况。坪井航三遂向伊东祐亨报告，要求离开本队继续往朝鲜西海岸侦察，伊东祐亨表示同意。25日凌晨4时30分，第一游击队途经朝鲜忠清道西岸浅水湾安眠岛西方的瓮岛附近时，将航速提高至12节，以单纵阵向丰岛一带搜索前进，此时，三舰的舰影已进入“济远”和“广乙”的视线。6时30分，坪井航三遥见丰岛附近有两艘舰船正向南疾驶，遂提高警觉，下令各舰戒备，并将各舰航速提高至15节，加速接近目标。当与前方舰船相距5000米时，坪井航三辨认出该两舰船是北洋海军的“济远”和“广乙”。面对明显弱于己方的对手，坪井航三在是否立即发起攻击上产生了瞬间的犹豫，因为在第一游击队离开本队前，伊东祐亨曾有训令：在牙山湾附近如遇到弱小的中国舰队，不必发动攻击；如遇到强大的中国舰队，立即发动攻击并将其击败，明显体现了他的决战意图。可是，当遇到“济远”和“广乙”两艘并不强大的中国军舰时，常备舰队参谋釜谷忠道大尉却指出：“究竟是强还是弱，都必须通过战争来判断。总之，无论如何也要进击。这就是执行命令的主旨。”〔1〕坪井航三采纳了釜谷忠道的建议，于7时20分下达了战斗命令。〔2〕

可是此时，日舰所处的位置水域狭窄，不便机动，坪井航三遂下令三舰快速向右转向180度，驶入宽阔水域，然后再左转180度，正面对向“济远”和“广乙”，拉开作战架势。“广乙”舰管带林国祥后来回忆说，他以为与日本军舰初次相遇时，日舰“必欲请战”，不料日舰转轮向东，林国祥又以为日舰要放弃作战，可当双方军舰相距约3000米时，“倭船返轮，如欲拦阻济远、广乙去路”。〔3〕这说明，林国祥并未意识到日舰实施迂回的战术目的，或许方伯谦祈祷着这仅仅是一场虚惊。可是，日舰的行动使他们都如梦方醒。就在他们怀疑、迟疑之时，日舰“吉野”突然打响第一炮，拉开了丰岛海战的序幕。

根据《济远航海日志》记载，7时43分半，日舰“吉野”放一空炮，45分，

---

〔1〕（日）藤村道生：《日清战争》，上海译文出版社1981年版，第89页。
〔2〕中国史学会主编：《中日战争》（六），新知识出版社1956年版，第32页。
〔3〕《中倭战守始末记》，（台湾）文海出版社有限公司1987年版，第34页。

日三舰同时发炮轰击中国军舰，“济远”和“广乙”即刻还炮。[1]据林国祥说，“吉野”舰施放的第一炮轰击的是“广乙”舰。[2]无论日舰攻击的是“济远”舰还是“广乙”舰，日舰打响了第一炮是不争的事实。所以，在1894年8月1日光绪皇帝发布的对日宣战谕旨中严厉指出：中国为保护朝鲜百姓及中国商民添兵赴朝，“讵行至中途，突有倭船多只乘我不备，在牙山口外海面，开炮轰击，伤我运船”[3]。这是确凿无疑的。

丰岛海战爆发时，中日海军参战舰艇实力相差悬殊，中方“济远”舰排水量2300吨，装备有210毫米炮2门，150毫米炮1门，航速16.5节；“广乙”舰排水量1000吨，装备有150毫米炮1门，120毫米炮2门，14英寸鱼雷发射管1具，航速16.5节。两艘军舰的总排水量为3300吨，舰炮6门，鱼雷发射管1具，平均航速16.5节。而日方“吉野”舰排水量4200吨，装备有150毫米速射炮4门、120毫米速射炮8门、47毫米速射炮22门、360毫米鱼雷发射管5具，航速22.5节；“秋津洲”舰排水量3100吨，装备有150毫米速射炮4门、120毫米速射炮6门、47毫米速射炮8门、360毫米鱼雷发射管4具，航速19节；“浪速”舰排水量3700吨，装备有260毫米炮2门、150毫米炮6门、25毫米机关炮10门、11毫米格林炮4门、360毫米鱼雷发射管4具，航速18节。三舰的总排水量为11000吨，舰炮70余门，鱼雷发射管13具，平均航速19.8节。特别是日方三舰均为新式巡洋舰，安装有大量速射炮，三舰17门速射炮每分钟可发射炮弹80余发。[4]日方的优势是显而易见的。

由于日本海军是有备而来，所以海战从一开始就十分激烈。航行在前的“济远”舰首先受到攻击，方伯谦反应敏捷，在开战的第一时间便指挥官兵进行英勇反击，边打边走。“浪速”舰还未来得及发炮，即遭到“济远”210毫米大炮的轰击，一发炮弹在距离“浪速”舰首20余米处爆炸，纷飞的弹片将其信号索削断。与此同时，日舰炮弹也纷纷射向“济远”舰，一发炮弹击中了指挥台，弹片四处飞溅，与方伯谦并列站在指挥台上的大副沈寿昌，头部被弹片击

〔1〕戚其章：《中日甲午战争史论丛》，山东教育出版社1983年版，第168页。

〔2〕《中倭战守始末记》，（台湾）文海出版社有限公司1987年版，第34页。

〔3〕《清实录》（影印本）56，中华书局1987年版，第396页。

〔4〕（日）黛治夫：《海军炮战史谈》，原书房1972年版，第82页，转引自陈悦：《甲午海战》，中信出版社2014年版，第39页。

“济远”舰

“广乙”舰

“吉野”舰

“浪速”舰

“秋津洲”舰

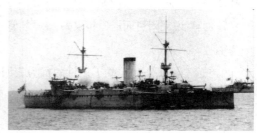

中，当场牺牲。又一发炮弹击中前炮台，二副柯建章也洞胸而亡。目睹大副、二副壮烈牺牲的天津水师学堂练习生黄承勋，奋然登台，召集炮手装弹，试图窥准时机收得一击之效。正在指画之际，一块弹片飞来，将其手臂击断，他顿时扑倒在地。两名水兵前来搀扶他进舱治疗，他摇头拒绝道："尔等自有事，勿我顾也。"说完闭目而逝，年仅21岁。[1]管旗头目刘鹍、军功王锡山等也先后中弹牺牲。

"济远"舰部分官兵敢于牺牲的行为表明，战争初期，北洋海军官兵的抗敌决心是坚定的，这种决心来源于对日本欺弱凌小行径的愤慨，对国家不遗余力建设新式海军的感恩，对人生荣耀的追求。黄承勋在出征之前就托付其好友医官关某为其收拾骸骨[2]，说明他早已作好牺牲准备。

正当日舰集中攻击"济远"舰之时，在三艘日舰形成的阵形中，突然冲进一艘中国军舰，此舰便是跟随"济远"舰之后，同样遭到日舰攻击的"广乙"舰。与"济远"不同，"广乙"并没有且战且退，而是主动出击，开快车直奔"吉野"，试图利用舰首两具鱼雷发射管攻击日舰，同时解"济远"之围。可是，"济远"并未"回轮助战"，配合"广乙"的攻击行动，而是"加煤烧足气炉逃遁回华"。[3]坪井航三和"吉野"舰舰长河原要一大佐十分清楚"广乙"的意图，他们担心遭到鱼雷攻击，便下令"吉野"转舵向左规避。"吉野"以其高航速在海上留下一个大大的圆弧形航迹。仅靠16.5节的航速，"广乙"是无法追击"吉野"的，林国祥只好下令向"秋津洲"和"浪速"逼近。"秋津洲"舰舰长上村彦之丞大佐和"浪速"舰舰长东乡平八郎大佐

退出战场并搁浅自毁的"广乙"舰

〔1〕《清末海军史料》，海洋出版社1982年版，第366页。
〔2〕同上。
〔3〕《中倭战守始末记》，(台湾)文海出版社有限公司1987年版，第34页。

也都被“广乙”舰的举动所震惊，他们暂时放弃了对“济远”的攻击，集中火力轰击“广乙”。7时58分，当“广乙”逼近“秋津洲”舰尾600米时，遭到“秋津洲”速射炮的攻击，“广乙”桅杆被炮弹击中，桅炮炮手瞬间坠落牺牲，鱼雷发射室也中了一发炮弹，“广乙”遂失去发射鱼雷的机会。几分钟后，“广乙”又出现在“浪速”舰尾三四百米处，东乡平八郎指挥军舰向左转舵，用左舷炮和机关炮猛轰“广乙”。虽然“广乙”的大炮洞穿了“浪速”后部的钢甲板，击毁了它的备用锚和锚机，[1]但自身中弹更多，全舰110余名官兵，阵亡30余人。其中有一枚开花弹在“广乙”舱面爆炸，造成20多人死伤。[2]东乡平八郎在日记中写道：“广乙号在我舰的后面出现，即时开左舷大炮进行高速度射击，大概都打中。”[3]有一发炮弹在“广乙”舰桥附近爆炸，击坏了轮机，导致“广乙”的航速下降。在这种情况下，林国祥被迫指挥“广乙”撤出战斗，8时30分向朝鲜西海岸退却。“秋津洲”和“浪速”正欲追击，接到“吉野”发来的归队信号，“广乙”因此逃脱。

退却途中，林国祥对全舰进行了检点，发现船舵已毁坏，不堪行驶，勉强驶近十八家岛搁浅。林国祥又清点了船上的武器装备，对未毁之炮自行击毁，然后纵火烧船，率残部70余人登岸。后来，这70余人中有20余人逃至朝鲜大安县，辗转回到国内；林国祥率领54人赶赴牙山寻找叶志超部。找到叶营时，叶营已空，原来在两天前，叶志超已率部离开牙山，赶赴平壤。此时的牙山地方政府已由日军控制，当地朝鲜百姓不敢接济清军，林部遂陷于绝境。幸有英国领事帮助，使林部登上英舰“亚细亚”号回国。途中遭遇日舰拦截，林国祥等人被迫签署永不与闻兵事的声明后才得以回国。

就在“广乙”冲入敌阵之际，“济远”依然边战边向西撤退，摆脱了“广乙”缠斗的三艘日舰穷追不舍。8点20分左右，“济远”后主炮发出的一发炮弹击穿了“吉野”右舷，打坏了发电机，又穿过机舱防护装甲落入轮机舱，可惜没有爆炸。就在此时，西方海面又出现了几缕黑烟，像是有船驶近战场，坪井航三下令各舰自由运动。“浪速”和“吉野”继续向“济远”发炮轰击，“浪

〔1〕日本海军军令部编：《廿七八年海战史》上卷，春阳堂1905年版，第89—90页。
〔2〕《中倭战守始末记》，（台湾）文海出版社有限公司1987年版，第34—35页。
〔3〕中国史学会主编：《中日战争》（六），新知识出版社1956年版，第32页。

丰岛海战爆发后闯入战场的“操江”号

速”已超越“吉野”航行在前，此时东乡平八郎看清了，先前驶进战场的舰船是北洋海军的“操江”号和英国商船“高升”号，“操江”见炮战激烈，遂准备调头回驶，“高升”则继续前行，东乡平八郎对此均未理会。8时53分，“济远”突然挂起一面白旗，但并未停车，依然保持奔逃状态。东乡平八郎怕其中有诈，命令继续追击。当两舰相距3000米时，“济远”的桅杆上又升起了一面日本海军旗和一面白旗，这时东乡平八郎才相信方伯谦是真的要投降了，于是他命令“浪速”发出信号：“立即停轮，否则炮击！”“济远”随即停止了炮击，航速也减缓下来，并慢慢停船。“浪速”见状向旗舰“吉野”报告：敌舰已经降服，已发停轮信号，准备与它接近！[1]

正当“浪速”向“济远”靠拢之际，先前驶进战场的“高升”号迎面而来，从“浪速”右舷驶过，吸引了东乡平八郎的注意力。东乡平八郎发现“高升”号上有中国士兵，便用旗语打出“立即停轮”的信号。方伯谦见“浪速”迟疑，便抓住时机，重新展轮向西疾驶。他明知“高升”号上有1100余名陆军

〔1〕日本海军军令部编：《廿七八年海战史》上卷，春阳堂1905年版，第91—95页。

官兵，但全然不顾其安危，一心只想摆脱日舰追击。航行在后的“吉野”于是超越“浪速”，追赶“济远”。

“济远”舰后甲板150毫米主炮

当两舰相距2500米时，“吉野”开始射击，连发六炮，均在“济远”周围爆炸，激起冲天水柱，“济远”亦发炮回击。“吉野”的航速是22.5节，而“济远”的航速只有16.5节，如此追击下去，“济远”定无逃脱可能。恰在此时，又一个机会出现了，“济远”水手王国成和李仕茂操纵后主炮，急发四炮，有三炮命中“吉野”，“吉野”遂停止追击，“济远”趁机逃脱，于26日凌晨6时回到威海卫基地。

关于方伯谦在丰岛海战中的表现，最引人关注的，是他为何要挂白旗和日本海军旗，他的这一行为是什么性质。由于这些问题关乎海战责任和对方伯谦的评价，引起史学界的高度关注是必然的。

虽然方伯谦在“济远”舰航海日志中完全回避了挂白旗和日本海军旗的行为，甚至谎称“打掉了敌舰的舰桥，接着又一击成功，日舰扯起了白旗，悬挂在中国旗上方”[1]；李鸿章、丁汝昌在电报、奏折中也对方伯谦挂白旗和日本海军旗之事只字不提，但多方史料证明，方伯谦的确挂了白旗和日本海军旗。至于他为何要这样做，笔者在前面已经做过分析，这里不再赘述。

“高升”号于7月23日上午9时50分从塘沽出口，直航牙山。“操江”号在塘沽装载饷械后，奉命经烟台抵威海，然后携带丁汝昌的文书等件，于24日下午2时由威海启航赴朝。这两艘舰船在途中相遇，结伴而行。

25日上午8时左右，“高升”号行驶到丰岛附近，船长高惠悌和汉纳根注意到，有一艘日本军舰远远地迎面驶来。10分钟后，又有三艘日本军舰从许岛后面驶出，尾随第一艘军舰疾驶。9时许，第一艘军舰接近“高升”号，高惠

〔1〕戚其章主编：《中日战争》11，中华书局1996年版，第332页。

悌和汉纳根看见军舰上挂有一面日本旗，其上还有一面白旗。该舰在驶过“高升”号时，把旗降落一次，又升上去，汉纳根以为这是“表示敬意”，于是，他的紧张的心情放松下来，对日本军舰的“和平的意旨感到安慰”。[1]其实，这艘军舰并不是日本军舰，而是北洋海军的“济远”舰。据“济远”帮带大副何广成说，“正在酣战，陡见西南烟起，知是高升装兵船至，操江护之。当即升旗告操江，我已开仗，尔须速回。其时烽烟弥天，旗升而操江未答。”[2]可是没有史料证明“操江”和“高升”看到了“济远”发出的“我已开仗，尔须速回”的信号，汉纳根近距离看到的仅仅是“济远”不明其意的“把旗降落一次，又升上去”的动作。搭乘“操江”赴朝鲜汉城接管电报局的天津电报局丹麦籍洋匠弥伦斯称，“济远”并“未悬旗通知”。[3]

9时15分左右，被“高升”号吸引了注意力的“浪速”舰鸣两响空炮，令“高升”下锚停驶，“高升”立即停轮，并发出停船信号。“浪速”继续追击“济远”。“高升”船长高惠悌及其他船员以为“浪速”正与其他两日舰磋商，便发信号询问：“我们是否可以开船？”“浪速”答复：“停航，否则后果自负。”[4]不久，东乡平八郎接到坪井航三让其向旗舰靠拢的命令，继之又接到将“高升”号带回群山冲锚地的命令。东乡平八郎命令“浪速”驶近“高升”，在400米左右的距离上停泊，随后派出海军大尉人见善五郎乘小艇前往“高升”号检查。当中国官兵远远望见日小艇驶来的时候，群情激奋，负责统领部队的仁字军营务处帮办高善继和营官骆佩德、吴炳文等，强烈要求知道英日之间互通信号的语意。负责安抚中国官兵的汉纳根建议部队全部进舱，但入舱后的官兵情绪依然无法平息。汉纳根后来回忆说：“我们见一只小船离该船（‘浪速’舰）向我们方面开来。我们船上的中国管带告诉我，并请我告诉船长：他们宁愿死在这地，不愿当俘虏。他们都很激昂。我极力安定他们，对他们说：‘在谈判进行中，维持船上的秩序是很为必要的。’我把管带的意旨告诉船长高惠悌。”[5]

---

〔1〕中国史学会主编:《中日战争》(六)，新知识出版社1956年版，第20页。
〔2〕同上，第84—85页。
〔3〕陈旭麓等主编:《甲午中日战争》(下册)，上海人民出版社1982年版，第146页。
〔4〕戚其章主编:《中日战争》11，中华书局1996年版，第337页。
〔5〕中国史学会主编:《中日战争》(六)，新知识出版社1956年版，第20页。

人见善五郎登上“高升”号后，对各处进行了检查，并查看了注册本。“高升”号大副田泼林提醒他，“高升”号是一艘英国船，在离港时还不曾宣战，请求他征求他舰长的许可，允许“高升”号返回中国。但人见善五郎并不理睬，告诉高惠悌跟随“浪速”舰走。高惠悌表示：“如果命令跟着走，我没有别的办法，只有在抗议下服从。”人见善五郎遂返回“浪速”舰。〔1〕

回舰后的人见善五郎向东乡平八郎报告说，“高升”轮是清国雇用的英国船，船中载有清军1100多人和一些武器，本月23日离开大沽，正要开往牙山。东乡平八郎听完汇报后，立即下令发信号通知“高升”，“即时拔锚随我舰出发”。〔2〕中国官兵已经弄明白英国人与日军交涉的结果，并了解到高惠悌已同意跟日舰走，顿时人声鼎沸，全船骚动，表示宁死不做降虏。高善继警告高惠悌：“我们宁愿死，决不服从日本人的命令。”〔3〕随后，高善继派人将高惠悌等外国船员看管起来。高惠悌后来回忆说：“中国将官听说我将以本船跟随浪速舰行进以后，表示拒绝，告诉我不允许跟随日本军舰行进。我回答曰，浪速舰一发炮弹足以使高升号沉没，抵抗无益。中国将官曰，宁死不跟随浪速舰；我们有一千一百名勇兵，浪速舰乘员只不过四百人，与之作战又有何难。我对他们说，这是愚蠢的。我又说，如果中国将官打算作战，我将和我的职员、轮机人员一起登陆。这时，他们暴怒，对我施加威胁，断言我若弃船而去，或跟随浪速舰行进，就要把我杀死或枪毙。”〔4〕在这种情况下，高惠悌不得不发信号给“浪速”，请求再派小船来，以便“传知事件的情形”。东乡平八郎再次派出人见善五郎乘小船靠近“高升”，高惠悌委托汉纳根与人见善五郎谈判。汉纳根说：“船长已失去自由，不能服从你们的命令，船上的士兵不许他这样做，军官与士兵坚持让他们回原出发的海口去。”并转达了高惠悌的意见：“考虑到我们出发尚在和平时期，即使已宣战，这也是个公平合理的请求。”人见善五郎表示，须把这些情况转告东乡平八郎。〔5〕

事件随后的进展完全出乎汉纳根、高惠悌等人的意料。田泼林记述道：

〔1〕中国史学会主编：《中日战争》（六），新知识出版社1956年版，第23页。
〔2〕同上，第33页。
〔3〕同上，第23页。
〔4〕戚其章主编：《中日战争》8，中华书局1994年版，第9页。
〔5〕中国史学会主编：《中日战争》（六），新知识出版社1956年版，第21页。

“浪速”舰长东乡平八郎

我们全体高级船员和汉纳根上校聚集在驾驶台，试图商讨所面临的事态，中国士兵在前甲板上吵吵嚷嚷。我离开驾驶台去船尾取我的文件，在后甲板上我遇到了轮机长和副轮机长，我向他们说明了事态的严重性。我说，如果日本人向我们射击，我们将不得不跳水，这是我最后一次见他们。一回到驾驶台，我发现日本军舰打出旗语：“立即弃船！”我们立刻派船尾的一名舵工向轮机手们发出警告：做最坏的准备。接着我们向日舰示意：“不准我们弃船，请派小艇来。”命令我们弃船的信号仍在飘着，同时日舰又打出另一信号：“不能派救生艇。”浪速拉响了警笛，并掉转舰身与我们成正横位置。这期间，警笛一直响着。接着，日舰仍打出先前两种信号，又在前桅上升起了红旗，几乎与此同时向我们发射了鱼雷。我们见到鱼雷射来，但未击中我们。[1]约四分之一英里以外的浪速见状，即用右舷全部共5门炮[2]和顶部的机枪向我们射击，舷炮击中了我们船底中部，舷身向右倾斜。[3]

“浪速”是在离“高升”150米的距离发炮轰击的，“高升”这艘毫无抵抗能力的轮船，经不起“浪速”舰炮和机枪五次齐射的打击，锅炉发生爆炸，“顿时白天变成黑夜，空气中全是煤屑、碎片和水点”[4]，经过30分钟的挣扎，最终沉没。“飞鲸”号船主瓦连在回航时目睹了“高升”沉没的全过程，他当时

〔1〕汉纳根的证言称，鱼雷击中了“高升”号，东乡平八郎在日记中仅谈到发射右舷炮，未谈发射鱼雷。见中国史学会主编:《中日战争》(六)，新知识出版社1956年版，第21、33页。日军的事后调查证实，“浪速”舰发射了一枚鱼雷，但没有命中。见戚其章主编:《中日战争》8，中华书局1994年版，第10页。

〔2〕汉纳根称是六门炮。见中国史学会主编:《中日战争》(六)，新知识出版社1956年版，第21页。

〔3〕戚其章主编:《中日战争》11，中华书局1996年版，第338—339页。

〔4〕中国史学会主编:《中日战争》(六)，新知识出版社1956年版，第21页。

将“高升”误认为是“图南”。他看到“浪速”向该商船放炮约十五六响，该商船开始下沉，船头先沉，船尾向上，忽然又翻转45度，即全沉下，桅杆复直立出水40英尺。此时是1时30分。[1]

法国报纸的铜版画描述“高升”号被击沉情景

面对日舰的攻击和“高升”号的缓缓下沉，高善继毫无惧色，他大声说道：“我辈自请杀敌而来，岂可贪生畏死？吾家身受国恩，今日之事，有死而已。”骆佩德和吴炳文闻听此言，也高呼：“公死，我辈岂可独生？”[2]言毕跳入大海。在他们的鼓舞下，清军士兵有的跳入大海，有的在高处以步枪进行英勇抵抗。

东乡平八郎见“高升”已经沉没，便派出小艇搭救落水的欧洲人，高惠悌、田泼林等均被救上船，汉纳根则凭借水性在海上漂流四五个小时，游至丰岛。与此同时，日艇四出寻找落水的中国官兵，对他们进行惨无人道的射杀，“浪速”舰炮也向水中射击。一位被法国军舰搭救的清军士兵后来描述说，他落水后，游到一只长的小船上。日人向他们开枪，小船中有8个人被打死。小船内共有40多人，船被击沉，船的舵被击掉。因为潮流甚急，他不能游至岸上。[3]后来，有100余名清军几经挣扎，漂到丰岛，他们躲到山坳里，忍饥三日，后为当地渔民发现，告诉村里的人，给他们提供了吃住，才得以生还。[4]

---

〔1〕陈旭麓等主编：《甲午中日战争》(下册)，上海人民出版社1982年版，第82页。
〔2〕《清末海军史料》，海洋出版社1982年版，第367页。
〔3〕中国史学会主编：《中日战争》(六)，新知识出版社1956年版，第27页。
〔4〕《申报》1894年8月8日。

下午3时，“浪速”启航归队，6时以后与“吉野”和“秋津洲”会合。

日舰撤出丰岛海面后，其他国家的军舰便赶来搭救落水人员，法国军舰从“高升”号桅杆上和水里救起45人，德国军舰搭救了包括游到岸上的汉纳根在内的112人，英国军舰则救援了87人，其余800多官兵全部殉难。这是日军在甲午战争中制造的第一起惨案。

就在“高升”号遭到攻击的同时，“操江”这艘已经服役25年的老旧军舰也遭遇了厄运。上午9时，舰长王永发见“高升”号已被日本军舰拦住，便转舵返航。此时“操江”距离“高升”3英里。向西行驶了约一小时后，王永发又发现“济远”突然从靠近陆地的一个岛屿之后驶出，向傍岸行驶，与日舰开始炮击。“操江”的航速只有9节，至上午11时30分，“济远”驶近“操江”，突然改变方向，向西偏北二度行驶，由“操江”船头驶过，两舰相距约半英里。此时“济远”悬白旗，白旗之下悬日本海军旗，舱面水手奔走张惶。[1]

下午1时40分，一艘日舰接近“操江”，这便是坪井航三派出追击“操江”的“秋津洲”。在“吉野”和“浪速”分别追击“济远”和“高升”的同时，“秋津洲”奉命截击“操江”，以19节的速度扑来，并向“操江”发出了停轮的信号。“操江”并未理会，继续向西南方向航行，“秋津洲”遂发一空炮加以警告，并加速追击。1时50分，当两舰相距4000米的时候，“秋津洲”发一实炮，炮弹掠过“操江”上方，舰长王永发在恐惧中欲自尽，被弥伦斯劝止。弥伦斯告诉王永发，船上还有带往朝鲜的提督丁汝昌的文书，以及20万两饷银，如果轻易自尽，这些重要物品将悉数被日军俘获，不如将文书烧毁，将饷银投入大海。王永发从惊恐中回过神来，接受了弥伦斯的建议，遂落下中国国旗，挂起白旗。可是刚刚把文书毁掉，还未来得及将饷银投入大海，“秋津洲”派出的舢板已经到达，舢板上27名全副武装的日军官兵很快登上了“操江”舰。

日军登舰后，翻箱倒柜，肆意破坏，搜寻文书和重要物品。随后将王永发押上“秋津洲”，并驾驶“操江”跟随“秋津洲”返航。下午6时以后，“吉野”“浪速”“秋津洲”三舰会合。7月28日，“操江”舰连同83名官兵被日舰

〔1〕陈旭麓等主编:《甲午中日战争》(下册)，上海人民出版社1982年版，第146页。

“八重山”号押往佐世保。被俘的中国官兵后来在日本受尽侮辱，据《申报》报道：被俘官兵被“倭奴看管甚严，不能轻出一步，每日派役提出十余人，逼视自带大帽联行街市以示侮辱中国之意”[1]。直到战争结束后，王永发等83人才得以回国。

丰岛海战就是这样以北洋海军被追击、被击沉、被俘虏的方式结束的。这场海战对北洋海军来说是一场毫无准备的仓促之战，是一场实力相差悬殊的一边倒之战，是一场损失惨重、毫无战果可言的窝囊之战，是一场充满争议、留下无尽余音的悬疑之战。毫无疑问，中日之间的首次较量便出现这样的结局，无论是决策者李鸿章、丁汝昌，还是当事者方伯谦，都应负难以推卸之责。战争还没有正式开始，便出现如此严重的失误，他们的罪过何其大焉！

李鸿章于26日即得到了丰岛海战爆发消息，只是不知具体情况。27日接到方伯谦的报告，李鸿章第一次得知了丰岛海战的细节，此时他并没有怀疑什么，他关注的是日本采取偷袭手段挑起海战所引起的外交问题。

再说丁汝昌，丰岛海战后，李鸿章令他统带铁快各船，驰赴朝鲜洋面，相机迎敌。他于7月27日和28日，用了两天的时间往返汉江口外搜寻敌踪，但没有遇到日舰和商轮，便于29日返回了威海。回到威海锚地后，丁汝昌用了一天时间来调查丰岛海战的情况。他询问了方伯谦以及“济远”舰上其他员弁和水手，大体弄清了海战的经过，特别是了解到了方伯谦率“济远”舰逃跑的细节。据《中倭战守始末记》记载：“倭奴击我‘高升’轮时，方望风而遁……海军提督丁禹廷军门调询‘济远’管旗头目，始悉溃逃各节，独以寡众不敌恕之。”丁汝昌遂于30日向李鸿章提交了正式报告。报告一是描述了“济远”遭敌舰围攻的情形，说日舰首先开炮，三舰聚攻“济远”，炮弹“密如雨点”，“济远”望台、炮架、三舵机均受伤，阵亡弁勇多人；二是描述“济远”的反击情形，说“济远”用仅剩下的十五生炮一门猛击敌舰命中，使敌舰两艘折回，仅剩“吉野”尾随其后，连追不止，“济远”停炮诈敌，待日舰驶进“拟擒我船”，“猝发后炮，一弹飞其将台，二弹毁其船头，三弹中其船中，黑烟冒起，‘吉野’乃移逃，四弹炮力已不及矣”；三是报告战果，说风闻日本海军提督

〔1〕《倭人凶状》，《申报》1894年9月26日。

阵亡，“吉野”重伤，途中沉没；四是提议奖赏开炮中敌的水手李仕茂和王国成等人，赏给李、王二人1000两银子，赏给帮助送药、送弹、放炮的其他弁勇1000两。[1]

丁汝昌的报告不仅以细节充分肯定了“济远”舰在海战中的表现，而且有意回避了方伯谦逃跑以及挂白旗和日本海军旗的事实。丁汝昌为什么会这样做？笔者分析，除了他“独以寡众不敌恕之”外，还有家丑不可外扬的心思。特别值得注意的是，在调查中丁汝昌竟然提出“风闻提督阵亡，‘吉野’重伤，途次已没”这样的无稽之谈，并且要在“查确后尚当照前定赏额划清补给，以昭信赏”。这说明，方伯谦等人在海战后对战况进行了“周密”歪曲和“认真”掩盖，完全回避了“济远”舰不顾“高升”号安危逃离战场，并在途中悬挂白旗和日本海军旗的恶行。丁汝昌对“济远”的调查绝不会一无所获，但他主观上不希望将方伯谦的恶劣行为公之于众，倒希望通过扩大“济远”击伤“吉野”，并导致其中途沉没、提督阵亡的“战绩”，来赢得朝廷内外对北洋海军在中日首战中表现的肯定。然而，真相很快就败露了。

李鸿章在接到丁汝昌的报告时，已经从驻日公使汪凤藻的来电中得知了日本军舰的损失情况，知道“吉野”虽被击伤，但绝无提督阵亡、重伤沉没之事发生，所以对丁汝昌的虚报十分恼火，便于当天回电斥责。李鸿章说，如果按丁所说，“济远”舰的一门炮就“如此得力”，如果“济远”和“广乙”两舰所有的大炮一齐发炮轰击，日本海军即使有快船、快炮，怎能抵挡？李鸿章还说，驻日公使汪凤藻已经来电告知，日舰在牙山一战受伤是确实的，但没听说日本提督已经阵亡、“吉野”已经沉没的消息。如果没有确实的证据，“战绩”就不可靠，岂能滥赏！李鸿章还要求丁汝昌，“既撤使绝交，威防尤应勤探严备，各船仍常留火，官弁夜晚住船，不准回家，卧薪尝胆，诸将士当时加申儆”。[2]不过，李鸿章对此并无意深究，此时他的主要精力完全集中于即将开始的外交斗争上，他认为，日本违反国际公法不宣而战，以突然袭击的方式击沉“高升”号，必在英国国内引起公愤，英国政府也必然做出激烈反应，中英与

〔1〕《李鸿章全集》24，电报四，安徽教育出版社2008年版，第179页。
〔2〕同上，第182页。

日本之间新一轮的外交斗争即将上演。

然而，李鸿章的判断完全错了，“高升”号事件不仅没有将英国卷入丰岛海战后的外交漩涡，就连“高升”号事件的处理也令他大失所望。“高升”号被击沉后，清政府上下均十分愤慨，一方面，清廷下令撤回驻日公使，各海关暂停与日本的通商；[1]另一方面，指示李鸿章争取英国政府的介入。

英国对中日之间冲突的调停，虽然一度因英日间达成协议而趋于冷淡，但始终没有中断，毕竟这其中涉及英国在远东的利益。27日下午，英国驻华公使欧格讷从驻天津领事宝士德处得知了“高升”号被击沉的消息，表示了愤慨的情绪，他在给英国外交大臣金伯利的电报中指出：“日本的行为是完全非法、无理的，因为高升号毫无防卫能力，又载有1000人，日本将其击沉，无论怎么说都是一种蛮横、残暴和无耻的行径。”[2]英国驻远东地区的外交官、海军将领等，也都对日本的行径表示强烈谴责和抗议。“高升”号所属的印度支那轮船公司在得知“高升”号被击沉的消息后，更是无法按捺心中的愤怒，立即指令董事长马堪助和秘书崔讷，致函英国外交大臣金伯利，希望英国政府通报日本政府，要求他们对人员伤亡和财产损失负责。[3]

英国国内舆论对日本的残暴行径进行了强烈谴责，普遍认为，中日战争主要的起因就是日本的野心，日本对“高升”号的攻击，践踏了人类准则和英国国旗，[4]要求给予赔偿。

来自各方的反应和要求，最终都汇集到了英国外交部，在此种情况之下，外交部必须代表英国政府做出正式表态。然而英国外交部在这之前，并未认真对待来自各方的强烈反应和强硬要求，他们不希望将“高升”号事件演变成政治事件或军事争端，而是希望通过经济赔偿的方式来解决问题。特别是8月1日中国和日本相互宣战后，英国政府急于与日本达成妥协。

日本外务大臣陆奥宗光接到了来自海军的关于击沉“高升”号的报告后，意识到了问题的严重性，他担心日英两国间或将因此意外事件引起一场重大纷

〔1〕《李鸿章全集》24，电报四，安徽教育出版社2008年版，第172页。
〔2〕戚其章主编：《中日战争》11，中华书局1996年版，第308页。
〔3〕同上，第95—96页。
〔4〕The Frencb Mail Papers, The North-China Herald, Sep14, 1894, p437.

争，于是篡改了海军递交的报告，不仅把发动战争的责任推给了中国一方，而且突出了“高升”是在“操江”的护航下和士兵的抵抗下被击沉的。随后，他致电日本驻英公使青木周藏，让他转告英国政府，日本政府不承担击沉“高升”号的法律责任。

青木周藏接到国内的指令，便在英国展开了工作，其手段可谓无所不用其极。首先，他在本国的支持下，利用金钱收买英国媒体，左右舆论导向；其次，他派出公使馆德籍雇员亚历山大·西伯尔特男爵前往英国外交部游说，试图改变英国官方的看法。日方的措施触动了英国国内一些学者对英日关系的战略思考，他们从维护英日同盟，共同对付俄国的角度出发，主张为日本辩护。英国外交部出于联日抗俄的战略考量，经过一番舆论导向之后，决定公开挑明对“高升”号事件的处理态度，认定日舰击沉“高升”号并不违反国家法，英国无权向日本提出索赔要求，相反，“高升”号的拥有者印度支那轮船公司应向中国索取赔偿。

1895年5月，按照英国政府的授意，印度支那轮船公司向中国提出了索赔“四十八万八千八百八十美元”的要求。[1] 9月，英国外交部又按照苏格兰恤寡章程推算，向中国索赔共计英金四万六千一百六十六镑九先林。[2]

对于英日之间的幕后交易，李鸿章一无所知，在“高升”号事件发生后不久，他曾经组织人员进行过调查，但他倚重的还是同为受害国英国的干涉。他坚信，英国绝不会让事件不了了之。正当英日之间进行秘密交易的时候，中日战争全面爆发，陆海战场上剧变的战局牵扯了李鸿章的全部精力，他再也无力顾及“高升”号事件处理中的是非曲直，偶尔想起“高升”号事件，也只关注英国的干预将对战争产生的影响。他丝毫没有料到，在他费尽心机调兵遣将的时候，英国政府不仅没有通过“高升”号事件的处理对日本形成抑制，反而借助这一事件向日本示好，加强了英日之间的同盟关系，不仅把“高升”号事件的一切后果转嫁给了中国，而且使日本解除了英国干涉的后顾之忧，这无疑让面临空前劫难的中国雪上加霜。

〔1〕戚其章主编:《中日战争》6，中华书局1993年版，第649页。

〔2〕《光绪年间中英“高升”轮索赔交涉案》,《历史档案》2002年第2期，第74页。

“高升”号事件的处理，虽然有了明确的方向，但毕竟演化成了中英之间的纠葛，由于战争等诸多因素的影响，英国政府无法立即推动实施，只好暂时搁置下来。直到八国联军侵华战争结束时，英国政府趁中国战败之机旧事重提，要求兑现赔偿。英国首相兼外相索尔兹伯里向当时的中国驻英公使罗丰禄表示：“高升”号轮船案，不论理之曲直，只论款之赔否，向中国强索赔款。最终经过双方的几番争论和交涉，清政府向英国赔偿英金三万三千四百十一镑，按市价合规平银三十一万二千九百二十二两五钱四分，以一零九六折实库平银二十八万五千五百十三两二钱六分六厘四毫。这些款项由两江总督魏光焘从宁、苏藩司应缴中央的款项下照案解还归垫。[1]这已经是1903年5月的事了，此时李鸿章早已不在人世。

“高升”号事件的最终结局再次表明，在弱肉强食的强权时代，国际法绝不是弱国争取正当权利可依靠的有效武器，而是列强玩弄于股掌之中的恃强凌弱的工具，国际秩序是按照强国意愿用大炮和军舰建立起来的，弱小民族的出路在于图强和抗争。

---

〔1〕《光绪年间中英“高升”轮索赔交涉案》，《历史档案》2002年第2期，第81页。

无序与悲壮：

史无前例的黄海海战

丰岛海战后，清政府上下被浓厚的主战氛围所笼罩，慈禧太后和光绪皇帝被日本的无耻行径所激怒，毫不犹豫地对日宣战。清流派人士也在愤怒的情绪之下，上书斥责李鸿章的软弱，要求惩治无所作为的丁汝昌，并强烈敦促朝廷全力以赴对日用兵。然而主战情绪下掩盖的是未经精心筹划的对日攻势和毫无根据的极度轻敌。众目睽睽之下的李鸿章和丁汝昌究竟应该如何应对呢?

清廷的主战与轻敌

1894年8月1日，中日双方互相宣战。光绪皇帝在上谕中命令李鸿章，“严饬派出各军迅速进剿，厚集雄师陆续进发，以拯韩民于涂炭，并着沿江沿海各将军督抚及统兵大臣整饬戎行，遇有倭人轮船驶入各口，即行迎头痛击，悉数歼除，毋得稍有退缩，致干罪戾。”[1]这一上谕实际上就是宣战诏书，慷慨陈词，有理有据，正义精神跃然纸上，表达了皇帝坚定御敌之决心。

光绪皇帝

然而，清廷对中日双方的军事实力并没有客观评估，在他们眼里，日本是一个不堪一击的“蕞尔小邦”，通过“迅速进剿”和“迎头痛击”，它将不堪一击。特别是战争开始之初叶志超“连获胜仗”的军情谎报，更让朝廷忘乎所以，皇帝多次催促李鸿章，让驻朝鲜北部的清军“星夜前进”，与叶志超会合。再加上清流派屡上奏章，强烈要求与日军作战，使得清廷中主战氛围愈加浓厚。

8月3日，翰林院代奏编修丁立钧条陈征倭事宜，慷慨激昂，明确指出：“日本外强中干，兵力财力举不足恃，天下所共闻知，今特窥我无必战之心而先发以慑，我若不加惩创，将竟以中国为无能为，而欧洲各国亦群起而轻中国

[1]《清光绪朝中日交涉史料》卷十六，故宫博物院1932年版，第3页。

矣。今日之事，以大举讨逆为一定不易之策，薄海瞻仰在此一举。”向皇帝提出五条主张，其中第一条就请旨“严予处分”李鸿章，饬其“带罪自效”，一面“亲统大军进驻威海，严督前派渡海诸军，约期进战，攻复汉阳，不得逗留退缩，远次数百里外虚为声援，自干重戾”；一面“督饬历年精练之海军战船，进攻仁川口敌舰，以壮声威”。丁立钧指出，如果中国一意求战，则“敌人兵力如与我悉力相持，必不能至四五月之久”，敌人“上下之心必离而军情不固矣。俟彼势穷力屈求和于我，则一切就我范围，从此改定前约，可以尽收保护朝鲜之权，所谓一劳永逸者也”；如果中国一意许和，“则必牵就于他国调停之说，所亏损者比多”。所以祈求皇上，“创一实不足畏之日本以立威”，以震慑各国。〔1〕丁立钧的观点在朝廷中是具有一定代表性的。

与求战氛围形成鲜明对比的是朝廷上下庆贺皇帝生日的欢乐气氛。这种气氛折射出来的，是清政府统治集团对战争的麻木和对敌人的极端轻视，也反映了主战派的急躁情绪和主和派的侥幸心理。7月28日，是皇帝万寿圣节。这一天，紫禁城里自早至晚都是一片忙碌。皇帝升殿、群臣庆贺、楼台听戏、大摆筵宴，每一个环节都如往日一样有条不紊。在这些活动之余，皇帝也想到了朝鲜的战局，便降旨让庆亲王奕劻，军机大臣翁同龢、李鸿藻等人赴军机处商讨战策。显然，这样的商讨已经不是第一次了，在整个战争中，它是清廷运筹战争的主要形式。这些人虽然不缺杀敌的热诚，但也不乏纸上谈兵的本事，特别是他们对朝鲜战局莫辨，对日本意图茫然，怎能提出符合实际的战争计划？在议论了一番之后，他们便各自散去，等待晚上在宁寿宫畅音阁上演的精彩大戏。翁同龢在当天的日记中以寥寥数笔记录了这次会商：“余与兰翁入至军机房，早间奉旨会商，庆王亦来商量。见北洋两电：一撤使，禁倭货入口；一又云不必禁倭货，恐搜查为难。”〔2〕与他对参加皇帝生日庆典的绘声绘色的描述，形成鲜明对照。

皇帝的生日刚过，慈禧太后的六十大寿继之而来。光绪二十年十月初十，也就是公历1894年11月7日，是慈禧太后的60岁生日。为了这一天，这位始

〔1〕《清光绪朝中日交涉史料》卷十六，故宫博物院1932年版，第5—6页。
〔2〕《翁同龢日记》5，中华书局1997年版，第2713页。

终控制着朝廷大权的皇太后已经整整准备了两年。随着庆典的临近，各项准备工作都在紧锣密鼓地进行中，战争的临近丝毫没有影响她筹备庆典的兴致，除了关心庆典筹备，就是沉浸在享乐之中。她始终“唯以听戏纵欲为事，一切不关心”[1]。而中日战事的开启打乱了她的节奏，对日本的愤恨也由此增添了几分，她一怒之下赞同对日宣战。在侥幸取胜心理的支配下，她没有下令停止浩大烦琐的庆典工程，直到北洋海军在黄海海战中遭到惨败，她才意识到取胜并非易事，不得已颁布懿旨：“本年十月予六旬庆辰，率土胪欢，同深忭祝，届时皇帝率中外臣工诣万寿山行庆贺礼，自大内至颐和园，沿途跸路所经，臣民报效点缀景物，建设经坛。予因康熙、乾隆年间历届盛典崇隆，垂为成宪。又值民康物阜，海宇又安，不能过为矫情，特允皇帝之请，在颐和园受贺。讵意自六月后倭人肇衅，侵予藩封，寻复毁我舟船，不得已兴师致讨。刻下干戈未戢，征调频仍，两国生灵均罹锋镝。每一念及，悯悼何穷！前因念士卒临阵之苦，特颁内帑三百万金，俾资饱腾。兹者庆辰将届，予亦何心侈耳目之观，受台莱之祝耶。所有庆辰典礼，着仍在宫中举行，其颐和园受贺事宜，即行停办。”[2]这段言语似乎包含了对战情和民情的体恤，但“所有庆辰典礼，着仍在宫中举行”一语，依然掩盖不了她自私而虚荣的本性。

战争爆发后依然大搞生日庆典的慈禧太后

清廷的主战，隐含着非常复杂的情绪和心态，愤怒、急躁、轻敌、侥幸交织在一起，造成了战争指导的混乱。随着战局的演变，战争的筹划者很快就在认识上发生了分化，导致北洋海军在临战的关键时刻战术思维极度混乱，海上行动无所适从。

〔1〕梁启超：《戊戌政变记》，中华书局1954年版，第58页。
〔2〕《光绪朝东华录》三，中华书局1958年版，总第3465页。

缺乏统一谋划的海上用兵

1894年的七八月间，北京的天气变幻无常，忽而酷热难耐，忽而阴雨连绵，朝廷上下本已被朝鲜战局扰乱的心情，变得更加焦躁不安。

丰岛海战后，在北洋海军的运用上，光绪皇帝沿袭了海战前的思路，要求北洋舰队始终游弋于日本军舰出没的地方，遇敌即击，不惜一切代价阻止日军登陆。这一思维，或称“决战思维”。

在皇帝贯彻其“决战思维”过程中起到推波助澜作用的，依然是清流派强烈的主战声浪。这些文人雅士把矛头直指李鸿章和丁汝昌，他们不问青红皂白，提出惩治李鸿章、罢黜丁汝昌的建议，似乎只有惩治了这两位海军的实际控制者，战争才有取胜的希望。他们毫无根据地把海军置于战争胜负的关键位置，丝毫不考虑在这场战争中陆海军究竟谁为主、谁为辅的问题，而甲午战争在军事上的特点，恰恰是陆主海从。

李鸿章是海上用兵的实际指挥者，他当初建设北洋海军的指导思想是他长期形成而又不完整的海军威慑思想。早在1872年筹备购造舰船时他就说过：“我之造船，本无驰骋域外之意，不过以守疆土保和局而已。”〔1〕二十多年后，他的威慑思想愈加坚定，他主张力避与日本海军进行海上主力决战，通过保存实力和显示存在对敌形成威慑，使日本海军不能达成战略企图，从而确保北洋门户的安全。在这一思想的指导下，他饬令丁汝昌时常巡弋海上，极力制造声势，但不到万不得已不轻易与日本舰队交战，做到“保船制敌”。这一用兵

〔1〕《李鸿章全集》5，奏议五，安徽教育出版社2008年版，第108页。

方针明显与光绪皇帝的“决战思维”相背离，李鸿章在无法与主战派思想统一的前提下，只能寻找机会，极力运用“保船制敌”中的“制敌”，拉近与皇帝“决战思维”的距离。

与李鸿章的海上用兵谋略相比，丁汝昌并没有系统的筹划可言。从现有史料中我们找不到丁汝昌用兵方略的规划，他对李鸿章海军威慑思想的“精髓要义”也不能时时准确地理解和把握。当然，这并不是说丁汝昌就没有自己的建树，他也曾向李鸿章提出过足以影响战局的建议，但没有被采纳。他对朝廷和李鸿章不同目的的用兵指令，反应总是被动的，并且时常表现得手足无措。

这些情况表明，甲午战争爆发之初，海上用兵的筹划者和执行者没有形成上下一致的用兵联动，其结果是，北洋海军无法设定明确的作战目标、无法形成系统的作战方案、无法树立坚定的作战决心，其取胜的希望也就如同烟波一般缥缈无形。

丰岛海战爆发的前一天，翰林院修撰张謇密信翁同龢，主张撤掉丁汝昌的海军提督职务，信中说：“丁须即拔，以武毅军江提督代之，似亦可免淮人复据海军。（丁常与将士共博，士卒习玩之，亦不能进退一士卒）惟江非水师，恐与驾驶事不习，转为士卒所轻，则左翼之林泰曾、右翼之刘步蟾似可择一。若论者有词，可以策厉，似林逾于刘。”[1]这里所说的“丁”是指丁汝昌，张謇的意思显然是希望以非淮军将领代替淮军将领出身的丁汝昌，以趁此机会使北洋海军摆脱淮系的控制，以便按照主战派的意图使用海军。这封密信的韵味表明，清流派人士的内心并不阳光，大敌当前，他们考虑的首要问题是派系

李鸿章（右）陪同醇亲王奕譞（中）巡阅北洋海军留影

〔1〕戚其章主编：《中日战争》6，中华书局1993年版，第449—450页。

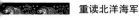

纠葛，而不是如何使用海军。对张謇的提议，翁同龢还未来得及做出反应，丰岛海战就爆发了。中日宣战后，翁同龢需要观察战局，不宜轻易表态，他的门人傅嘉年劝他，“丁汝昌不可劾，七艘须保全”[1]，显然是站在有利于战争的角度发出的忠告。

丰岛海战后的第二天，李鸿章命令丁汝昌率领北洋海军九艘军舰前往汉江洋面“游巡迎剿”，但他告诫丁汝昌“须相机进退，能保全坚船为妥”。特别叮嘱丁汝昌要“速回”。[2]此时要求丁汝昌“速回”，无非是担心北洋舰队与日本舰队主力遭遇。可是，他在给总理衙门的电报中仅说“已饬海军提督丁汝昌统带铁快各船，驰赴朝鲜洋面，相机迎击”，删掉了“能保全坚船为妥”这句话，[3]说明这句话只能说给丁汝昌听。

7月26日，丁汝昌率舰出发，直奔汉江口，这是他丰岛海战后第一次率舰出巡。这次巡弋仅用时不到三天。回到基地，丁汝昌在给刘含芳的信中说：“廿四亲督大队东征，原冀截冲寇船，麇其一二冠军者歼击之，庶微足雪死士之冤仇，泄臣民之公愤。在汉江外搜巡海面将及两日，踪迹杳然。意欲直捣汉江，又虑中其暗伏。特以战舰无多，不得不加珍惜耳。漫巡无益，遂于廿七齐驶回防，拟将续行解到子药加添，再候帅命以出。”[4]仔细体味这段话便可发现，丁汝昌是带着悲愤的情绪和复仇的动机完成巡弋的，当然复仇的方式不是寻求主力决战，而是“麇其一二冠军者歼击之”，可知他既想打击日本海军的士气，又不想造成己方的过度损失。这样，在第一次出巡中，丁汝昌较好地贯彻了李鸿章“保船制敌”的方针，可是巡弋结果却是无功而返。

李鸿章对丁汝昌的出巡表现以及回威的防御部署颇感满意。7月31日，李鸿章听说成山头附近有烟气迷漫，庙岛以西有日本大船巡缉，感到打击零星日本舰船，是“保船制敌”的最好方法，便电令丁汝昌：“‘定’‘镇’等船赴游时，须在洋面游巡，探有倭船，即设法围击。”[5]恰在此时，朝鲜前线传来叶志超在牙山获胜的假消息，说叶军以死亡200余人的代价，消灭日军2000多

〔1〕《翁同龢日记》5，中华书局1997年版，第2716页。
〔2〕《李鸿章全集》24，电报四，安徽教育出版社2008年版，第166页。
〔3〕同上，第168页。
〔4〕《北洋海军资料汇编》上册，中华全国图书馆文献缩微复制中心1994年版，第532页。
〔5〕《李鸿章全集》24，电报四，安徽教育出版社2008年版，第186页。

人，李鸿章信以为真，即刻给丁汝昌发报："叶军既获大胜，倭必添兵。总署催汝统铁快各船，往仁川附近截击其运兵船，机不可失。南口可责令张文宣等布置。'定''镇'等不必赴旅，即督同起碇前去，相机截击，如倭船前击倭船办法，甚可仿照。"最后，他再次叮嘱丁汝昌"速去速回，保全坚船为要"。[1] 8月2日，丁汝昌率领六艘军舰巡弋朝鲜大同江洋面，这是北洋海军在丰岛海战后的第二次海上行动。

可是，朝廷对海军第一次无功而返的出巡颇为不满，特别是丁汝昌匆匆回威后把主要精力放在了威海港口防御上，让他们怀疑丁是在怯战。总理衙门于8月2日致电询问李鸿章：丁提督前云，往返汉江口外，未遇倭船，折回威海，不知作何进止？叶志超部接济别无他路可通，若能以铁快等船，仍由牙山、水原海口运送，尚可速达。倘令丁汝昌办理此事，他能胜任否？[2]李鸿章于3日复电称，叶志超军接济难通，深为焦急。本来欲用海军护运，屡次与丁提督商量，丁提督说，我军没有侦探快船作为先锋，日军于汉江各口已经布置很久，倘我军深入，敌人暗设碰雷，突然出动鱼雷艇四面抄袭，我舰少快炮，舰速较慢，恐堕入日军的奸计。如果驰逐大洋，日军以快炮速，我军以炮大甲坚，这样的明战可希望获胜。如果进入内口，则没有取胜的把握。我军的精锐舰只只有"定远""镇远""致远""靖远""经远""来远""济远"七艘，不可稍有疏失，轻于一掷，大局所关。我只有随时亲率七舰远巡大同冰洋，遇敌痛剿；近顾北洋门户，往来梭查，使彼诡计猝无所施。丁汝昌的看法似系老成之见。该提督昨天又率领六船赴朝鲜洋面，查有日本运兵船来即行截击。[3]

朝廷对李鸿章的解释并不满意，与叶志超在牙山取得的"战绩"相比，北洋海军的无所作为实在令他们气恼。皇帝于3日降旨，谕令李鸿章察看丁汝昌有无"畏葸纵寇情事"，"即日据实复奏，毋得稍涉瞻徇，致误戎机"。并特别强调，如果必须对丁汝昌进行更换，应将接统的人员"妥筹具奏"。[4]就在同一天，礼部侍郎志锐奏请将丁汝昌拿交刑部审明正法折片也送到了皇帝的手上。

〔1〕《李鸿章全集》24，电报四，安徽教育出版社2008年版，第189—190页。
〔2〕同上，第195页。
〔3〕同上，第196页。
〔4〕同上，第199—200页。

志锐义愤填膺地指出："海军水师提督丁汝昌，身荷厚恩，委以重任，今年又蒙恩赏尚书衔，当如何尽心图报，乃闻其带船出洋，以未遇敌舟无以接仗，退守威海，借口固防，并欲告病求退，李鸿章亦未参奏。"他还把方伯谦在丰岛海战中炮击敌舰的"战绩"与丁汝昌的畏葸相比较，拟请将丁汝昌召来京城交刑部，一旦罪状得实，即治以军法，杀一儆百。〔1〕虽然志锐的奏片充满了道听途说和主观臆断，今天看来颇有些荒谬，但对皇帝的情绪确起到了火上浇油的作用。5日，皇帝又下了一道措辞更加严厉的谕旨："丁汝昌前称追倭船不遇，今又称带船巡洋，倘日久无功，安知不仍以未遇敌船为诿卸地步。近日奏劾该提督怯懦规避、偷生纵寇者几于异口同声。若众论属实，该大臣不行参办，则贻误军机，该大臣身当其咎矣。着接奉此旨后，即日据实电复，不得有片词粉饰。"〔2〕显然，皇帝不仅被丁汝昌的作为激怒，下决心要撤换他，而且已迁怒于李鸿章，认为李鸿章在包庇丁汝昌。

李鸿章为皇帝震怒而恐慌，他知道，丁汝昌两次赴朝巡弋，都是按照自己的意图行事，处置丁汝昌，就等于否定自己"保船制敌"的用兵方针，所以他一方面依然要为丁汝昌辩护，另一方面要求丁汝昌"当振刷精神，训励将士，放胆出力"〔3〕。显然，李鸿章对丰岛海战后丁汝昌执行自己意志的表现无可指责，只能给丁汝昌敲敲警钟，同时发泄一下自己心中的怨气。

可是，再严厉的命令也难以让丁汝昌在大同江口施展拳脚，他有难言的苦衷。他在给龚照玙的信中说，早在丰岛海战之前，就向李鸿章建议，在朝鲜西海岸大同江口"预筹水陆进踞协守"，实际上就是建立临时海军基地，以便"水军中途有所驻足，陆军后路恃以疏通，并足以杜穷寇西窥之路"，可是李鸿章根据当时的形势，答以"不急"，使此事搁置下来。丁汝昌无奈决定："事已至此，惟有驱此一旅，搜与痛战，敢曰图功先塞群谤，利钝之机听天默运而已。"〔4〕

然而，感叹归感叹，决定归决定，丁汝昌还是于7日率舰回到了威海，理

---

〔1〕戚其章主编:《中日战争》1，中华书局1989年版，第44—45页。
〔2〕《李鸿章全集》24，电报四，安徽教育出版社2008年版，第205—206页。
〔3〕同上，第207页。
〔4〕《北洋海军资料汇编》上册，中华全国图书馆文献缩微复制中心1994年版，第540—542页。

由是补充煤水。此次出巡依然“寻倭船不遇”。

朝廷高度关注着丁汝昌的动向，然而自从他率舰赴朝海后，李鸿章并未将六舰的具体行踪及时报告，于是总理衙门只得致电李鸿章询问。其实，此时李鸿章正为丁汝昌回威海前的部署感到气恼，他电令丁汝昌：“兵船赴大同江，遇敌船势将接仗，无论胜负，不必再往鸭绿江口，恐日本大队船尾追入北洋，妥慎防之。”〔1〕可见，李鸿章对丁汝昌第二次出巡非常不满，但他不敢把实情上报朝廷，只是命令丁汝昌赶紧赶往大同江口。

8月9日早晨，丁汝昌率领北洋海军“定远”“镇远”“致远”“靖远”“经远”“来远”“平远”“广甲”“广丙”“扬威”共十艘军舰赴大同江巡击，仅留“超勇”一舰及三艘“蚊子船”防守威海。此为丁汝昌第三次赴朝巡海。

就在丁汝昌率队离开威海不久，10日凌晨，日本海军21艘舰船突然出现于威海南北口外，戴宗骞、张文宣、刘超佩等各督炮台弁兵，齐放大炮轰击，几小时后日舰离去。李鸿章以为“倭乘我海军远出，欲捣虚投隙”，于是他立刻致电平壤，“令丁速带全队回防，迎头痛剿”。〔2〕李鸿章的判断是错误的，日本海军主力此次驶临威海港，是来寻找北洋海军决战的，只是没有摸清北洋海军主力的动向而扑了空。

8月上旬，日舰频繁出现于旅顺、烟台、威海、成山一带，大小有21艘之多，〔3〕军机处一方面令陆路增兵扼守，另一方面饬李鸿章迅饬丁汝昌带铁快各船，即赴山海关海滨等处截击。〔4〕通过此次日本舰队对威海的窥探，朝廷对丁汝昌前次回威部署防御的行动有所理解，皇帝一面询问威海是否置放了水雷，一面指示李鸿章责令丁汝昌实力严防。皇帝态度的变化，是日本海军频繁进行海上活动的结果，他担心北洋海军的注意力集中于朝鲜海域，而忽视京畿门户防卫，被日本海军钻了空子，所以明确表示不再“遥制”北洋海军的行动，而是听任李鸿章对海军的“相机调度”。

李鸿章发往平壤的命令因丁汝昌在外海没有及时收到，迟迟不能率队返

〔1〕《李鸿章全集》24，电报四，安徽教育出版社2008年版，第210、213页。
〔2〕同上，第218页。
〔3〕同上。
〔4〕《清光绪朝中日交涉史料》卷十六，故宫博物院1932年版，第27页。

威，李鸿章只好派出专船传令。直至8月12日，丁汝昌才率队抵达成山头。

日本海军自威海寻仗后，时常派出舰船出现于旅顺口、山海关一带，但并无在辽东半岛登陆的迹象，这使清廷无法确知其意图。8月13日凌晨，刚刚回到威海的丁汝昌接到李鸿章转来的一道圣旨，谕令丁汝昌立刻率舰队开赴山海关一带，"遇贼截击，若能毁其数船，亦足以逭前愆"[1]。并特别警告说："该提督此次统带兵船出洋，未见寸功，若再迟回观望，致令敌船肆扰畿疆，定必重治其罪。"[2]很明显，朝廷已不再让北洋海军前赴朝鲜海面寻敌决战了，而是以守护北洋各海口为要，但依然认为北洋海军有能力消灭日本海军一部，否则便是丁汝昌不作为。李鸿章赶紧命令丁汝昌出海，赴山海关、秦皇岛、洋河口一带，测探水势深浅，详复核办。并特别嘱咐丁汝昌，"此后海军大队必不远出，有警则兵船应全出口迎剿"[3]。

8月14日早晨，丁汝昌率十艘军舰第四次出海。随后，他按照李鸿章的安排，经庙岛、山海关、秦皇岛、洋河口一带巡查，回至大沽折往旅顺添煤、小修，又由旅顺经烟台，于22日返回威海。在这期间，北洋海军除测得沿途各口的海岸状况外，依然没有与日本海军遭遇。

8月21日，数日得不到北洋海军讯息的光绪皇帝询问丁汝昌现在何处，并给李鸿章做出规定："嗣后海军各船巡至何口，即由该口电报。李鸿章将何时到口、何时起行、往何处转奏。再至别扣亦然。不得数日无电，致劳廑系。"李鸿章只好把丁汝昌率队所到地方如实向总理衙门做了汇报。[4]22日和23日，皇帝连降两道谕旨，意思相近。23日的谕旨称："倭船前在威海、旅顺等处施放空炮，旋即远扬，难保不乘我之懈再来猛扑。威海、大连湾、烟台、旅顺等处为北洋要隘、大沽门户，海军各舰应在此数处来往梭巡，严行扼守，不得远离，勿令一船阑入。倘有疏虞，定将丁汝昌从重治罪。"[5]

虽然皇帝的态度在一番周折后稍有变化，但朝廷内外弹劾丁汝昌的声浪并没有因此而减弱。一时间，江南道监察御史钟德祥、侍郎长麟、广西道监察御

---

〔1〕《李鸿章全集》24，电报四，安徽教育出版社2008年版，第228页。
〔2〕同上，第233页。
〔3〕同上，第230、232页。
〔4〕同上，第255—256页。
〔5〕同上，第264页。

史高燮曾、河南道监察御史易俊、翰林院侍读学士文廷式、吏科掌印给事中余联沅等纷纷上奏朝廷，要求革除丁汝昌职务，交部治罪。军机处大臣们在讨论过这些奏折后认为，“不治此人罪公论未孚”〔1〕。他们的意见是：“应请旨将丁汝昌即行革职，带罪自效，其海军提督一缺，请旨饬令李鸿章遴选堪充海军提督之员，酌保数人候旨简放。”〔2〕有鉴于此，皇帝于26日降旨，革除丁汝昌提督职务，责令其“戴罪自效，以赎前愆。倘再不知奋勉，定当按律严惩，决不宽贷”〔3〕。第二天，皇帝又追加了一道圣旨，进一步历数朝鲜战事发生以来丁汝昌的罪状，强调罢黜他的必要性。

此次罢免丁汝昌似乎已成定局，李鸿章再难有回旋余地。可恰在此时，龚照玙发来电报称，在鸭绿江口附近发现日本船只，建议海军迅速游弋三山、海洋、大鹿各岛一带。这是一个危险的信号，因为从旅顺到鸭绿江口一线，已是海上转运物资人员增援朝鲜唯一的安全通道，如果这条通道被日军控制，朝鲜战局将大受影响。李鸿章迅速抓住这一机会，一面给丁汝昌下达指令，强调大东沟转运饷械只此一线，海路极关重要，让他酌带军舰速往梭巡，遇敌即击；威海仍留军舰协防，倘有日舰西来，亦即迎头痛剿。一面上报总理衙门，强调从旅顺到大东沟海路的重要性，已电饬丁汝昌带队前往巡弋，〔4〕意在告诉总理衙门，丁汝昌正在积极悔过，戴罪立功。

8月29日凌晨，丁汝昌率领舰队如期出发了，这是他第五次率队出巡。就在丁汝昌离开威海的当天，李鸿章给皇帝上了一道1200余字的奏折，全面论述了他的“保船制敌”方略，以及不能罢免丁汝昌的理由，可谓条分缕析，有理有据。他说：

丁汝昌从前剿办粤捻，曾经大敌，迭著战功，留直后即令统带水师，屡至西洋，借资阅历。及创办海军，特蒙简授提督，情形熟悉，目前海军将才尚无出其右者。各将领中如总兵刘步蟾、林泰曾等，阶资较崇，惟系

〔1〕《翁同龢日记》5，中华书局1997年版，第2722页。
〔2〕《清光绪朝中日交涉史料》卷十七，故宫博物院1932年版，第43页。
〔3〕《清光绪朝中日交涉史料》卷十八，故宫博物院1932年版，第11页。
〔4〕《李鸿章全集》24，电报四，安徽教育出版社2008年版，第281—282、283页。

学生出身，西法尚能讲求，平日操练是其所长，而未经战阵，难遽胜统率全军之任。且全队并出，功罪相同，若提督以罪去官，而总兵以无功超擢，亦无以服众心。若另调他省水师人员，于海军机轮理法全未娴习，情形又生，更虑偾事贻误，臣所不敢出也。自来用兵，谤书盈箧而卒能收功者比比皆是。伏恳圣明体察行间情事，主持定断，臣不胜迫切悚惧之至。[1]

李鸿章至深至切的话语终于打动了光绪皇帝，在考虑了一天后，皇帝于31日降下谕旨，改变了原来的决定：

朝廷赏功罚罪，一秉大公。丁汝昌统帅全军战舰，未能奋勉图功，以致众口交腾。当此军情紧急之时，不得不严行查究，免至遗害将来。即据该大臣密筹海军彼此情势，战守得失，详细复奏，自系实在情形。丁汝昌暂免处分，着李鸿章严切戒饬，嗣后务须仰体朝廷曲予保全之意，振刷精神，尽心防剿。倘遇敌船猝至，有畏缩退避情事，定按军法从事，决不姑宽。威海、旅顺为北洋门户，必须加意严防，毋得稍有疏失。此次大东沟侦见红色船既经远去，该提督仍应驰回威、旅一带，巡梭固守，并随时勤加侦探，相机迎击，以期力挫敌锋，借观后效。[2]

大敌当前，在李鸿章据理力争之下，丁汝昌终于逃过一劫，北洋海军也暂时避免了一场临阵易将带来的动荡。

丁汝昌的第五次出巡分别巡查了海洋岛、大鹿岛、光禄岛、三山岛、大连湾、旅顺，于9月3日返回威海。此时，罢职风波已经平息，他的心情也稍为好转，但朝鲜战局却每况愈下，平壤岌岌可危。13日，丁汝昌又率队第六次出海，完成了载运铭军赴朝的护航任务。当他17日再次出海护航时，终于遭遇了日本舰队主力，爆发了空前的黄海大战。

〔1〕《李鸿章全集》15，奏议十五，安徽教育出版社2008年版，第405—406页。
〔2〕同上，第407页。

日本海军谋求争夺制海权

前已述及，日本大本营陆军首席参谋、陆军参谋次长川上操六陆军中将拟定开战之初即在直隶平原与清军进行决战的设想后，经海军省主事山本权兵卫海军大佐的补充，形成了陆海协同作战的完整计划。这一计划的前期目标是：首先发动平壤战役，占领朝鲜全境，将清军在朝鲜的势力彻底清除，然而以朝鲜为前进基地扩大战争规模，将战火烧到中国境内。这一计划表明，日本发动的甲午战争是陆海协同的侵略战争，在这场战争中，陆军居于主导地位，海军处于辅助地位，而海军辅助的主要手段是夺取制海权。为此，参谋本部下达给联合舰队的前期任务是：护送陆军登陆朝鲜，从海上应援陆军，使其完成进击平壤之功。

丰岛海面偷袭中国军舰得手之后，日本海军战胜中国海军的信心大增，开始按照参谋本部的意图谋求扩大控制范围，欲在朝鲜西海岸建立“前进根据地”。7月27日，经过研究，联合舰队决定将临时根据地由朝鲜以西的所安岛，北移至距全罗道海岸10多海里的隔音岛。31日，为更加适合未来决战的需要，联合舰队对编制序列进行了战争筹划以来的第三次改编，将三个编队调整为四个编队，调整后的联合舰队编制序列如下：

本队：“松岛”（旗舰）“严岛”“桥立”“千代田”“筑紫”“扶桑”；

第一游击队：“吉野”（旗舰）“高千穗”“秋津洲”“浪速”；

第二游击队：“比睿”（旗舰）“葛城”“大和”“武藏”“高雄”“赤城”；

第三游击队：“天龙”（旗舰）“大岛”“摩耶”“爱宕”“鸟海”“天城”；

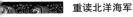

黄海海战前日本联合舰队云集吴港

日本联合舰队司令长官伊东祐亨

水雷艇队母舰："山城"。[1]

这样的调整，使主力战舰全部集中于本队和第一游击队，提高了联合舰队主体部分的机动能力和攻击能力，便于同北洋舰队进行海上决战。同时，编队数量上的增多，在外观上扩大了规模，虚张了声势，提高了海上威慑力和牵制力。

8月2日，也就是日本天皇颁布宣战诏书的第二天，大本营即向联合舰队司令长官伊东祐亨下达了"歼灭敌舰队，控制敌海面"的命令。[2]至此，日本海军似乎已经具备了与北洋海军决战、争夺制海权的条件。然而联合舰队的表现却显得保守，似乎没有寻找北洋海军的主动性，人们仅在朝鲜西海岸看到日本军舰的身影。英国远东舰队司令斐利曼特认为，日本海军的行动是极其保守的，没有积极进行舰队决战的意图，原因是它们没有理解制海权的真正意义。国际社会更有讽刺性的评论，说伊东祐亨害怕北洋海军的炮火，磨磨蹭蹭。[3]长期出没于北洋的臭名昭著的日本间谍宗方小太郎在递交给日本的报告中建议：

> 今日之急务，为以我之舰队突入渤海海口，以试北洋舰队之勇怯。若彼有勇气，则出威海、旅顺作战；彼若不出，则可知其怯。我若进而攻击威海、旅顺，则甚为不利，应将其诱出洋面，一决雌雄。否则，持重于

〔1〕（日）《田所广海勤务日志》，上海书店出版社2015年版，第417页。
〔2〕（日）外山三郎：《日本海军史》，解放军出版社1988年版，第47页。
〔3〕（日）藤村道生：《日清战争》，上海译文出版社1981年版，第102页。

朝鲜近海，以待彼之到来，其中虽必有所深谋远虑，然为鄙人所不能理解者也。根据鄙见，我日本人多数对中国过于重视，徒然在兵器、军舰、财力、兵数等之统计比较上断定胜败，而不知在精神上早已制其全胜矣。噫！今日之事，惟有突击之一法。“突击”二字，虽颇似无谋之言，然不可不知无谋即有望也。〔1〕

自丰岛海战至8月上旬，日本联合舰队始终未与北洋海军主力正面接触，这与朝鲜陆上战局有关。此时，日军正与清军激战于成欢，这是甲午战争爆发以来陆上的第一次战役，对日本来说至关重要，海军必须全力以赴保持支援姿态。成欢之战刚一结束，日军又开始筹划平壤战役。大本营训令第五师团长野津道贯中将，把国内留守的第五师团余部全部由宇品港运往朝鲜，分别由朝鲜南部的釜山、东部的元山等地登陆。这些地方虽然位于北洋海军鲜有涉足的海域，但为确保万一，联合舰队必须担负护航任务，所以伊东祐亨此时无意与北洋海军进行决战。

然而，没有发生舰队决战，制海权归属不明，对日本来说，向仁川等地派出大规模的运输船队就成了冒险的事情。于是，远征朝鲜的第五师团余部不得不在远离北洋海军的釜山、元山登陆，部队上岸后又不得不在朝鲜半岛炎热的8月进行漫长的徒步行军。由于没有制海权，必须从陆路补给，日军士兵的粮食供给也没有保障，迫使兵站不足的日军不得不直接从朝鲜民众手中掠夺，遭到朝鲜人民的反抗。在如此困难的情况下，8月6日，伊东祐亨电告大本营，将率队攻击北洋海军基地威海，寻机进行海上决战，夺取制海权。为确保将北洋海军堵截于威海，伊东祐亨派出舰艇，分别赴朝鲜西海岸各处搜寻。北洋海军此时刚刚完成第

进攻平壤的日军第五师团长野津道贯中将

〔1〕戚其章主编：《中日战争》6，中华书局1993年版，第115页。

二次出海巡弋，回到威海补充煤水，日本舰艇自然无法发现北洋海军的踪影。8日晚，伊东祐亨向联合舰队各舰长发出进攻威海卫的训令。9日上午9时，联合舰队的六艘鱼雷艇与母舰“山城丸”号从朝鲜大东河口锚地出发，潜往威海实施偷袭，但没有得逞，因为此时丁汝昌奉命率十艘主力战舰第三次出海，前往大同江口巡查，日本舰队扑了个空。

第三次巡海归来后，根据朝廷和李鸿章的指示，丁汝昌不再有前往朝鲜西海岸的打算，而是准备在渤海湾以内活动，使得日本联合舰队寻找北洋海军决战的计划更加难以实现。伊东祐亨怀疑北洋海军已发现日本舰队的驻泊地，同时也感到隔音岛驻泊地水道狭窄，不便于防御，遂决定将根据地北移。8月12日，日本联合舰队将根据地向距全罗道海岸之马岛镇不远的长直路转移，14日下午完成转移，同时将忠清道西岸浅水湾作为舰队集合地点。

对于联合舰队迟迟没有找到北洋海军与之决战并夺取制海权，海军军令部长桦山资纪海军中将十分不满，因为大本营认为，如果在8月中旬以前不能夺取制海权，在渤海湾登陆将遭遇冰冻期，与清军展开直隶平原决战的计划就必须放弃。有鉴于此，桦山资纪决定改变作战计划，将海军的任务进行调整。一方面，他要运用联合舰队支援陆军展开平壤战役，彻底清除在朝清军；另一方面，还要寻找战机与北洋海军进行决战，夺取制海权，支援陆军占领辽东半岛。

为适应新的任务，8月16日，联合舰队再次进行改编，是为战争筹划以来的第四次改编，进一步增强了本队和第一游击队的力量。

此时，日本国内正在紧锣密鼓地为发动平壤战役调兵遣将。大本营下令动员第三师团的一半兵力组成混成旅团，进驻朝鲜，协同第五师团作战，并将两师团编成第一军，以陆军大将山县有朋为司令官。

为配合陆军行动，从8月17日开始，联合舰队按照大本营的指令集中力量为在仁川及马山浦登陆的日军护航，先后派出本队、第一、第二、第三游击队，往来于朝鲜西南海岸。具体任务区分是：从釜山到长直路之护卫任务由第二游击队担任；从长直路到汉江口由第一游击队及本队担任；第三游击队及水雷艇队前往仁川或马山浦迎候。

8月21日，联合舰队完成了护送第五师团登陆任务。此后，舰队来往于牙山、上公景岛、蔚岛、长直路之间，实施巡逻与警戒。

9月8日，第一军司令部及第三师团一部，在第三师团师团长桂太郎中将的率领下，搭乘38艘运输船由宇品出发，前往仁川登陆。12日，38艘运输船在联合舰队护航下于仁川登陆。至此，日本已基本完成了发动平壤战役的兵力调动。14日，伊东祐亨率领本队和第一、第三游击队向大同江进发，并命第二游击队及“八重山”舰仍泊仁川，等掩护陆军登陆完毕后即刻赶往大同江。这一攻势性的临时根据地北移行动，增加了联合舰队与北洋舰队相遇的可能性，一场海上大战即将上演。

中日海军黄海大战

自8月14日丁汝昌率队第四次出海巡弋后，北洋海军再未前往朝鲜西海岸。9月上旬，朝鲜战局进一步恶化，平壤的告急电报雪片般飞到李鸿章手上。9月10日，鉴于朝鲜事态的严重性，李鸿章上报朝廷：倭兵分路来犯，平壤、安州军情日紧，须添重兵。经与刘盛休密商，拟抽拨铭军劲旅4000人，由盛宣怀派五艘轮船装载，令丁汝昌带海军大队护航，前往大东沟登陆，上岸后直指义州、安州，扼要堵剿，援应前敌，或免日军抄袭后路之虞。[1]丁汝昌接电后，计划先率队到旅顺配齐"经远"和"来远"两舰的后炮，然后于14日赴大连湾，等候铭军运船一起开行。到达目的地后，舰队主力停泊于大鹿岛、大东沟居中处，防备日舰外窥，其他各炮舰、雷艇掩护铭军登陆。在铭军登陆期间，舰队还要驶巡大同江、青岛距成山中路处，这样既可寻觅日本舰队的行踪，也可遥顾运船。游巡一两天后，待铭军全部登岸，舰队一起返回威海。[2]丁汝昌的计划，得到了李鸿章的赞同。

13日，通往平壤的电报突然中断，朝廷失去了及时了解朝鲜战局的唯一渠道。朝鲜的电报线本有两条，一条是自汉城南至釜山，由海上通日本，是日本代造的；一条是自仁川、汉城北至义州，由鸭绿江通奉直，是中国代造的。日军占领仁川和汉城后，将汉城至釜山线据为己有，丰岛海战前夕又占领了中国设立的电报局，将汉城至平壤线完全阻断。[3]此后，中国获取朝鲜战况只能依

〔1〕《李鸿章全集》24，电报四，安徽教育出版社2008年版，第319页。
〔2〕同上，第323页。
〔3〕同上，第170页。

靠汉城至义州线。然而此时，这条线路也被日军切断了。李鸿章在无法直接获取朝鲜战况的情况下，依然要求丁汝昌按照先前的计划执行。为了解除丁汝昌的顾虑，15日，李鸿章致电丁汝昌，叮嘱他“大同江内外尚无倭船，汝护送运船前去，勿太疑虑，俟铭军起岸，仍回威、旅，再护送运船一二次。平壤被围，安州吃紧，后路仍必须再添兵，以顾大局，免深入东省为要”[1]。

15日，日军对平壤发起总攻，平壤保卫战在城外三个战场同时展开。战斗仅持续了一个白天，清军即弃城北逃。16日凌晨，日军占领平壤城。

对于平壤的战况，清廷及李鸿章均不知晓。15日上午10时，按照原计划，北洋海军主力舰船在丁汝昌的率领下齐集大连湾。此时，铭军4000人正分登“新裕”等五艘运输船，海军的“定远”“镇远”“致远”“靖远”“经远”“来远”“平远”“济远”“超勇”“扬威”“广甲”“广丙”“镇中”“镇边”等14艘舰船和“福龙”“左队一”“右队二”“右队三”等四艘鱼雷艇摆开庞大阵势，泊于港湾。亲眼目睹这一阵势的美国人描述说：“四只大的运输船已经开始装运士兵，另一只运输船也在我们之后到达。战舰排列整齐壮观。”[2]当日午夜，陆军登船完毕。16日凌晨，北洋海军各舰艇先后起锚，向着目的地——鸭绿江口大东沟航进。五艘运输船一小时后也沿着北洋海军的航迹登程了。

黄海海战前北洋海军军舰云集旅顺港

〔1〕《李鸿章全集》24，电报四，安徽教育出版社2008年版，第335页。
〔2〕戚其章主编：《中日战争》6，中华书局1993年版，第383页。

16日下午，北洋海军舰船和运输船队先后抵达大东沟海面。鸭绿江入海口以薪岛为界分为东西两条河道，东侧河道因长年泥沙淤积，形成浅滩，较大船只难以通行；西侧河道因海潮冲刷形成河沟，水稍深，满潮时可以通行较大船只。这条河沟便是大东沟。铭军登陆地点设在朝鲜义州附近，此处须从鸭绿江口大东沟上溯15海里。各舰船到达大东沟洋面时，海面正处于低潮，满载铭军人员和辎重的运输船无法进入大东沟，丁汝昌发出登岸的号令后，各运输船不得不将人员和辎重搬上民船，由民船驳运至登陆地点。可是，铭军统领刘盛休发现，驳运民船仅有十余艘，根本无法满足下载要求。其实，早在13日李鸿章就发现了这一问题，他致电奉天东边道宜麟，诘问他负责驳船的安东县为何"疲玩漠视"，要求宜麟催令设法多备渡船，以便铭军换乘登岸。并严厉指示宜麟："平壤正在接仗，日盼援军之至，如有印委违误军机，希即严参勿贷。"〔1〕但安东县托词渡船应由朝鲜义州承办，至16日依然没有准备好充足的驳船。这种状况令刘盛休无奈，只好将就。这样，就延长了铭军的登陆时间，给北洋海军的护航增加了压力。

为防止日本舰队来袭，丁汝昌将北洋海军各舰船做了梯次配置。他将"平远""广丙"布置于大东沟入口处，密切警戒转运海域的安全；派出吃水较浅的四艘鱼雷艇拖带和护卫驳船逆江上驶，抵达登陆地点；"定远""镇远""致远""靖远""来远""经远""济远""广甲""超勇""扬威"等十艘主力战舰在大东沟口西南方向12海里处下锚驻泊，以警戒整个大东沟海面的安全。

转运一刻也没停止，在黑夜来临之际，陆海军官兵依然挑灯夜战。17日凌晨4时30分，北洋舰队各舰响起了起床的钟声，官兵们开始了不寻常的一天。他们点名、擦甲板、早操、早饭、升旗，处于一片忙碌之中。丰岛海战后，这种紧张状态一直持续。7时之后，丁汝昌号令催促各运输船加紧卸载和登陆，通知各舰午刻起碇返旅，准备下一轮的护航行动。7时30分左右，陆军完成了全部登陆工作。当日风和日丽，海面上波澜不惊，预示着这将是一个难得的好天气。

9时15分，舰队开始每日例行的战斗操练，一小时后，训练结束，官兵们

〔1〕《李鸿章全集》24，电报四，安徽教育出版社2008年版，第326页。

稍事休息。此时，厨房也在忙碌着，准备当日11时55分开始的午餐。仿佛一切都和往常一样。

日本海军军令部部长桦山资纪

11时许，“镇远”舰的瞭望兵突然发现海面上有异常，西南方向海天相接之处出现了缕缕黑烟，立即发出警报。丁汝昌、刘步蟾和汉纳根登上甲板，用望远镜不断观察。不一会儿，他们看清有八艘军舰向这个方向开来，丁汝昌判断是日本舰队，遂令“定远”舰挂起“立即起锚”旗号，准备战斗。此时正是午饭时间，各舰官兵闻警后迅速跑出餐厅，奔向各自的战斗岗位，短时间内即将炮弹、子弹准备完毕。

日本联合舰队为何此时出现于大东沟海面？原来，将根据地北移的日本联合舰队，除第二游击队和“八重山”号留在仁川外，其余舰艇在伊东祐亨率领下，于9月15日驶至黄海道大东河口附近的大青岛抛锚。为了尽快找到北洋海军，伊东祐亨原本准备再率本队和第一游击队巡弋大同江，然后等待第二游击队前来会合后继续向西巡弋。可比伊东祐亨更急于与北洋海军决战的桦山资纪，派人告诉伊东祐亨，希望立刻出海搜寻。伊东祐亨遂下定决心，不等第二游击队前来会合，即向渤海湾进发，不与北洋海军决一雌雄决不罢休。

16日下午4时，日本舰队离开小乳纛角临时锚地，以第一游击队为前锋，本队紧随其后，向海洋岛进发。此时的本队序列中多了两艘军舰，一艘是由邮船改装为巡洋舰的“西京丸”号，它是桦山资纪的座舰；一艘是小型炮舰“赤城”号，是伊东祐亨用来进入海洋岛、大鹿岛以及大东沟等处浅水区实施侦察用的。17日凌晨6时30分，日本舰队抵达海洋岛海上停泊地，伊东祐亨派出“赤城”舰对海洋岛附近进行了全面搜索，未发现异常情况，舰队便于一小时后以单纵阵队形向鸭绿江口西侧的大鹿岛方向前进。航行的顺序是：本队的“吉野”“高千穗”“秋津洲”“浪速”，第一游击队的“松岛”“千代田”“严岛”“桥立”“比睿”“扶桑”，以及“西京丸”和“赤城”。

10时23分，航行在前的“吉野”舰瞭望兵突然发现东北偏东方向有轮船

日本联合舰队第一游击队司令官坪井航三

煤烟，遂发出信号。坪井航三和“吉野”舰舰长河原要一奔上飞桥，用望远镜仔细观察，同时将情况向本队报告。11时，坪井航三发现，远处的煤烟并非一缕，而是若干缕，“是由七八只以上的舰艇编成的舰队排成的小队纵阵冒出的”，午饭后判明，果然是“强大的”北洋舰队，于是以信号报告本队。〔1〕

伊东祐亨接到第一游击队发出的“发现敌舰”的信号后，马上命令本队下士以下全体就餐，他认为，“很快就要进行战斗准备，进餐可以使精神彻底镇静下来”。为了缓解官兵的紧张情绪，伊东祐亨还允许士兵饭后随便吸烟。〔2〕通过一系列的情绪调动，日本舰队上下异常兴奋，舰队以6节的速度向北洋舰队扑去。11时30分，“吉野”发出远距离信号：“东方出现三艘以上敌舰。”〔3〕与此同时，“西京丸”和“赤城”转移到本队非战斗一侧。中午12时05分，伊东祐亨下达了战斗命令，各舰桅顶悬挂一面帝国大军舰旗。〔4〕坪井航三根据伊东祐亨的命令向各舰传令：“达到适当距离时开炮。”此时，联合舰队旗舰“松岛”号的位置为东经123度35分，北纬39度32分。

就在坪井航三判明前方舰队就是北洋舰队的同时，丁汝昌、汉纳根和刘步蟾在旗舰“定远”号上也发出了“立即起锚”的号令，此时“船应机声而搏跃，旗帜飘舞，黑烟蜿蜒。南望不仅可见烟氛，且可见烟氛所从发出之战舰一串”〔5〕。北洋舰队十艘主力战舰按照平时的训练迅速变换成接敌战斗队形，以5节的速度向敌方开去。

北洋海军在黄海海战中的战斗队形是一个研究这场海战绕不开的问题，因其关系北洋海军将领的战术意识、官兵的战前训练、海战胜负等重要问题而备

〔1〕戚其章主编：《中日战争》7，中华书局1996年版，第235页。
〔2〕同上，第229页。
〔3〕林伟功主编：《日藏甲午战争秘录》，（澳门）中华出版社2007年版，第69页。
〔4〕同上，第115页。
〔5〕中国史学会主编：《中日战争》（一），新知识出版社1956年版，第45页。

受人们关注，在长达100多年的时间里众说纷纭，褒贬不一。笔者在此也必然要评述一番。

自西方传入中国的《船阵图说》[1]，根据近代舰船的作战特点，将海军作战队形形象地分为鱼贯、雁行、鹰扬、燕剪、麋角等基本阵势，这些阵势在应用时既可以实现自身变换，也可以相互转换、相互结合，从而衍生出若干战斗阵形，比如单行鱼贯阵、三叠雁行阵、四行鱼贯小队阵、犄角鹰扬左翼阵、麋角右翼阵，等等。《船阵图说》就记载了180种衍生后的阵形。1886年八九月间，曾派往英国担任接舰随员的工部主事余思诒，在与北洋海军诸将领讨论阵势时了解到，北洋舰队阵法变化已有70余种样式，包括“单行双行鱼贯阵”“一字双叠雁行阵”“雁行小队阵”“鱼贯小队阵”“鹰扬双翼单翼阵”“燕翦阵”“虾须阵”“蛇蜕阵”“互易阵”“犄角阵”“丛队阵”“波纹阵”等。[2]显然，北洋海军在按照《船阵图说》演练阵法时，也加进了一些中国古代水师作战的传统阵法因素。按照《船阵图说》所列举的阵形特征，北洋舰队的十艘军舰构成的接敌队形，既有“五叠雁行小队阵”的结构，又有“夹缝鱼贯阵”的特征，丁汝昌在战后的海战报告中称展开后的战斗阵形为“夹缝雁行阵”，那么其接敌阵形应为“夹缝鱼贯阵”。这种阵形以五个小队叠列而成，每小队由两艘军舰组成，第一小队为“定远”和“镇远”，第二小队为“致远”和“靖远”，第三小队为“来远”和“经远”，第四小队为“济远”和“广甲”，第五小队为“超勇”和“扬威”。每小队两艘军舰错开成梯队状。正是由于这种阵形从外观上看既有“五叠雁行阵”的结构，又有“夹缝阵”的特征，所以人们对这种阵形的认识历来不同。姚锡光的《东方兵事纪略》、何广成的《冤海述闻》等将接敌队形称为“犄角鱼贯阵”，展开队形称为“犄角雁行阵”。现在的一些学者有的将接敌阵形称为“夹缝鱼贯小队阵”，展开队形称为“夹缝雁行小队阵”；[3]有的将接敌阵形称为“五叠小队”阵，展开队形称为“双横队”；[4]有

〔1〕《船阵图说》原名《轮船布阵图说》，系天津水师学堂于光绪十年译自英国的一部关于舰队布阵规范的教本，是清末至民初我国海军舰队操演和战斗所取阵法的主要依据，也是北洋海军采取战斗队形的主要依据。

〔2〕余思诒：《航海琐记》卷一，第34—35页。

〔3〕戚其章：《晚清海军兴衰史》，人民出版社1998年版，第411页。

〔4〕姜鸣：《龙旗飘扬的舰队》，生活·读书·新知三联书店2002年版，第367—368页。

的将接敌阵形称为“犄角鱼贯阵”，展开队形称为“犄角雁行阵”；[1]还有的将接敌阵形称为“外观上似于‘双列纵队’的‘五叠雁行小队阵’”，展开队形称为“一字雁行阵”，[2]等等。将接敌队形或展开队形称为“犄角阵”显然是不妥的，因为《船阵图说》对犄角阵形的特点有十分明确的说明：“轮船攻战以犄角阵为最便，因其三船分布，弥缝互承，船上之炮前后左右皆可轰击敌船，不至于为本军船只所蔽也。”[3]既然犄角阵是由三艘战船构成，以两艘战船为一队的阵形就不可能是犄角阵。姚锡光等人之所以将其称为“犄角鱼贯阵”，是因为这种阵形从外观上看，每小队两舰不是平齐的，而呈一定角度，长舰在前，僚舰在其右后45度线上，两舰相距400码，小队之间距离为1200码，如果以单舰分布而论，极像犄角鱼贯阵，但以小队为单位而论，不能称其为“犄角鱼贯阵”，因为三舰构成的小队和两舰构成的小队，无论是在战术意图上还是作战方式上，都有很大区别。最为恰当的说法，应是丁汝昌在奏折当中所说的“夹缝雁行阵”，因为这种阵形不仅在外观上符合夹缝阵的特点，从本质上讲，也符合以两舰为单位形成小队的结构机理。至于斐利曼特所说的“二字形”、汉纳根所说的“并列纵阵”、戴乐尔所说的“四度行列”，以及伊东祐亨所说的“三角形突梯阵”、坪井航三所说的“凸形阵”，均是凭外观而论。

自丰岛海战后，虽然朝廷上下屡次指责丁汝昌怯战避敌，但北洋海军已做好海战准备却是事实。马吉芬是这样描述北洋海军作战准备情况的：

> 中日启衅之后，我舰队员兵，无不锐意备战。有鉴于丰岛一役，济远、广乙两舰之覆辙，各舰皆将舢板解除，仅留六桨小艇一只，意在表示军舰运命，即乘员运命，舰存与存，舰亡与亡，岂可有侥幸偷生之念，或藉舢板遁逃，或忍败降之辱哉。此外若十二吋炮之薄炮盾，若与战斗无益之木器索具玻璃等项，悉行除去无余。各舰皆涂以深灰色，沿舱面要部四周，积置砂袋，高可三、四英尺，以吊床充速射炮员保护之用，以煤袋配备冲要处所，藉补砂袋之不足。通气管及通风筒，咸置之舱内，窗户与防

〔1〕陈悦：《甲午海战》，中信出版社2014年版，第109页。
〔2〕许华：《再见甲午》，人民出版社2014年版，第101页。
〔3〕《中华民国海军史料》，海洋出版社1987年版，第1238页。

水门，概为锁闭。凡有乘员，俱就战斗部署。战斗喇叭余响未尽，而战斗准备业已整然，此最足令余兴奋者也。[1]

由于作战准备比较充分，北洋海军官兵的士气是高涨的。当“定远”舰瞭望兵准确地判明日本海军的军舰是12艘时，丁汝昌下令将航速提高至7节，加速迎敌，并于12时20分[2]左右命令将舰队阵形由“夹缝鱼贯阵”展开为“夹缝雁行阵”。

在下达变换战斗阵形命令的同时，丁汝昌还给舰队下达了一个补充命令，其中包括三点原则：

一、舰型同一诸舰，须协同动作，互相援助；

二、始终以舰首向敌，借保持其位置而为基本战术；

三、诸舰务于可能的范围之内，随同旗舰运动之。[3]

毫无疑问，这一命令是与作战阵形运用密切相关的。那么如何评价这三点原则呢？目前学术界尚存在争议，有的学者将其全面否定，有的学者将其拔得过高。笔者认为，对这“三点原则”应辩证分析。

一方面，“三点原则”是针对北洋海军的训练状况及装备情况提出的，体现了丁汝昌的战术思想水平。丁汝昌之所以选择由“夹缝鱼贯阵”变换而来的“夹缝雁行阵”对敌，是因为这种阵形的构成单元是两舰组成的小队，“舰型同一诸舰，须协同动作，互相援助”的原则，能够充分发挥小队的作用，减少单舰孤军作战带来的风险。同时，这种阵形又是舰首对敌，贯彻“始终以舰首向敌，借保持其位置而为基本战术”的原则，既便于发扬各舰舰首重炮火力，形成集火射击的态势，也便于冲撞敌阵，造成敌舰队混乱局面。此外，“诸舰务于可能的范围之内，随同旗舰运动”的原则，能够保证战斗阵形的完整性，以免给日舰留下可乘之机。丁汝昌在战前“屡次传令，谆谆告诫，谓倭人船炮皆

〔1〕归与：《中日海战评论撮要》（续），《海事》第10卷，第3期，第38页。

〔2〕日方是在12时45分时看见北洋舰队阵形开始变化的，说明丁汝昌从下达阵形变化命令，到各舰接到命令开始变阵，大约用了25分钟左右的时间。见《田所广海勤务日志》，上海书店出版社2015年版，第445页。

〔3〕《汉纳根给北洋大臣的报告》，《海事》第8卷，第5期，第63页。

快，我军必须整队攻击，万不可离，免被敌人所算”[1]。

另一方面，“三点原则”缺乏随机应变应对日本海军战术的安排，暴露了丁汝昌战术思想的不完整性。任何事物都具有两面性，采用战斗阵形亦然。既然姊妹舰之间要协同动作，互相援助，就必然需要制订协同规范，明确协同事项，否则要么束缚各舰手脚，要么难以实现两舰配合，然而事实上这样的协同规范并不存在。既然要始终保持舰首对敌，就必须制定二次，甚至三次阵形变换的预案，否则在敌舰队不断运动的情况下，就无法始终保持舰首对敌，事实上丁汝昌也并无这样的预案。有学者引进“乱战”的概念，意在为丁汝昌缺少预案进行合理的解释。且不说“乱战”的概念是否存在，即便存在，其含义也绝不是毫无预案的“混乱之战”。许景澄在《外国师船图表》中说得十分明白，舰队在作战中要“数群攻敌，或一群分应，求乱敌阵”，就是说，要通过攻势，造成敌方舰队的混乱，而不是己方先乱了阵脚。既然要求各舰务必在可能的范围内随同旗舰运动，旗舰就必须始终担负起指挥之责，明确攻防目标，适时号令全队，特别要有当旗舰失去指挥能力时的应对方案，这样的方案丁汝昌也未制定，致使北洋舰队在海战中的大多数时间里处于丧失指挥的各自为战状态，使黄海海战成了一场真正的“乱战”。

总之，丁汝昌在海战即将爆发之际，试图尽力贯彻自己的战术意图，在果断选择战斗阵形的同时，补充了“三点原则”，说明他的头脑在此时此刻是清醒的。然而，由于他没有深刻理解近代海战战术的机理，对舰队的战术运用把握得不全面，也就使他的战术思想难以贯彻，从而使北洋舰队从一开始就处于被动。

与北洋舰队采取的战斗阵形完全不同，日本舰队选择了无变化的单纵阵迎敌。这一阵形以第一游击队四艘航速较快的巡洋舰为先锋，顺序依次为“吉野”“高千穗”“秋津洲”“浪速”，本队紧随其后，顺序依次为“松岛”“千代田”“严岛”“桥立”“比睿”“扶桑”，“西京丸”和“赤城”位于本队尾左侧非战斗位置。单纵阵是日本舰队早已经过讨论和训练的阵形，坪井航三说：自出征开始，我就期望着无论北洋舰队摆出什么样的阵形，日本舰队只能以严整

[1]《李鸿章全集》24，电报四，安徽教育出版社2008年版，第360页。

的单纵阵予以猛烈攻击。为此，即使在侦查巡航时，日本舰队也努力练习单纵阵，他和第一游击队的各舰长也一再谈论军舰的速度和距离问题，以便保持住这一战斗队形。[1]伊东祐亨采用这种阵形的战术意图，是希望在开战之初，第一游击队位于本队之前，挡住北洋舰队的阵形，并通过其阵形；本队在北洋舰队周围作迂回运动，而第一游击队则利用其快捷速力，或弥补日本舰队的弱点，或乘北洋舰队混杂，妨碍彼之运动，或第一游击队和本队相互配合夹击，或进行交叉开炮等行动自由，屡次折磨北洋海军各舰，使其不能保持原来的阵形。[2]在整个海战中，日本舰队始终在贯彻这一战术意图。日本学者外山三郎在总结这次海战胜负时说："日本致胜的原因，在于采用了能自由机动的纵队队形，充分发挥了速射炮的威力。这表明日军的战术优于丁汝昌采取的、当时受到世界重视的、靠楔形队形实施冲击的战术。当然日本海军采用纵队队形并非经过理论研究所得出的结论，而是从技能的角度去判断，认为只有采取纵队队形，日本海军才能充分进行战斗机动。这个战术是'知己'的选择。"[3]当然，日本舰队的阵形也不是没有缺陷的，它战线拉得过长，易被冲乱；侧舷对敌，易受重炮轰击，都是客观存在的事实。

中日双方海军战斗阵形既定，一切分析和推论，都将通过海战加以验证。

12时18分，伊东祐亨命令第一游击队攻击北洋舰队右翼之弱舰，坪井航三将第一游击队航速提高至8节，又提高至10节，加速驶向北洋舰队右翼。12时50分，海面上突然响起了震耳欲聋的炮声，炮弹的呼啸划破了海上的宁静，海战由此打响。这一炮是"定远"舰管带刘步蟾指挥炮手发射的，这枚重达290多公斤的炮弹，从305毫米的主炮管中飞出，在日本舰队第一游击队左舷数百米处海中爆炸，激起了冲天水柱。曾在日本海军服役的小笠原长生描述道："'定远'的炮台吐出一团白烟，接着轰然巨响，30厘米大炮弹冲开烟雾，从第一游击队头顶高高飞过，于左舷附近落入海中，海水顿时腾高数丈。"[4]坪井航三也说："尽管距离如此遥远，但敌军各舰却提前开始发炮，炮弹大都

〔1〕戚其章主编：《中日战争》7，中华书局1996年版，第236页。
〔2〕林伟功主编：《日藏甲午战争秘录》，（澳门）中华出版社2007年版，第112页。
〔3〕（日）外山三郎：《日本海军史》，解放军出版社1988年版，第49—50页。
〔4〕（日）小笠原长生：《海战日录》，（日本）春阳堂1895年版，第67页。

落在我舰队附近。”[1]

“定远”舰的这一炮不仅揭开了海战的大幕，而且给后人留下了困惑：“定远”舰打响第一炮的时候，与第一游击队的“吉野”舰相距6000米[2]，刘步蟾为何要在如此遥远的距离上开炮呢?

有人认为这是“先发制敌”，也有人认为是在“远距离上运用大口径火炮的射程优势先声夺人”，但笔者认为，如果是“先发制敌”或“先声夺人”，就应给敌舰以致命一击，以打击敌人的士气，削弱其战斗力。要达到致命一击的目的，就必须在适当的距离上开炮。虽然6000米距离是在“定远”主炮的有效射程之内，但显然不是最恰当的射击距离，因为在此距离上各舰炮手所获得的表尺、方向数据，要依靠桅盘上的测距兵提供，炮手的瞄准是间接的，而测距兵依靠六分仪所获得的距离数据并不十分精确，这样，测距仪和瞄准具的精密程度、炮弹装药的差别、炮手操作水平等因素集中在一起，就会造成很大的误差，要在6000米的距离上取准目标是相当困难的。刘步蟾在这一距离上下令开炮，唯一的解释是，他未经战阵，存在慌乱情绪，导致战术运用错误。

“定远”发炮后，北洋舰队各舰随即开始射击，但第一波次的射击无一命中目标。日本舰队对射击距离的要求很严格，根据各舰速射炮的射程，做出了在3000米左右距离才能射击的规定。所以在北洋舰队各舰打响战斗后，日本舰队并不理会，继续快速接敌。此时海上刮着东风，舰炮射击的硝烟遮蔽了北洋舰队的左翼，使坪井航三难以辨清中国军舰的状况，于是他下令将第一游击队的航速提高至14节，加速接近北洋舰队。

12时55分，当第一游击队旗舰“吉野”号与“定远”相距3000米时，右舷炮开始射击，目标是北洋舰队阵形右翼的“超勇”和“扬威”。[3]第一游击队的其他各舰也相继开炮。坪井航三战后说：“第一游击队开始发炮。四舰虽然

〔1〕戚其章主编:《中日战争》7，中华书局1996年版，第236页。

〔2〕关于“定远”舰开炮时与日本联合舰队第一游击队的距离，中日史籍记载不一。日本海军军令部编纂《廿七八年海战史》记为5800米，川崎三郎著《日清战史》记为5400米，坪井航三在海战报告中称约6000米，姚锡光在《东方兵事纪略》中记为“约及十里”，《冤海述闻》记为“八千码之遥”，这里采用坪井航三的6000米说。外山三郎在《日本海军史》的附图中标示的“定远”与“松岛”相距6000米时开炮有误。

〔3〕(日)《田所广海勤务日志》，上海书店出版社2015年版，第445页。

各不一样，但大体是在三千米的距离，特别是吉野，当准确测定三千米后才开始发炮。”[1]

在第一波次的激烈交火中，作为日舰首要打击目标的“定远”舰首先中弹受伤。先是一发炮弹击中桅樯，不仅造成在桅盘内紧张工作的天津水师学堂见习生史寿箴等七名官兵牺牲，而且信号指挥系统被毁。随后又有一发炮弹在望台附近爆炸，造成望台毁坏，在望台上督战的丁汝昌、汉纳根和戴乐尔等人，均不同程度受伤。丁汝昌“左脚夹于铁木之中，身不能动，随被炮火将衣焚烧，虽经水手将衣撕去，而右边头面以及颈项皆被烧伤”[2]。由于丁汝昌战前没有指定接替旗舰指挥的军舰和管带，“定远”失去指挥能力后，各舰随即进入了被动的各自为战状态。

此时北洋舰队的战斗阵形还没有出现混乱，舰首对敌的姿态依然保持良好。当第一游击队快速通过北洋舰队阵形正面扑向右翼之时，本队各舰恰好处于阵形的正面，北洋舰队各舰主炮开始显示出威力。12时55分，“松岛”325毫米炮的炮塔被“定远”150毫米大炮击中，向山慎吉海军少佐及一名炮手负伤。13时，“严岛”右舷前部发射管室被一发210毫米炮弹击中，11名士兵伤亡。5分钟后，一枚炮弹又穿过“严岛”右舷，在后部气缸室内爆炸，松泽敬让少机械士以下5名官兵伤亡。13时10分，一发炮弹又命中了“桥立”325毫米炮炮塔，分队长高桥义笃海军大尉、炮术长濑之口觉四郎海军大尉被炸死，6名士兵伤亡。

在机动过程中，第一游击队也遭到右翼中国军舰的打击。13时08分，一发炮弹击中“吉野”后甲板，引起堆积在那里的炮弹、火药的连续爆炸，浅尾重行海军少尉被炸死，9名士兵伤亡。与此同时，一发炮弹穿入“浪速”一号炮台下之水位线部位，引起海水灌入。1分钟后，一发炮弹在“高千穗”右舷后部水位线以上之外部爆炸，2名士兵伤亡。又有一发150毫米炮弹击穿火药库附近的军官寝室，8寸多厚的钢板被打穿三个大洞，床上器具纷碎，弹片四处飞扬。一名管理火药库通风机的木工腹部被击中，肠子流出，死于鲜血淋漓之中。破乱木板、衣服等已经着火。[3]“秋津洲”5号炮盾也被击中，永田廉平

---

〔1〕戚其章主编:《中日战争》7，中华书局1996年版，第236页。
〔2〕《李鸿章全集》24，电报四，安徽教育出版社2008年版，第352页。
〔3〕戚其章主编:《中日战争》7，中华书局1996年版，第253页。

海军大尉被炸死，13名士兵伤亡。

由此可见，海战一开始，北洋舰队官兵同仇敌忾，奋勇当先，以无畏的勇气与敌人拼杀，表现出了北洋海军顽强的抗敌精神。

第一游击队也在运动过程中以密集炮火攻击北洋舰队各舰，但主要目标还是位于右翼的弱舰“超勇”和“扬威”，“吉野”等舰从距离两舰3000米一直打到1600米，密集的炮弹落于两舰及其周围。“超勇”和“扬威”毕竟是旧式巡洋舰，已有13年舰龄，航速慢，火力弱，虽经两舰官兵顽强战斗，但终究抵不过四艘新式巡洋舰速射炮的轮番攻击，燃起大火。在“镇远”舰上作战的马吉芬这样描述海战初期“超勇”和“扬威”的情景：

> 超勇、扬威二舰受害最甚，这两只破旧巡航舰，防御力素弱。其上部构造有两条通道，接连首尾的十吋炮。舰内的间壁都是木造，外观很好，涂有厚漆，但一旦发生火灾，就会逐渐沉没。开始时甲板上水，通道变成水路，不仅首尾两炮被隔断，而且弹药供应也断绝。[1]

不久，“超勇”开始向右舷倾斜，火焰冲天，但日舰的攻击并未停止。管带黄建勋、帮带大副翁守瑜组织水兵奋勇扑火。副炮弁李镜堂不顾甲板严重倾斜，依然指挥炮手向日舰还击。位于军舰最底层的轮机舱，更是一片感人的景象：为防止大火蔓延至机舱，通往上层甲板的通道已全部封闭，轮机兵们知道已无生还可能，依然在总管轮黎星桥、大管轮邱庆鸿、二管轮叶羲恭带领下，奋力往锅炉里加煤，以维持军舰的动力。1时30分，这艘战斗至最后一刻的老舰，沉没于波涛之中，沉没地点在大鹿岛西南约10海里处。黄建勋拒绝了赶来营救的“左队一”号鱼雷艇抛出的长绳，随波而没，时年43岁。

黄建勋作为北洋海军的重要将领，有必要在此交代一番。黄建勋，字菊人，福建永福人，出身于当地望族，自小多接触文人词客，但不缺血性和忠烈之气，独走行伍之路。少年时代考入福州船政学堂学习驾驶，成绩优异，毕业后登练船实习，游历中国沿海各港口，深感强固海防之必要。1874年，黄建

---

〔1〕戚其章主编：《中日战争》7，中华书局1996年版，第277页。

勋被调上“扬武”兵船担任正教习，又调“福星”兵船任正教习。1875年复派回“扬武”，随舰游历日本及南洋群岛。1877年，黄建勋作为清政府派往欧洲的第一批海军留学生赴英国学习，在英国海军西印度舰队军舰实习两年，这期间，他随舰队周历南北美及西印度一带海口，研究海道沙线，又在英游历大船厂、机器局、枪炮厂、水雷炮台等，获得舰长颁发的“学行优美凭证”。回国后出任福州船政学堂后学堂驾驶教习。1881年，黄建勋升补守备加都司衔，被李鸿章调往北洋，管带大沽水雷营。1882年代理“镇西”炮舰。1883年实授管带，被派赴朝鲜平定局势，保升都司并戴花翎。1887年4月，管带“超勇”巡洋舰。北洋海军正式成军时，升署左翼右营参将。黄建勋“为人慷慨，尚侠义，性沉毅，出言戆直，不作世俗周旋之态。而在军奋励，往往出人头地，屡受长官嘉许，而卒以尽节，终可谓不负所志矣”〔1〕。

黄建勋牺牲后，翁守瑜大呼：“全船既没，吾何生为？”遂一跃而逝，时年31岁。〔2〕与“超勇”同沉的官兵还有二副周琳、副炮弁李镜堂、总管轮黎星桥、大管轮邱庆鸿、二管轮叶羲恭、升火头目邹基、升火副头目林茂略、水勇头目陈成串、正头目李双以及水勇陈秉钗、林学珠、林福、冯山，厨役毕士德等，他们是黄海海战中第一批为国捐躯的勇士。

“超勇”沉没的同时，“扬威”也因屡中炮弹而失去了作战能力，首尾各炮已不能动，舱室进水。管带林履中下令撤出战斗，“扬威”遂拖着浓烟烈火驶向大鹿岛方向的浅水区。日本舰队第一游击队各舰为保持战斗队形，对这艘已失去战斗力的弱舰不再追击。正当林履中指挥官兵一面救火，一面航行的时候，“扬威”舰突遭“济远”舰的拦腰撞击，舰体严重受损，当航行至东经123度40分09秒，北纬39度39分之处时而搁浅，此位置位于大鹿岛西南约6海里，舰上水手纷纷跳水逃生，林履中登台一望，奋然蹈海。有人要救援他，他坚决不从，遂随波而没，时年43岁。随之而牺牲的官兵还有候补炮首李长温、王浦、正头目林本立、水勇副头目马庭贤、管旗头目杨细悌、木匠头目陈春、一等水勇俊甫、二等水勇张悦、水勇陈玉起等，他们都将被记录在史册上。

---

〔1〕戚其章主编：《中日战争》12，中华书局1996年版，第400页。
〔2〕同上，第406页。

管带林履中有着不俗的经历。他字少谷，福建侯官人，少年时代考入福州船政学堂学习驾驶，学业完成后，登“建威”练船实习，在随后几年中，随“扬武”练船游历东南沿海、日本以及南洋各国港口，经历了海上磨炼。1881年，李鸿章调林履中赴天津，担任“威远”练船教练大副，次年夏天，被派赴德国验收“定远”铁甲舰的鱼雷炮械，旋调往英国学习驾驶、枪炮、算学、电学，1884年回到德国，继续在“定远”舰上差遣。1885年，林履中随带“定远”舰回华，派充该舰大副，当年冬天升调副管驾。1887年出任“扬威”巡洋舰管带，北洋海军成军时，升署右翼右营参将。林履中“素深沉，少言语。稠人广众嘈杂喧哗之中，往往对之以静默。而性情和易，即之仍蔼然可亲也。勤慎简朴，能与士卒同艰苦”[1]。

战后，光绪皇帝特颁上谕，褒奖黄建勋和林履中。上谕称：“参将黄建勋、林履中，各照原官升衔从优议恤，以慰忠魂。”[2]

正当日舰攻击“超勇”和“扬威”之时，本队前四舰已掠过北洋舰队阵形正面，其后的5号舰“比睿”与4号舰“桥立”已拉开1300米的距离，北洋舰队趁机将两舰隔开。“比睿”舰舰长樱井规矩之左右少佐大为惊慌，急忙向右转舵，企图从“定远”和“靖远”之间穿过北洋舰队阵形逃脱，遂遭北洋舰队各舰围攻，特别是“定远”和“镇远”，均咬住它不放，“比睿”顿时被打得体无完肤，舰体、帆樯、索具均中弹受伤，军舰旗也被打飞。尤为严重的是，“定远”一发305毫米的炮弹直接命中“比睿”右舷

“比睿”舰

〔1〕戚其章主编：《中日战争》12，中华书局1996年版，第402页。
〔2〕《李鸿章全集》15，奏议十五，安徽教育出版社2008年版，第451页。

后部，在与龙骨呈大约50度角的方位贯穿舷侧，击中士官办公室内后墙爆炸，附近一切被炸得粉碎，在甲板炸出一大洞，并引发火灾，周围隔墙悉为燃烧。大军医三宅贞造、少军医村越千代吉、二等护理员石川泷五郎、大主计石塚铸太等17人丧生，分队长高岛万太郎海军大尉等32人受伤。但不可思议的是，遭受如此巨大打击之后，“比睿”竟然没有沉没，它拖着浓烟和大火慌忙从北洋舰队右翼逃出战阵。

当日本舰队第一游击队于开战之初攻击北洋舰队右翼“超勇”和“扬威”时，其指针逐渐转向右方呈半月形，并准备继续向右回转，可坪井航三突然发现，这样做将使其炮火与本队殿后舰的炮火相对，便发出将航速降至12节的信号，以等待与本队形成一条直线。可是，坪井航三将“信号联系搞错”[1]，于1时20分率第一游击队向左大回转180度，并将航速提高至15节，从本队外侧往回疾驶，与本队形成相向而行的状态。恰在此时，跟随在“比睿”后面的“扶桑”舰也处于危机状态。当“比睿”闯入北洋舰队阵形之际，“扶桑”在距“定远”700米处向左转向，试图避开北洋舰队正面炮火，但还是被一发炮弹击中右舷，引起后甲板起火，致使丸桥彦三郎海军少尉和内崎德海军少尉负伤。位于本队尾部左侧的“赤城”和“西京丸”由于航速过慢，已被远远抛在后面，“西京丸”于1时14分遭到中国军舰的炮击，一发炮弹击中上甲板，炸坏了各士官室。“比睿”突出重围后，“赤城”在距中国军舰800米处遭到猛烈攻击。1时20分，“赤城”后炮台及前墙楼中弹，分队长佐佐木广胜海军大尉被击伤，候补生桥口户次少尉被击毙。1时25分，“赤城”的舰桥又被击中，正在舰桥上观看海图的舰长坂元八郎太海军少佐头颅被打烂，身体与后樯碎片一起被远远地抛到海里。同时毙命的还有1号速射炮的两名炮手，航海长佐藤铁太郎海军大尉代理舰长督战。随后，炮弹又接二连三地命中“赤城”，前部弹药库被烧毁，蒸汽管被打坏，8名官兵伤亡，弹药供应中断。2时15分，“来远”等中国军舰在“赤城”后方大约300米处紧追不舍，“来远”炮弹再次命中“赤城”舰桥，佐藤铁太郎负伤。直到2时40分，“赤城”才逃脱追击，在战斗范围之外进行军事清点，补充兵员，等待与本队会合。

---

〔1〕戚其章主编：《中日战争》7，中华书局1996年版，第229页。

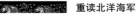

“扶桑”舰

面对日本舰队灵活的海上运动，北洋舰队各舰为保持舰首对敌，不断调整方向，加之要打击日方落单而又左冲右突的“比睿”“扶桑”“赤城”“西京丸”等四艘弱舰，战斗阵形已无法继续保持，至2时左右，开始出现混乱。曾在“镇远”上作战的马吉芬说：“遗憾的是我不得不直言，清国舰队从此时起，阵形已经混乱，而对方日本本队各舰始终保持单行纵阵，秩序井然。其对面游击队诸舰则极为精强，互为应援，一致合攻。于是我军处于炮火夹击之中。”[1]

此时，战斗异常惨烈，一位观战的外国人从高倍望远镜里看到：“一团团又大又浓的黑烟，没有风把它吹散；透过烟雾，那些巨大战舰摇摇晃晃的样子隐隐呈现，难以分辨清楚，他们犹如许多发怒的巨龙在喷吐火焰；此外还有几艘军舰也在燃烧，因为它们已经中炮着火；而压倒一切的是大炮声震人心弦，如同雷电交加，响声不绝。”[2]

北洋舰队各舰在日本舰队速射炮的猛烈射击下也有重大伤亡。丁汝昌坐在甲板上，血流满面。他用血水模糊的双眼观察着战场，鼓舞官兵奋勇杀敌。中国海军官兵英勇作战，不怕牺牲，许多事迹可歌可泣。“来远”舰枪炮二副谢

〔1〕戚其章主编：《中日战争》7，中华书局1996年版，第278页。
〔2〕戚其章主编：《中日战争》6，中华书局1993年版，第386页。

“赤城”舰舰长坂元八郎太

在北洋舰队打击下侥幸逃脱的“赤城”舰

葆璋，是现代著名作家冰心的父亲，他曾经跟冰心谈起过他参加黄海海战的那段经历，他讲道：自己有一个远房亲戚（他妻子的堂侄）在“来远”舰上当水兵，黄海海战中就在他的身边参加战斗。海战中一发炮弹在他这位堂侄不远的地方爆炸，弹片击穿了他的腹部，顿时肠子飞溅出来，贴在了烟囱上，当场牺牲。谢葆璋把肠子从烟囱上撕下来，放回堂侄子的腹中。见到这一幕的官兵不仅没有惧怕，反而斗志更旺。“来远”水手王福清在搬炮弹时，脚跟被弹片削去，竟毫无察觉，依然奔跑如飞。在“镇远”舰上作战的马吉芬也看到了悲壮的一幕：一位12英寸炮的炮长正在瞄准时被弹片打碎了头颅，其头骨的碎片溅到了身边人的身上，在他仆倒之时，下一层的一名炮手就抱住他的腰，把他的尸体交给下面的人，然后自己从炮长手中接过炮绳，接替其位置，调整方向继续开火。

2时15分，日舰“西京丸”看到“比睿”发出“本舰火灾，退出战列”的信号，又见“赤城”陷入合围之中，便挂出了“比睿、赤城危险”的信号。尾随本队运动的第一游击队看到信号后，再次转向180度，试图回救“比睿”和“赤城”。可是，“西京丸”却遭到了“定远”“镇远”等四艘中国军舰的集火攻击，炮弹雨点般向“西京丸”飞去。其中4枚305毫米炮弹、1枚210毫米炮弹、2枚150毫米炮弹、4枚120毫米炮弹先后在“西京丸”的两舷、上甲板和轮机室等处爆炸，造成严重毁损。其中一发305毫米炮弹穿过客厅右侧，于客厅和机械室之间爆炸，造成客厅及其附近数室的“天窗”“舱口”，以及气压计、航海表、测量器具、食器等全被击毁。穿过最上部甲板通往舵轮机的蒸汽管也

"来远"舰枪炮二副谢葆璋

被打碎，蒸汽舵完全失去作用，"西京丸"立即发出"我舵发生障碍"的信号。[1]随后，又有一发150毫米炮弹击中"西京丸"后甲板，摧毁了舵机和信号装置，而另一发150毫米炮弹从船尾穿过轮机舱爆炸，摧毁了五个舱室，并引起大火。然而，"西京丸"的噩梦并没有结束，当它依靠手工操舵，艰难转向航行，试图摆脱打击时，又迎面遇上了赶来参战的中国舰艇"平远""广丙"和"福龙"。发现日本舰队后，十艘军舰整队出发的同时，丁汝昌升旗号命令其他军舰迅速归队，加入作战行列。在大东沟入口处担任警戒的"平远"和"广丙"首先看到信号，随即起锚出发。在铭军登陆地点协助登陆的四艘鱼雷艇也获悉丁汝昌指令，匆匆结束自己的工作，起锚驶出海口，追赶"平远"和"广丙"。

"平远"舰是福州船政局于1889年建造完成的铁甲巡洋舰，1890年编入北洋海军。该舰排水量2150吨，航速10.5节，安装有260毫米的主炮和150毫米的辅炮，其作战能力不亚于北洋海军其他新式巡洋舰。"广丙"舰是福建船政建造的铁肋木壳巡洋舰，与"广乙"舰是同级姊妹舰，排水量1000吨，航速16.5节，装备有120毫米的主炮和14英寸鱼雷发射管，1891年建成后与"广甲""广乙"一起编入广东水师。1893年，"广甲""广乙""广丙"三舰北上参加南北洋会操，原计划会操完毕后于次年会同北洋海军一同南返，但进入1894年后，朝鲜半岛局势日益紧张，中日之间爆发战争的可能性越来越大，李鸿章决定将三舰留在北洋，与北洋海军一同执行任务。"广丙"的舰炮口径虽然不大，但两侧的鱼雷发射管对日舰是非常大的威胁。

在"平远""广丙"以及鱼雷艇向战场疾驶之时，"松岛"舰上的瞭望兵于1时20分发现了它们。由于"平远"和"广丙"航速太慢，直到2时30分左右才

〔1〕戚其章主编：《中日战争》7，中华书局1996年版，第260页。

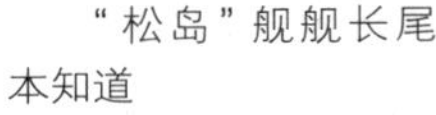

“松岛”舰舰长尾本知道

“松岛”舰在北洋舰队打击下受重伤

从北洋舰队右翼驶入，逼近敌舰，两舰官兵刚刚闻到硝烟的味道，便迎面与日舰本队相遇，双方随即交火，从2800米一直打到1200米。“广丙”以120毫米主炮直射“松岛”，“松岛”及其后续的“千代田”用舷侧速射炮密集还击，“广丙”舰管带程璧光担心两侧鱼雷发射管中的鱼雷被引爆，随即转向撤出战斗。2时34分，“平远”260毫米主炮命中“松岛”左舷中部，这枚炮弹穿过军官室、中央鱼雷发射室，在320毫米主炮架下爆炸，击毁了液压罐，使大炮陷入瘫痪。一等水兵河野三代吉、二等水兵北村常吉、四等水兵德永虎一等三人毙命，鱼雷兵竹内道治重伤。遭受打击的“松岛”舰一片狼藉，鱼雷长木村浩吉战后回忆说：“弹片四起，室内周围壁上喷溅着骨肉碎末，甲板上流淌着血肉相混之水，难以步行，散布遍地皆是，在上面行走犹如洗刷地板一样。当时，在中央发射指挥官井手少尉的附近被敌弹炮击，使得发射电路断绝，同时，又有二三名士兵战死。只见少尉胸部以下一片血迹模糊，后背粘着厚厚的肉浆，少尉抖落下落在身上的人肉，正当准备下达发射命令时，又一敌弹炸死二名发射士兵……”〔1〕与此同时，“平远”260毫米主炮也接连遭“松岛”侧舷120毫米速射炮命中，造成主炮旋转装置受损，左舷也燃起大火，“平远”舰管带李和不得不下令转舵撤出战斗。

刚刚摆脱日舰攻击的“平远”和“广丙”，又与仓皇逃跑的“西京丸”撞了个正着，两舰立即开炮轰击。此时，“左队一”等三艘鱼雷艇已停下援救半

〔1〕转引自陈悦：《甲午海战》，中信出版社2014年版，第185—186页。

黄海海战中起火的“松岛”舰和“严岛”舰

路相遇的“超勇”舰，“福龙”号鱼雷艇则赶到，管带蔡廷干发现“西京丸”正试图从面前穿过，便在400米距离上发射一枚鱼雷，但偏右未中，时间是3时05分。一分钟后，“福龙”在更近的距离上发射了第二枚鱼雷，依然未中，从距离“西京丸”左舷大约4.5米处穿过。想必此时的“福龙”号官兵已经心急如焚了，他们“乱射‘霍其克斯’和‘卡特林古’炮”，“西京丸”也疯狂迎击，炮弹从“福龙”上方飞过。在这种情况下，蔡廷干指挥“福龙”向右方回转，从“西京丸”左舷40米左右处通过，并同时发出第三枚鱼雷。这一过程均被站在“西京丸”舰桥上观战的日本海军军令部部长桦山资纪看得真真切切，他知道已不能躲过，大叫：“啊，吾事已毕！”[1]遂瞑目待毙。蔡廷干也以为这枚鱼雷“定中无疑”，“福龙”官兵开始齐声喝彩。可是，这枚鱼雷却出人意料地从“西京丸”舰底穿过，扬长而去。桦山资纪惊诧不已，如获重生，下令仓皇南逃，于3时30分脱离战列，独自返回锚地。

战至此时，北洋舰队除“超勇”“扬威”外，还有十艘军舰和几艘鱼雷艇在作战，日本舰队除“比睿”“赤城”“西京丸”外，还有九艘军舰在作战，从表面看似乎北洋舰队略占优势。其实北洋舰队此时已完全陷入混乱不堪的境地，除“定远”“镇远”尚能依靠强大的抗击性相互有所策应外，其他各舰只能各自为战，在日舰不断的回旋运动中顽强反击。日本舰队则始终保持完整的战斗阵形，从2时30分开始，第一游击队和本队对北洋舰队形成了夹击之势，之后便根据战场情况，不间断机动，寻找战机，攻击北洋舰队之弱点，致使“来远”“平远”“广丙”“致远”“经远”相继起火，“镇远”多处中弹。西方观战者这样描述此时的情景：

---

〔1〕戚其章主编：《中日战争》8，中华书局1994年版，第87页。

> 中国人的情况越来越坏。日本的战舰动作协调，保持一致，我们开始了解，他们似乎对敌人形成层层包围，不停地进行轰击，在射击速度和机动性方面都超过了敌舰。在我看来，有些中国人战舰呈现出孤立无援的样子；它们不像对手那样，没有联合的迹象。然而，它们很勇敢地炮击日舰，有些军舰显然已被日舰击中，却仍在还击日舰，不止一艘军舰已被击中起火。我们当然无法识别出这些战舰，但我们可以了解到，日本军舰在数量及火力方面都是中国舰队的劲敌。日舰似乎特别注意中国的两艘大铁甲舰“镇远”和“定远”号，其中至少有一艘的三十七吨克虏伯大炮被打哑了，但它仍然用速射炮参加战斗。[1]

“定远”在3时04分中敌一炮，“击穿舰腹起火，火焰从炮弹炸开的洞口喷出，洞口宛如一个喷火口，火势极为猛烈”[2]。日舰趁机猛扑，想置“定远”于死地。在危急关头，“镇远”“致远”驶出“定远”之前，迎战来敌，使“定远”得以扑灭大火，转危为安，可“致远”受伤逾重。

在开战伊始，邓世昌就凭借“致远”在北洋舰队各舰中最快的航速，屡屡挑战日本舰队第一游击队，所以连受数弹，其水线以下有10英寸和13英寸炮

黄海海战中侥幸逃脱的“西京丸”号

〔1〕戚其章主编：《中日战争》6，中华书局1993年版，第387页。
〔2〕（日）《日清战争实记》，第6编，第11页。

弹击出的大洞，海水灌入舱内，此时保护“定远”又受重创，在3时10分舰首燃起大火，舰体向右舷倾斜，随时有沉没的危险。管带邓世昌深知已到最后关头，决定孤注一掷，想用舰首撞角将第一游击队旗舰“吉野”撞沉，打乱日本舰队的作战阵形。然而，要撞向日舰，就意味着已受重伤的“致远”将与日舰同归于尽，舰上官兵不免有些慌乱。邓世昌看出属下的心思，大声喊道：“吾辈从公卫国，早置生死于度外。今日之事，有死而已！奚纷纷为？”[1]官兵顿时为之肃然。但遗憾的是，由于“致远”航速远不如“吉野”，再加上舰体已严重受伤，又是单枪匹马，在撞击“吉野”之前，受到日本舰队第一游击队炮火的轮番攻击。3时30分，不断燃烧的“致远”舰首突然扎入海中，舰尾高高翘起，螺旋桨依然在空中旋转，不一会儿就消失在大海之中。

邓世昌落水后，仆从刘忠奋力游来将救生圈递上，被邓世昌用力推开；“左队一”号鱼雷艇赶来相救，也被邓世昌拒绝，他大声呼道：“吾志靖敌氛，今死于海，义也。何求生为？”[2]最令人感动的是，邓世昌平时豢养的爱犬

“致远”舰

〔1〕戚其章主编:《中日战争》12，中华书局1996年版，第397页。
〔2〕同上。

“太阳犬”，见主人落水后衔住其臂不让溺水，被邓世昌大声呵斥。“太阳犬”又咬其发辫不让下沉，邓世昌将爱犬搂在怀中，一同沉入波涛之中。这一天，恰好是邓世昌45岁生日，这位民族英雄用实际行动实现了与舰共存亡的誓言。“致远”有乘员252人，除7人获救外，其余全部壮烈牺牲。如今知道姓名的有管带邓世昌，帮带大副陈金揆，鱼雷大副薛振声，二副周殿阶、黄乃模，三副谭英杰、杨澄海，总管轮刘应霖，大管轮郑文恒、曾洪基，二管轮孙文昱、黄家猷，三管轮谭庆文、钱轶，管轮洋员余锡尔，枪炮教习沈维庸，正炮弁李兰，副炮弁阮山玫、陈书，雷弁张清，正头目宁金兰、王在基，舱面正头目周细，水勇副头目张学训，管旗头目王德魁，雷匠张成、边仲启，一等水勇梁细美，二等水勇蒲青爱、杨振鸿、龙凯月、杨龙济，水勇李信甫、匡米生、匡米方、任新齐、邹道铨、陈可基，升火劭鸿清、王春松。

邓世昌殉国后，李鸿章鉴于其“治事精勤，恒若夙癖。持身廉介，身殁之后，家无余财”，给予高度评价：“不图斯世尚有此人，而卒以捐躯报国，所谓言能顾行者非欤？”〔1〕光绪皇帝也降下圣旨：“邓世昌首先冲阵，攻毁敌船，被溺后遇救出水，义不独生，奋掷自沉，忠勇性成，死事尤烈，并着加恩予谥。”〔2〕

就在第一游击队攻击“致远”的同时，“定远”和“镇远”的重炮也对准了本队旗舰“松岛”号一齐发射。3时26分，一发305毫米炮弹命中了“松岛”的4号炮盾，炮弹的爆炸声如同一声霹雳，顿时“白烟腾起，四面暗淡，海浪涌起，疑鲸鲵也会惊而逃离”。这发炮弹不仅摧毁了4号炮位的120毫米速射炮，而且引发堆积在主甲板下的弹药发生爆炸，“如百雷骤落，毒烟充满了整个军舰”，志摩清宜海军大尉以下28人当场毙命，68人负伤，幸存者“皆抽泣而不能自持”。日本人平田胜马在他所著的《黄海大海战》一书中这样描述当时的情景：

> ……头、手、足、肠等到处散乱着，脸和脊背被砸烂得难以分辨。负伤者或俯或仰或侧卧其间。从他们身上渗出鲜血，黏糊糊地向船体倾斜方

〔1〕戚其章主编：《中日战争》12，中华书局1996年版，第398页。
〔2〕《李鸿章全集》15，奏议十五，安徽教育出版社2008年版，第451页。

“广甲”舰管带吴敬荣　　随“济远”舰逃离战场的“广甲”舰

向流去。滴着鲜血而微微颤动的肉片，固着在炮身和门上，尚未冷却，散发着体温的热气。此情此景，已经使人惨不忍睹。但更为凄惨的，是那些断骨……这不是普通的小炮弹，而是三十公分半巨弹的爆炸。因此，被击中的人，自然要粉身碎骨，肌肉烧毁，形迹无存，仅余断骨而已。这些断骨，已无皮肉，好像火葬场火化后拾到的白骨。……[1]

此时的“松岛”舰体倾斜，大部分火炮已经被毁不能发射，大火燃烧不止，虽经全力扑救，依然难以熄灭。而“定远”和“镇远”的攻击并未停息。伊东祐亨为避免“松岛”的覆灭，将幸存者和军乐队员全部调动充当炮手。战至4时07分，鉴于“松岛”已失去指挥能力，伊东祐亨悬起不管旗，命令各舰自由行动。

“致远”沉没的悲壮场面强烈地震撼着一个人的心灵，这个人就是“济远”管带方伯谦。他见“致远”沉没，作战意志已完全崩溃，首先率舰逃离战场，“广甲”管带吴敬荣见方伯谦先逃，便紧随其后，向西南方向逃遁。此时，“靖远”“来远”“经远”均已受伤，“来远”中弹200余发，后部“因敌弹起火灾，火焰熊熊，尾炮已毁，仅有首炮应战。舱面人员，悉忙于消防，因通气管有引火之虞，亦为解除。机舱热度，增至二百度，而舱内人员，犹工作不息。及火灾消弭之后，机舱人员，莫不焦头烂额”[2]。“靖远”和“经远”均中弹百余发，

〔1〕转引自孙克复、关捷编著：《甲午中日海战史》，黑龙江人民出版社1981年版，第134—135页。

〔2〕归与：《中日海战评论撮要》（续），《海事》第10卷，第3期，第43页。

“经远”舰管带林永升

黄海海战中被日舰击沉的“经远”舰

战斗力严重下降。在这种情况下，各管带在“济远”逃跑的瞬间，纷纷下意识地率舰或向大鹿岛方向，或向海岸方向逃避。在短短数分钟之内，中日双方海上战力对比发生了根本性转变，“定远”“镇远”两舰孤悬战场，完全陷于挨打境地。

坪井航三见北洋舰队大多数军舰已经逃遁，便在击沉“致远”后率队追击。航驶一段距离后，坪井航三发现，早已燃起大火的“经远”此时依然火势熊熊，缓慢地向海岸靠近，“靖远”和“来远”则驶向大鹿岛，“济远”和“广甲”已经逃远，遂决定首先追击“经远”。他测好“吉野”的所在位置，查明水的深浅，加大速度，一路穷追猛击。[1]当“吉野”距离“经远”2500米时，舰长河原要一下令开炮，逼近至1800米时，炮击更烈。“经远”管带林永升临危不惧，从容应对，顽强还击。忽有一发炮弹命中“经远”，林永升头部被弹片击中，当场牺牲，时年42岁。

林永升，字锺卿，福建侯官人。少年时代考入福州船政学堂学习驾驶，成绩优良，毕业后派入“建威”练船，又赴“扬武”练船。1877年，作为中国派往欧洲的第一批海军留学生，以优异成绩入英国格林尼茨皇家海军学院深造。学习完毕，又赴英国地中海舰队军舰实习。回国后升守备加都司衔，旋由李鸿章调入北洋，委带“镇中”炮舰。1885年，调任“康济”练船管带，1887年被派赴欧洲接带在英、德定购的四艘巡洋舰，回国后出任“经远”管带，升署北

〔1〕坪井航三在海战报告中误将“经远”说成“来远”。见戚其章主编：《中日战争》7，中华书局1996年版，第239页。

洋海军左翼左营副将。黄海海战开战前，林永升“尽去船舱木梯，以防兵士之退缩避匿；将龙旗悬于桅顶，以示誓死奋勇督战”[1]。

林永升阵亡后，“经远”帮带大副陈荣、二副陈京莹担当起指挥作战之责，也先后壮烈牺牲。5时5分，“经远”转向东驶，此时第一游击队各舰也先后赶到，与“吉野”一起继续围攻“经远”。“经远”的火势已蔓延全舰，舰体向左舷倾斜。不久，“经远”左舷舰首下沉，其右舷推进器浮出水面，因机器继续前进不止，故自行旋转。至5时30分，“经远”向左翻覆海中，旋即沉没。[2]全舰除16人获救外，其余全部壮烈殉国。目前能查到姓名的阵亡者，除了林永升、陈荣、陈京莹以外，还有大副李联芬，二副韩锦，三副陈步瀛、李在汉，总管轮孙江，大管轮卢金、陈金镛，二管轮陈应虞、刘昭亮，三管轮王举贤、高来，枪炮教习陈恩照、江友仁，候补副枪炮教习孙海鳌，正炮弁任齐德、陈书，炮弁万玉宾、万其昌、傅嘉山，副炮弁任升灿，水手总头目李在灿，水勇头目张绥，正头目朱国平、任金仁，鱼雷勇目张文藻，副头目任金荣、任新銮，舱面副头目任俤，管旗邵长振，管舱张阿森，管油高木火，一等升火林瑞安，二等升火李在铨，升火邵黎、张祥安，一等水勇徐继昌、任成标，二等水勇任玉秋，三等水勇任勃，水勇邹允魁、吴世昌、张长胜、陈丕喜、邵发兴、张祥琛、张信、陈启植、袁福禄、黄新品、任信标。

4时16分，已经远离主战场的“平远”和“广丙”因伤重向海岸驶去，北洋舰队只有“定远”和“镇远”这一队姊妹舰还留在战场上，它们扛着整个北洋海军的尊严和责任，两舰官兵准备同敌人血战到底。伊东祐亨率领本队“桥立”“千代田”“严岛”以及受伤的“松岛”“扶桑”等五艘军舰展开了对“定远”和“镇远”的围攻，试图将这两艘作为北洋海军象征的铁甲战舰一举击沉。此时的“定远”舰首已燃起大火，“镇远”甲板和舱壁也弹痕累累，特别是两舰经过三个多小时的战斗，炮弹已近告罄。“镇远”150毫米炮弹发射了148发，305毫米炮的穿甲弹仅剩25发，榴弹一发也没有了；“定远”陷入了同样的困境。马吉芬说，如果再战斗二三十分钟，两舰的炮弹将全部用尽，其命运将不

〔1〕戚其章主编:《中日战争》12，中华书局1996年版，第399页。
〔2〕日本海军军令部编纂:《廿七八年海战史》上卷，东京水交社1905年版，第216—217页。

日本联合舰队“严岛”舰

日本联合舰队“桥立”舰

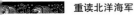

硝烟弥漫的黄海海战场

堪设想。[1]可是，在硝烟弥漫、热浪翻滚的大海上，“定远”和“镇远”如同两枚定海神针，岿然不动，它们用主炮射击不停。虽然日舰发出的炮弹雨点般飞来，两舰的装甲及炮塔护甲上被击出的弹坑密如蜂巢，但深度没有超过4英寸以上的，两舰不虚“遍地球第一等铁甲船”之名，以至于日本水兵三浦虎次郎发出“‘定远号’怎么还不沉呐”的惊呼。[2]观战的斐利曼特评论说：在如此力量对比之下，日本舰队不能将北洋舰队全歼，是因为有“巍巍铁甲船两大艘也”。[3]

5时45分，太阳开始西落，暮色将要降临，伊东祐亨感到，这样围攻下去不可能将“定远”和“镇远”击沉，反倒己方有再次被攻击的危险，因为海面上还有北洋舰队的鱼雷艇出没，遂发出“停止战斗”的信号，并召唤第一游击队归队，还未等到第一游击队返回，便率本队向南驶去。

第一游击队在击沉“经远”之后，又奔向大鹿岛方向搜寻“来远”和“靖远”。此时的“来”“靖”两舰正在浅水区救火补漏，第一游击队一旦发动围

〔1〕归与：《中日海战评论撮要》（续），《海事》第10卷，第3期，第41页。
〔2〕（日）藤村道生：《日清战争》，上海译文出版社1981年版，第107页。
〔3〕中国史学会主编：《中日战争》（七），新知识出版社1956年版，第550页。

攻，必将又是一场生死之战。恰在此时，坪井航三收到伊东祐亨发来的“返回本队”的信号，立刻放弃“来”“靖”，掉转船头向南疾驶。

邱宝仁和叶祖珪见日本舰队第一游击队已放弃攻击，便率领军舰向“定远”和“镇远”靠拢。在接近“定”“镇”时，“来远”帮带大副刘冠雄说：“此而不从权发令，全军复矣！”遂急请管带叶祖珪悬旗，率余舰变阵，绕击日舰，并号召港内诸船艇，出口助战。[1]邱宝仁采纳了刘冠雄的建议，升起舰旗，将北洋舰队残存舰只收拢起来。随后，丁汝昌率领“定远”“镇远”“靖远”“来远”“平远”“广丙”等六舰向日本舰队撤退方向追了一段距离，见日舰已经驶远，便调转船头，向旅顺方向驶回。一场世界海战史上空前规模的近代铁甲舰之战就这样结束了。

晚上7时15分，伊东祐亨带领参谋长鲛岛员规海军大佐、参谋岛村速雄海军大尉等幕僚将旗舰移至“桥立”，“松岛”立即返回日本吴港修理。7时50分，第一游击队加速赶上本队，以单纵阵跟随本队航行，向临时锚地开去。

〔1〕戚其章主编：《中日战争》6，中华书局1993年版，第7页。

北洋海军失利原因分析

黄海海战是惨烈而悲壮的，北洋海军官兵付出了巨大的生命代价，马吉芬在描述“镇远”舰战后的情景时说：“战斗甫毕，各舰施行检查，但见尸骸累累，血肉满目，凄惨之象，莫可言宣。镇远前桅楼中，原装小炮两门，配置测距士官一人，炮员五人，此时阒无声息，比登桅查之，则悉桅楼中敌一弹，六人俱已阵亡，始恍然前者沉默之原因。”[1]

然而，这毕竟是一场失败的海战，反思和追问比悲伤和慨叹更有意义。分析这场海战失败的原因，大概有以下几点：

第一，战前缺乏部署和准备。

一场战争的成败，战前准备是关键。军事家毛泽东所说的不打无准备之仗，不打无把握之仗，指的就是战前准备对于夺取战争胜利的重要性。从1894年6月开始，中日之间就已显露出战争的迹象，7月，战争一触即发，丁汝昌对此了然在心。然而李鸿章徒劳无功的外交斡旋和“保船制敌”的方略，严重误导了丁汝昌，加之武器装备陈旧，舰船数量不足，均使丁汝昌不能下定与日本舰队决战的决心。关于这一点，从丁汝昌在黄海海战前一系列消极表现中就可看出。有学者认为，无论是战争准备欠缺，还是战术意识薄弱，均是由丁汝昌这位陆将的无能造成的。这种观点未免过于片面。毋庸置疑，丁汝昌乃至大多数管带没有经过海战实践，是战争准备中出现纰漏的一个重要原因，可丁汝昌

〔1〕归与：《中日海战评论撮要》（续），《海事》第10卷，第3期，第43页。

也是从战争中走过来的人，作战需要准备这样的简单道理他不会不懂，一些关键准备工作的缺乏，如没有安排接替指挥人员、没有评估弹药量、没有制定战术预案，等等，均不是只用“无能”二字就能解释的。况且，即使丁汝昌“无能”到如此地步，他的身边还有一批经过长期历练的舰船管带，他们的意见和建议也不至于让战前准备如此糟糕。由此看来，北洋海军缺乏战前部署和准备的最主要原因，并不是丁汝昌的“无能”，而是丁汝昌面对光绪皇帝和李鸿章相互矛盾的战争指导，做出了消极反应。

从海战的实际情况看，北洋海军作战部署和准备的缺乏，主要表现在四个方面：

一是没有预定海战战术方案。虽然在丁汝昌的思维中战术是必不可少的，在战前他也在努力体现自己的战术设想，提出了“三点原则”，但“三点原则”并不能代替完整的战术方案，它仅仅是海战开始时的战术规定，无法贯穿于海战的全过程。到目前为止，没有发现在黄海海战前丁汝昌曾经拟定过海战战术方案的史料记载。所以在海战中，北洋舰队战术单调，阵形呆板缺乏变换，姊妹舰之间战术配合毫无发挥，各舰管带木然应付，在敌人不断变换的阵势中，束手无策。舰队失去统一指挥并不是各舰放弃战术配合的理由，虽然旗舰“定远”无法发号施令，但各舰之间的联络并未被破坏，如果战前有战术预定方案的话，舰与舰之间完全可以形成临时编队，特别是姊妹舰之间，越是舰队失去统一指挥，越是发挥两舰协同作用的时候，可遗憾的是，自始至终没有任何一艘军舰的管带给姊妹舰发出过统一行动的信号，这其中除了各舰管带战术意识薄弱外，缺乏战术安排是最主要的原因。没有战术安排带来的另一个严重后果是“勇者过勇，不待号令而争先；怯者过怯，不守号令而退后，此阵之所以不齐，队之所以不振也”[1]。相比之下，日本海军战术运用灵活得当，第一游击队和本队之间始终保持着战术配合，如果没有战前的严格要求，很难达到如此程度。

二是战斗阵形演练不精。虽然北洋海军早有战斗阵形的选定，也进行过针对性的操练，李鸿章就曾称赞这种阵形“尚能整齐灵变”。但由于丁汝昌平时

〔1〕陈旭麓等主编：《甲午中日战争》（下册），上海人民出版社1982年版，第403页。

执行任务时多率领少数军舰出航，全舰队进行阵形演练的机会少之又少，只有大操和接受校阅才是全舰队演练的宝贵机会，并且这时的演练是不带战术背景的演练，各舰可以从容地驶到各自的位置上，让阵形整齐而美观。这样一来，战斗阵形的练习就难以做到精细化和复杂化，建立在想定基础上的阵形变化预案就难以形成。余思诒曾评论说：北洋海军的阵形“种种变化神妙不穷……故必韬略素谙，胸有成算，方克胜任。各船尤宜让出前后左右炮路，若不操演纯熟，将何以制胜哉？”[1]由于演练不精，在海战中各管带对阵形的变换显得十分生疏，由夹缝鱼贯阵变为夹缝雁行阵时，就因各舰航速不一而使两翼军舰不能运动到位，这是事先应该有所预料并加以避免的，可是在接战的关键时刻，这种情况依然发生了。特别是在遇到敌舰运动干扰的时候，作战阵形没有进行相应的调整和变换，仅以简单的“舰首对敌”应对之，使阵形顿时演化成束缚各舰手脚的枷锁。正如“定远”舰枪炮大副沈寿堃战后检讨的那样：“平日操演船阵，阵势总须临时应变，不可先期预定。预定则各管驾只须默记应操数式，其余则可置之。临时随意挂旗，示演各阵，则各管驾不得不全图考究。临事既无生疏舛错之患，亦能出奇制胜。”可是在黄海海战中，“嗣敌左右包抄，我未尝开队分击，致遭其所困，此皆平时操演未经讲求，所以临时胸无把握耳”。[2]“定远”舰枪炮二副高承锡也说：“水师迎敌阵式，当于平时议定交锋变化阵图，常常操练。或以两队船只，一作敌船，一作我船，在洋作交锋之势，操演烂熟。不致临敌之时，有阵乱致败之患。”[3]

三是没有设定处置突发情况的预案。战争是残酷的，往往要伴随着大量人员的伤亡，海战尤其如此。指挥官的位置，历来是敌人攻击的首要目标，指挥官的牺牲和舰艇指挥功能的丧失，均应在意料之中，必须事先做出适当安排，这是战争的常识性问题。在明代郑和下西洋的时候，皇帝为郑和船队专门设置了郑和和王景弘两名正使太监指挥船队，目的之一，就是准备在船队出现意外、郑和失去指挥能力之时，由王景弘接替郑和完成下西洋任务。一支以和平为使命的船队尚且如此，一支面临着残酷海战的舰队有什么理由不这样做呢？

---

〔1〕余思诒：《航海琐记》卷一，第35页。
〔2〕陈旭麓等主编：《甲午中日战争》(下册)，上海人民出版社1982年版，第403页。
〔3〕同上，第409页。

可北洋海军恰恰没有这样做。笔者认为，这不是丁汝昌想不到，而是他没有下定与日本舰队进行决战的决心，更对海战的残酷性和激烈性估计不足，造成舰队在开战不久即失去统一指挥，始终处于各自为战的混乱状态，各舰之间没有配合、没有援应，被日本舰队牵着鼻子走。而日本舰队的计划和有序，令西方观战人士感到震惊，他们评价说："中国人的情况越来越坏，日本的战舰动作协调，保持一致"。〔1〕

四是携带弹药不足且质量存在问题。枪炮子药是海战中赖以保存自己、消灭敌人的必备武器，关系重大。可是在黄海海战中北洋舰队的炮弹数量明显不足，关于这一点，在"镇远"舰上的马吉芬和在"定远"舰上的戴乐尔战后都有披露，汉纳根也在回旅后报告说："我军船炮皆经受伤，军火亦经用罄，乘夜驶回旅顺。"〔2〕海关总税务司赫德则在一封信中透露了北洋海军缺乏炮弹的原因。他说："克虏伯炮有药无弹，阿姆斯特朗炮有弹无药！汉纳根已受命办理北洋防务催办弹药，天津兵工厂于十日前就已收到他所发的赶造子弹命令，但迄今仍一无举动！他想要凑集够打几个钟头的炮弹，以备作一次海战，在海上拼一下，迄今无法到手。最糟的是恐怕他永远没有到手的希望了！"〔3〕这样，负责生产炮弹的天津机器局和负责调拨炮弹的天津军械局就成了炮弹缺乏的罪魁祸首。于是，长期以来，人们将矛头对准天津军械局总办张士珩，认为是他利用与李鸿章的舅甥关系，在弹药供应中营私舞弊，影响了北洋海军的作战，应负全部责任。其实，这只不过是人们在愤怒情绪下的一种误解，张士珩的确是李鸿章的外甥，军火生产和供应中也的确存在营私舞弊行为，可是在黄海海战前为北洋海军提供的弹药数量，却不像人们想象得那样缺乏。1894年12月9日，直隶候补道徐建寅奉皇帝之命到威海查验北洋海军弹药情况，得到了这样的结果：

存于"定远""镇远""靖远""来远""济远""平远""广丙"等七艘军舰上的各种炮弹计有：305毫米炮开花弹293枚，钢弹244枚；260毫米炮钢弹35枚；210毫米炮开花弹271枚，钢弹163枚；150毫米炮开花弹852枚，钢弹202

〔1〕戚其章主编：《中日战争》6，中华书局1993年版，第387页。
〔2〕《李鸿章全集》24，电报四，安徽教育出版社2008年版，第345页。
〔3〕《中国海关与中日战争》，中华书局1983年版，第55页。

枚，子母弹109枚；6英寸炮开花弹137枚，钢弹23枚；120毫米炮开花弹205枚，钢弹38枚。共计2572枚。

存于刘公岛弹药库中的上述各舰备用炮弹计有：305毫米炮开花弹110枚；210毫米炮开花弹681枚；150毫米炮开花弹385枚，6英寸炮开花弹340枚；120毫米快炮开花弹157枚。共计1673枚。

上述两部分炮弹共计4245枚，[1]除去黄海海战后至徐建寅查验北洋海军弹药前这段时间里运送至威海的305毫米炮开花弹160枚、210毫米炮开花弹100枚、150毫米炮开花弹100枚，[2]其余3885枚，均为黄海海战剩余炮弹。这意味着多数炮弹存放于弹药库中，并未搬运上舰，再次说明丁汝昌战前没有做好与敌决战的准备。

当然，炮弹不缺乏并不代表炮弹的质量过硬，虽然张士珩不是人们想象得那样是造成北洋海军弹药缺乏的罪魁祸首，但天津机器局生产的炮弹存在质量问题却是事实。因为此事与海战关系甚巨，所以战后北洋海军官兵对因炮弹质量问题造成的发射障碍印象深刻，他们众口一词表示责难。“来远”舰帮带大副张哲溁说：“至所领子药，多不合式，亦不切备。东沟之役，有因弹子将罄而炮故缓施者，有因子不合膛而临时减药者。”“定远”舰枪炮大副沈寿堃也说：“中国所制之弹，有大小不合炮膛者；有铁质不佳，弹面皆孔，难保其未出口不先炸者。即引信拉火，亦多有不过引者。临阵之时，一遇此等军火，则为害实非浅鲜，故不可不慎之于平日。”“定远”舰枪炮二副高承锡则指出：“枪炮子药乃军务极要之件，制造之时须较以规矩，求其性力，认真试妥，然后取用，方无防害。若仍照前例，不论合膛与否，炸力大小，能否及远，塞责成工。不但战时用之有害，即平时用之，也受害不浅矣。”[3]这些都是经历战场残酷磨难之后发出的由衷感慨。弹药质量问题导致的严重后果不言而喻，轻则延误舰炮发射，造成火力不足，重则导致意外伤害，造成不必要的牺牲，无论哪种后果，都是对战斗力的极大削弱。

---

〔1〕见徐建寅：《上督办军务处查验北洋海军禀》附件二《北洋海军各船大炮及存船各种弹子数目清折》、附件三《北洋海军存库备用各种大炮弹子数目清折》，藏海军司令部。

〔2〕陈旭麓等主编：《甲午中日战争》（下册），上海人民出版社1982年版，第565、570页。

〔3〕同上，第398、404、407页。

第二，武器装备与敌有差距。

衡量一支舰队的战斗力有多项指标，包括舰船数量、军舰吨位、质量、航速、舰炮数量及性能，等等。比较甲午战前中日海军的上述指标就会发现，北洋海军的总体实力严重弱于日本海军，战前李鸿章、丁汝昌等人已经意识到这一点，所以极力推动清政府购买舰艇，试图弥补中日海军间的实力差距。可是，由于前述原因，他们的努力没有成功，迫使李鸿章和丁汝昌转而争取单项指标的改善，比如更换舰炮，提高射速和精度。1894年3月底，丁汝昌上书李鸿章：

> “镇远”“定远”两铁舰原设大小炮位均系旧式，“济远”钢快船仅配大炮三尊，炮力单薄，“经远”“来远”钢快二船尚缺船尾炮位，镇、定两舰应各添克鹿卜新式十二生特快炮六尊，“济远”“经远”“来远”三舰应各添克鹿卜新式十二生特快放炮二尊，共十八尊，并子药器具。又，“威远”练船前桅后原设阿摩士庄旧式前膛炮，不甚灵动，拟换配克鹿卜十生特半磨盘座新式后膛炮三尊，并子药等件。均系海防必不可少之要需，请查核酌办。

李鸿章将丁汝昌的请求上报总理海军事务衙门，得到的答复是：此项炮位关系军舰待用利器，令将约需银数奏明办理。李鸿章当即饬令天津军械局和支应局司道核算所需款项。军械局和支应局报称：

> 前项添购新式炮位，共二十一尊，均连子药器具，按照克鹿卜厂定价确核估计，连运脚、保险等费共约需银六十一万三千四十余两。查奏定海军章程，凡添购大批军火，应由海军衙门核明，另行添拨，不在常年经费之内。

有鉴于此，李鸿章感到：

> 目下海军衙门、户部同一支绌，若添此购炮巨款，诚恐筹拨为难，再四筹画，查每年由海军衙门额定领银二十万两，转备“镇远”等八船常年煤修及随时添置各物之用，近来支放力求撙节，拟自本年起，会商海军提镇，凡八船常年添置各件酌量停减，即就备用项下设法匀凑，移缓就急，

> 将“镇远”“定远”两铁舰应添克鹿卜十二生特快炮十二尊先行订购，连开花子药器具，共估需库平银三十五万四千余两，暂由备用款内分年拨付，仍归八船报销案内造报。其“济远”“经远”“来远”“威远”等四船应购各炮，俟“定”“镇”二船炮价付清后，如备用项下仍可腾挪，再行陆续添购等情，开单请奏前来。

他特别指出：

> 臣查德厂新式快放炮，每六分钟时可放至六十出之多，其力可贯铁数寸，实为海上制胜利器。各国师船争先购换，北洋海军铁甲、快、练各船原设炮位，当时虽称新式，但较现时快炮实觉相形见绌，且海军以“定”“镇”“经”“来”铁快等船为巨擘，船坚尤须炮利，若炮位不多，单薄过甚，遇有缓急，固不足恃，亦无以壮声威。亟宜逐渐添购，以资战守。惟是饷项支绌，巨款难筹，兹拟于八船经费备用额款内竭力匀凑，先购“定”“镇”二船快炮十二尊，俟有赢余，陆续购置。似此分年办理，既有裨于军实，亦无须另筹帑项，殊属撙节得宜。[1]

由此可见，为了更新舰炮，李鸿章可谓绞尽脑汁，可此时距丰岛海战爆发仅有三个多月的时间，在这短短时间里，要克服重重障碍，将这12门120毫米克虏伯炮装上“定远”和“镇远”，谈何容易。最终，弥补中日海军之间实力差距的最后机会还是丧失了。在黄海海战爆发五天前的9月12日，丁汝昌还期望于次日晚上率大队赴旅顺，与龚照玙商量为“经远”“来远”配置后炮。[2]

从参战舰艇数量来看，北洋舰队有14艘，日本舰队有12艘，表面上看北洋舰队多于日本舰队，但实际上北洋舰队有4艘舰艇不仅参战为迟，而且没有发挥太大作用，只能看作双方舰艇数量相当。但在吨位上，即使以14艘计，北洋舰队的总吨位也只有32600吨左右，而日本舰队12艘军舰总吨位达39600吨

---

〔1〕《李鸿章全集》15，奏议十五，安徽教育出版社2008年版，第304—305页。
〔2〕同上，第420页。

左右，比北洋舰队多了整整7000吨。

再看军舰的质量，北洋海军各舰大多是19世纪80年代服役的，而日本海军各舰大多是19世纪90年代服役的，在海军技术发展日新月异的时代，十年时间几乎完成了一代产品的更新换代，这一点从两支海军的舰速和舰炮性能即可看出。日本舰队除了“赤城”“西京丸”等弱舰航速较慢外，大多数军舰航速都在15节以上，第一游击队四艘军舰的平均航速达到19.4节，“吉野”舰航速竟高达23节，这是日本舰队能够在海战时保持完整战斗阵形，并进行高速机动的根本原因。反观北洋舰队，除“致远”“靖远”的理论航速为18节外，其余各舰航速均在14至15节之间，且由于均为老舰，实际航速已经达不到这样的水平了，这是北洋舰队从一开始就没有完成战斗阵形变换的原因之一。

军舰航速是实现战术意图最重要的保证，航速的巨大差别，带来了一系列严重后果，北洋海军参战军官的检讨即是证明：

> 大东沟之役，敌变动至灵，转瞬一阵，我军变换阵势尚未完竣，已被其所围。虽有夺天之巧，亦难插翅而飞也。
>
> ……
>
> 战船贵快，快则变阵容易，易于取胜。如大东沟之战……我船迟慢，变化艰难，所以受敌致败。
>
> ……
>
> 敌受伤退，我船不能追。是两军相对，而彼得进退自如。[1]

舰炮性能，更是关乎海战胜负的关键因素，尤其是发射速度，其重要性已经远超口径和射程。北洋舰队12艘参战军舰共有100毫米口径以上炮58门[2]，

〔1〕陈旭麓等主编：《甲午中日战争》（下册），上海人民出版社1982年版，第401、407、398页。

〔2〕“定远”“镇远”各装备有305毫米口径炮4门，150毫米口径炮2门；“致远”“靖远”各装备有210毫米口径炮3门，6英寸口径炮2门；“经远”“来远”各装备有210毫米口径炮2门，150毫米口径炮2门；“济远”装备有210毫米口径炮2门，150毫米口径炮1门；“超勇”“扬威”各装备有250毫米口径炮2门，4.7英寸口径炮4门；“广甲”装备有150毫米口径炮3门，120毫米口径炮4门；“平远”装备有260毫米口径炮1门，150毫米口径炮2门；“广丙”装备有120毫米口径炮3门。

日本舰队则有104门，是北洋舰队的1.8倍，而且大多数是速射炮，其中“松岛”“严岛”“桥立”各装有11至12门120毫米口径速射炮；“吉野”“秋津洲”“千代田”等舰也各有120毫米、150毫米口径速射炮8至12门。此外，100毫米口径以下炮北洋舰队装备有163门，日本舰队装备有171门，日方也占优势。虽然在海战中“松岛”“严岛”“桥立”三舰的320毫米口径巨炮仅发射了13次，其威力并未得到充分发挥，但速射炮的威力发挥得淋漓尽致，从而弥补了巨炮的缺陷。相比之下，北洋舰队各舰速射炮极少，虽然“定远”“镇远”充分发挥了305毫米口径巨炮的作用，但这也是缺少速射炮的必然表现，其威力再大，也难抵众多速射炮的威力。根据当时测算，120毫米口径速射炮每分钟可发射8至10发炮弹，150毫米口径速射炮每分钟可发射5至6发炮弹，而同样口径的旧式舰炮，其发射速度仅为50秒一发。旧式舰炮的火力毫无疑问要受到速射炮的压制，造成张哲溁所说的“我开巨炮一，敌可施快炮五，如不命中，受敌已多。我又无快炮以抵”[1]的不利局面。

第三，管带纪律意识太薄弱。

虽然《北洋海军章程》没有对战场纪律做出明确规定，但纪律意识是军人最基本的素质之一，这是由战争的特性所决定的。无论是陆军出身的丁汝昌，还是经过海军专门训练的各舰管带，都应明白这个简单的道理。可是，纪律观念的形成，与一个国家的文化状态以及这个国家所处的时代有着密切的关系。晚清时期，社会文化的衰落和社会管理的紊乱，必然会在军队建设中反映出来。纲纪废弛、军风败坏，是晚清军队

“靖远”舰管带叶祖珪家眷在“靖远”舰上留影。黄海海战后北洋海军军官反映的纪律松弛，将士移眷等问题，在这幅照片中得到印证

〔1〕陈旭麓等主编：《甲午中日战争》（下册），上海人民出版社1982年版，第398页。

的必然特征。北洋海军作为一支封建体制下的近代海军，西方军队的管理模式，可以使其焕发出一时的生气，但不能从根本上改变它的基因。洋员琅威理曾经的努力，一度让北洋海军有了近代海军上升时期的精神状态，但最终也未能消除它懈怠和散漫的痼疾。“来远”舰帮带大副张哲溁对北洋海军存在的问题做了这样的总结：

号令不严。平时旗号、灯号，多有迟久答应。一令既出，亦多催至再三，方能应命。用之已贯，及有事之秋，难免无缓应机宜之病。

辅佐乏才。军兴以来，未闻有上制胜之谋者。提督与诸将画策之时，有口是而心非者，有唯唯而退者。员弁有言，多因避嫌不敢上达。至临敌之际，各自取巧为己，不顾大局。

纪律不严。海军将士难无贤劣之别。不肖者，碍情不加处治。故众多效尤。上有所好，下必有甚。相习成风，视为故态。下属不敢发上司之非，上司亦能隐下属之过。甚至临阵退缩，畏葸不前者，不加查察。而功罪倒置，物议沸腾。

将就任使。军中员弁，有才力不胜者，有学问不及者，有毫无所知其所司之职者，滥厕其间。或碍于情面，或善于逢迎，或忠于节费，擅一艺微长，洵足因循过日。至临敌将就为用，不顾贻误于全船。

军心不固。兵士之定乱，视将领之才能。我军将领，有临事确操把握者，兵士自以为可靠，固亦不少。其有军务吃紧，遇事张皇，而神形变色者，兵士见之难免生惶恐之心。一船如此，告知他船亦然。

将士耽安。前琅威理在军中时，日夜操练，士卒欲求离船甚难。是琅之精神所及，人无敢差错者。自琅去后，渐放渐松，将士纷纷移眷，晚间住岸者，一船有半。日间虽照章操作，未必认真，至有事之秋，安耐劳苦。

情面太重。学生练勇为海军之根本，老少强弱，敏钝不齐，难免无得情荐手之弊。在军中资格较深，才力较胜者，久任不得升。而投效之人，入军便膺其上。

奖恤失当。海军经仗之后，无论胜败，其各船中奋勇者有之，退缩者

> 有之，使能分别赏罚，庶足以鼓人心。我军仗后，从无查察，其畏葸避匿者，自幸未尝冒险。其冲锋救火奋勇放炮者，尚悔不学彼等之黠能。[1]

这些弊端，平时无人追究，外人便难察其详，战时则危害极深。黄海海战一开始就出现了“勇者过勇，不待号令而争先；怯者过怯，不守号令而退后”的现象，当舰队失去统一指挥时，各舰也同时失去了纪律约束。特别是下午3时30分“致远”沉没之后，北洋舰队的混乱局面顿时加剧，“济远”“广甲”先后逃跑，“经远”“来远”“靖远”“平远”“广丙”未发出任何信号便相继离开战场，仅剩“定远”和“镇远”在战场上苦苦支撑。战场上的逃离行为，不特是对战斗力的严重削弱，更是对官兵士气的沉重打击，方伯谦、吴敬荣等人放弃军人责任、丧失战斗意志的行为对海战产生的影响，是难以估量的。据日方统计，北洋舰队各舰撤出战斗时，“来远”中弹225发，“靖远”中弹110发，“平远”中弹24发，“济远”中弹15发，这说明，北洋舰队多数军舰撤出战斗并非不堪任战，而是与军心动摇有关系，这种情况对后续战争的影响是难以估量的。反观日本舰队，弱舰在遭受重创后撤离战场，无不发出信号告知旗舰。下午2时15分“比睿”撤出战场，发出“本舰火灾，退出战列”的信号。不久，“西京丸”也发现“比睿”和“赤城”均处于危险状态，迅速发出信号通知本队和第一游击队救援。当“西京丸”受到四艘中国军舰攻击时，及时发出了“我舵发生障碍”的信号，然后匆忙逃离战场。上述三艘逃离战场的弱舰，除不堪任战的“西京丸”经过救火补漏后直接返回临时锚地外，其余两舰均设法归队。排水量仅有600余吨的“赤城”号，侥幸逃脱追击后，经过军事清点、补充兵员，“三四小时之后重新返回本队”。已服役16年的旧舰“比睿”号，“由于起火，终于不能与本队一起行动，暂且返回临时停泊地，把伤员委托给运输船，然后和海门一起重返战场。”[2]此外，第一游击队始终听从本队号令，坪井航三无论如何发挥主观能动性，均未有置本队号令于不顾，我行我素之行为，各舰亦然。从这些情况可以看出，中日海军军官的纪律意识存在明显的差

〔1〕陈旭麓等主编：《甲午中日战争》(下册)，上海人民出版社1982年版，第398—399页。
〔2〕戚其章主编：《中日战争》7，中华书局1996年版，第224页。

别，北洋海军军官纪律意识的淡薄，是加速海战失败的重要因素。

第四，官兵战技术水平不高。

官兵的战术、技术水平，是夺取战争胜利的另一个先决条件。在战术方面，北洋海军各将领与他们的对手之间存在较大差距。海战中，日本舰队上至司令长官，下至各舰管带，都时刻注意体现战前形成的战术意图，舰队的两个战术群自始至终保持着密切配合，即使出现配合上的偏差，也会在机动中加以弥补。而北洋舰队自展开“夹缝雁行阵”之后，再无任何战术可言。诚然，这主要是由丁汝昌缺乏战术安排造成的，但各舰管带战术意识的薄弱也是重要因素之一，否则，姊妹舰设置的意义怎会毫无体现？在技术方面，据日方统计，日本舰队海战中共发射大小口径炮弹20921发，仅“定远”“镇远”“来远”“靖远”“平远”“济远”六舰，就被命中753发，[1]被击沉的“致远”“经远”“超勇”，被击伤的“扬威”中弹数量当会更多。虽然我们在中方史料中找不到北洋海军发射炮弹数量以及命中敌舰数量的记载，但从日本舰队军舰一艘未沉并修复很快这一事实来看，命中率当不会很高。这其中除了装备原因以外，官兵的军事技术水平不高也是重要原因。斐利曼特曾说：“倘使华舰各将领皆精练海战之学，日舰可成齑粉。”[2]此话不无道理。

总而言之，北洋海军在黄海海战中的失败，原因是多方面的，笔者在此进行梳理，为的是更好地总结战败教训，为今天的海军建设提供有益借鉴，绝无否定北洋海军官兵为民族付出的牺牲之意。相反，笔者认为，绝大多数官兵在海战中表现出来的爱国和牺牲精神，是中华民族精神宝库的重要组成部分，值得我们今天继承和弘扬。可是，近年来有学者为了突出北洋海军官兵的战斗精神和军事素养，不顾客观事实，过度夸大中日双方装备技术差距对海战的主导作用，隔断了腐朽的封建制度与北洋海军之间的联系，一味拔高北洋海军官兵的技术素养和道德品质，这不仅无益于总结甲午海战的惨痛教训，更无益于总结和弘扬中国传统爱国主义精神，不是历史研究者应该具有的科学态度。

---

〔1〕(日)海军军令部编:《廿七八年海战史》上卷，(日本)春阳堂1905年版，第258页。
〔2〕中国史学会主编:《中日战争》(七)，新知识出版社1956年版，第549页。

绝望与遗恨：

最后的威海保卫战

黄海海战的失利，不仅使北洋海军丧失了黄海制海权，而且在士气上受到了沉重打击。日本大本营以与清军进行直隶平原决战为目标，指挥陆军渡过鸭绿江，登陆花园口，向中国本土步步进逼，海军对黄海北部海域形成绝对控制，使战争形势急转直下。慈禧太后筹办六十大寿庆典的忙碌和光绪皇帝应对战争的慌乱相互交织，更加难以形成御敌之策。在这种情况下，丁汝昌决定放弃旅顺口，退守威海卫。

丁汝昌之所以在战争的最后关头坚持将北洋舰队置于威海基地的防御之中，是因为他对威海基地的状况了如指掌：这里自然条件优越，横亘于港口出口的刘公岛起着屏障作用；北洋海军在此经营七年，设施比较齐全；更重要的是在威海港周围，形成了陆上炮台防御网络，有5000余陆军官兵驻守。然而丁汝昌同时也明白，再优越的客观条件也不如北洋海军自身的强大，修复战争创伤是当务之急。

中日海军恢复战力

黄海一战，北洋海军除人员损失惨重外，军舰的损失也十分严重，有五艘主力战舰或沉入海底，或搁浅被毁，永远丧失了战斗力，其余军舰也伤痕累累，进入旅顺船坞等待修理。在战争继续深入发展的情况下，朝廷面临的首要问题就是尽快恢复北洋海军的战斗力，对于这一点，无论是皇帝，还是李鸿章、丁汝昌，都十分清楚。

海战结束后的第二天，汉纳根就向李鸿章报告："我军船只加工修理，三十五日方可再战。"听到此话，李鸿章大为着急。此时战争正处于白热化阶段，形势瞬息万变，35天的时间里将会发生什么，谁也无法预料。没有海军保护，运送陆军的船只将被完全置于危险之中。李鸿章立刻发电督促负责修船工程的水陆营务处龚照玙，要他务必抓紧时间尽快修船。修理船只是龚照玙的职责，他当然不能有丝毫含糊，于是当天即向李鸿章表示："拟先修'定远'，余船受伤轻重，容查明电禀，即行加工修理。"[1]初步勘查各舰伤情后，龚照玙感到修船工程并不简单，便于1894年9月19日向李鸿章报告说：通过对受伤舰船的勘验，发现"镇远""定远"各伤千余处，其他舰船伤情也非常严重。目前事机在急，必须添加工匠，齐心协力一起赶修，才能按期完工。[2]龚照玙的意思很明白，仅靠旅顺船坞原有工匠是不够的，必须另招大量工匠一起工作，才能将伤重的军舰尽快修竣。

〔1〕《李鸿章全集》24，电报四，安徽教育出版社2008年版，第345页。
〔2〕同上，第347页。

旅顺船坞在全盛时期也仅有工匠600人，同期的福州船政有工匠2000人，江南机器制造局则有近3000人。之所以会出现这样的状况，最主要的原因是经费问题。旅顺船坞是与北洋海军捆绑在一起的，李鸿章的主要精力都在这支耗费庞大的舰队身上，船坞建设自然处于次要地位。黄海海战后，由于战争的影响，旅顺船坞的工匠已不足600人，要同时维修六艘伤重军舰，绝无短期内竣工的可能。有鉴于此，李鸿章于9月20日，也就是黄海海战结束后的第四天，电告津海关道盛宣怀，告诉他旅顺船坞急需添加工匠，以便赶修兵船，让他设法调拨工匠。恰好盛宣怀得知唐山矿务局和铁路局有广东籍工匠200人处于闲置状态，其中有一部分是大沽船坞的旧匠，曾在“定远”和“镇远”上做过工，具有修船经验，他立刻电告总办张翼等人，从中挑选工匠10名，送往旅顺。他又从塘沽船坞等处调拨工匠10名，从天津机器局调拨虎钳匠若干名，星夜赶往旅顺。[1]

200名工匠仅挑选10名，盛宣怀是如何考虑的？实际上还是经费问题。添一名工匠就需要增加一份工资，200名工匠至少一个月的工作，其工资数目定不会小。可汉纳根不算经济账，他向李鸿章明确表明，要修好所有船只并保证它们按时出海，最少需要添加工匠200名，才能敷用。[2]恰在此时，光绪皇帝降下谕旨，要求李鸿章命令丁汝昌“将各舰赶紧修复，以备再战”[3]。这让李鸿章更加着急，看着陆续添派的为数不多的工匠赶到旅顺，李鸿章依然高兴不起来。

9月23日，两艘日舰出现于威海港西口外40里，这显然是日本海军派出的侦查舰只。李鸿章获悉这一消息后认为，这是日本海军明知北洋海军军舰伤重不能出海，故意显示威风，或许随后再有大队前来，所以致电丁汝昌和龚照玙，要求查明除“定远”“镇远”伤重赶修外，是否还有受轻伤者尚能出海游弋。如果能有出海游弋的舰只，即使不能远出，仅在口外游巡一番，也能使日本海军知道我军并未束手无策。[4]过了一天，李鸿章见丁汝昌和龚照玙并未做

〔1〕陈旭麓等主编：《甲午中日战争》(下册)，上海人民出版社1982年版，第217、218页。
〔2〕同上，第222页。
〔3〕《李鸿章全集》24，电报四，安徽教育出版社2008年版，第348页。
〔4〕同上，第363页。

黄海海战后在旅顺进坞抢修的“镇远”舰

抢修中的“镇远”舰甲板破损不堪

出反应，又致电他们，几乎以恳求的口吻要求将“平远”“广丙”“济远”“靖远”四艘军舰务必在十天之内修好，派出威海、旅顺口外附近游巡。否则，日军知道我军无船可派，将会随意派数船深入我腹地，到处窥伺。如果再护送运兵船长驱直入，大局恐难设想。所以提醒丁汝昌和龚照玙切勿迟误。李鸿章还说，四艘“镇”字炮舰没有受伤，应该令它们连同两艘大鱼雷艇一起在口外附近巡探，略壮声势，未便置之不问。[1]或许此时丁汝昌不敢直接拒绝李鸿章的指令，但又对执行李鸿章的指令感到为难，所以接到电报后，他没有正面回应，而是致函盛宣怀，强调此时舰队不能出海。他在谈到原因时说：

查该四舰，固在日夜赶修，但“靖”“济”两艘备炮钢底钢圈，皆已破损，无能复用。“平远”请领之炸药，迄未接到。“广丙”速射炮弹，现在只有六十发。箝掣敌军，本为吾侪素责，倘遭遇敌队，速力难及，不惟夺我士气，抑且增彼声威，殊非计之得也。军器不完不备，岂可滥事交绥

〔1〕《李鸿章全集》24，电报四，安徽教育出版社2008年版，第370页。

> 哉。我海军力，原较敌方单薄，鹿岛之役，复失四舰，废一舰，现在勉强差堪战斗者，仅“定”“镇”“济”“靖”“来”“平”六艘而已，“平远”速力迟钝，修理工程，非至十一月中旬，不能完竣，各舰炮身，多被破损，军器弹药，何时可到，尚不能豫知，信中焦灼之至，苟以补充不足，再失一二舰，不其更损国威耶。再四思维，拟俟全舰修理完成之后，无论舰数多寡，强弱如何，一举力战，以身许国，至舰人俱亡，昌尽其责而后已，此昌之决心也。[1]

接到丁汝昌的信函后，盛宣怀并未将其中之意转达李鸿章。李鸿章在屡次指令丁汝昌派船出海未果后，依然没有放弃催促。27日，他再电丁汝昌和龚照玙，强调即使“济远”“靖远”“平远”“广丙”四艘军舰即使不能出海制敌，在口外近边游弋亦可使日本海军知道我非束手待毙。并严厉指出，皇帝催促修船甚急，切勿任员匠疲玩。[2]

从以上可见，在短短七天之内，李鸿章多次致电丁汝昌、龚照玙等人，催促加快修船进度，可旅顺工期进展缓慢，丁汝昌毫无派舰出海迹象。李鸿章忍无可忍，他严厉警告说：如果暂时代理丁汝昌主持北洋舰队工作的刘步蟾等借修理为宕缓，误我大计，定行严参。要求病中的丁汝昌，“当认真督催，勿为若辈把持摇惑”[3]。

面对此情此景，病榻上的丁汝昌只好将自己的苦衷和盘托出，以求得李鸿章的理解：

> 汝昌火伤虽愈，而脚肿未消，医断为气血亏虚，难奏急效，兹蒙宪念，感激涕零。职与龚道督修舰船，迄未稍懈，炮板舱房，自应遵谕缓日再修。“来远”工程甚大，竣事尚需时日。其余“定”“镇”“靖”“济”“平”“丙”六舰，十月中旬即可出海，虽“镇远”锚机汽缸，被弹击毁，修缮不遑，尚无大碍于战斗。刘步蟾在舰日夜督催工程，该员初无专擅之权，何敢托故

〔1〕归与：《中日威海战役纪略》，《海事》第10卷，第9期，第27—28页。
〔2〕《李鸿章全集》24，电报四，安徽教育出版社2008年版，第384页。
〔3〕《李鸿章全集》25，电报五，安徽教育出版社2008年版，第11页。

迁延时日。所可虑者，各舰大炮钢底钢圈，及榴弹等项，皆不敷用，日前曾向天津军械局请拨在案，但何时可到，实难豫知，若“广丙”开花弹，只剩六十个，“平远”则空无所有，似此出海遇敌，将如之何，不胜忧闷之至。[1]

李鸿章虽然知道丁汝昌的难处，但军情火急、朝廷催逼都令他焦灼万分。从10月2日至10月9日，李鸿章又三次电催北洋海军出海。终于，10月13日，李鸿章盼来了丁汝昌“订期出海，力疾上船”的消息，可“定远”和“镇远”的锚机，“靖远”和“济远”的钢底、钢圈均未配妥，它们将在尚未完全修复的情况下出海。对此，李鸿章依然感到“慰甚”，他一面要求饬令船坞赶制锚机，从外洋购进钢底、钢圈，一面安慰丁汝昌：“近日尚无日船内驶，我海军出巡威、湾、旅一带，彼或稍有避忌，勿先自馁。”[2] 10月18日下午5时，重伤痊愈的丁汝昌终于登上“定远”舰，率“镇远”“济远”“靖远”“平远”“广丙”等五舰出海，前往威海。

黄海海战后“来远”舰进旅顺船坞修理。图为被烧毁的“来远”舰甲板

从黄海海战后第二天进坞修理，到10月18日驶出旅顺港，北洋舰队整整在港口停泊31天，修船工程进展之所以如此缓慢，旅顺船坞工匠缺乏、修船零部件缺乏是最主要原因，对此，丁汝昌有难言的苦衷。当然，从主观上看，丁汝昌也存在消极厌战情绪，即李鸿章所说的“自馁”，这种“自馁”源于朝廷平时对北洋海军建设的忽视，源于修船中的扯皮，也源于北洋海军官兵士气的低落。据回到唐山的锅炉匠称：“船坞修

〔1〕归与：《中日威海战役纪略》，《海事》第10卷，第9期，第28页。
〔2〕《李鸿章全集》25，电报五，安徽教育出版社2008年版，第42页。

“赤城”舰

工均不上紧，非得傅相严行派人督催，海军不能计日出海。”[1]据“广甲”舰管轮卢毓英反映，北洋海军在旅顺船坞修舰期间，“诸君皆以虎口余生，每以公余日驰逐于酒阵歌场，红飞绿舞，虽陶情荡魄，亦触目惊心。谁无父母，孰无妻子，寄身炮弹之中，判生死于呼吸，人孰无情，谁能遣此，所以作醉生梦死之态者，亦知身非金石，何可日困愁城，不得不假借外物，庶有以遏制此方寸之地也。”[2]这些都大大影响了丁汝昌、龚照玙等人的修舰积极性，进而影响了修船的进度。

反观日本海军，战后对战斗力的恢复与北洋海军相比显得有条不紊。

黄海海战的第二天，日本联合舰队的“松岛”舰因受伤过重，驶往日本本土的吴港大修，“赤城”“比睿”“西京丸”开往大同江附近的渔隐洞锚地修理，其余军舰在“桥立”率领下抵达位于朝鲜大东河口的小乳虆角临时锚地驻泊。小乳虆角临时锚地此时一片繁忙。伊东祐亨刚一到达，就安排人员对军舰受伤情况和人员伤亡情况展开核查和统计，得到的确切情况是：“松岛”受伤严重，

〔1〕陈旭麓等主编：《甲午中日战争》（下册），上海人民出版社1982年版，第262页。
〔2〕《卢氏甲午前后杂记》，手稿影印本。

“赤城”“比睿”“西京丸”受伤较重，其余军舰均为轻伤。官兵伤亡情况是死121人，伤177人。参战军官田所广海在他的《勤务日志》中特意记录了“吉野”舰的伤情：

1.后甲板、右舷后甲板有一从右舷拦网贯穿至左舷拦网的弹孔。敌舰发射的一颗21厘米炮弹从上甲板7英寸左右上方击穿第21号拦网，造成长1英尺、宽8英寸破口，击破该处12厘米弹丸台，造成其通常榴弹及钢铁榴弹各一发破裂。此发炮弹还将右舷后甲板圆形天窗及通风筒下部加以破坏，在上甲板的甲板铺板造成长6英尺、宽4英尺损伤，将此处12厘米炮弹发射药筐内两个发射药点燃，贯穿左舷拦网（上甲板的甲板流水沟上方1英尺），造成一长8英寸、宽6英寸弹孔，此地发生破裂，在外舷形成与上述破口大小相当的两个裂孔。破裂弹丸的碎片四散，造成左舷拦网大小13个弹孔。飞桥下4条传话管破裂。另在桅楼下形成弹痕。

2.下甲板第三号3磅炮炮门（左舷前部）下方、水面上约1英尺处有一个弹孔，为一发21厘米克虏伯炮弹碎片所致，形成约长1英尺6英寸、宽6英寸弹孔。该碎片飞入煤舱后停止。此弹孔因波涛之故，时有少量海水侵入煤舱之内。

3.士官室后部、水面上方约2英尺半处有一弹孔，为15厘米弹丸碎片所致。弹孔约长1英尺2英寸、宽6英寸。此碎片飞到士官室沙发坐垫为止。

4.舰体右舷中央部、水面上方约3英尺处有三个弹孔，当为弹片所致，弹种不明。

5.后部烟囱有两个弹孔，一在烟囱上部直径8英寸处，一在中央部分，均为从右舷射入而贯穿之。前者为12厘米炮弹，后者为速射炮弹所致。

6.舰长小艇前部龙骨附近有一个弹孔，为小口径炮弹所致。

7.后部排泄管有一个弹孔，为小口径炮弹碎片所致。[1]

〔1〕（日）《田所广海勤务日志》，上海书店出版社2015年版，第447—448页。

可见“吉野”舰也是伤痕累累。9月19日中午，由商船改装而成的修理船“元山丸”号，从渔隐洞抵达小乳橐角临时锚地，开始了维修伤船工作。“元山丸”是为适应联合舰队在黄海作战而专门改装的修理船，上面配备了简易的车床、机器和各种配件，特别是搭载了大量维修工人，是舰队恢复战力的重要保障。

由于各舰伤情不重，维修起来并不复杂，“元山丸”上的工人日夜加班，于22日夜完成了全部维修工作。这样，海战后仅仅四天，停泊于小乳橐角临时锚地的所有军舰便恢复了战斗力，这与北洋海军在上下催促声中艰难的修船过程形成了鲜明对比。在这期间，运输船“千代丸”号和“土洋丸”号为各舰补充了弹药，“玄海丸”号则将63名重伤员运回日本佐世保军港治疗。此后，在不到一个月的时间里，“西京丸”于10月19日、“赤城”于10月25日、“松岛”于11月5日、“比睿”于11月14日先后修复归队。

在赶修军舰的同时，伊东祐亨于9月21日对联合舰队进行了改编，将第一游击队的军舰全部并入本队，对其他军舰也进行了调整。改编后的联合舰队由本队、第二游击队、第三游击队、附属舰以及鱼雷艇队组成。本队分为第一、第二小队，第一小队下辖第一分队“桥立”“扶桑”和第二分队“浪速”“吉野”；第二小队下辖第三分队“严岛”“千代田”和第四分队“高千穗”“秋津洲”；第二游击队下辖“金刚”“葛城”“武藏”“大和”“高雄”“天龙”；第三游击队下辖“筑紫”“大岛”“摩耶”“爱宕”“鸟海”；附属舰包括“天城”“磐城”“八重山”“海门”“相模丸”；鱼雷艇队包括鱼雷艇第七号、第十二号、第十三号、第二十二号、第二十三号、“小鹰”和鱼雷艇母舰“山城丸”。[1]舰队实力与黄海海战前已不相上下，大本营正在酝酿着下一步入侵辽东半岛的行动。

〔1〕日本海军军令部编纂：《廿七八年海战史》上卷，东京水交社1905年版，第287—288页。

北洋海军更换总教习

黄海一战，北洋海军人员损失惨重，洋员亦有重大牺牲，总教习汉纳根经此一战，髋骨受伤，更重要的是，李鸿章乃至北洋海军在海战中的表现令他失望。他感到，黄海海战证明，最高指挥者李鸿章是一个漫不经心、优柔寡断的领导者，如果战争决策权掌握在这样的人手里，没有任何人有兴趣在这样一个冥顽不化而又毫无希望的社会中为它殚精竭虑鞠躬尽瘁。[1]于是，他想寻找借口离开北洋海军，让李鸿章以为非给以名分并委以重权，他不愿再出任总教习之职。李鸿章在给丁汝昌的电报中说：

> 据德税司称，汉纳根为人信服，惟以船上无用弁兵甚多，极为难处，非奏派汉以提督衔任海军副提督，赏穿黄马褂，不肯再上船。大鹿岛之战虽赖汉出力，特旨已赏二等第一宝星，未便再奏。昨俄使述英水提督派船往日坞察验，日仅受重伤三船，并未沉船，德则夸张汉功，并谓我船获大胜。又欲海军人材任汉弃取，以能战为要，可用者留，否则撤退，此层汝独办不到耶！又请派该税司为总稽查，凡修船、购械、发饷用洋员，皆会同认真妥办。以上各节，汝斟酌可行与否，即电复。[2]

在李鸿章看来，汉纳根在海战后已经获二等第一宝星，而依然要求任命其

〔1〕刘晋秋、刘悦：《李鸿章的军事顾问汉纳根传》，文汇出版社2011年版，第153页。
〔2〕《李鸿章全集》25，电报五，安徽教育出版社2008年版，第42页。

"海军副提督"、赏穿黄马褂，这有些过分。再者，从黄海海战的表现来看，汉纳根以陆军出身出任海军总教习，并不是最好的选择，所以李鸿章毫不犹豫地拒绝了汉纳根的要求。汉纳根并非刻意要达到任职"海军副提督"、赏穿黄马褂的目的，他希望的是借此机会离开北洋海军，专门从事与他炮兵出身相称的行当。这样，更换北洋海军总教习势在必行。

那么，北洋海军总教习一职是否有合适的人选来接替呢？

清政府中有人想到了琅威理。据赫德称，一位总理衙门兼军机处大臣告诉他，说皇帝已有谕旨，大意是琅威理前在华训练海军，颇著成效，着赫德传谕该员来华。[1]这使赫德眼前一亮，他依然希望琅威理能再次回到北洋海军中来。

1894年10月18日，赫德致函金登干，让他尽快跟琅威理取得联系，询问他是否有意再次到中国来。金登干接到赫德的信函后，即与琅威理取得了联系，得知琅威理在英国海军中已经被委任为"毁灭"号军舰的舰长，并统帅德文港的海军后备队，如果到中国服役会使他失去晋升英国海军上将的机会。琅威理不肯再到中国来。[2]此后，金登干又与琅威理进行了多次协商，琅威理依然不肯答应，此事也就放下了。赫德转而希望金登干能从英国寻找到其他合适的人选担任北洋海军总教习。

在赫德的授意下，金登干于11月18日拜会了英国海军上将特雷西，秘密询问特雷西"是否知道有积极、建康、合格的任何退休的海军军官愿意到中国去，为中国重建水师"。特雷西回答说："一般说来，已退休的或列入预备役的军官都不值得去请！"他认为，对于中国来说，最佳的人选是英格斯。英格斯是驻马耳他海军监督，上将军衔，此人曾担任过英国女王侍从武官，也曾率领海军使团访问过日本。据特雷西所知，英格斯在甲午战争发生前已随时准备应聘为中国人服务，如果中国方面需要一个英国海军军官，不是让他统帅中国舰队，而是去教导中国的管带如何管驾自己的船只、去教导中国的海军将领们如何指挥自己的舰队。特雷西拿琅威理同英格斯相比，对琅威理颇多贬词。他说琅威理同丁汝昌在一起如此之久，理应可以教会丁汝昌较好地运用他

〔1〕《中国海关密档》6，中华书局1995年版，第146页；《中国海关与中日战争》，中华书局1983年版，第97页。

〔2〕《中国海关密档》6，中华书局1995年版，第142页。

的舰队了。特雷西认为，除英格斯外，皇家海军预备役上尉邓禄普也是可以找到的最合适人选，但是此人脾气急躁，极没有耐心，然而是个有教养的规矩人，作为一个组织者，其才干远胜于琅威理。金登干在英格斯和邓禄普之间进行了权衡，他记起琅威理曾对他说过，邓禄普是一员很好的军官，人品也不错，但如果中国政府的目的是邀请一个海军顾问和组织者，他恰是非常不适当的人选。[1]于是，金登干放弃邓禄普，把注意力集中于英格斯身上。此后，金登干专门拜会了英格斯，与之进行了长谈。英格斯说，他不想当统帅，也不想把海军指挥大权完全掌握在自己手里。他在日本的时候，日本人给他以贵族的地位，使他得到与日本最高级将领接触中所需要的一切权力。他的目的是教练，偶尔也统率全军，以便使中国的管带和海军将领能够指挥他们的舰只和舰队，在发生战争时知道该怎么做。英格斯还说，他同日本的官方关系已完全断了，他认为自己在同旧好彻底脱离关系后，可以自由地结实新欢。总而言之一句话，英格斯愿意出任北洋海军的教习，而不是总教习，这与中国方面的需求是不一致的。金登干和赫德考虑到这一点，同时也考虑到“除非取得外交部和海军部或陆军部的批准，无论退休的或后备军官都不能到中国去服务。……因此，在此谋取和平之时，目前不可能招募到愿意前往中国的人员”[2]，也就不再为北洋海军推荐总教习了。

至此，为北洋海军物色总教习的事就告一段落了，这无疑是甲午战争期间北洋海军总教习之变的一个小小插曲。其实，汉纳根向清政府推荐的人选是另一位英国人马格禄。

马格禄原是印度支那公司一条轮船的船长，后来又被任命为大沽趸船公司的拖船船长，曾因酗酒被撤职。对此李鸿章是了解的，所以他不敢轻易接受汉纳根的建议，便于11月10日致电督办军务处，称马格禄“胆气尚好，目下情势，恐未敢任战舰护兵之役”，等与汉纳根磋商以后再电复。[3]

可是，在与汉纳根交换意见后，李鸿章实在看不到不委用马格禄还有其他办法，所以在五天后他下定了委用马格禄的决心。他电告丁汝昌：“顷札派马

[1]《中国海关与中日战争》，中华书局1983年版，第99页。
[2]《中国海关密档》6，中华书局1995年版，第169—170页。
[3]《李鸿章全集》25，电报五，安徽教育出版社2008年版，第135页。

格禄帮办北洋海军提督，帮同认真办事，若遇海战，务奋勇御敌。月薪三百两，战时加倍，受伤阵亡照各洋员一律。明日乘北河赴威，即传谕各管驾以下员弁谨受指挥。”[1]

至此，新的海军总教习人选尘埃落定。11月20日，马格禄前往威海上任。

〔1〕《李鸿章全集》25，电报五，安徽教育出版社2008年版，第156页。

丁汝昌弃旅守威

黄海海战后，日军完全掌握了黄海制海权。根据大本营的作战方针，下一步应进军渤海湾，在直隶平原与清军展开决战。为实现这一计划，大本营决定首先发动辽东半岛战役，占领渤海湾门户大连和旅顺。为此，大本营将山地元治中将率领的陆军第一师团、佐久间佐马太中将率领的第二师团，以及长谷川好少将率领的第十二混成旅团编成第二军，共约24000人，由陆军大将大山岩担任司令官，与第一军配合作战，分为左右两翼，由海路和陆路同时发动对中国本土的进攻。日本联合舰队的任务是掩护第二军在辽东半岛登陆，以完成上述作战计划。

9月22日，日本大本营海军参谋官、海军军令部部长桦山资纪乘“筑紫”舰来到联合舰队锚地，指示伊东祐亨为第二军选择在辽东半岛的登陆地点。25日，伊东祐亨派出“鸟海”与“八重山”两舰前往大连湾至长山岛一带进行侦察，为不暴露登陆计划，军舰停泊在据海岸较远的深海，勘察人员乘火轮舢板到近岸查看，先后勘察了辽东半岛南岸的貔子窝以及以东37公里处的花园口，发现貔子窝沿岸有三里长的滩涂，不便于登陆，而花园口虽然涨满潮时水深仅3米，不便于大型运输船靠岸，但滩涂较短，地处偏僻，没有清军驻防，可以收到出其不意的效果。情况掌握之后，伊东祐亨一面将在花园口登陆的建议电告大本营，一面派出“扶桑”舰舰长新井有贯海军大佐和“千代田”舰舰长内田正敏海军大佐组织水兵到朝鲜砍伐树木，为登陆准备所用木料。为迷惑中国方面，伊东祐亨还两次派出第二游击队军舰以及“浪速”“秋津洲”“千代田”等舰前往山东半岛的成山头一带游弋，吸引北洋海军的目光。

为护送运兵船和掩护陆军登陆，伊东祐亨于10月10日将联合舰队编制序列再次进行了调整，重新组成第一游击队。调整后的编制序列是：

第一游击队："吉野"（旗舰）"高千穗""秋津洲"；

本队："桥立"（旗舰）"千代田""严岛""浪速"；

第二游击队："扶桑"（旗舰）"葛城""金刚""高雄"；

第三游击队："大和""武藏""天龙""海门"；

特务舰："八重山""磐城""天城"；

辅助船："西京丸""相模丸""朝颜丸""明石"。

10月15日至20日，第二军分三批从日本宇品陆续登船出港，第一、第二批前往朝鲜大同江口的渔隐洞集结，第三批直驶花园口登陆地点。19日，第二军司令官大山岩和第一师团长山地元治登上"桥立"舰与伊东祐亨会晤，最后确认以花园口为登陆地点，登录时间定在10月24日。具体计划如下：

1.航行中若遇敌人，在旗舰发出看到敌方舰队信号之后，听到空放数发炮弹，运输船队及其向导舰应变换航线，外转16个罗经点，撤回渔隐洞锚地。但看到敌舰而未收到旗舰信号，则继续行进，由第一、第二游击队担任攻击敌舰任务。

2.夜间若遇见敌人，运输船队应专心前往目的地。航行中除舰尾灯外，不点亮其他灯火。若因风雨或浓雾等原因不得已离开队列，应按航迹前往目的地。

3.到达目的地后，运输船队在各目标舰之间下锚。"西京丸""相模丸""朝颜丸"在外侧，本队及第一、第二游击队便宜行事，在其近旁停泊。

4."千代田"舰在24日早晨运输船队未到达之前，前往陆军登陆点，派出陆战队，探寻是否有敌人。陆战队员若发现敌兵，发射火箭为报，并立即返回本舰。此时应由本队及第二游击队编成联合陆战队击退敌人。"千代田"舰陆战队员若未遇敌，在陆军最初一部士兵登陆完毕之前，在陆上保持警戒。

5.运输船队完成下锚后，"八重山"舰及第四游击队应尽量靠近陆地，有必要可变更锚位，炮击陆地，以掩护登陆队。

6.供陆军登陆的船只为各舰小汽艇及舰载小艇，以各运输船搭载而来的倭船、其他俘获的支那船及同来之小汽艇拖曳之。

7.因登陆之初不能借助月光之便，故上午5时到晚10时由“大和”舰舰长及“八重山”舰舰长（在陆上）负责指挥监督。第三、第四游击队及“八重山”舰负责登陆掩护。

8.本队、第一、第二游击队及水雷艇队应对敌方舰队及水雷艇队来袭。

9.为方便我水雷艇识别，在其烟囱处特设两条白色横线。

10.第二批从大同江出发之运输船如下：“高沙”“胆振”“兵库”“佐仓”“神州”“伏木”“东洋”“爱国”“萨摩”“熊本”“酒田”“新潟”“北辰”“小樽”“仁川”“越后”。

11.第二天派舰队中之二艘舰艇侦察大连湾及威海卫。

12.第四天早晨第一游击队负责大连湾方向警戒，第二游击队结束装煤后与第一游击队交换。本队在此之后装煤。

13.第九天本队及第一、第二游击队炮击大连湾炮台以援助陆军前进，关键为诱敌方舰队出海并将其破坏。

14.大连湾内若有敌方水雷艇，派我方水雷艇将其击沉。

15.陆军士兵登陆期间，水雷艇队在长山列岛附近负责警戒。〔1〕

日军在登陆前的一系列动作十分隐秘，特别是前往成山头一带的佯动，吸引了李鸿章的注意。当丁汝昌于10月20日向李鸿章报告石岛外17日有日舰九艘下锚，嗣开去七艘，至今尚有两艘在岛外往来量水时，李鸿章随即复电责怪丁汝昌：“石岛距威海不远，仅倭船二只，尔应速带六船往巡驱逐，徒虑其深入为患，何胆怯至此。东兵在威，能否移扎成山，倭遂不敢放胆，海军竟不若东兵耶。”〔2〕

10月22日下午，伊东祐亨按计划派出“八重山”“千代田”“鸟海”“筑紫”“磐城”等五艘军舰作为先导，从锚地出发驶往花园口，它们的任务是为

〔1〕（日）《田所广海勤务日志》，上海书店出版社2015年版，第460—461页。
〔2〕《李鸿章全集》25，电报五，安徽教育出版社2008年版，第63页。

日军在花园口登陆架设的临时栈桥

日军乘登陆艇向花园口进发

花园口日军第二军骑兵营地

花园口日军物资登陆场

登陆日军指示方向以及上岸侦察。23日凌晨，“千代田”舰派出50名步兵和1名信号兵，在海军少尉浅野正恭率领下，分乘两艘舢板向花园口海岸靠近。登岸后，日军发现岸上并没有清军驻扎的迹象，便发出安全信号。23日上午9时30分，日军第二军先头部队在联合舰队“高千穗”“秋津洲”“桥立”“千代田”“严岛”“浪速”“扶桑”“葛城”“金刚”“高雄”“大和”“武藏”“天龙”“海门”等军舰的护航下，从大同江口渔隐洞集结地起锚，向花园口航进。运输船“名古屋丸”“和泉丸”“丰岛丸”“三池丸”“釜山丸”“海洋丸”“宇品丸”为第一队，随军舰之后前进；“摄津丸”“松岛丸”“广岛丸”“南越丸”“福冈丸”“新发丸”等为第二队，紧随其后。24日上午7时左右，舰队和船队先后抵达目的地海域抛锚，舰队在外围展开警戒，当日军看清“千代田”派出的先头部队发出的安全信号后，运输船纷纷由舷侧放下舢板，每只舢板装载四五十名日军，等待登岸。军舰则派出汽艇航至运输船舷梯下，用绳索将舢板连接，然后拖带它们驶向岸边，每艘汽艇拖带三四只舢板。一时间，在二里宽的海面上，几百艘舢板摆成黑压压的一片。不久，日军登上陆地。

登陆期间，联合舰队第三游击队及“八重山”“西京丸”“相模丸”等舰船主要负责协助陆军登陆和担任警戒，本队及第一、第二游击队则在外围巡弋，另派三艘鱼雷艇到内长山一带警戒。与此同时，伊东祐亨还派出舰艇到大连湾、旅顺口、威海卫侦察和骚扰，以掌握北洋海军行踪，牵制北洋海军行动，防止其袭击。

李鸿章虽然早就听说日军将在辽东半岛登陆，但并不清楚具体登陆地点，所以没有事先做出防备部署。日军开始登陆后，他对日军在花园口的一切行动均不知晓，日军登陆的第二天，威海炮台统将还在向李鸿章报告："今早六点钟，倭船两只来威海口外游弋，丁军门带'定''镇''济''靖''平''丙'、两鱼雷船出口迎敌，倭船逃东北，我师迎击，该船快车北驶。我军现赴成山。"〔1〕10月26日，丁汝昌也电李鸿章："丑刻得成山电，南路遥有火光炮声，当即饬各船急速升火，寅初出口，见两倭船由南驶北，当开满火齐逐，相距八千余码，彼遂转向东北急驶，各船合逐，至卯初远不见影。复转向成山里石岛一带探察，无一倭船，刻已回威。"〔2〕可见日军的声东击西战术是十分奏效的。直到10月26日，李鸿章才从旅顺方面获悉，有日本军舰36艘，带民船百余艘，运送军队约3万人，在貔子窝东北一个叫"洋花园"的地方登岸，并且已在此处安营扎寨。李鸿章意识到了形势的严峻性，因为他深知，貔子窝在金州以北、复州以东，濒临黄海西南，可扰大连湾、旅顺后路，〔3〕一旦日军从这里上陆，后果不堪设想。李鸿章对清军在辽东半岛的防御兵力也了如指掌，旅顺、大连、金州地区守军加起来也不过万余人，并且当中有相当数量的新兵，对打仗还未得要领。所以，他指示驻守大连的总兵徐邦道和赵怀业："查皮（貔）子窝尚在金州以北，务严饬各营严密扼守，勿涉张皇。新勇未操熟，勿轻接战，以散队埋伏于来路要口，密布旱雷为要。"〔4〕采取的依然是消极的防御措施。

虽然李鸿章将日军在"洋花园"登陆的信息告诉了徐邦道和赵怀业，但他们并不清楚"洋花园"在哪里。10月28日，他们向李鸿章汇报说："现有民船

〔1〕《李鸿章全集》25，电报五，安徽教育出版社2008年版，第70页。
〔2〕同上，第71页。
〔3〕同上，第74、75页。
〔4〕同上，第75页。

百余只，装运日兵并兵船三只，向大孤山一带前来，势甚吃紧。”这显然是一个谎报，把日军登陆地点误传为大孤山。李鸿章不明真伪，随即电告丁汝昌，说徐邦道和赵怀业的部队多系新勇，未经操练，甚为可虑。大孤山距离威海不远，希望能够酌带数船驰往游巡，探明敌人的情况，以壮陆军声援。丁汝昌在出发前复电李鸿章，一方面纠正了徐邦道等人的错误，说昨晚旅顺来电，告知日本军舰30余艘在貔子窝东北；另一方面向李鸿章表态，说据英国船只探知，日本舰队附带鱼雷艇十余只，是用于与北洋海军拼战的，但我今晚就赴旅顺湾口，再探剿大孤山一带。此行如果与敌人遭遇，唯有督率将士尽力死拼。只是舰队目前“船少械亏，胜负非所敢计，伏乞鉴谅”。[1]

丁汝昌故意表露的以全队与敌死拼的表态，戳疼了李鸿章的软肋，因为此时的他依然希望能“保船制敌”，既希望以北洋海军的声威对日本海军进行适当的遏制，对清廷有所交代，又希望保全仅有的几艘军舰。于是他迅速给丁汝昌回电：“何时至旅。相机探进，不必言死拼。”[2]

10月29日上午，丁汝昌率领六艘军舰和两艘鱼雷艇抵达旅顺，当天下午即出海巡弋，但未敢到大孤山和日军登陆的花园口，行至大连湾东北河折回，理由是寄泊于旅顺口内的马格禄过船的时候说，“我力过单，前去吃亏，无益”，丁汝昌遂放弃巡弋大孤山，赶回旅顺赶配“定远”和“镇远”的起锚机。[3]

丁汝昌的消极举动令光绪皇帝大为光火。11月2日，他以丁汝昌统带战舰不能得力，着将交部议叙之案撤销。次日又谕：“现在倭氛逼近金州、旅顺，后路危急，船坞要地，亟应尽力保护。李鸿章专任海军，不得以金、复非直隶辖境，稍存诿卸。着悉心筹画，再行调拨就近海防兵勇前往援应，与姜桂题等各军竭力固守，毋得畏难推诿，致干咎戾。”李鸿章获悉皇帝旨意，发电给龚照玙，讲明前期已调卫汝成五营，昨日又调登州夏辛酉嵩武四营，不日乘轮东渡，足敷布置。叮嘱龚照玙，如果诸将“能和衷协力，设法固守，当能力却凶锋，保护船坞”。并通报龚照玙：“丁提督现正在旅，如贼水陆来逼，兵船应驶出口，依傍炮台外，互相攻击，使彼运船不得登岸，相机进退，一切机

〔1〕《李鸿章全集》25，电报五，安徽教育出版社2008年版，第82、84页。
〔2〕同上，第85页。
〔3〕同上，第95页。

宜，预为商定。”特别强调：“历次电谕各节应即遵照商办，勿得闻警稍存畏葸。”“奋勇效命者，先悬赏格，退缩逃散，勇则立予骈诛，官则禀请重惩。将此遍示各营遵照。”[1]

从李鸿章上述电报末尾几句话中，笔者隐约能够感受到此时旅顺正弥漫着消极和恐惧的气氛。果然，丁汝昌于11月4日向李鸿章提出一个建议：“顷接周臬司电：有兵被掳逃回云，凤城迄南，倭分三路，每路五千云。揣倭意必有扑湾计，可否速调劲旅数千，派轮由榆关迅渡松木岛登岸，扼金州北道，寇果来，拦腰截击，亦可联络湾军，合谋同剿，当可收效。”[2]这一建议显然是在想方设法减轻旅顺海军的压力，并未站在全局的角度考虑问题，丝毫不问“劲旅”从何而来，所以该建议一经提出，即遭到李鸿章的拒绝：“松木岛距榆关若干里，无渡船岂易登岸，雨亭岂毫无阅历，且榆关、津、沽何者为劲旅，焉得数千。”[3]恰在此时，山东巡抚李秉衡发来电报，“以登防空虚，似难抽拨”为由，虽然也考虑到“大连湾、旅顺情形危急，防兵过单，诚如圣谕，船坞要地，亟应尽力保护”，但依然认为“直境各海口兵力皆单，实已无可抽拨”。李鸿章同样没有听信李秉衡的辩解，甚至还向总理衙门建议，动用驻扎胶州的章高元营。[4]皇帝的意见是，令夏辛酉统带四营，即日拔队前往旅顺，不准刻延。其登州防营着于入卫兵内截留四营填扎。[5]然而，此时旅顺电报已断，李鸿章无法将皇帝旨意及时传达丁汝昌、龚照玙等人，只能电告烟台的刘含芳，让他动用鱼雷艇传递信息，速告龚照玙派出“图南”“海定”“广济”三船夜渡，转告丁汝昌“派船迎护”。[6]

陆上战局愈来愈紧张，日军已逼近大连，丁汝昌越来越暴露出弃守旅顺之意。11月6日，他致电李鸿章，强调海军驻守旅顺的难处：“船坞工匠人等纷纷告去，不日恐有停工之势。水师在旅亦有三难：一、湾有失，敌必扑旅后路，我师船在口内，不能施展，无以为力；二、敌船来攻，口门窄小，不能

[1]《李鸿章全集》25，电报五，安徽教育出版社2008年版，第110—111页。
[2]同上，第112页。
[3]同上，第113页。
[4]同上，第113—114页。
[5]同上，第117页。
[6]同上。

整队而出，且‘定’‘镇’必须俟潮，若过急，冲出不易；三、口外寄泊敌艇过多，夜间来攻，我船又少快炮，实难防备。请示遵行。”李鸿章并未加反对，也认为“敌踪距旅若干里，旅本水师口岸，若船坞有失，船断不可全毁”。只是要求丁汝昌不要匆忙做出决定，而是等探明“口外有无敌船”，然后“再定进止”。并特别叮嘱丁汝昌，“汝自妥酌，勿得张皇胆怯，致干大戾。仍随时电知”。[1]

此时，日军在花园口的登陆已接近尾声，直到这时，皇帝才想起要对实施登陆的日军实施扰乱。他降下谕旨，要求李鸿章“即饬丁汝昌、刘步蟾等统率海军各舰前往游弋截击，阻其后路”[2]。

其实，此时再扰乱日军登陆已经没有意义，因为就在11月7日晚上7时30分，日军的登陆行动全部结束，在没有任何袭扰的情况下，共将24000多人及大量辎重、马匹、装备送上了岸。在完成登陆的同时，日本陆军第一师团占领了金州，并于7日进攻大连湾，守军赵怀业部望风而逃，未放一枪一弹即将大连弃守，将大连城及各炮台悉数留给了日军。当晚，丁汝昌率舰“暗渡威海”。8日回到威海后，他向李鸿章详细汇报了弃旅回威的两点理由：一是日军连续进犯，各路清军均在撤退，“现关内无重兵出援，旅亦万难久支”；二是旅顺船坞已经停工，北洋海军舰船未完全修复，“‘定’‘镇’起锚机未配妥，‘来远’工程只修一半，惟旅口陆路有急，各船不能展动为力，有损无益”。[3]

大连湾失守，旅顺失去重要屏障，其形势变得岌岌可危。然而平心而论，旅顺是存在某些坚守条件的。前已述及，旅顺港耗费了清政府若干心血经营多年，号称“远东直布罗陀”，这里建有海岸炮台九座，由东至西依次是崂律嘴后炮台、崂律嘴炮台、摸珠礁炮台、黄金山副炮台、黄金山炮台、老虎尾炮台、威远炮台、蛮子营炮台、馒头山炮台，共配置火炮58门，可封锁海上正面。旅顺基地后路，从金州至旅顺大道东西两侧，有松树山、二龙山、望台北、鸡冠山、小坡山、大坡山、椅子山、案子山等陆路炮台，构成两个炮台群，可封锁金州至旅顺的大道。这些有利的条件，如果配以清军的英勇作战，

〔1〕《李鸿章全集》25，电报五，安徽教育出版社2008年版，第120、121页。
〔2〕同上，第123页。
〔3〕同上，第128页。

必将坚守若干时日。即使最终不守，也必将给日军以重大杀伤，或许能够避免后来大屠杀的发生。可是，令李鸿章失望的是，驻扎旅顺的清军虽有15000人之众，但多为新募之兵，且无得力统帅，坚守旅顺不可想象。所以，当丁汝昌提出离旅赴威时，李鸿章是认可的，只不过他对丁汝昌不经请示，擅自弃旅赴威的行为表示不满。他要求丁汝昌设法运用海军给予陆军以配合。此时的丁汝昌已经完全失去了海战的思路，他并未从海军运用中寻找援救方法，而是从陆海协同陆军为主的观点出发，以自己率领先锋马队作战的经验，给陆军的作战提出建议。他对李鸿章说：

> 屡闻日兵接仗情形，前阵以利器攻击，又用包抄埋伏，所以获胜，且各兵身带干粮，日夜轮替接战。我兵过单，既不能作包抄埋伏之举，又饥疲困乏，无暇休息，稍有转动，即行失挫。请派久统马队者，统带马队数千，专司包抄敌人后路，而步队则宜裹粮分层，更番接战，庶不至误。[1]

这些观点一时让李鸿章失去了主张。可是光绪皇帝对陆海战术并不感兴趣，他希望看到的是陆海军救援旅顺的行动，所以他给李鸿章下达了措辞严厉的谕旨，要求督率各将领“尽力战守，如有畏葸玩延，奏明以军法惩治”[2]。李鸿章只好再次敦促丁汝昌有所作为。他说：“寇在门庭，汝岂能避处威海，坐视溃裂。速带六船来沽，面商往旅拼战，渡兵运粮械接济，成败利钝，姑不暇计，尽力为之而已。刻即启碇，勿迟误。”[3]

正当丁汝昌准备启程赴沽与李鸿章商磋救旅之时，汉纳根先到了天津，李鸿章派幕僚胡燏芬与之议商，汉纳根说：“海军六船只‘定’‘镇’可恃。倭既据金、湾，其快船、雷艇必聚大连湾海澳，时在旅口游弋，我舰挟运船往旅，必有大战。以寡敌众，‘定’‘镇’难保，运船必毁。‘定’‘镇’若失，后难复振，力劝勿轻一掷，仍回威海与炮台依护为妥。”[4]这番话改变了李鸿章原本

〔1〕《李鸿章全集》25，电报五，安徽教育出版社2008年版，第129页。
〔2〕同上，第129—130页。
〔3〕同上，第130页。
〔4〕同上，第135页。

让丁汝昌率舰“往旅拼战”的想法，转而认为，“海军‘定’‘镇’原可往冲，第虑有损，粮械船必毁”[1]，让丁汝昌直接来津与汉纳根妥商办法。可是，光绪皇帝不同意李鸿章的意见，于11月10日发出一道措辞相当严厉的上谕：

“定远”各船前奏三十五日修好，嗣又称起碇机器未全，已久逾前限，不意今日来电，仍云尚未配妥；“来远”亦只修一半，不知两月以来丁汝昌所司何事，殊堪痛恨。“定远”为该军制胜利器，今据称水道狭隘，不能展动，似与“来远”均尚在坞中未出，倘被贼堵口，直不啻拱手赍盗矣。着丁汝昌即日前往旅坞，将两船带出，倘两船有失，即将丁汝昌军前正法。李鸿章当懔遵谕旨办理，谅亦无人再为捏饰。旅顺援兵仍着设法运送，不得因来往冒险漠视不救也。[2]

次日，皇帝又发了一道补充上谕，依然坚持“现在运兵赴旅，非海舰护送别无办法。马格禄往探情形当已回津，即与汉纳根、丁汝昌定议，如何设法护运。仍责令丁汝昌统率前往，不准推诿”。并鉴于“旅防既急，沿海各口防营布置尤关紧要”，要求“李鸿章即赴大沽、北塘等处巡阅，有无疏漏懈弛亟须整顿之处，妥为经理，以作士气而免疏虞”。[3]

11月11日，丁汝昌终于来到天津，李鸿章急忙召集汉纳根和丁汝昌面商。汉纳根的意见是：旅顺“山径险阻，现有二十一营分守前后，可暂支，即冒险添兵往助，似无大益。惟金州北路一军往攻，足以牵制敌势，但敌众我寡，难期制胜。章高元八营请由登州乘轮至营口前进，会合宋军，气力较厚。旅顺倭船游弋，运船断不可往”。丁汝昌则建议“拟即率六船由沽赴旅口外巡徼，遇敌即击，相机进攻。若令护送运船，适以资敌”，这一意见“与汉意见相同”。[4]

同一天，章高元率四营由烟台抵达登州，在登准备行装、饷械，其余四营也已从青岛起程。11月12日下午3时，丁汝昌按照先前商量的方案，率领六舰

[1]《李鸿章全集》25，电报五，安徽教育出版社2008年版，第136页。
[2] 同上，第138页。
[3] 同上，第142页。
[4] 同上。

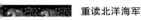

从大沽出发，次日上午9时抵达旅顺口外抛锚。丁汝昌登岸会晤各统领，了解旅顺情势。在与各将领的交谈中他了解到，“羊头洼、小平岛倭均驻雷艇，旅口外每日有兵船三两只游弋”，当天早上，羊头洼驻有日兵船一艘，雷艇五艘，见北洋舰队到，始开去。当丁汝昌了解到“昨午崂峍嘴炮台外小平岛又有雷艇数艘”时，感到日雷艇太多，“六船不能在旅外久泊，夜间恐至失事”，决定立即离开旅顺。13日晚上6点钟，北洋海军各舰起锚开往威海，14日凌晨3点抵达港口。[1]这样，北洋海军六舰仅仅离开威海三四天，便又匆忙返回。也就是在这次返威进港之时，发生了令北洋海军雪上加霜的意外——“镇远”舰触礁受伤了。

丁汝昌率舰回威并未征得李鸿章同意，此时又将“镇远”舰擦伤，李鸿章的心情无奈之极，他发电报指示丁汝昌：

> “镇远”进口擦伤处，须赶紧抽水验明，在机器厂设法修补。前电转署，恐又有严旨调派，内意视旅极重。章镇已令由营口去，此外无援，仍赖汝率船时往游弋也。[2]

令李鸿章意想不到的是，“镇远”舰的伤情极为严重，管带林泰曾也突然自杀。有关“镇远”舰的伤情调查及林泰曾的自杀评析，前面已有详述，这里不再赘言。只是对于任用杨用霖代理“镇远”舰管带，光绪皇帝提出异议，认为“杨用霖系丁汝昌所派，果否可靠，仍着悉心察看”。他听说“平远”舰管带李和“练达出色，且赋性忠勇”，指示李鸿章，如果情况属实，即可调充“镇远”舰管带。李鸿章则回禀说：“‘镇远’大副杨用霖，汉纳根于鹿岛战后禀保其尤为出力，自属公论，以该船副管驾代理管带，亦系照章，并无偏私。‘平远’管驾李和闻尚奋勇，容俟悉心察看，审酌具奏。”[3]11月24日，丁汝昌提出了比较全面的用人意见：“军事方殷，‘镇远’船损，临阵出缺，此时觅伤堵塞，全恃上下一心出力补救。若遽易新将，未谙船性，弁勇心涣，诸多

〔1〕《李鸿章全集》25，电报五，安徽教育出版社2008年版，第151页。
〔2〕同上，第152页。
〔3〕同上，第181页。

未便。前委杨用霖暂护，本循例行，查杨系补用副将，实缺左翼中营游击，虽非学堂学生出身，而自幼随船练习，于驾驶、测量尚能谙晓，平日操练钤束颇为得力，即东沟之战胆气尚好，为洋员所共知。至升用游击、后军前营都司李和，系闽厂学生出身，外观诚实，内具忠勇，自‘镇南’调带‘平远’，已历五年。刻值有事，破格用人，此两员均属可用。若照海军章程，应以中军右营副将叶祖珪推升，拟事机稍定，出具三人考语，呈请择定。”[1]皇帝也就再无说辞。

从丁汝昌率舰勉强出海，整整过去一月，在这一月中，丁汝昌的表现令光绪皇帝大为失望，北洋海军不仅没有以实际行动缓解旅顺危急，反而自伤军舰，削弱战斗力，着实令皇帝难以容忍。11月16日，皇帝降下谕旨，做出了处理丁汝昌的决定：

> 今日旅顺告警，海军提督丁汝昌统带师船不能得力，着革去尚书衔，摘去顶戴，以示薄惩。仍着带罪图功，以观后效。[2]

对于皇帝的惩处，李鸿章无话可说，丁汝昌也已无法顾及，他对李鸿章的催促赴旅，从强调舰船单薄，转为强调威海防务吃紧，依然不肯离开威海。11月17日他在给李鸿章的电报中指出：

> 倭船前后来十数只，两鱼雷猎艇在口外二十海里内游巡竟日，刻尚未去。据美教习马吉芬禀，该国水师官函告，倭前数日派雷艇在烟台、宁海州之间量水，有拟于此处进兵之说。现在威防亦甚吃紧，俟船主马格禄到威，妥商进止。[3]

就在同一天，日军开始发动对旅顺的进攻。11月18日，徐邦道率部在旅顺北面的土城子一带阻击日军，因后援不济，退回旅顺。而此时马格禄迟迟没

〔1〕《李鸿章全集》25，电报五，安徽教育出版社2008年版，第192页。
〔2〕同上，第159页。
〔3〕同上，第163页。

有到威上任，李鸿章急不可耐，于20日电催丁汝昌，“闻旅口外现无日船，拟速解粮弹。兵船何时始能赴旅游巡，大小雷艇应派往旅帮同守口，即筹度”[1]。21日，日军攻占了旅顺后路的椅子山、松树山、二龙山、鸡冠山等诸炮台，并占领了旅顺东南的黄金山炮台，旅顺城已在日军炮火之下。帮办北洋军务的宋庆决定在金州组织反击，但没有成功。龚照玙不顾李鸿章死守旅顺的训令，乘小舟从旅顺逃亡烟台。22日，日军占领旅顺，北洋海军惨淡经营十余年的远东第一流海军基地就此落入敌手，北洋门户从此洞开。至此，北洋海军再无增援旅顺的机会，海军坐镇威海，也就成了李鸿章最后的选择。他指示丁汝昌："旅顺已失，又有攻扑威海之说，须会商陆军将，督饬各船主妥筹调度，实力防剿。"[2]

〔1〕《李鸿章全集》25，电报五，安徽教育出版社2008年版，第178页。
〔2〕同上，第192页。

威海防务之争

丁汝昌弃旅赴威，除旅顺难以坚守外，威海卫防御体系比较完备也是重要原因。

威海地处山东半岛东北端，从军事角度看，它与辽东半岛的旅顺口遥相呼应，构成了拱卫渤海门户的两道锁钥。明代洪武年间，明政府在威海设卫屯兵，故称威海卫。它三面环山，一面临海，构成天然的优良港湾。威海城面临海湾，正对横亘于湾中的刘公岛。刘公岛是护卫威海城的天然屏障，它将海湾分成东西两口，形成威海城通往外海的两条通道。从1887年开始，李鸿章在威海卫大力兴建海军设施，到甲午战争爆发前，这里已是一座拥有驻泊、补给、维修等诸功能，设施齐全，配备完善的海军基地了，北洋海军提督就驻节于此。基地的主要设施集中于刘公岛上，除了建有北洋海军提督衙门和大批营房外，还设有机器厂、子药库、淡水库、铁码头、船坞、水师学堂、海军医院等。基地的防御体系由水雷营和各种炮台构成，海湾北岸设有水雷营和北山嘴、黄泥沟、祭祀台三座海岸炮台，通称北帮炮台；南岸设有水雷营和赵北嘴、鹿角嘴、龙庙嘴三座海岸炮台，通称南帮炮台。北帮炮台后路，又设有合庆滩、老母顶两座陆路炮台；南帮炮台后路，又设有谢家所、杨枫岭、摩天岭、莲子岭四座陆路炮台。刘公岛上设

谢家所炮台

杨枫岭炮台

摩天岭炮台

有东泓、南嘴、迎门洞、旗顶山、公所后、黄岛等炮台。刘公岛南面的日岛也设有炮台。战争爆发后，又在南北帮炮台后路加筑临时炮台多座，使炮台总数达到25座，共配备60至280毫米口径火炮140余门，另有行营炮和速射炮20余门。

为巩固威海卫防御体系，李鸿章在海岸和岛屿上精心安排了驻防兵力：驻守北帮炮台的是道员戴宗骞统率的绥字军四营一哨共2100人，驻守南帮炮台的是总兵刘超佩统率的巩字军四营共2000人，驻守刘公岛的是张文宣统率的北洋护军两营共1000人。这样，驻守威海海岸和岛屿的陆军兵力共5100人。本来，威海卫在行政区划上属山东省文登县管辖，其驻军的指挥权应归山东巡抚，但由于北洋海军在威海卫建立了海军基地，负责防守基地的陆海军部队就归李鸿章统辖了，而海岸后路的陆上驻军，依然归山东巡抚指挥。

北洋海军在丁汝昌率领下撤往威海之后，防卫海军基地的责任就由陆海军共同承担，其中必有陆海协同问题。可是，由于李鸿章在管理体制上没有建立统揽威海防务的机构，陆海军之间互不统属，在防务问题上，要么由李鸿章直接下达指令，要么由陆海军将领协商解决。可是，在战争形势急转直下的情势中，不是所有问题都能通过协商得到解决的，有些复杂问题牵扯到责任，陆海军将领分歧较大，必须通过李鸿章的裁定才能解决。而李鸿章远离战场，他的裁定也未必符合客观实际，这样就造成了在若干问题上的纷争。

1894年11月26日，丁汝昌最后退守威海之时，李鸿章迅即致电朝廷，告知“海军各船现泊威海，协同陆军防守”[1]。从李鸿章的这句话中，我们清楚

〔1〕《李鸿章全集》25，电报五，安徽教育出版社2008年版，第197页。

地感到，在防守威海的责任上，陆军从主，海军从辅，海军是“协同”陆军行动。这一关系决定了陆军的作战是守住威海的关键。也就是在这一天，朝廷做出了进一步处罚丁汝昌的决定，在“革去尚书衔，摘去顶戴”的基础上，再革去职务，“仍暂留本伍，严防各海口，以观后效”[1]。这使丁汝昌的情绪进一步受到打击。

此时与处分毫无关联的戴宗骞、刘超佩等人的情绪也并不比丁汝昌好多少，在筹划炮台防御的过程中，他们均表现出了消极和厌战。对此，李鸿章看在眼里，急在心里。本来在这之前，朝廷已以“调度乖方，救援不力”为由，将李鸿章“革职留任”，“摘去顶戴”，“以示薄惩而观后效”，[2]使李鸿章的情绪跌落到了冰点，此时又见属下毫无斗志，他愤懑之至。11月27日，他以威胁而带有恳求的口吻致电丁汝昌、戴宗骞、刘超佩和张文宣：

> 旅失威益吃紧，湾、旅敌船必来窥扑，诸将领等各有守台之责。若人逃台失，无论逃至何处，定即奏拿正法。若保台却敌，定请破格奖赏。闻日酋向西船主言，甚畏“定”“镇”两舰及威台大炮利害。有警时，丁提督应率船出傍台炮线内合击，不得出大洋浪战，致有损失。戴道欲率行队往岸远处迎剿，若不能截其半渡，势必败逃，将效湾、旅覆辙耶。汝等但各固守大小炮台，效死勿去。且新炮能击四面，敌虽满山谷，断不敢近，多储粮药，多埋地雷，多掘地沟为要。半载以来，淮将守台、守营者毫无布置，遇敌即败，败即逃去，实天下后世大耻辱事。汝等稍有天良，须争一口气，舍一条命，于死中求生，荣莫大焉。[3]

在这封电报中，李鸿章一方面软硬兼施，敦促陆海军将领舍命一战，一方面规定了陆海协同战术：陆军“固守大小炮台”，“效死勿去”，海军“率船出傍台炮线内合击”，否定了戴宗骞“欲率行队往岸远处迎剿”的打算，同时叮嘱丁汝昌“不得出大洋浪战”。

---

〔1〕《李鸿章全集》25，电报五，安徽教育出版社2008年版，第198页。
〔2〕同上，第201页。
〔3〕同上，第203页。

对于李鸿章的陆海协同战术，统领南北帮炮台兵力的戴宗骞并不赞同，他借鉴旅顺、大连湾坐守失陷的教训，主张主动出击，并报告李鸿章已抽拨行队，与防守威海后路的淮系将领孙金彪约商，一旦日军登陆，立即驰援，并力一决。[1]丁汝昌的想法与戴宗骞不同，他坚决赞成李鸿章的防御方案，连日与各防统将商量约定，认为应与军舰相辅。他针对戴宗骞"敌无论何处登岸，以抽绥巩军队驰往剿捕为重"的观点，警告：威海后路"地阔兵单，万一不支，后路台垒设一有失，为贼所用，则各军舰势难支"，所以断不可"临时抽队远行"。他认为，应将驻扎分散的陆军各营"勘度酌移，使可联络。并择要筑行炮土台，多掘沟道，以备设伏"。面对戴宗骞不"抽队远行"的表面承诺，丁汝昌不放心，他电告李鸿章，希望能"电饬叮嘱，用坚至计"。丁汝昌还向李鸿章提议："北口三台原备防海，后面悉露，而该三台后高山，利居险要，议于最高三顶拨置陆炮，抽水师弁勇专守，并派马复恒酌带弁兵驻祭祀台守，兼以调度后山三顶，以资严护。"[2]实际上是希望海军参与炮台防御。

接到丁汝昌的来电，李鸿章对戴宗骞的做法愈发恼火，于12月1日致电丁汝昌和戴宗骞：

> 戴前请抽行队赴远处迎剿，我极不谓然，曾经电斥。彼于营台附近毫无布置，又知敌利抄后，平日不讲求多掘地营、地沟之法，屡经电饬札行，置若罔闻，一味张皇求援，真不知兵、不知大局也。今丁议以酌移营垒，使可联络，择要筑行炮土台，多掘沟道，以备设伏，避敌枪炮，亟应漏夜赶办。即使地冻石坚，多制锹镐，犹可设法补救。若再师心自用，以浪战取巧侥幸，即令战殁，亦不请恤，为不遵军令者戒。丁提督老于兵事，粗知战守方略，务竭诚商办。刘镇亦系糊涂懒惰之人，并令于后路多掘沟道制敌。昨聂士成、吕本元等在大高岭却敌，亦借地沟得手。日兵亦多挖深沟，以御我师。人皆能用此法，戴、刘独不办，岂非昏庸。[3]

〔1〕《李鸿章全集》25，电报五，安徽教育出版社2008年版，第212页。
〔2〕同上，第215页。
〔3〕同上，第216页。

面对李鸿章如此严厉的斥责，戴宗骞依然坚持自己的观点：

威数月所布置沟墙三十余里，均防沿海近处登岸，今改防远处旱抄，移顾西南面，全行换样，兵力止此，仓猝易图，势难骤集。宗骞鉴于大连湾守兵不并力陆援，旅顺诸军不据南关岭而株守营墙，均以失事。故欲约会嵩军福营截其上岸，纵不能及半渡，尚可进扼上庄口山，随通威、烟电信，局势尚不过于逼促。威城西地势散而分道多，纵寇入腹地，防不胜防，可为下策。丁提督拟于距城二里之山移设行炮，前面挖沟筑墙，但能挡新修正道，南北山后皆可自远抄后，且日若于前山置炮，凭高下击，我守兵亦难立脚。现虽照办，未敢信有把握。又，船炮代顾陆师后路之说，船距西岸尚远，敌黑夜偷袭，即不看见，恐无从助力，且弹落营中，先伤己阵。宗骞来往察度，情形较确，仍求中堂俯采愚者之一得，准其因地审势，自酌战守。虽布近局，仍扼外险，宁力战图存，勿坐以待困。总之，一拼比较略有所济，以报中堂。[1]

针对戴宗骞的固执，李鸿章再次告诫他："大连湾守兵即并力进剿，南关岭宽五里，即重兵亦难坚守。用兵固须因地审势，我枪炮既不能敌倭，诡计狠劲又不及彼，汝欲扼上庄口山，自问仓猝能扼住否。若溃退，则敌必随入，一军皆慌，仍以扼要埋伏地沟为妥。"在这种情况下，戴宗骞只能执行李鸿章的命令，做出承诺："沟墙赶办，已有眉目，包两面高山于内，移置行炮，不令敌占，下以旱雷、枪队护之。俟近守略布定，届时审察贼势，禀请指授机宜。"[2]

是"主动出击"还是"消极防守"的争论算是告一段落，但丁汝昌在勘察南帮各炮台的位置和防御情况时又发现了一个新问题，即陆路炮台及长墙地沟虽然均有布置，但"惟龙庙嘴炮台隔在墙外，上有高冈，敌若抄后，实难守住"。为了解决这个问题，他一面与刘超佩和各营官约定，水陆官兵共同守护龙庙嘴炮台，一面向李鸿章建议："倘万不得已，拆卸炮栓、钢圈底归鹿角嘴

〔1〕《李鸿章全集》25，电报五，安徽教育出版社2008年版，第220页。
〔2〕同上，第220、222页。

炮台，免致为敌所用，既慑军心，又累大局。”[1]然而，这一问题并未引起李鸿章的重视，致使后来威海保卫战打响后，丁汝昌提出的问题凸显出来，引发了丁汝昌与戴宗骞关于是否放弃龙庙嘴炮台的争论。这次李鸿章站在了戴宗骞一边，斥责丁汝昌“胆小张皇”，导致龙庙嘴炮台被日军占领，对港内的北洋海军造成重大威胁。

威海保卫战爆发前的这场防务之争，是由陆海军将领在防御战术上的不同认识引起的，有些论者将其完全归结为陆海军将领之间的个人矛盾，是极不妥当的。特别是以此来指责戴宗骞的人品，更是不谙历史事实的表现。虽然戴宗骞极力提倡的“主动出击”战术，在当时兵力缺乏情况下未必能够奏效，但他借鉴旅顺、大连湾失守的教训，尝试以攻为守、主动出击，不无可取之处；李鸿章和丁汝昌所采取的陆海协同、固守炮台之策虽然是消极的，但也是无奈的选择，实际上此时比戴宗骞和李鸿章、丁汝昌的选择更好的防御策略是不存在的，这是战争形势发展到这一阶段的必然结果。

---

〔1〕《李鸿章全集》25，电报五，安徽教育出版社2008年版，第221页。

撤换丁汝昌之议

自丰岛海战以后，朝野上下对丁汝昌的谴责乃至攻击，始终没有停绝，黄海海战中北洋海军的失利，引发了朝廷内外更加激烈的讨丁风潮。先是光绪皇帝以丁汝昌修舰太慢、统带战舰不能得力为由，于1894年11月2日降旨，将丁汝昌交部议叙之案撤销，等于把丁汝昌在黄海海战中的“功劳”一笔勾销。接着又于11月16日以援旅不利，触伤军舰为由，革去丁汝昌尚书衔，摘去顶戴，仍带罪图功，以观后效，并于同日召见直隶候补道徐建寅，派他前往北洋察看“定”“镇”等船炮位情形，[1]隐含调查丁汝昌的意味。

皇帝派遣徐建寅赴威的由来需要交代一二。黄海海战后，徐建寅在礼部右侍郎志锐的保举下赴督办军务处接受询问，于11月10日来到北京。志锐保举徐建寅的目的，据翁同龢说是因为徐建寅可带北洋海军两艘铁甲舰捣毁日本的海舰[2]，意思是可取代丁汝昌统率北洋海军。督办军务处禀报皇帝，获得认可，徐建寅遂赴威成行。

11月27日。安维峻等60余人联衔上书，请诛丁汝昌，奏折中称：

> 窃惟东事之兴，国家依海陆两军为指臂。陆军虽丧城失地，转战伤亡，然奉命必到防，遇敌必接仗。是兵犹不失其为兵，将犹不失其为将也。海军则敌未来而豫避，敌将至而潜逃。敌之所利必曲成之，敌之所忌

[1]《翁同龢集》下，中华书局2005年版，第1105页。
[2]《翁同龢日记》5，中华书局1997年版，第2749页。

必暗让之。上不奉庙算之指挥，下不顾军情之缓急，独往独来于荒陬野岛之间，忍耻偷生，迁延首鼠，被天下之恶名、万国之讪笑，而夷然有所不恤。此真古今未有之奇闻！不可谓非我国家异常之妖孽已。顷闻旅顺失守，固由陆军不能力战，亦缘海军不肯救援，至敌水陆夹攻，得逞其志耳。丁汝昌一切罪状，屡经言官弹劾，早在圣明洞鉴之中。其尤可恨者，皮子窝未经失事以前，倭于大连湾北方小岛休兵牧马，经旬累月，而丁汝昌匿不以闻。迨至旅顺有警，倭船在大连湾与我军相遇，鼓轮北向整队徐行。而丁汝昌避之竟去，既不肯送援旅之兵船，又不能运济旅之饷械。姜桂题等孤军捍垒，血肉横飞，而该提督方安然晏坐于蓬莱阁重帷密室之中，姬妾满前，纵酒呼卢，而视如无事。在该提督诞妄性成，且自谓内有奥援，纵白简盈廷，绝不能损其毫发。而军中舆论，则谓其外通强敌，万一事机危急，不难借海外为逋逃薮。人心汹汹，虑生他变。盖自汉纳根离船以后，更无人能强之用命。“镇远”之伤，林泰曾之死，情节隐约难明，益无人能测其为鬼为蜮之所底止！今旅顺既失，海面皆为敌有。彼若直扑威海，丁汝昌非逃即降，我之铁甲等船，窃恐尽为倭贼所得。事机至此，不堪设想！此薄海臣民所为拊膺仰首，以企望皇上一怒之神威。而臣等度势揆时，不能不极力言之，以蕲皇上一朝之宸断者也。合无仰恳天恩，明降谕旨，将丁汝昌暂行开缺，而授署理长江水师提督彭楚汉为海军提督；或即擢汉纳根为海军提督，令其速赴新任，既可保护铁舰，且可相机进剿。俟到任后，电谕新提臣将丁汝昌锁拿，解京交刑部治罪，以伸公愤而警效尤。[1]

一天后，山东巡抚李秉衡火上浇油，奏请惩办失守旅顺将弁，顺势对北洋海军大加挞伐。他说，旅顺为北洋海军驻扎重地，经营十余年，糜帑逾千万，军械、火药存储极多，水陆各军星罗棋布，假设能尽力固守，胜负尚不可知。但我听说，海军主将率兵舰望风先逃，以回顾威海为理由逃走，唯恐不速。请求皇上立即诛杀一二名退缩的主将、统领，以“摄将弁畏葸之心，作士卒

〔1〕戚其章主编：《中日战争》6，中华书局1993年版，第533—534页。

敢死之气”。[1]

其实，言官们的指责大多是与客观事实不符的遑论，其建议和措施，也都是不切实际的空想。然而，众口一词的喊杀声，对光绪皇帝产生了很大影响，他虽然没有明确表露要诛杀丁汝昌，但决心先将丁撤换，然后严厉治罪。

12月9日，徐建寅到达威海刘公岛，对船械、人员进行了详细勘查。在工作中，他表现出来的对炮械业务的熟练，对战守机宜、要领的熟知，对勘查工作认真负责的态度，都深得丁汝昌的赞许，所以当勘查工作结束后，丁汝昌即致电李鸿章，有意将徐建寅留在北洋海军，充当提督帮办或监战大员。[2]可此时朝廷考虑的，不是给丁汝昌配备一个得力助手，而是挑选合适人员替代他，所以对丁汝昌的建议不予采纳。12月17日，皇帝传谕将丁汝昌拿交刑部治罪，18日又电谕李鸿章保奏新的海军统帅，并提出李和、杨用霖、徐建寅三个人选供李鸿章考虑。圣旨说：

> 昨降旨将丁汝昌拿问治罪。海军统帅需人，着李鸿章于海军将领中详加遴选，据实保奏，候旨擢用。李和、杨用霖二员管驾海舰素称得力，道员徐建寅近往威海察看船只，据丁汝昌电，颇称其能，此数人才是能否擢授提镇，抑或暂令署缺，察其果能胜任，再予除授，李鸿章应悉心酌度，迅速复奏。[3]

不等李鸿章反应，19日皇帝又下谕旨：

> 现在丁汝昌业已拿问，所有海军诸事亟须派人接手，前谕李鸿章详加遴选，着即迅速复奏。刻下威海防务责成何人。[4]

可见皇帝撤换丁汝昌的心情是何等急切。

---

〔1〕《清光绪朝中日交涉史料》卷二十五，故官博物院1932年版，第29页。
〔2〕《李鸿章全集》25，电报五，安徽教育出版社2008年版，第239页。
〔3〕同上，第257—258页。
〔4〕同上，第260页。

李鸿章自丰岛海战后，始终在力保丁汝昌，他几次在讨丁的漩涡里将丁汝昌拉上岸。他看得很清楚，虽然自战争爆发以来丁汝昌的表现不能令人满意，但他基本贯彻了自己的“保船制敌”方针，也唯有他能使北洋海军得以稳定。此时，面对比以前更大的压力，李鸿章再次等待时机，挽救丁汝昌。

12月20日，东海关道刘含芳给李鸿章发来一封电报，让李鸿章眼前一亮。电文称：

> 顷阅邸钞，丁提督逮问进京。在朝廷驭将之法，操纵自有权衡。然水师统将，去丁仅实缺总兵刘步蟾一人，更难驾驭得宜。明知此时事在为难，而外间实情亦不可不密达枢邸，以尽此心。愚昧只见，伏乞宪载。

刘含芳是黄海海战后除李鸿章外第一个为丁汝昌说情的官吏，李鸿章迅速将刘含芳的电报转达朝廷，并顺势否定了皇帝所荐三人：

> 查西国水师定章，管驾小船升管驾大船，其带大船即中国总兵也。再历练数年或十余年乃升提督，不如是，则众望不孚，军心难服。中国陆军既不合西法，海军不可不步趋。如李和甫带“平远”小船，才具稍短。杨用霖甫以大副代理“镇远”管驾，虽尚得力，未便超升。徐建寅系文员，未经战阵。丁汝昌前请帮办监战，似系借此卸责之意，未可遽为定论。前派汉纳根总查海军，英水师提督犹讥之谓非水师出身也。而汉纳根从此遂不上船。今丁既逮问，自无久留之理。惟威海正当前敌，防剿万紧，经手要务甚多，一时难易生手。可否吁恩暂缓交卸，俟遴选得人，再行具奏。[1]

其实，在李鸿章的论辩中，真正打动皇帝的是“威海防务万紧，一时难易生手”这句话，所以皇帝同意，暂不使用保荐的三人，让刘步蟾暂行署理海军提督之缺，着李鸿章继续“遴员保奏，候旨擢用”，并特意提醒李鸿章，“丁

〔1〕《李鸿章全集》25，电报五，安徽教育出版社2008年版，第261—262页。

汝昌俟经手事件交替清楚后，速即起解”。[1]李鸿章必须另想办法。

不久，戴宗骞、张文宣、刘超佩等防卫威海的统将获悉丁汝昌被拿交刑部治罪的消息后，联名致电李鸿章，为丁汝昌说情：

> 恭读上谕，逮治丁提督，九重严命，何敢渎陈。惟是威防现甚吃紧，倭船常来窥伺，地阔兵单，时虞陨越。丁提督自旅回防后，日夜训练师船，联络各军，讲求战守，布置一切，正仗筹画，若遽进京，军民不免失望。骞等惟有吁恳宪恩，设法挽回天意，暂留丁提督在威协筹要防，大局幸甚。不胜迫切待命之至。

北洋海军左翼总兵刘步蟾暨各管带等也致电李鸿章：

> 丁提督表率水军，联络旱营，布置威海水陆一切，众心推服。今奉逮治严旨，不独水师失所秉承，即陆营亦乏人联络，且军中各洋将亦将解体。当此威防吃紧之际，大局攸关，会恳宪恩，设法挽转，收回成命，暂留本任，竭力立功自赎，以固海军根本之地，而免洋将涣散之心，实为深幸，迫切吁祷，伏乞格外成全各等语。事关要防大局，不敢壅于上闻，候裁夺。[2]

李鸿章将上述陆海军将领的电报一并转达朝廷，但皇帝不为所动，依然坚持“丁汝昌着仍遵前旨，俟经手事件完竣即行起解，不得再行渎请”。李鸿章见皇帝如此坚决，只能亮出最后一招，他一面提醒戴宗骞等人说：丁汝昌所经手的事件包括的范围很广，防务也在其内，应令丁提督照常尽心办理，不要急着交卸；一面指示丁汝昌，应速统现有师船赴龙须岛、成山一带巡探，设法驱逐日船。并警告丁汝昌，如果任日船包抄威海，使北洋海军失去驻足之地，“弟获罪更重矣”。[3]丁汝昌完全领会李鸿章的用心，立即派出马格禄统带三艘

〔1〕《李鸿章全集》25，电报五，安徽教育出版社2008年版，第269页。
〔2〕同上，第271页。
〔3〕同上，第275、279页。

鱼雷艇前往龙须岛探视，自己则“令六船余艇备便汤汽，候报即发”。[1]

徐建寅在考察完毕北洋海军回到北京后，被任命为督办军务处章京，他按照朝廷要求，对北洋海军管带以上的军官逐一进行了评价，并提出任用建议。他在面见翁同龢等中枢大臣时，历言丁汝昌不能整顿海军以及闽人结党情况，建议以候补道马复恒替代丁汝昌管带海军。[2]马复恒曾管带“操江”“康济”“海镜”等舰船，嗣经会办旅顺鱼雷局，黄海海战他并未参加。黄海海战后，丁汝昌回到旅顺，住进医院养伤，不能照料全军。丁汝昌素知马复恒心地明爽，故邀请他出任会办海军营务处，协助北洋海军工作，一直到撤往威海，马复恒依然在北洋海军参与事务。徐建寅对马复恒的评价是：“忠勇朴诚，稳练精干，前历充各船管带十余年，嗣后总办鱼雷营，均能实力整顿，劳怨不辞，于海军驾驶、行阵各事皆极精熟，洵堪领袖海军各员。”[3]正当皇帝提出的三名候选人被李鸿章逐一否定的时候，徐建寅提出了第四位候选人马复恒，这令一度沉寂的讨丁之议，再次掀起波澜。

朝廷在将李鸿章革职留任后不久，即于12月28日任命湘系大员、两江总督刘坤一为钦差大臣，节制关内外防剿各军，以打破李鸿章独揽前线最高指挥权的格局，意在以湘系牵制淮系。1895年1月3日，刘坤一致电李鸿章，说朝廷“惟望整顿海军”，将“拿问人请择尤解部，以塞众口，不敢自外”。刘坤一说的“拿问人”显然指的是丁汝昌，可李鸿章在次日的复电中，故意装糊涂、打岔，说“至拿问人内，尚有不知下落者，无从海捕。卫汝贵、叶志超等现已陆续起解”，就是不提丁汝昌。[4]但李鸿章的含糊其辞并没有影响督办

两江总督刘坤一

〔1〕《李鸿章全集》25，电报五，安徽教育出版社2008年版，第280—281页。
〔2〕《翁同龢日记》5，中华书局1997年版，第2762页。
〔3〕徐建寅：《上督办军务处查验北洋海军禀》，藏海军司令部。
〔4〕《李鸿章全集》25，电报五，安徽教育出版社2008年版，第299、300页。

军务处各员对马复恒的力荐，他们以徐建寅的评语为依据，众口一词地说“马复恒能胜海军提督之任”。李鸿章对马复恒并不了解，他询问丁汝昌：马复恒才具魄力是否尚堪造就？黄海海战他是否在船驾驭？中外各员能否妥协？希望丁汝昌“即日筹度，据实密复”，以便为他下一步应对朝廷的举措提供依据。丁汝昌向李鸿章报告了马复恒的大概阅历，特别提到他并未参加黄海海战。丁汝昌还报告说，他与马复恒见了面，直截了当地谈起统带北洋海军问题。马复恒自称才力不及，万难胜任，中外各员亦未能妥协，恳切力辞。在谈及徐建寅时，马复恒认为，徐的才力胜过自己百倍，能把握海军情形大局，实能胜任。如果奉简来统海军，必有成效。丁汝昌认为，马复恒说的都是实情，希望李鸿章能“宪裁酌夺”。〔1〕

1月7日，皇帝降下谕旨：“现在海军当差之候补道员马复恒，着李鸿章饬令来京，交吏部带领引见。”同一天，刘坤一致电李鸿章：“顷有旨令马道复恒引见，大约为海军提督一缺，应请尊处保奏，或补或署，暂缓引见，以免往返需时，得以及早整顿。所遗海军营务处差，可否以徐道建寅接办，统候卓裁。”〔2〕事情至此，似乎马复恒接替丁汝昌已成定局，可李鸿章依然据理力争。他于8日致电刘坤一说：

查海军奏定章程内开，提督缺出，在实缺总兵内择其资深劳多勋望素著者，由北洋大臣咨会海军衙门请简放。又，海军各缺一时无合例应补人员，准择其资深劳多者升署，仍扣满应历资俸，办事无过，再请补授各等语。是提督统率全军，责任綦重，定章本极详慎。查马复恒前曾管带“操江”“康济”各运船，皆非外海战船。嗣经会办鱼雷局，九月间丁汝昌鹿岛战后，伤病綦重，委令会办海军营务处，尚能耐劳。该道质地朴实，才具不长，战船阅历亦少。现海军各舰雇用洋弁颇多，驾驭不易，将来快船购到，仍非参用洋将不可，若非统率得人，鲜不偾事，未敢遽许马复恒能胜提督之任。前奉电旨，令左翼总兵刘步蟾署理提督，似较稳洽。鄙见马复

〔1〕《李鸿章全集》25，电报五，安徽教育出版社2008年版，第307—309页。
〔2〕同上，第308页。

> 恒仍令与徐道建寅会办海军营务处，俟察看该员等如果整顿得力，再行咨会海军衙门照章核办。倭欲猛扑威海，战事方殷，未可遽易生手。[1]

李鸿章说得十分明白，无论依据《北洋海军章程》的规定，还是依据马复恒的阅历，马复恒均不适合接替丁汝昌担当北洋海军提督大任。李鸿章的力争让朝廷沉寂了。恰在此时，北洋海军总教习马格禄也出面为丁汝昌说情，他向李鸿章表明："丁提督才能出众，忠勇性成，素为海军各将领所服。格禄与之共事，相知甚深。现值倭寇窥窜，时局艰难，恳请中堂奏保暂缓交卸，以系中外之望。所有参劾各节均与丁提督无涉。如果必行拿问，诚恐海军中外各员均以赏罚未能出于至公，海军局势必至万分艰难。"马格禄的表态，恰逢其时，李鸿章迅速向总理衙门具报，恳请"酌夺代奏"。[2]

1月20日，日军陆海协同在山东半岛荣成湾登陆，进攻威海卫之战正式打响。朝廷的目光迅速转向威海前后路的兵力调动，撤丁之议就此搁置。三天后，刘坤一赴天津拜访李鸿章，他们讨论了威海局势，就继续留用丁汝昌统帅海军达成谅解。24日，刘坤一致电督办军务处："至海军吃紧，督率需人，可否仰邀天恩，姑宽丁汝昌拿办之罪，责令立功自赎，出自逾格鸿施。"[3]朝廷默认。

发生于威海保卫战之前长达一个多月的撤丁之议，总体上是朝廷言官与战官的口舌之争，它与保全北洋海军战力，增强抗敌信心毫无关系，反倒影响了丁汝昌乃至北洋海军官兵的作战士气，实际上暴露的是在建设北洋海军问题上长期存在的派系矛盾，它对战争的影响是负面的。丁汝昌在争议期间曾向戴宗骞坦露过心迹，他说：

> 汝昌以负罪至重之身，提战余单疲之舰，责备丛集，计非浪战轻生，不足以赎罪，自顾衰朽，岂惜此躯？惟以一方气谊，罔弗同骖靳之袍依，或堪为济。然区区之抱，不过为知者道，但期共谅于将来，于愿足矣。惟

〔1〕《李鸿章全集》25，电报五，安徽教育出版社2008年版，第309页。
〔2〕同上，第317页。
〔3〕同上，第345页。

目前军情有顷刻之变，言官逞论，列曲直如一，身际艰危，尤多莫测，迨事吃紧，不出要击固罪；即出而防或有危，不足回顾尤罪。若自为图，使非要击，依旧蒙羞，利钝成败之机，彼时亦不暇过计也。[1]

可以断言，在威海保卫战中，丁汝昌坚持株守军港，与他上述消极情绪是有直接关系的。

〔1〕戚俊杰、王记华编：《丁汝昌集》，山东大学出版社1997年版，第224页。

威海卫外围战

按照日本大本营的作战计划，夺取旅顺后，日军要在渤海湾登陆，与清军展开直隶平原决战。为此，大本营于1894年11月29日电令联合舰队司令长官伊东祐亨，组织舰船对渤海湾内的洋河口进行侦察，为陆军选择合适的登陆地点。已驻泊大连湾的联合舰队于12月3日派出“高千穗”和“西京丸”两艘军舰执行侦察任务。此时正值隆冬季节，侦察舰只发现，洋河口一带北风风力强劲，海上浪高涌大，岸上气温很低，地面被冰雪覆盖，如果此时登陆，不仅舰船停泊困难，而且人员上陆不便，更严重的是，部队人员、马匹将面临被冻伤、冻死的危险。

伊东祐亨获悉侦察结果后，于12月6日向大本营报告，认为冬季不宜在洋河口一带登陆，同时从海军作战出发，认为北洋海军现时尚存在，一旦登陆，日本舰队和运兵船将受其威胁，他建议暂缓直接在渤海湾内登陆，先在威海附近登陆，消灭北洋舰队，消除后患。[1]伊东祐亨的建议与日本内阁总理大臣伊藤博文不谋而合，实际上在12月4日，伊藤博文就提出了“应进攻威海卫并攻略台湾之方略”，其中就谈到冬季在渤海湾登陆的困难、北洋海军的存在构成的威胁等，建议另组建一军，从山东半岛登陆，对威海实施水陆夹击，一举歼灭北洋海军。[2]大本营采纳上述意见，决定成立“山东作战军”，在山东半岛实施登陆，以水陆合围战术攻占威海卫，消灭北洋海军。

---

〔1〕日本海军军令部编纂：《廿七八年海战史》下卷，东京水交社1905年版，第1—2页。
〔2〕戚其章主编：《中日战争》7，中华书局1996年版，第127—128页。

新成立的“山东作战军”由陆军第二军整编而成，司令官依然由大山岩担任，下辖佐久间佐马太中将统率的第二师团和黑木为桢中将统率的第六师团，总兵力3万余人，以辽东半岛的大连湾为前进基地。

日军“山东作战军”司令官大山岩

12月23日，联合舰队和山东作战军的参谋人员搭乘“高千穗”舰前往威海和荣成一带考察，选择登陆点。考察的结果是，从事先拟定的荣成湾、爱伦湾、桑沟湾等三处登陆地点中选中了荣成湾。

荣成湾位于山东半岛顶端的成山头之南，是一个宽约3公里的海湾，日军之所以选择在这里登陆，有三个重要原因：第一，这里地势平坦，虽然水深只有2米左右，大型运兵船难以靠近，但舢板和汽艇可以毫无阻碍地驶到岸边；第二，这里是天然的避风港，冬季吹来的西北风经成山头和龙须岛阻挡大大减弱，海湾内少见风浪，便于登陆；第三，这里并未驻扎大队清军。

1895年1月10日，山东作战军招募的新兵开始从日本本土向大连湾集结，做进攻威海的准备。

对于日军进攻威海的作战计划，在山东作战军向大连湾集结之前，清政府并未察觉，但李鸿章猜测日军会从威海后路实施包抄。1894年12月24日凌晨，李鸿章接到成山头报告，说荣成湾龙须岛发现一艘日舰，有小火轮欲渡兵上岸。午后，烟台至成山的电报突然中断，李鸿章以为日军已占领成山头。直到当日夜间，他又接到报告，说日舰已向南驶去，成山头未被日军占领。实际上，这艘日舰正是赴荣成湾调查登陆地点的“高千穗”舰。次日，李鸿章电令丁汝昌，速统率北洋海军各舰开赴龙须岛、成山头一带巡探，驱逐日舰。

1895年1月，朝廷终于从日军的集结行动中看出其进攻威海的意图。皇帝于1月12日发出谕令：“旅顺既为倭踞，现又图犯威海，意在毁我战舰，占我船坞，彼之水师乃可往来无忌，其谋甚狡。敌兵扑犯必乘空隙之处，威海附近数十里内尤为吃重，着李鸿章、李秉衡飞饬各防军昼夜梭巡，实力严防，不得稍有疏懈。”13日又谕：“海军战舰数已无多，岂可稍有疏失，若遇敌船逼近，株守口内，转致进退不得自由，应如何设法调度，相机迎击，以免坐困。着李鸿章悉心筹酌，饬令海军诸将妥慎办理，并先行复奏。”李鸿章接到谕令，当即致电丁汝昌：“查倭如犯威，必以陆队由后路上岸抄截，而以兵船游弋口外，牵制我师。彼时兵轮当如何布置迎击，水陆相依，庶无疏失，望与洋弁等悉心妥筹，详细电复，以凭核奏。”[1]

虽然李鸿章要求丁汝昌拿出“如何布置迎击”的方案，但他根据日军进攻威海可能采取的陆海协同战术，已经给丁汝昌规定了“水陆相依”的基本方针，未来的防御必将在这一方针指导下展开。

丁汝昌按照李鸿章的要求，与马格禄和刘步蟾等反复研究，制定了军舰依辅炮台防御港口的作战方案，这一方案指出：

> 倭若渡兵上岸来犯威防，必有大队兵船、雷艇牵掣口外，汝昌、格禄早与刘镇及诸将等再三筹画，若远出接战，我力太单，彼船艇快而多，顾此失彼，即伤敌数船，倘彼以大队急驶，封阻威口，则我船在外，进退无路，不免全失，威口亦危。若在口内株守，如两岸炮台有失，我船亦束手待毙，均未妥慎。窃谓水师力强，无难远近迎剿，今则战舰无多，惟有依辅炮台，以收夹攻之效。查威、旅海口情形迥异，旅顺口窄港狭，船必候潮出口，非时不能转动，临阵不能放炮，既难依辅炮台，又实无益陆路。威海则口宽港广，随时可以旋转，临时可以攻击，事势不同。倘倭只令数船犯威，我军船艇可出口迎击，如彼船大队全来，则我军船艇均令起锚出港，分布东西两口，在炮台炮线水雷之界，与炮台合力抵御，相机雕剿，俾免敌舰闯进口内。即使陆路包抄，南北两岸师船尚可支撑，攻击彼船。若两岸全失，台上之炮为敌用，则我军师船与刘公岛陆军惟有誓死拼战，船沉人尽而已。惟北岸北山嘴守沿海及长墙约三十余里，虽与戴道商派马道复恒协守祭祀台及各高山，又电张镇文宣酌拨两哨驻守祭祀台切近山沟，其余山沟尚多，戴道兵力不敷分布，实为可虑。南岸自龙庙嘴守至赵北嘴亦十余里，后路更宽，均甚吃紧。前商挖沟作墙布旱雷各事，现又

[1]《李鸿章全集》25，电报五，安徽教育出版社2008年版，第317—318页。

商以麻袋装土堆积避弹，以辅各台未筑后墙之缺。要之，地阔兵单，全恃后路游击有兵，以防抄袭，方能巩固。东抚想已遵旨布置，水师断难舍舟而陆。

李鸿章看过方案，认为在南北帮炮台防守兵力严重不足的情况下，“海军所拟水陆相依办法，筹虑似尚周到”，表示同意，[1]并向朝廷做了汇报。

此时，英、法、德、美等国军舰已聚集烟台，准备赴威海观战，英国远东舰队司令斐利曼特甚至提前率领八艘军舰前往成山头，观看日军登陆。这些消息传到朝廷，皇帝感到军情万分危急，于1月15日电令李鸿章：“敌船时来窥伺，必有诡谋，仍着饬令在防各军，勤操固守，遇船即击，并严防后路为要。”16日又谕：“探闻倭兵将由成山登岸，似非虚语。该处情形万紧，防守能否周密，殊深廑系。着李鸿章、李秉衡分饬各将领昼夜侦探，防其以一船载兵，乘隙登岸，务当遇贼即击，勿蹈皮子窝覆辙，是为至要。”19日，皇帝再谕：“倭寇如犯威海，前面防守较严，所虑乘虚窜扰后路。李秉衡务当相机布置，督饬防营，时刻严防，以杜窥伺。”[2]连日来，皇帝屡降谕旨，催促李鸿章、李秉衡加强威海后路防务，李鸿章也接到日舰船不断向大连湾集结，并派舰赴登州炮击牵制的报告，可是此时朝廷上下，谁也没有能力从全局出发调动兵力，加强部署，只有李秉衡在原有兵力基础上，抽调五营兵力前往倭岛、俚岛及荣成外围驻扎，戴宗骞派出三哨防队前往龙须岛轮班巡守，威海后路兵力空虚的问题始终没有得到解决。

日本山东作战军于1月16日在大连湾集结完毕后，联合舰队与山东作战军就下一步作战计划展开磋商，决定部队原地休整三天，从1月19日开始，陆军部队分三批登船前往荣成湾，19日、20日、22日各一批。其中第一批由联合舰队军舰护航，其余两批自行前往。为此，伊东祐亨做了周密部署。

1月18日早上6时，伊东祐亨派出第一游击队“吉野”“秋津洲”“浪速”三舰，在常备舰队司令官鲛岛员规海军少将的率领下前往登州，炮击登州城，

---

〔1〕《李鸿章全集》25，电报五，安徽教育出版社2008年版，第320—321页。

〔2〕同上，第321、323—324、326页。

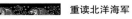

造成日军在登州登陆的假象，以转移中国军队的视线。当天下午4时50分，又派出“高千穗”舰前往威海，侦察北洋舰队动向。“高千穗”发现北洋舰队全部株守威海港内后，便开往登州方向，与“吉野”“秋津洲”“浪速”三舰会合。19日夜，“吉野”等四舰编成队形开赴荣成湾，寻找大队会合。

19日上午，泊于大连湾的日本舰船开始行动。上午9时15分，“相模丸”“西京丸”“江户丸”三艘舰船从锚地出发，向荣成湾开去。10时10分，掩护登陆的先导舰“八重山”“爱宕”“摩耶”“筑紫”“赤城”“大岛”“天城”先后起锚出航，驶往荣成湾。午后，联合舰队本队的“松岛”“千代田”“桥立”“严岛”、第二游击队的“扶桑”“比睿”“金刚”“高雄”、第三游击队的“天龙”“大和”“武藏”“葛城”，以及装载着15000名山东作战军官兵的19艘运输船，依次拔锚起航，舳舻相接，向荣成湾登陆地点航进。

20日凌晨4时，“八重山”“爱宕”“摩耶”“磐城”等先导舰首先到达荣成湾龙须岛。5时30分，随舰的侦察队和电信队搭乘三艘舢板驶向岸边。此时的荣成湾被大雪覆盖，显得格外寂静，日军踩着积雪踏上了陆地。被戴宗骞派往荣成湾驻守的三哨巩军首先发现日军，用步枪展开射击。听到枪声，日军舢板上的速射炮实施火力支援，远处的“八重山”舰也与巩军布置于岸上高地的四门75毫米克虏伯炮展开对射。日军不明岸上防御兵力，刚刚赶到的先导舰“筑紫”“赤城”“大岛”“鸟海”“天城”等也向岸上发炮，“八重山”则命令登岸日军暂时撤回舰上。

在日军炮火射击下，300名巩军向荣成方向败走，将四门75毫米克虏伯炮遗弃，当日上午9时日军再派人员登陆时，岸上已空无一人。日军遂切断岸上电报线，占领成山头灯塔。这时，联合舰队本队、第二游击队、第三游击队及其护送的第一批运兵船陆续驶入荣成湾，第一游击队的“吉野”“秋津

日军在荣成湾龙须岛登陆

洲”“浪速”“高千穗”四舰也从登州赶来会合，联合舰队主力舰艇已悉数到齐。

9时30分，日军开始登陆，伊东祐亨命令第一、第二鱼雷艇队前往威海监视北洋海军，第三鱼雷艇队在登陆地点担任警卫。由于没有清军抵抗，日军登陆动作十分迅速，搭建舟桥，设置防鱼雷器材等工作很快完成，人员也陆续登陆。21日上午，日军第二批运兵船共19艘也抵达荣成湾展开登陆。23日，聚集在成山的日军舰船已达53艘，其中军舰18艘，运输船35艘。[1]到24日下午6时，日军的登陆行动全部结束，在三天多的时间里，共有34600人和3800匹战马上了岸。

在陆军登陆期间，伊东祐亨担心北洋海军来袭，率领联合舰队于21日开赴威海港正面海面，监视北洋海军，见港内中国军舰并没有出港迹象，便率领舰队于次日返回荣成湾。此后的几天，伊东祐亨于白天派出一两艘军舰前往威海卫海面监视，夜晚则派本队及第一、第二游击队在成山头灯塔向北20海里范围内巡弋，以防北洋海军出威海港向南逃跑。

在开始登陆的当天下午，首先从落凤港上岸的日军第三旅团步兵第四联队即向荣成进发，当时驻扎荣成外围的清军有五营，阎得胜、叶云升两营派防外岛，戴守礼一营派防俚岛，仅徐抚辰、赵得发两营驻扎荣成县城以西。日军逼近荣成时，徐抚辰、赵得发两营向东应战，但寡不敌众，很快败退。阎得胜、叶云升两营赶往救援，被日军炮火击退，日军遂开进没有清军防守的荣成县城。25日，分三批登陆的日军在荣成集结，司令官大山岩下达了进攻威海卫的命令。随后，日军兵分两路，一路称右纵队，由第六师团组成，在黑木为祯中将指挥下，沿荣成至威海大道进犯威海南帮炮台；一路称左纵队，由第二师团组成，在佐久间佐马太中将指挥下，沿荣成至烟台大道过虎山绕至威海南帮炮台。两路日军对威海卫屏障南帮炮台形成夹击之势。

为配合陆军的进攻，伊东祐亨于1月24日派出“天龙”“海门”两艘军舰炮击登州府，以牵制烟台附近的清军；又派出第三鱼雷艇队与右纵队水陆并进。伊东祐亨还制定了日军攻击威海卫时联合舰队的行动计划，这一计划的大意是：

---

〔1〕《李鸿章全集》25，电报五，安徽教育出版社2008年版，第340页。

1.本队及第一、第二游击队继续监视威海港内的北洋舰队，防止北洋舰队出逃；

2.陆军进攻威海南帮炮台时，由“筑紫”“鸟海”“赤城”“摩耶”“爱宕”“武藏”“葛城”“大和”八艘军舰实施支援，炮击南帮炮台、刘公岛东泓炮台及日岛炮台。炮击时如北洋舰队出港，应设法将其诱至海面有利于交战的位置，本队及第一、第二游击队即以适当的运动进行攻击；

3.“鸟海”“赤城”“摩耶”“爱宕”“武藏”“葛城”“大和”七艘军舰编组陆战队，伺机占领刘公岛；

4.第一、第二鱼雷艇队随主力舰队行动，在北洋舰队出战时，乘机将其拦住，并配合主力舰队作战。其中第二鱼雷艇队进至威海南帮炮台附近海面，在陆军占领炮台的当夜，破坏港口防材，冲进港内袭击北洋舰队。〔1〕

从联合舰队的行动计划来看，在陆海军协同进攻威海卫的过程中，陆军处于主导地位，海军处于从属地位，联合舰队是否从威海港正面发起进攻，取决于陆军对南帮炮台的攻击情况。这样，清军在南北帮炮台的防御作战就显得十分重要了。

日军登陆行动开始后不久，丁汝昌即获悉了这一消息，他急电李鸿章称，“倭船四十只在荣成湾开炮，恐难再报”，意思是说，日军已经开始行动，成山通往外界的电报线即将被日军切断。〔2〕李鸿章接电后指示威海各将领：“电线将断，马探驰报若何。荣距威尚百里，山谷丛杂，东兵能否设法埋伏邀截，以牵制之。威防只能守炮台长墙，曷任焦系。”〔3〕实际上，李鸿章希望山东清军在通往威海的后路上“邀截”日军只是一种空想。山东巡抚李秉衡在闻警后，并未实施有效的部队调动，他依然不愿将烟台一带的精锐部队远调荣成，仅电令驻守荣成的河防军统领阎得胜将分散在俚岛等处的五营河防军向荣成集中，驻扎在酒馆集的孙万林部向荣成靠拢，这些部署均无济于事。驻守威海南帮炮台的巩军统领刘超佩担心河防军战斗力太弱，通过荣成电报局给李鸿章发报，称已经拨派绥巩军1200人，带两生炮6尊、洋枪1200杆，由自己亲自督率，前

〔1〕日本海军军令部编纂：《廿七八年海战史》下卷，东京水交社1905年版，第60—64页。
〔2〕《李鸿章全集》25，电报五，安徽教育出版社2008年版，第328页。
〔3〕同上。

往成山阻击。刘超佩表示："能击走更好，力若不足，退回整队，定与贼拚死一战。把守炮台如失，断不独生。"他还以李秉衡五营均系新勇难得力为由，乞请李鸿章添劲兵万人驰援。[1]

刘超佩的这封电报刚刚发完，成山电报局的电报线即被日军截断。李鸿章接电后不能直接给刘超佩回电，便于1月21日连发两封电报给威海的丁汝昌、戴宗骞等人，部署防御事宜，让戴宗骞"酌拨两三营速赴南岸，帮同扼要截击。并严守大小炮台，储足粮弹，敌来尽力死打"。其北岸各处或有空虚，应由戴宗骞电商孙镇金彪派队前往协守文登来路。丁汝昌所率领的海军"应分布东西两口，预备夹击"。"水陆将士当昼夜严备，切勿循常例过年。如能齐心血战破敌，旨必重赏。临时宜悬赏格，激励死士"。李鸿章最后说，既然日军由南路包抄，戴宗骞、张文宣所部除各守炮台外，当分队助南岸战守。若南岸守住，日军或分兵包抄北岸后路，刘超佩、张文宣再分队助守北岸。同一天，李鸿章也将荣成战况以及威海卫防御部署电告总理衙门，光绪皇帝认为李鸿章预筹的水陆相依之法尚属详悉。现当临敌之时，应如何相机合力之处，即饬该将领等迅速筹办，毋得束手坐待，致为所困。并特别指出："海军战舰必须设法保全。"[2]

李鸿章看似有"水陆相依之法"，但实际上根本就是似是而非。从日军登陆荣成湾的第二天开始，到1月25日，短短五天内，朝廷、李鸿章及驻守威海各将领之间，就在海军如何部署防御问题上发生了四次争论：一为海军是否开赴口门，相机出击；二为海军是否可兼顾北岸防御；三为海军应否冲出口门与日军拼战；四为是否应毁弃龙庙嘴炮台。这些争论虽小，却充分暴露了清军在威海卫防御部署上的混乱。

关于海军是分兵开至口门相机出击，还是依辅炮台等待敌人进攻的问题，戴宗骞认为，水师不宜呆驻澳内，应随时开至口门，造成将要出剿的假象，使倭船犹有顾虑，北路才能稍资牵制；张文宣则认为，刘公岛大小炮台六座，周围三十余里，水师应依靠刘公岛。若分兵南岸，丁汝昌率舰出海浪战，岛船皆

---

〔1〕《李鸿章全集》25，电报五，安徽教育出版社2008年版，第330页。
〔2〕同上，第334—335页。

不能保。李鸿章支持戴宗骞的意见，指示丁汝昌若口外有日船，当催令各船开至口门，相机夹击。同时严厉斥责张文宣："口外如有敌船窥窜，丁军门自应开出口门，与炮台夹击。汝未经战阵，胆怯恐无长进。"[1]

关于海军是否可兼顾北岸的问题，1月22日，戴宗骞提出，要从威海北岸抽调绥军，与孙万林约会，扼守荣成来路最紧要处之虎口、凤林集一带，杜绝日军北窜，要求丁汝昌相机兼顾北路。这一建议显然又得到了李鸿章的赞同。可丁汝昌提出，海军自顾不暇，何能兼顾北岸。李鸿章对丁汝昌不能与戴宗骞协调配合感到不满，当日致电责问："口外有无敌船，若敌船少，应出击，多则开往口门，与炮台夹击，即是兼顾北岸，何谓自顾不暇耶。"[2]在李鸿章看来，海军与两岸炮台相依辅，是威海防御的既定方针，丁汝昌何有"自顾不暇"之说？实际上丁汝昌所说的"自顾不暇"，并非"不暇"与两岸炮台相依辅，而是"不暇"直接接管北岸炮台防务。李鸿章并未理解戴宗骞要求丁汝昌"兼顾北路"是让海军接管北岸防务。对于李鸿章的责问，丁汝昌不便争纠，也就不再说什么了。

关于海军应否冲出口门与日军拼战问题，1月22日，皇帝降旨："闻敌人载兵皆系商船，而以兵船护之，若将'定远'等船齐出冲击，必可毁其多船，断其退路，此亦救急之策，着李鸿章速筹调度为要。"起初，李鸿章并不同意皇帝的意见，他于当天给李秉衡及驻威海诸将领的电报中称："海军船少，恐难远出冲击，只能在口门与炮台夹击。"[3]23日，皇帝再下饬谕："现在贼踪逼近南岸，其兵船多只难保不闯入口内，冀逞水陆夹击之诡谋。我海舰虽少，而铁甲坚利则为彼所无，与其坐守待敌，莫若乘间出击，断贼归路。威海一口关系海军甚重，在事将弁兵勇，倘能奋力保全，将登岸之贼迅速击退，朝廷破格酬功，即丁汝昌身婴重罪，亦可立予开释。着李鸿章剀切晓谕马格禄等，同心戮力，克建殊勋，实深殷盼。"[4]皇帝连续两道圣旨，迫使李鸿章改变了主意，他在同一天给丁汝昌的电报中说："日兵扑南岸，计尚须二三日。届时察看刘镇如能死

---

〔1〕《李鸿章全集》25，电报五，安徽教育出版社2008年版，第335、336页。
〔2〕同上，第338页。
〔3〕同上，第339页。
〔4〕同上，第342—343页。

守，如何设法帮助；若彼不支，密令台上各炮拔去横闩，弃入海旁。若水师至力不能支时，不如出海拼战，即战不胜，或能留铁舰等退往烟台。希与中外将弁相机酌办为要。”[1]当然，李鸿章这样指示，与皇帝“齐出冲击”的命令并不一样，李鸿章的想法是，既要按照皇帝的旨意办事，又要给海军留一条后路，以设法保存战舰。可是，无论皇帝的意旨还是李鸿章的意见，丁汝昌一概不予采纳，他依然主张在威海港坚守待援。他于24日致电李鸿章：“昌即同张镇到南岸晤刘镇等，据云除死守外，无别策。炮台事数日前已挑奋勇安插其中，暗备急时毁炮。现拟将各台备用钢底钢圈取存岛上。至海军如败，万无退烟之理，惟有船没人尽而已。旨屡催出口决战，惟出则陆军将士心寒，大局更难设想。”[2]此后，丁汝昌不去推想皇帝将对他的这一行为做出何等处置，毅然决然地贯彻他的“坚守待援”方针。最终李鸿章无奈地向丁汝昌表示：“汝既定见，只有相机妥办。廷旨及岘帅均望保全铁舰，能设法保全尤妙。”[3]

被圈在长墙之外的龙庙嘴炮台

关于是否应毁弃龙庙嘴炮台问题，丁汝昌认为，南帮三座炮台中圈在长墙之外的龙庙嘴炮台较为难守，一旦失守，不但贻害其他炮台，港内北洋舰队军舰也将面临威胁，与其因无法防守而资敌，不如自己先行消除隐患，将其毁弃。于是他与张文宣、刘超佩议定放弃，并派水兵将龙庙嘴炮台的火炮炮闩卸走。此外，威海港内布设的水雷主要是视发水雷，控制的电线一直连接在威海港岸上水雷营内，丁汝昌担心一旦水雷营被敌占领，日军将控制水雷，后果不

〔1〕《李鸿章全集》25，电报五，安徽教育出版社2008年版，第341页。
〔2〕同上，第345页。
〔3〕同上，第346页。

堪设想。于是他将水雷连接线的控制端移到练船“康济”号上，因为“康济”船抛锚在日岛后，便于控制水雷。对于上述两项措施，戴宗骞均不赞同，丁汝昌报告李鸿章，希望他能命令戴宗骞同意这样做。

1月24日，李鸿章致电戴宗骞和刘超佩，对移电线控制端于“康济”号上表示同意，但对弃守龙庙嘴炮台却表示质疑：“龙庙嘴炮台刘何以不守，敌兵在何处”？〔1〕戴宗骞当即回电说：“顷据南雷营管带李荣光禀称，龙庙嘴台，丁、张、刘议不守。威并未见敌而怯若此，半年来淮军所至披靡，亦何足怪。宪谕特言台炮能回打，龙庙嘴台亦能回打，因甚轻弃。若非事机紧迫，何至如此。”李鸿章接电后大怒，严厉命令：“丁系戴罪图功之员，乃胆小张皇如是，无能已极，着严行申饬，仍令刘镇克日回守龙庙嘴，如不战轻弃台，即军法从事。”〔2〕

丁汝昌对戴宗骞的防御部署以及轻敌态度极为不满，更对他指责自己“胆怯”不服，遂不顾陆海军将领临战不和带来的不良后果，向李鸿章诉说戴宗骞在防御南帮炮台中存在的严重问题：

> 南北两岸守台兵只有一班，尚觉不足，倘有受伤，从何添起。赵北嘴、北山嘴两台各有营官，余台仅哨官、哨长而已。日岛则无官，各台均无后墙，又无小炮洋枪，如何保护，昌实不解。

李鸿章看到丁汝昌的电报有些糊涂了，随后他询问戴宗骞：究竟龙庙嘴应守与否，应迅速亲往察酌形势，与丁汝昌面商定夺，勿得固执己见，聚讼误事。〔3〕

李秉衡鉴于撤龙庙嘴炮台之守将影响威海后路防御大局，便令刘含芳确查龙庙嘴炮台之争究竟是怎么一回事。刘含芳通过电询丁汝昌和张文宣，终于弄清了戴宗骞和丁汝昌矛盾的由来：戴宗骞积欠军饷，引起士兵不满，丁汝昌劝其发清欠饷，并建议从海军经费中挪出一部分垫支所欠刘超佩巩军饷银，这一

---

〔1〕《李鸿章全集》25，电报五，安徽教育出版社2008年版，第346页。
〔2〕同上，第348页。
〔3〕同上，第352页。

建议竟然导致各方均有意见，遇事多不面商，才有了龙庙嘴炮台撤守之争。1月26日，刘含芳致电李鸿章，强调如果龙庙嘴炮台失守，舰岛自必受敌，请饬戴宗骞务必保全此台勿失，并添拨各台轮替之人要紧。李鸿章立即给丁汝昌和戴宗骞去电，指出陆路防务，责任在戴宗骞，“然如丁言，若临警龙庙嘴不守，则岛舰受毁，亦不可不虑。吾令戴与丁面商妥办，乃来电负气争胜，毫无和衷筹商万全之意，殊失厚望，吾为汝等忧之，恐复蹈旅顺覆辙，只有与汝等拼老命而已”[1]。连“拼老命”这样的话都说出了口，可见李鸿章恨戴宗骞、丁汝昌等人不争气之心情。

被炸毁的赵北嘴炮台

有关海军防御部署的四次争论，均没有明确的结果，李鸿章远离威海防御前线，其判断只能依靠各将领的情况反映，而各将领对问题的看法相去甚远，这就造成李鸿章决策时有时摇摆不定，有时朝令夕改，战斗打响后只能任凭各将领各行其是。

就在驻威各将领为海军防御问题争论不休之际，日军发起了对北洋海军的心理攻势。1月25日，刘含芳“亥刻查夜，步至新关”，途中遇到英国领事派来送信之人，交给刘含芳一函，刘含芳拆函一看，是一封以英文写成的书信，经询问才知道，是日本联合舰队司令长官伊东祐亨托英国军舰“塞班”号送来的劝丁汝昌投降书，希望刘含芳能转交丁汝昌。刘含芳感到事关重大，不敢擅自做主，遂向李鸿章建议，丁汝昌“在危疑之时，甚有关系”，拟由自己差人对书信先行翻译，以解人惑。李鸿章当日复电：“倭首寄丁函，不妨译出转递

〔1〕《李鸿章全集》26，电报六，安徽教育出版社2008年版，第4页。

大意电知。”[1]

李鸿章是中午接到刘含芳的电报的，他在等待刘含芳翻译书信的过程中，担心朝廷知道此事后怪罪，便于下午先给总理衙门去电，报告说：“刘含芳卅电：威南倭即旅顺旧寇，声言元旦得威有重赏。我军今日又小胜，苦援兵太单。丁在威，军心尚固，朝命宥令自效，威防之幸。拟请电饬诸军固气养锐，勿堕敌诱劳扰之诡谋。”[2]

电报中李鸿章虽未提及伊东祐亨写劝降书之事，但提醒朝廷“电饬诸军固气养锐，勿堕敌诱劳扰之诡谋”，以示自己早有防范之心，以免在万一失败时有人将战败与日军劝降相联系。

虽然在李鸿章的电文中再未涉及伊东祐亨劝降书问题，但他读到了翻译后的劝降书则是可以肯定的。劝降书中说：“夫大厦之将倾，固非一木所能支。苟见势不可为，时不云利，即以全军船舰权降与敌，而以国家兴废之端观之，诚以些些小节，何足挂怀？仆于是乎指誓天日，敢请阁下暂游日本，切愿阁下蓄余力，以待他日贵国中兴之候，宣劳政绩，以报国恩。阁下幸垂听纳焉。”[3]李鸿章拿到书信后，不仅未将书信转交丁汝昌，而且严密封锁了消息。他这样做的目的十分明确，在大兵压境之际，将此书转交丁汝昌，不仅会动摇丁汝昌乃至北洋海军所有官兵的军心，而且还会招致朝廷上下乃至整个社会舆论的指责，那时，必会引起一场轩然大波。至于有著述称，“丁汝昌接此劝降书后，并未加以理睬，也未将此事上报”，是不符合事实的，丁汝昌压根就没有收到劝降书。

内部无休止的争论和来自日本的攻势，使威海防务始终处于混乱之中，威海后路的空虚问题也未得到有效解决，李鸿章真有些当局者迷的感觉。处于局外的署两江总督张之洞似乎看得明白，他向朝廷提出了解决威海危机的建议。1月22日，他致电总理衙门，指出：“威海为北洋屏蔽，海军停泊之所，此处不守，则北洋出路梗阻矣。该处台坚炮巨，炮手亦好，敌船不能攻，故袭后路，此攻旅顺故智也。戴宗骞数营止敷守台，山东勇新募，无精械，不知能得

〔1〕《李鸿章全集》25，电报五，安徽教育出版社2008年版，第350、351页。

〔2〕同上，第352页。

〔3〕《中东战纪本末》卷五，图书集成局1897年刊印，第39页。

力否？若派兵赴援，路远难致。”要解决这一问题，张之洞认为，奉调北上的陈凤楼马队三营、清淮马队两营、李占椿五营、万本华五营、张国林五营，共二十营可用。这二十营是先前奉旨调往山海关的援军，张之洞认为此时山海关局势较缓，且诸军尚多，二十营似非急需，建议“令陈、李两军统此马步二十营；丁槐统本部四营，由沂州府折而东北行，出山东省城之南，取道莒州等处，直趋烟台，探明威海后路，相机援剿”。并说，要“电饬威海各营，以重赏严罚激励之，若能逐倭下岸，则威海固倭计穷矣。威海保全后，仍可再令赴山海关。洞为事机紧急，威海重要，谨抒管见，以备朝廷采择”。[1]张之洞的建议，得到了刘坤一的赞许，上报皇帝后，皇帝也深以为然。张之洞即于23日电告戴宗骞：万望与孙万林“劝励士卒，力守以待，忠勇坚强，曷胜盼仰”[2]。

李鸿章对张之洞“力顾大局”的做法“感佩莫名”，他一方面迭饬驻威水陆将领死守以待，一方面电嘱李秉衡转饬沿途地方官多备车辆应付，但他担心援军路径稍生，缓不济急。[3]

李鸿章的担心是有道理的，张之洞并不十分了解威海的防务情况，驻威守军要按他希望的坚守半个月谈何容易。到26日这一天，张之洞真正感到威海孤军恐难持久，援军缓不济急，于是又向总理衙门、督办军务处、李鸿章、李秉衡提出两条建议：

> 一、由东抚李电饬该军，晓谕荣成、登州一带居民，各集团练、义勇协助官军击倭。民团虽不能击其大队，只须昼夜多方扰之，伺便截其粮饷、军火，亦可稍杀贼势，以待援兵。如民团击倭出力，奏免钱粮三年。假如贼久踞登州一带，钱粮岂复为我有哉？一、请北洋大臣李电饬海军，就现有铁舰、快船四五号，疾驶至成山头一带，顷刻可到，袭其运兵运械接济船及游弋之船，得利则进。如彼大队来追，收至威海，船台相辅，倭必受伤。威海得力在炮台，故倭避水路而袭陆路，使我炮台无用。若使海军数船扰之，则正可引之，使来台下受我炮耳。彼若用水师攻台，贼船虽

[1]《张之洞全集》3，奏议、电奏，河北人民出版社1998年版，第2025—2026页。
[2]《张之洞全集》8，电牍，河北人民出版社1998年版，第6036页。
[3]《李鸿章全集》25，电报五，安徽教育出版社2008年版，第349页。

多，大半皆是运船，不能破我台也。半年来，贼船终不敢近威海，其情可见。或虑战败船毁，不知威海若失，海军已无老营，寥寥数舰，然后贼从容围攻，终归不支。趁此时威海炮台未失，赶紧用之，犹有万一之望。不然，台亦不能久存矣。若彼来攻台，我辅以数舰，则是一台变为数台，一舰变为数舰也。惟恳朝廷以重赏严罚激励各船员弁，方能出奇制胜。此举似乎孤注，然事机危急，断无束手受攻之理。此乃审敌情、尽人事，实非孤注。用此两法或可缓敌势，以待援兵耳。[1]

对张之洞的两条建议，光绪皇帝颇为赞赏，他于1月28日降下谕旨，让李鸿章迅速妥筹具奏。[2]然而李鸿章却不以为然，他心里明白，张之洞所谈的第二条建议，是不了解敌情的想象之策，不说日本舰队在威海港正面早已张网以待，即使北洋舰队能够冲出海口，日军的登陆已经结束，何能袭击其运船？如果此策可行，早就成为既定之策了，何以等到张之洞提建议？所以李鸿章并未做出反应，仅将张之洞的建议转告丁汝昌，说“海军出击一节与历次电旨同，汝应设法筹办”[3]而已。李秉衡的反应就不一样了，他对于第一条建议，表示立即举办，至于第二条，他毫无掩饰地谴责了李鸿章指挥下的威海陆上防务，表达了无可奈何之心境。李秉衡在给张之洞的回电中说出了“铁舰不用以攻敌，不知何计以保全，可笑可恨”之语。[4]

自从孙万林、阎得胜、刘树德退却之后，威海东路门户洞开，日军长驱直入，直逼南帮炮台。1月29日，日军左纵队在佐久间佐马太中将率领下，沿荣成至烟台大道开进，抵达南帮炮台西侧外围的温泉场。右纵队在黑木为祯中将率领下，沿荣成至威海大道到达九家疃；第二军司令部则移至孟家庄，司令官大山岩下达了30日拂晓向南帮炮台发起总攻的命令。伊东祐亨为配合陆军行动，对联合舰队进行了作战部署：除留“天龙”“海门”“天城”等军舰于荣成湾担任警戒外，其余本队和第一、第二、第三、第四游击队各舰均于30日凌晨

---

〔1〕《张之洞全集》3，奏议、电奏，河北人民出版社1998年版，第2027—2028页。
〔2〕《清实录》（影印本）56，中华书局1987年版，第658—659页。
〔3〕《李鸿章全集》26，电报六，安徽教育出版社2008年版，第8页。
〔4〕《张之洞全集》3，奏议、电奏，河北人民出版社1998年版，第2028页。

启航，进至威海港外海面，派出“筑紫”“赤城”“摩耶”“爱宕”“武藏”“葛城”“大和”“鸟海”等八艘军舰抵近威海湾口，任务是在陆军发起对南帮炮台进攻时，炮击南帮炮台、刘公岛东部炮台以及日岛炮台，支援陆军作战，同时引诱北洋舰队主力出港，以本队、第一游击队将其消灭，同时“筑紫”等八舰冲入威海港内，支援陆战队夺取刘公岛。

1月30日，佐久间佐马太把左纵队分成左翼队、右翼队、预备队和报信支队，以左翼队进攻荣成通往威海南路上的要隘虎山口，与部署于此的刘树德三营接仗，右翼队则进攻虎山口以北的南帮咽喉南虎口和北虎口，与戴宗骞的绥军两哨开战。经两个多小时的战斗，各处要隘均被日军占领，通往南帮炮台的道路被打通。

在左纵队发起进攻的同时，右纵队也在黑木为桢的部署下，分为右翼队、左翼队和预备队，左翼队在大寺安纯少将的指挥下于上午7时30分发起对威海南岸制高点摩天岭的进攻。摩天岭炮台是南帮陆路上最弱的一座炮台，安装有80毫米口径行营炮八门，守军为巩军一个营，不足500人。可是这部分清军在营官周家恩的率领下毫不退缩，直至全部阵亡。日军占领摩天岭，大寺安纯登上炮台，得意万分，可还未稳住心神，从威海港内“定远”舰上发出的一发炮弹即在他附近爆炸，他顿时倒在血泊之中，立时毙命。大寺安纯是甲午战争爆发以来被中国军队击毙的级别最高的日本陆军将领。

攻占摩天岭炮台后，日军继续攻击南帮杨枫岭等陆路炮台和南帮海岸炮台。杨枫岭炮台装备有150毫米、120毫米口径克虏伯炮各2门，75毫米口径克虏伯炮16门，防守炮台的是巩军左营400余人，他们在副将陈万清率领下开炮反击，南帮海岸各炮台也发炮支援。丁汝昌将“定远”“靖远”“来远”“广丙”等军舰调到南帮炮台附近，以炮火支援杨枫岭炮台的战斗。战至中午，杨枫岭炮台弹药库被日军炮火击中，发生猛烈爆炸，陈万清见已不可守，便率部撤出炮台，杨枫岭炮台随之陷落。接着，日军又相继攻占了南帮其他陆路炮台。

与陆上行动同时展开的，还有海上行动。日本联合舰队本队的“松岛”“千代田”“桥立”“严岛”和第一游击队的“吉野”“高千穗”“秋津洲”“浪速”共八舰，在30日凌晨2时自荣成湾起锚，沿陆岸缓慢向威海卫海面前进。“筑紫”“赤城”“摩耶”“爱宕”“武藏”“葛城”“大和”“鸟海”等八舰也在本队和第一游击队之后从荣成湾起锚，驶向同一海面。此前，第二游击队除“比睿”舰外，“扶桑”“金刚”“高雄”三舰于29日午后5时自荣成湾起锚，当夜在山东岬角海面执行巡航警戒任务，并于30日晨前往威海海面与本队及第一游击队会合。“天龙”“海门”“天城”等舰留在荣成湾，警戒登陆地点。

30日早上6时半左右，日本联合舰队的本队和第一游击队到达威海海面，此时海上涌浪颇高，浊浪滔天，狂澜奔腾，海浪冲击舵楼，舰身摇晃甚剧。不久，第二游击队前来会合。第一游击队所属四舰于8时20分离开本队，驶向威海港西口，于距海岸20海里处巡航；本队和第二游击队共七舰，在距威海港东口20海里海面上巡航。“筑紫”等八舰则开始游弋于杨枫岭、谢家所、赵北嘴、日岛等炮台之间，并对这些炮台实施炮击，以引诱北洋舰队出港作战。但丁汝昌不为所动，仅在港内以舰炮支援陆上战斗。

日军在进攻杨枫岭的同时，也向南帮海岸炮台发起了攻击。正如丁汝昌担心的那样，日军首先进攻被圈出围墙之外的龙庙嘴炮台。龙庙嘴炮台安装有210毫米、150毫米口径克虏伯炮各两门，防守兵力仅有40人，力量相当薄弱，很快被日军攻陷，巩军统领刘超佩左腿中弹，遂放弃炮台逃亡刘公岛。正如丁汝昌所料，日军占领龙庙嘴炮台后，即用大炮轰击鹿角嘴炮台。鹿角嘴炮台虽安装有240毫米口径克虏伯炮四门，防守人数也超过龙庙嘴炮台，但面对龙庙嘴炮台大炮的近距离轰击，守军难以招架，很快溃散。这样，南帮就只剩下赵北嘴这一座炮台了。

赵北嘴炮台安装有280毫米口径克虏伯炮两门、240毫米口径克虏伯炮三门、150毫米口径克虏伯炮一门，在南帮炮台中火力最强。另外，这里还埋设了地雷，以防日军攻占。丁汝昌在战前最担心这座炮台落入日军之手，因为它可直接轰击刘公岛、日岛和港内中国军舰，所以丁汝昌在日军进攻这座炮台的同时，派出“左队一”号鱼雷艇管带王登云，率领护军前营帮带都司衔守备洪占魁、“定远”舰炮首千总李升及奋勇25名组成敢死队，乘鱼雷艇赶到赵北嘴炮台岸边，冒着弹雨登上炮台，拉燃了地雷引信。夺占炮台的日军刚刚登上炮台，就遭遇了剧烈的爆炸，伤亡惨重。敢死队中李魁元阵亡，八人获救，其余下落不明。事后，丁汝昌向李鸿章请恤：

查左一管带县丞衔王登云冒险毁台，免资敌用，奋勇可嘉，为水陆不可多得之员，应请以知县分发省分尽先补用，加同知衔并戴花翎，以示奖励。至已救回奋勇八名，每名已给付银票三百两，阵亡一名给五百两，其尚未知下落者候查明后照给。洪占魁、李升二员如查系阵亡，各给恤银一千两，如生还各赏五百两。又通赏左一全船出力人等银票二千两，以示鼓励。乞饬局立案。[1]

至此，南帮的陆路及海岸炮台全部被日军攻陷。率领联合舰队游弋于威海港外的伊东祐亨，见陆军已经建功，海军还无战绩，于下午做出了一个冒险的决定：冲入威海港，袭击北洋舰队。他命令第二游击队和第三鱼雷艇队，以单纵阵冲向威海港东口，试图进港。中国守军很快就察觉了日军的意图，日岛、刘公岛各炮台发炮拦截，日舰被阻于狭窄的东口之外。战至下午5时左右，日本军舰见无法突破中国防线，便偃旗息鼓，驶离威海港口，回到警戒位置。此时，第一游击队游弋于威海西口至褚岛之间，防止北洋舰队乘夜出口驶往烟台；本队及其他军舰则在威海东口至鸡鸣岛一线抛锚警戒。

李鸿章是1月30日黄昏获悉南帮炮台全部失守的消息的，他感到败局将至，便在第一时间给戴宗骞和丁汝昌、张文宣发去电报，除了愤怒地指示他们将刘超佩及守台营哨官就地正法外，还特令戴宗骞“应速设法雕剿南岸倭寇，使不得专攻水师，冀海军不至全灭。仍与雨亭和商，劝令冲出设法保船，则失台之罪或可少减”。指示丁汝昌：“水师缘岸击贼，只要日岛守住，水雷拦坝得力，倭船必不敢深入。汝应竭力督饬妥办，勿避嫌怨。万一刘岛不保，能挟数舰冲出，或烟台，或吴淞，勿被倭全灭，稍赎重愆。否则，事急时将船凿沉，亦不贻后患，务相机办理。”[2]李鸿章的核心思想就是在无法防御日军进攻的情况下，力争保存几艘军舰，如果不能保存，就将军舰全部毁沉，以保住北洋海军的晚节。

可是，丁汝昌根本无心听取李鸿章冲出港口的命令，他期盼的是陆上援

〔1〕《李鸿章全集》26，电报六，安徽教育出版社2008年版，第17页。
〔2〕同上，第16页。

兵的到来。可援军到来谈何容易。30日，光绪皇帝就旨谕李秉衡："孙金彪现驻烟台，通商口岸防务较缓，如能调孙金彪一军前赴威海协防，更为得力。"[1]李秉衡次日回复："烟守将只孙金彪一人，若再调往，无人守御，烟亦必危。"[2]可见要从山东防军再抽调兵力，已不现实。而此时奉命前往威海救援的外省清军陈凤楼、李占椿等各部，因运输车辆未齐，停留在济宁、清江等地，迟迟未能开行，丁汝昌的期盼似乎是一个泡影。

1月31日，毫无出港之意的丁汝昌致电李鸿章："刻下倭队由南岸陆路全向西行，明早必由田村孙家滩来攻北岸。金线顶电生已逃，明早恐电线不通。"[3]果然，在丁汝昌这封电报发出后不久，金线顶电报即断，这封电报也就成了丁汝昌在刘公岛发出的最后一封电报，丁汝昌也就不再受李鸿章命令的干扰，可以按照自己的想法完成北洋海军最后的行动了。

攻占南帮炮台后，日军山东作战军采取分兵合围战术，进攻北帮炮台，将兵力分为两路：一路是攻占南帮炮台的第六师团，沿威海海边前进，直取威海卫城，然后攻击北帮炮台；一路是攻占虎山口和南北虎口的第二师团，绕道威海背后，直趋鹿道口，切断烟台通往威海的道路，并从背后包抄威海北帮炮台。2月1日，第二师团在孙家滩一带击溃了奉李秉衡之命增援威海的孙万林、李楹部，控制了威海以西、以北后路。第六师团在进攻威海卫城时发现，守城的中国官兵早已不战而溃，便兵不血刃占领了威海卫城，随后继续向北帮炮台包抄。这样，在不到一天的时间里，北帮炮台就暴露在两路日军的炮火之下。

北帮海岸炮台共有祭祀台、黄泥沟、北山嘴三座，其中祭祀台炮台配置有240毫米、210毫米、150毫米口径克房伯炮各两门，黄泥沟炮台配置有210毫米口径克房伯炮两门，北山嘴炮台配置240毫米口径克房伯炮六门。战前防守的部队有绥军五营，威海保卫战打响后，戴宗骞将刘树德三营派往荣成方向作战，自己也亲率一营前出南虎口设防，北帮炮台仅剩一营兵力。派出的四营在南帮炮台外围战中损失惨重，刘树德率残部逃往宁海、烟台，戴宗骞则率领残部十余人，连同驻守南帮炮台的巩军统领刘超佩一起于1月30日退回北帮，随

[1]《李鸿章全集》26，电报六，安徽教育出版社2008年版，第16页。
[2]《李秉衡集》下，中华书局2013年版，第950页。
[3]《李鸿章全集》26，电报六，安徽教育出版社2008年版，第18页。

后，刘超佩被送往刘公岛医院治疗，戴宗骞则留守祭祀台炮台，宿于弹药库中。31日早上，丁汝昌乘舢板登上祭祀台炮台，与戴宗骞商量战守之策。戴宗骞说，绥、巩军均向西散去，他已派人四出招集，所剩只有绥军一个营守炮台和长墙，他愿坚守北帮炮台。2月1日早上，当丁汝昌再次前往祭祀台炮台与戴宗骞商量对策时，得知黄泥沟和北山嘴两座炮台的官兵只剩19人了，原来昨日丁汝昌离开后不久，北帮仅剩的绥军一个营突然溃散，向西逃往烟台。丁汝昌派出协助绥军守台的“广甲”舰管带吴敬荣及温朝仪等率领的水手200余人，也随这部分绥军溃逃。有鉴于此，丁汝昌认为，祭祀台炮台虽有马复恒部死守，但孤台难支，一旦陷落，将被敌人利用，港内舰船及刘公岛设施将面临灭顶之灾，建议戴宗骞移住刘公岛，北帮所有官兵撤回岛内，炮台自毁。戴宗骞再无更好办法，只好依从丁汝昌。可是，上岛的当天晚上，戴宗骞因愧于炮台失守而吞金自尽。2月2日凌晨，丁汝昌从“镇远”舰抽调30名勇敢水手，乘坐“宝筏”轮船抵达北帮，将所有炮台悉数炸毁。不久，日军登上北帮炮台废墟。至此，威海港后路的所有炮台全部沦陷，刘公岛成为四面受敌的孤岛。

喋血刘公岛

从2月1日开始，金线顶电报线因电报生全部逃走而中断，北洋海军的消息不通，李鸿章十分着急，他预感到丁汝昌不会按照他的指示率舰冲出港口，而是在港内船尽人亡，所以致电烟台的刘含芳，让他设法购线密探确情，并随时驰报刘公岛的消息。[1]然而，北帮炮台已失、电报已断的消息，皇帝并未及时获悉，他于2月2日旨谕李鸿章，命令“丁汝昌当照前誓死拼战、船沉人尽之议，不可稍有退诿。或带船出口，尽力轰击，却回敌船，则我船之进退自裕。总之，无论如何危急，必不使我船为彼所得，是为至要”[2]。然而，皇帝的命令已经无法传达给丁汝昌，直到2月3日，皇帝才得知电报中断，威海所有炮台尽失的消息，他焦急地询问李鸿章具体情况，此时的李鸿章已经无法给皇帝答复了。

其实，就在日军围攻北帮炮台的时候，丁汝昌有一次冲出港口逃离困境的机会。那是1月31日中午，天气突然起了变化，气温骤然下降，大雪从天而降，海上风起浪涌。在这种情况下，日本联合舰队除第一游击队外，各舰不得不离开威海卫海面，返回荣成湾。[3]这就给了北洋舰队以冲出海口或与敌拼战，或逃往他处的机会。可丁汝昌早已下定在港内死守到底的决心，根本无心寻找冲出海口的机会，在威海电报线中断后，他就和威海营务处候选道牛昶昞、北洋护军统领张文宣一道起草了一份告急文书，派人送给烟台的刘含芳，内称：

---

〔1〕《李鸿章全集》26，电报六，安徽教育出版社2008年版，第19页。

〔2〕同上，第24页。

〔3〕戚其章主编：《中日战争》8，中华书局1994年版，第213页。

戴道到岛吞金自尽，昌等现惟力筹死守，粮食虽可敷衍一月，惟子药未充，断难持久。求速将以上情形飞电各帅，切恳速饬各路援兵星夜前来解此危困，以救水陆百姓千万人生命，匪特昌等感大德。[1]

此信到达刘含芳的手上已是2月5日了，他迅速转达李鸿章。

2月2日，风浪平息，日本联合舰队毫无耽搁，迅即返回威海海面，继续对北洋舰队实施围困，并寻找机会发动对港内的进攻。3日上午10时，第二游击队“扶桑”“比睿”“金刚”“高雄”四舰缓慢驶向威海港东口，沿东岸炮台岬角向港内前进。恰在此时，占领北帮炮台的日本陆军用大炮向港内射击，第二游击队拉响战斗警报，“扶桑”舰首先炮击刘公岛东侧炮台。刘公岛东泓炮台、南嘴炮台、日岛炮台以及港内“定远”等舰奋起反击，双方炮战相当激烈。炮台和北洋舰队发射的240毫米口径炮弹在日舰附近爆炸，“其炮声之剧烈，无法比喻，似地轴也要为之折断，山河也要为之崩塌。濛濛硝烟遮蔽港口，硝烟之间炮火闪闪，常有巨弹落于海上，水烟万丈，恰似悬起一条素练，又如白龙翻腾，以至第二游击队之四舰一时淹没于硝烟与水烟之中，完全不见其踪影”。战至中午12时，第二舰队仓皇撤走，“高雄”舰被击断桅杆索具。[2]12时57分，第三游击队之“筑紫”“大和”“武藏”“葛城”四舰又向刘公岛、日岛以及港内军舰炮击。炮战中，刘公岛炮台一枚炮弹命中“筑紫”左舷，从右舷穿出，造成三名士兵毙命，五名受伤，“筑紫”被迫退出战斗抢修。下午2时39分，“葛城”的桅杆被击中，3时45分，所有军舰返回皂埠口锚地，当日战斗结束。

日本海军试图突破威海港正面的尝试遭到失败，伊东祐亨转而想到了夜间偷袭。4日黄昏，伊东祐亨登上一艘鱼雷艇面授机宜，指示要破坏威海港入口障碍物，以便打通入港通道，实施夜间偷袭。

威海港两口的封锁措施是比较完善的，西口由黄岛至北岸的北山嘴，其间设置了防材两层，水雷七层。东口由刘公岛东岸至南岸的鹿角嘴，中间有日岛，从刘公岛东岸至日岛，其间设置了防材两层，水雷五层；从日岛至南岸鹿

〔1〕《李鸿章全集》26，电报六，安徽教育出版社2008年版，第32页。
〔2〕戚其章主编：《中日战争》8，中华书局1994年版，第214页。

角嘴，其间设置了防材一层，水雷五层。防材是将直径约一尺半、长约十二尺的方子木纵向排列，上面敷设三条3英寸粗的钢索，再以4英寸铁链把每根钢索连接起来，使之不能移动。为防止其流失，再以5英寸粗锚链，每十根方木下一铁锚固定。丁汝昌早已下定坚守威海港的决心，所以在东西两口并未留出宽敞通道，大型舰船无法通行，仅在东口靠近南岸的地方留有一狭窄缺口，不设航行标志，不熟悉的人是无法航行的。伊东祐亨派出鱼雷艇，旨在将两口的防材破坏，以撕开一条口子，供鱼雷艇出入。

1895年2月4日夜，第三鱼雷艇队的第六、第十号鱼雷艇在第六号鱼雷艇艇长铃木贯太郎海军大尉率领下，潜至东口，试图破坏防材。结果坚守港口的北洋海军官兵发现有异常，发炮轰击，第六号鱼雷艇慌忙之中只斩断了一根铁索便匆匆逃回。虽然日军这次未能得手，但他们发现了东口南侧那个狭窄的缺口。接到报告后，伊东祐亨大喜，迅速进行周密部署：第二、第三鱼雷艇队通过东口缺口冲入港内实施偷袭，第一鱼雷艇队在威海湾外担任警戒，在适当时机参与袭击；第二游击队的“爱宕”“鸟海”“赤城”“摩耶”四舰负责炮击刘公岛和日岛，牵制中国防军火力；“磐城”舰担任陆海军之间的联络任务，以实现陆海军之间的配合；伊东祐亨率本队、第一游击队在鸡鸣岛一线外海待机，防止北洋舰队逃出港口。

2月5日凌晨，日本联合舰队各部开始按计划行动。“爱宕”“鸟海”等舰开始炮击日岛炮台，以牵制刘公岛、日岛炮台火力。2时，第二、第三鱼雷艇队的“第二十二号”“第五号”“第十号”“第二十一号”“第八号”“第十四号”“第九号”“第十八号”“第十九号”等九艘鱼雷艇，在熟悉缺口的“第六号”鱼雷艇引导下，从阴山口向威海港东口进发，3时20分抵达防材缺口处。由于不熟悉情况，“第十四号”和“第十八号”未能通过缺口，其余八艘从缺口进入港内。3时50分，各艇抵达靠近南岸的杨家滩海面，做好了攻击准备。

多日来，丁汝昌坐镇“定远”舰，他要求各舰时刻保持高度警惕。当日艇进入攻击位置时，北洋舰队的警戒艇发现了异常，迅即发射报警火箭，其他舰艇的炮火跟着响起，战斗打响。

首先发动攻击的是第三鱼雷艇队，“第二十二号”艇一马当先，它从杨家滩海面出发后，冒着北洋舰队的炮火疾驶，在火光中发现刘公岛南侧不远处有

日本联合舰队鱼雷艇队

日本海军“第二十二”号鱼雷艇

一艘大型军舰，从外形上判断是“定远”，艇长便下达发射鱼雷的命令。因两枚鱼雷是在慌乱中射出的，故未击中目标。“第二十二号”艇转舵回逃，途中撞坏舵叶，最终搁浅于龙庙嘴附近，被北洋舰队炮火击毁。紧随“第二十二号”之后的是“第六号”艇，它沿着同样的路线驶向“定远”，但紧张之中日兵未能发出鱼雷即被“定远”机关炮击中，“第六号”艇转向猛逃，于凌晨5时50分返回皂埠口锚地。“第五号”艇和“第十号”艇也分别发起攻击，但均未获战果就撤回。

第三鱼雷艇队的首波攻击结束后，第二鱼雷艇队继之，目标依然是已被确认位置的“定远”舰。与第三鱼雷艇队相比，第二鱼雷艇队多数鱼雷艇运气不佳，如“第二十一号”艇和“第八号”艇，还未找到机会发射鱼雷，即遭到炮击被迫返回。“第十四号”艇未进港即触礁，“第十八号”艇则在进口时撞上防材，两艇费尽周折脱险后天已大亮，不得不放弃行动。只有“第九号”艇进港后绕过了北洋舰队鱼雷艇的阻挠，靠近了“定远”舰，在相距200米的地方发射了一枚鱼雷，这枚鱼雷击中了“定远”舰左舷后部，发生巨大爆炸。鱼雷艇射出鱼雷的火光被“定远”官兵看到，即发炮轰击，“第九号”艇当即被击中锅炉，三名艇员当场毙命，四名艇员受伤。随后在“第十九号”艇的拖带下驶到龙庙嘴岸边搁浅，剩余艇员弃艇上岸。

“定远”舰遭袭后，左舷后方形成了一个长4米、宽约0.5米的大口子，海水汩汩入灌，舰身开始倾斜。当时正在军官舱休息的卢毓英后来回忆遭袭情景说：

> 余心怦怦而动，乃急起披衣而下船舱，脚方离梯，时炮声忽止。猛闻有声如雷，其响为生平所未闻，全船震动，头上有物乱落如雨，仅见合船之人纷纷乱窜。余知为鱼雷所中，立久不能动，见隔堵螺丝竟抽离。方移步上舱，而船已侧。[1]

为了不使“定远”舰沉没，丁汝昌下令起锚开航，可伤处进水越来越多，倾斜程度加剧，丁汝昌不得不做出将“定远”舰驶往刘公岛东部浅滩抢滩搁浅

〔1〕《卢氏甲午前后杂记》，手稿影印本。

的决定，这样一来便于修复，二来即使不能修复也可作炮台使用。

日军的这次偷袭，使“定远”舰遭到重创，从而彻底断绝了北洋海军的归路。显然，丁汝昌还未能从这次遭袭中回过神来，竟然没有想到对东口防材缺口进行弥补，继续给日军以可乘之机。“定远”舰内部则陷入一片危机，主甲板下的第一层甲板已被水淹没，官兵们被迫上到主甲板上，在夜幕降临之时，他们在严寒里寻找避寒之处。丁汝昌将旗舰临时移往“镇远”舰，他离开了“定远”舰，马格禄和戴乐尔则留在了舰上。后来，戴乐尔回忆此时的情景说：

> 我在船上度过的（最）后一个夜晚可算是一段悲惨的遭遇。所有的住舱都进了水，当我们意识到应该把人员送上岸时已经为时过晚，因为我们船上没有携带舢板。当时温度远低于冰点，寒风凛冽。我的日记中记载我自腰部以下全部湿透，在烘干袜子时又把袜子丢了。但幸好我安然度过此夜，未受损伤。我走在上层建筑中，不时地甩甩手臂，间或与马格禄一同蜷缩在后炮塔中的帆布下面。我想水兵们的境况可能好一些，因为他们能够像一群猴子似的依偎在一起，但仍有一些人被冻伤了。[1]

偷袭成功的伊东祐亨尝到了甜头，决定次日继续派出第一鱼雷艇队进港袭击。

2月5日下午1时，伊东祐亨召集各鱼雷艇队司令在“松岛”舰上开会，部署新的作战行动。他要求第一鱼雷艇队担任这次袭击的主攻任务，第二、第三鱼雷艇队派出鱼雷艇在威海港西口担任警戒。同时要求各艇队要注意切断海湾防材鱼雷群电线，为下一步联合舰队大型舰艇进入威海港做好准备。第一鱼雷艇队包括“第二十三号”（旗舰）“小鹰”“第十三号”“第十二号”“第七号”“第十一号”各艇，司令是饼原平二海军少佐。

2月6日凌晨，日本联合舰队第二、第三鱼雷艇队首先到达威海港西口预定位置展开警戒。2时30分，第一鱼雷艇队除“第十二号”修理外，其余五艇

〔1〕《我在中国海军三十年（1889—1920）——戴乐尔回忆录》，文汇出版社2011年版，第63—64页。

在“第二十三号”率领下，从阴山口出发，相继抵达威海港东口。2时48分，“第二十三号”拖带着一艘小型中国船找到了位于东口南端的防材缺口，饼原平二下令各艇通过缺口。不料，“第二十三号”艇身撞上防材，随后几艘鱼雷艇也均与防材摩擦，发出响声，惊动了港内的北洋舰队和刘公岛炮台守军，随即有炮弹在艇周围爆炸。此时，除“第七号”因没有通过防材而掉队以外，其他四艘鱼雷艇均已进入威海港内。

威海港内的中国守军虽然听到了日军鱼雷艇的响声，但并没有捕捉到它们的踪迹，便用探照灯在海面上来回搜索。不料，这种做法不仅没有追踪到日本鱼雷艇，反而暴露了各舰的位置，仿佛是在为日本鱼雷艇指示方向。按照原定部署，“第二十三号”与“小鹰”攻击停泊于港湾中部的军舰，“第十三号”与“第十一号”以停泊于港湾西部的军舰为目标，其中“第十三号”以“镇远”舰为唯一攻击目标。[1]可是进入港内后，海上的黑暗使各艇根本就看不清中国军舰的情况，只好临时做出处置。饼原平二首先借着灯光发现了刘公岛方向的三个舰影，遂指挥“第二十三号”冒着弹雨向其中一艘最大的军舰靠近。当接近至一定距离时，“第二十三号”发射了一枚鱼雷，随着一声巨响，这艘军舰被命中。随后，“小鹰”号也向这艘中国军舰发射了两枚鱼雷，其中一枚击中目标，响起了猛烈的爆炸声。被击中的是“来远”舰。

“来远”舰本来水线以下的防护力就十分薄弱，再加之黄海海战后并未完全修复，怎能经得住两枚鱼雷的打击。它的左舷水线以下被击开了直径分别为4米和1米的大洞，舰体迅速向右侧倾斜，沉没在海中。由于舰体下沉过快，舰内的大多数官兵没有来得及逃生，即随战舰一同沉入大海。只有处于露天甲板上的管带邱宝仁和枪炮二副谢葆璋等50余人落水后游上刘公岛获救。

“来远”舰被击沉后，停泊在刘公岛铁码头附近的辅助船“宝筏”号也在黑暗中被日军鱼雷艇击中沉没。停泊在铁码头附近的另一艘军舰“威远”号也在同一时刻遭遇噩运。原来，日军“第十一号”鱼雷艇跟随“第十三号”进入港内后，与“第十三号”失散，独自冒着炮火冲向刘公岛，向停泊在铁码头附近的“威远”舰连续发射两枚鱼雷，其中一枚鱼雷击中了“威远”舰左舷，造

〔1〕戚其章主编：《中日战争》8，中华书局1994年版，第231页。

成高4.4米、宽5米的大破口，致使舰体迅速坐沉于铁码头旁。舰上官兵死伤枕藉，管带林颖启因当晚登岸办事未在舰中，而幸免于难。〔1〕

这次偷袭，日本海军四艘鱼雷艇全身而退，北洋舰队则有三艘舰船被击沉，可谓损失惨重。

两次偷袭得逞，伊东祐亨迅速意识到，北洋海军遭到沉重打击，已不具备大规模反击能力，对北洋海军全线攻击的时机到了。于是他决定于7日发起对刘公岛的总攻。这次总攻，其意不在使联合舰队大批军舰突入威海港，因为此时阻遏东西口的障碍物还没有清除，而在于摧毁威海港东口的炮台防御，使北洋舰队丧失防护能力，从而迫使丁汝昌投降。

7日黎明，日本联合舰队倾巢出动，在伊东祐亨的率领下编成左右两军，分别展开攻击。本队的“松岛”“千代田”“桥立”“严岛”和第一游击队的“吉野”“高千穗”“秋津洲”“浪速”共八艘军舰为右军，在伊东祐亨亲自指挥下负责攻击刘公岛炮台；第二游击队的“扶桑”“比睿”“金刚”“高雄”、第三游击队的“大和”“葛城”“武藏”“海门”“天龙”、第四游击队的“筑紫”“爱宕”“摩耶”“大岛”“鸟海”“赤城”共十五艘军舰为左军，在西海舰队司令长官相浦纪道海军少将指挥下负责攻击日岛炮台。被日军占领的赵北嘴、鹿角嘴、龙庙嘴等南帮炮台配合对日岛炮台的攻击。这次攻击，是威海卫保卫战打响以来日本海军最大规模的一次进攻行动。

上午7时23分，本队和第一游击队各舰的桅杆上分别升起战斗旗帜，并以单纵队向刘公岛逼近。7时35分，当“松岛”舰距离刘公岛5800米时，刘公岛炮台突然发炮轰击，炮弹在日舰附近爆炸，战斗打响。7时38分，联合舰队旗舰“松岛”号开始射击，其他各舰也相继开炮，激烈的炮战由此展开。

炮战开始仅仅两分钟，也就是在7时40分，刘公岛炮台发出的一发炮弹就击中了“松岛”舰的烟囱，弹片造成航海长高木英次郎海军少佐等三人负伤。7时50分，“桥立”舰舰首中弹受轻伤。7时52分，“秋津洲”舰舰尾甲板栏杆被击碎，两名水兵负伤。8时05分，一发炮弹击中了“吉野”舰第六号47毫米炮的炮盾，贯穿第二舰载小艇后飞去。炮盾破碎为大小数片飞散开去，严重

〔1〕《卢氏甲午前后杂记》，手稿影印本。

破坏第二舰载小艇，毁坏甲板室上甲板及数条传令管，炮手一等水兵守屋启太郎、山城松助当场死亡，四名士兵负伤。8时12分，“浪速”舰被击中，炮弹从舰体中部右舷的第六号煤舱射入，从左舷穿出。由于炮弹是实心弹，没有发生爆炸，军舰和人员都逃过一劫。

上述战果是刘公岛上各炮台与泊于海面上的“镇远”“靖远”等军舰舰炮相互配合取得的，它表明已经遭受沉重打击的中国海陆军，此时依然在坚守岗位，英勇作战。

就在“吉野”舰遭受刘公岛炮台打击的几乎同时，8时03分，在威海港西口发生了惊人一幕，也是甲午战争爆发以来，战场上出现的最为严酷的悲剧场面：北洋海军的“左队一”“左队二”“左队三”“右队一”“右队二”“右队三”“福龙”“定一”“定二”“镇一”“中甲”“中乙”等十二艘鱼雷艇，以及“飞霆”“利顺”两艘汽艇突然蜂拥而出，冲出口外。伊东祐亨被这突如其来的情况惊住了，他以为这些鱼雷艇和汽艇定是丁汝昌派来实施突袭的，要为其他舰艇突围做准备。于是他命令各舰注意防备。可出乎伊东祐亨意料的是，这些鱼雷艇和快艇并没有冲向日本舰队实施袭击，而是出港后全速向西逃去。据原“广甲”舰管轮、后派“定远”舰差遣的卢毓英记载，当鱼雷艇冲出港口时，其后还有四艘炮船紧紧跟随，打算一同出逃，不料，港内和刘公岛上的中国守军发现了这些船艇的可耻行为，极为愤怒，黄岛炮台随即向鱼雷艇发起炮击，致使后面的炮船见状不敢复出。[1]

伊东祐亨见北洋舰队的鱼雷艇和汽艇是要逃跑的，一面命令第一游击队全速追击，一面命令其他军舰实施打击。冲出港口的鱼雷艇和汽艇在日本海军的

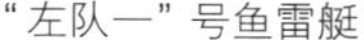

“左队一”号鱼雷艇

“福龙”号鱼雷艇

〔1〕《卢氏甲午前后杂记》，手稿影印本。

追逐和打击下四处奔逃，有的慌不择路搁浅了，有的被炮弹命中沉没了，大多没有逃出威海以西至金山寨口之间海域，只有少数几艘向烟台方向奔逃。8时24分，第一游击队司令官鲛岛员规发现鱼雷艇四散，便传令各舰“自由行动”，分头追击。根据“松岛”发出的信号，“吉野”与“高千穗”“秋津洲”“浪速”以16节的速度追击中国鱼雷艇，方向是烟台。8时34分，一艘小汽艇在北山嘴下触礁。8时49分，“吉野”追上一艘小汽艇，用47毫米炮向其射击，随后弃之不顾，继续追击逃亡鱼雷艇，致使多数在金山寨附近搁浅，只有逃在最前面的“左队一”号和“左队三”号鱼雷艇驶入了芝罘港。此时“秋津洲”和“浪速”回归本队，“吉野”和“高千穗”依然紧追不舍。10时20分，“吉野”发现中国两艘鱼雷艇进入崆峒岛内侧，突然从其西侧驶出，向芝罘岬疾驰。“吉野”等两舰立即转变航向，驶过北岩与双岩之间，在距离芝罘港2英里绕航，两艘鱼雷艇已经驶入该岬西邻湾内。芝罘港一带冰块最多且大，故在11时35分，“吉野”等两舰将航速降至10节。11时57分，“吉野”与西北角并列，航速变为15节，此时确认两艘中国鱼雷艇已在该湾中央沙滩搁浅，其兵员正在登陆，故降低航速慢行。12时17分，烟台炮台中国守军在距离“吉野”等舰14000米距离上开炮，“吉野”等两舰在距离搁浅的中国鱼雷艇6500米处停止航行，向其发射炮弹数枚，于12时41分掉头返航。

在威海港外海追击中国鱼雷艇的“秋津洲”和“浪速”更是穷追不舍，它们一边追击，一边开炮，甚至连已经搁浅的也不放过，一定要将它们全部击毁。这一行为遭到随后赶来的“松岛”舰的信号制止，因为伊东祐亨要将这些鱼雷艇俘获并加以利用。战斗结束后，除了重伤的几艘以外，多数鱼雷艇被日军俘获，拖到旅顺船坞修理。人员一部分登陆逃走，有60余人逃到了宁海；[1]一部分被日军俘虏；还有一部分阵亡。

一百多年来，无论是官家记载还是私人著述，无一例外都认为鱼雷艇和汽艇冲出海口是集体逃跑行为。服务于“定远”舰的卢毓英在《卢氏甲午前后杂记》中确认鱼雷艇和汽艇是逃跑；姚锡光在《东方兵事纪略》中写道：“是日

〔1〕《李鸿章全集》26，电报六，安徽教育出版社2008年版，第38页。

我雷艇全队且逃。”[1]以研究甲午战争著称的戚其章先生也认为，鱼雷艇和汽艇冲出海口，是各管带早有密谋的“逃跑事件”。[2]

然而在这一问题上，近几年又有了一些新说法。对北洋海军颇有研究的陈悦先生认为，鱼雷艇和汽艇出港是丁汝昌的有意安排，因为在“飞霆”上有一位送密信的信使，奉丁汝昌之命将信送往烟台，以求救兵。“利顺”上也可能有这样一位信使。鱼雷艇集体出港的目的，是向日本联合舰队方向佯攻，吸引日方注意，借此机会“飞霆”“利顺”两艘汽艇直驶烟台，将信使和密信送达。陈悦先生说，由于丁汝昌做出决定的时候比较仓促，致使“很多参加者得到的只是针对自己的零散而具体的命令”，“并不清楚整个行动的全局部署及目的为何”。[3]笔者对这一观点不敢苟同。首先，即使“参加者得到的只是针对自己的零散而具体的命令”，“佯攻”意图总该知道，既然是佯攻，就须有“攻”的行动，但十二艘鱼雷艇没有一艘有攻击日舰的行动；其次，既然十二艘鱼雷艇的任务是掩护两艘汽艇突围，就应该有“掩护”的举动，可从整个逃跑过程来看，丝毫看不到有哪一艘鱼雷艇做出过掩护的动作，人们看到的都是它们争相逃跑的景象。所以，十二艘鱼雷艇冲出海口是为了掩护两艘汽艇赴烟台送密信的说法是不能成立的。

关于鱼雷艇和汽艇出逃的情况，我们可以从被日军俘虏的蔡廷干的口供中看出一些端倪。蔡廷干是容闳选派到美国的第二批留学幼童，1881年回国后，曾在天津水雷电报学堂学习鱼雷技术，此后，侧重于研究鱼雷技战术。据他自己说，“我于一千八百八十一年回国以后，曾受命在大沽跟随合众国海军少校马尼图克斯研究军事。研究课题为测量、鱼雷战术，国际法和数学。我曾接受当时在中国任教官的朗达英国海军上校的考试。在我认为中国政府应该采用鱼雷时，于一千八百八十三年去威海卫，跟随黑森克雷韦尔德国海军上校进行研究。一千八百八十四年，因中法战争，鱼雷艇队转移至旅顺口。中法战争结束以后，我因学过航海和天文学，被任命为鱼雷艇司令。此时，我又协助罗加斯上校向中国军官和水手教授鱼雷使用方法，并协助上校按照外国方式

〔1〕中国史学会主编:《中日战争》(一)，新知识出版社1956年版，第71页。
〔2〕戚其章:《晚清海军兴衰史》，人民出版社1998年版，第451页。
〔3〕陈悦:《甲午海战》，中信出版社2014年版，第443页。

建立鱼雷艇队。罗加斯上校是英国军官，现在是箭手号舰长。我于一千八百八十五年至一千八百九十一年在旅顺口任职。在这七年中，我作为翻译官，为旅顺口军港的建设尽力。”[1]北洋海军成军后，蔡廷干以鱼雷左一营都司补用守备委带“左队一”号鱼雷艇，后又出任“福龙”号鱼雷艇管带。

“福龙”号鱼雷艇管带蔡廷干

从蔡廷干的经历看，他跟随外国人学习并掌握了丰富的军事知识，只可惜特殊环境的教育没有培养起他对国家和民族的责任感。

在逃跑过程中，“福龙”号鱼雷艇的螺旋桨被“吉野”舰击坏，被迫搁浅，官兵全部被日军俘虏。管带蔡廷干在接受日军审讯时双方有很长的对话，笔者将有关鱼雷艇出逃的内容摘录如下：

问：威海卫港内有多少鱼雷艇？

答：十二艘。

问：本日我舰队炮击时，鱼雷艇是怎么一回事？

答：皆出港外。据我所见，六艘被吉野舰追赶，跑散，向西逃跑。

……

问：日本军队和日本舰队封锁威海卫，鱼雷艇接受了什么任务？

答：防御。

问：在现在的情况下，舰队和鱼雷艇有无向港外突围的打算？

答：有此打算。

……

问：前天夜间击沉贵国三艘军舰以后，鱼雷艇接受了什么任务？

答：仍然是防御。

〔1〕戚其章主编：《中日战争》8，中华书局1994年版，第254页。

问：今天早晨我舰队炮击时，鱼雷艇来到港外，是根据什么命令？

答：根据丁汝昌的命令，尽可能击沉敌舰。

问：有击沉敌舰的任务，却又逃跑，为什么？

答：本应击沉日本军舰，但被吉野舰发现，遂未能达到目的。

问：最初的打算是回威海卫港内吗？

答：我鱼雷艇的速度是每小时十八海里，无论如何不及贵国军舰，因此没有再回港内的打算。我福龙号螺旋桨被吉野舰打坏，不能自由行使，因此我们登陆。登陆时被贵国军队捉住。

……

问：现在舰队士气如何？

答：能够终日战斗。

问：在这种时候，丁汝昌有死而后已的决心吗？

答：有。如无长期作战之意，岂不早已逃跑了吗？[1]

仔细分析以上对话，会发现蔡廷干的供词中存在诸多漏洞：

第一，蔡廷干承认丁汝昌有“死而后已”的决心，可他又声称“舰队和鱼雷艇有向港外突围的打算”。作为鱼雷艇的管带他很清楚，此时从客观上看，北洋舰队的主力战舰已无突围的能力，从主观上看，丁汝昌也绝不会放弃港口实施突围。蔡廷干如此将舰队和鱼雷艇混为一谈，是在有意掩盖鱼雷艇出逃的预谋。

第二，蔡廷干承认鱼雷艇的任务是防御港口，可他又坚定地说，从最初就“没有再回港内的打算”。这说明鱼雷艇管带们在突围之前早就下定决心，放弃自己防御威海港的职责，而这一点丁汝昌是不会同意的，所以他们只有采取密谋和逃跑的方式来达到这一目的。

第三，蔡廷干声称，鱼雷艇冲出海口是“根据丁汝昌的命令，尽可能击沉敌舰”，可他又强调“本应击沉日本军舰，但被吉野舰发现，遂未能达到目的”。话中隐含的意思是，鱼雷艇和汽艇冲出海口前，计划是不被“吉野”发

〔1〕戚其章主编：《中日战争》8，中华书局1994年版，第242—243页。

现的，而事实上被“吉野”发现了，所以击沉日舰的目的没有达到。这纯粹是无耻的狡辩。十四艘鱼雷艇和汽艇声势浩大地冲出海口，岂有不被“吉野”发现之理？这说明，打一开始蔡廷干等人就没有袭击日舰的打算，“根据丁汝昌的命令”冲出海口纯粹是谎言。

后来，被押往日本关押于大阪的蔡廷干给他留学美国时的老师诺斯罗普写过两封信，其中一封说：

> 某英国友人写信告诫我：中国政府已经下达了逮捕我的命令，而逮捕之后就要斩首，因此切勿回国。其他鱼雷艇军官告发我在威海卫背弃丁提督逃跑。这些军官是在威海卫舍弃受到日本军舰吉野号炮击的我所在的鱼雷艇及另一艘鱼雷艇而逃跑的奸猾卑鄙小人。他们估计我已经战死，狡猾地以为死人不会说话，为自己掩盖罪责。正当先生对旧门生热情关怀之时，我恳切地希望先生尽最大的努力，使我得以暂住日本。

这番话明确地暴露了逃跑的鱼雷艇管带们为掩盖卑鄙行为而进行的“狗咬狗”式的相互指责。在另一封信中蔡廷干说：

> 我在被封锁的威海卫港内，于清历一月十三日即公历二月上旬落于日本人手中。[1]

蔡廷干在这里谎称是在威海港内被俘，是为了掩盖他的逃跑罪行。因为在老师面前，逃跑实在难以启齿。

总之，种种证据表明，十二艘鱼雷艇和两艘汽艇冲出威海海口的举动是有预谋的、不折不扣的逃跑行为，王登云、蔡廷干等人必被钉在历史的耻辱柱上。

在右军发起对刘公岛的炮击的同时，左军在威海港东口的战斗也打响了。7时10分，相浦纪道在旗舰桅杆上挂起战斗信号，15艘日舰以单纵队向日岛逼近。7时37分，在双方相距5500米的时候，日岛炮台开始射击。

---

〔1〕戚其章主编：《中日战争》8，中华书局1994年版，第252—253、254页。

日岛位于威海港东口中央，距刘公岛约2公里，由于此位置恰好当东口要道，虽然岛子不大，当年在建设威海基地时依然在此地设置了炮台，安放了两门地阱炮，为45倍口径120毫米的克虏伯炮，并构筑了工事，由“康济”号练船管带萨镇冰率领3名洋员及55名水兵驻守。地阱炮是一种通过液压或气压使炮身升降的大炮，日方称其为“隐现炮”，从外部看，它只在发射时炮身露于炮垒以外，发炮后在振动中炮身退至炮垒以内，装药后再次出现于炮垒外部。[1]在此次威海保卫战中，日本联合舰队始终视日岛炮台为进入东口的一道障碍，试图拔掉，丁汝昌派出数艘军舰于日岛附近协助作战。

7时45分，行驶在前面的第二游击队旗舰“扶桑”号以左舷炮开始还击，其他各舰也相继开炮，南帮炮台中的龙庙嘴、鹿角嘴、谢家所、赵北嘴等陆路和海岸炮台也以火力支援，双方展开激战。“日岛当着南岸三炮台的炮火，地阱炮升起来后，更成了那三炮台的标的。这些炮并没有附着镜子，所以升炮的人一定要到炮台上面去，结果这人立受对方炮击，这是很危险的职任；可是那些年青的水兵仍旧坚守着这些炮，奋勇发放。”[2]炮战激烈程度可见一斑。

8时许，“筑紫”舰的一发炮弹击中了日岛炮台的地阱炮，炸毁了炮管，另一门地阱炮也无法使用，随后，又一发炮弹击中了弹药库，引起巨大爆炸，人员伤亡惨重。一位参战的人员回忆说：“当时，敌人用赵北嘴的大炮猛轰日岛，一枚炮弹就在我眼前炸开，两个弟兄马上打死了，我脸上脖子上溅满了泥，可没受伤。我是管炮弹的，心想多运些炮弹，好多消灭些敌人。直到后来，日岛上的火药库爆炸了，弟兄们才撤下来。”[3]这一天，中国守军损失惨重，“弁兵伤亡三百余员名，尸首粉碎，血肉纷飞，伤心惨目，莫可言状”[4]。

当然，日军也受到了沉重打击。激战中，从刘公岛东岸炮台飞来的一发炮弹击中了“扶桑”舰的左舷舰首，随着一阵巨响，舰身摇动，甲板被打开一个一尺多的大洞，击断了厚约三分的铁梁，击断梯子，一部分弹片击毁左舷内侧。“一枚弹片飞起，击于指挥塔的铁壁上，因没有击穿铁壁的力量而返回，

〔1〕戚其章主编：《中日战争》8，中华书局1994年版，第237页。
〔2〕（英）The fall of Wei-hai-wei. Kelly & Walsh. Limited 1895.
〔3〕戚海莹：《甲午战争在威海》，天津古籍出版社2004年版，第190页。
〔4〕《清末海军史料》，海洋出版社1982年版，第337页。

落在甲板上。如此，伤人达七人之多。一人脑壳破裂，脑浆迸出而死。一人腹部被击穿，九肠淌出，眼看着气绝而亡。一人头额被弹片擦过，不知生死。有的左脚五指被折断，有的苦于撞击伤。”[1]左军不敢恋战，遂退出战斗。

2月8日，日本联合舰队各舰在威海卫海面巡航，防止北洋海军舰只逃出。中午11时，伊东祐亨召集第一游击队水雷长于“吉野”舰上，部署破坏东口的防材问题，决定派出“高千穗”舰水雷长率领第一游击队各舰配属的汽艇以及舢板，前往东口执行破坏防材任务。晚上9时，四艘汽艇各拖带一只舢板向东口进发。当日虽值阴历十四，但空中雪云密布，海面上笼罩着一层薄雾，看不见一缕月光。汽艇和舢板趁着夜色，以单纵阵驶至距龙庙嘴4链处，开始在防材铁链上安放炸药，并用铁锤砸断了三根钢索。1时许，日军用电缆以电引火引爆了炸药，炸开了一个约400米的缺口，一段防材顺水漂流。

2月9日上午8时，伊东祐亨调派第一游击队的“吉野”“高千穗”“秋津洲”三舰以及本队的“千代田”在威海港东口海面警戒，以第三游击队的“大和”“武藏”“天龙”“海门”四舰为先头，第二游击队的“葛城”殿后，驶向刘公岛东侧炮台外海，左右行驶，猛烈炮击。第二游击队的“扶桑”“比睿”“金刚”“高雄”四舰也穿插炮击，而南岸的龙庙嘴、鹿角嘴、赵北嘴等炮台则以炮火配合。面对日本海军的强大攻势，丁汝昌登上“靖远”舰，率领还具有微弱战斗力的“平远”舰驶至日岛附近，协助刘公岛炮台进行反击，战斗异常激烈。9时18分左右，从鹿角嘴炮台发出的两枚240毫米炮弹先后击中“靖远”舰，击穿了它的露天甲板。炮弹穿过船体，在舰首附近的水线以下炸出两个大洞。“靖远”舰经历黄海海战后，并未完全修复，此刻难以承受如此巨大的打击，舰首首先下沉，官兵们迅速抢险堵漏，但无济于事，整个舰体快速向右前倾斜，最后坐沉于威海港内。丁汝昌与“靖远”管带叶祖珪决意要与舰同沉，但被在船水手拥上小轮船，驶往刘公岛。上岸后，丁汝昌仰天长叹：“天使我不获阵殁也。”[2]10时49分，第三游击队见击沉了“靖远”舰，便停止战斗返航，撤至东口外海停泊，白天的战斗暂时告一段落。

---

〔1〕戚其章主编：《中日战争》8，中华书局1994年版，第236页。
〔2〕《清末海军史料》，海洋出版社1982年版，第338、326页。

自爆沉没的“定远”舰

“定远”舰狼藉的甲板

“靖远”的沉没令丁汝昌进一步意识到，如果援军不到，剩下的“平远”“济远”“广丙”以及受伤的“定远”“镇远”等舰，即使不被击沉，也将成为日本海军的战利品。于是他决定先将已经搁浅的“定远”舰炸毁。从成军那天起，“定远”“镇远”这两艘铁甲舰就是北洋海军的旗帜和象征，这两艘军舰在，北洋海军就在。丁汝昌此刻能下定毁掉“定远”舰的决心，说明他挽救北洋海军的希望已经彻底破灭了。

执行炸毁“定远”舰任务的是“广丙”舰，管带程璧光带领弁勇先用鱼雷将已受重伤的“靖远”舰再次破坏，又将350镑炸药放入舰中。下午3时15分，炸药被引爆，在巨大的爆炸声中，“定远”舰舰身猛烈地抖动了一下，中部被炸开，两座高大的烟囱倾覆在舷侧。〔1〕刘步蟾遥望这一场景，悲痛欲绝。这位与“定远”舰相伴十几年的管带清醒地意识到，此刻是他的生命与“定远”一起逝去的时候了。他来到卢毓英的住处，“定远”枪炮大副沈寿堃也在场。言谈之间，沈寿堃信手写出“千古艰难唯一死”之句，刘步蟾微微一笑，扶案站起，口诵“伤心岂独息夫人”诗句而出。他们吟诵的是清代诗人邓汉仪的诗句，讲的是春秋时楚文王灭息国，掳走了息国国君的夫人，后生二子，但息夫人始终不同楚文王说话，以表自己的志节。当天夜里天降大雪，刘步蟾在寓所吞下鸦片烟。由于药量不够，他辗转反侧，煎熬至10日下午才气绝身亡，〔2〕实现了他战前“苟丧舰，将自裁”的誓言。

9日晚8时20分，伊东祐亨又派出第三鱼雷艇队从阴山口出发，计划与第一游击队的汽艇队一起破坏东口防材。10时许，鱼雷艇队驶至日岛东南3链处，见汽艇队未到，便独自开始破坏防材。他们用斧锯切断铁链，用炸药爆破防材，将东口又打开一个宽400米的缺口。至此，日本联合舰队向北洋舰队发动最后攻击的条件已经具备。

自从2月1日刘公岛的一切音讯断绝之后，李鸿章的心情一直处在焦虑当

〔1〕（英）William Ferdinand Tyler. Pulling Strings in China Constable & Co.LTD London 1929.

〔2〕关于刘步蟾的自杀方式有两种记载，姚锡光在《东方兵事纪略》中说，“右翼总兵刘步蟾以手枪自击死”，见中国史学会主编：《中日战争》（一），新知识出版社1956年版，第71页；卢毓英在《卢氏甲午前后杂记》中说，刘步蟾服鸦片自杀，见《卢氏甲午前后杂记》，手稿影印本；池仲佑在《海军实纪》以及《牛刘马三道会陈海军覆亡禀》中亦称，刘步蟾仰药自杀，见《清末海军史料》，海洋出版社1982年版，第372、338页。此处采用后说。

中。2月1日当天，他电告刘含芳，担心丁汝昌不按他的指示行事，不肯带船冲出，遭致船尽人亡，让刘含芳设法就刘公岛的情况确探驰报。同时，他还电告李秉衡并丁汝昌，饬令丁汝昌“奋力冲出，如能多毁敌船，尚可力支危局，切勿再失事机，致以战舰资敌”。令李秉衡催令丁槐、李占椿、万本华、张国林等援兵加紧前进，勿任延缓。[1] 3日，李鸿章收到刘含芳的来电，从戴宗骞派往烟台的弁兵口中了解到，丁汝昌与戴宗骞商量，已将祭祀台炮台炸毁，并同往“定远”舰，他感到刘公岛“兵船尚无恙”，回电希望“定远”等或能冲出，不致为敌用。[2]同一天，光绪皇帝降旨，要求李鸿章督饬海军将士，力筹保全海舰之法。[3] 5日，刘含芳转来由丁汝昌、牛昶昞、张文宣联合署名的告急文书，其中除了表达期盼援军的急切心情外，并无率舰冲出海口的意思，这使李鸿章更加焦虑。之后传来的信息真真假假，令李鸿章莫衷一是，只能不断致电李秉衡，催促援军。2月7日，李鸿章再电刘含芳：“水师苦战无援，昼夜焦系，前拟觅人往探，有回报否。如能通密信，令丁同马格禄等带船乘黑夜冲出，向南往吴淞，但可保铁舰，余船或损或沉，不至赍盗，正合上意，必不至干咎，望速图之。”[4]当天晚上，李鸿章接到刘含芳的回电，了解到了他最想知道的情况。刘电称：

> 顷据雷艇管驾王登云、穆晋书来烟称，自初十夜倭船偷进日岛南口，攻沉“定远”。十一夜，南北两口倭雷艇进，攻沉“来远”“威远”“宝筏”。十三七点，倭大队攻进日岛口，各舰艇起碇攻敌，随丁提督令全军舰艇冲出北口，“左一”艇放雷攻敌，“吉野”快船转舵，未中。倭以一快舰专打雷艇，以大队攻“镇远”“靖远”“广丙”，未知如何。丁提督在“镇远”，余船未见。“左一”行过芝罘亦被击沉。在威出口之时，日岛、刘公岛炮台均尚在，惟我军舰艇已尽。

---

〔1〕《李鸿章全集》26，电报六，安徽教育出版社2008年版，第19、20页。

〔2〕同上，第25页。

〔3〕同上，第26页。

〔4〕同上，第34页。

原来，“左队一”号鱼雷艇在芝罘搁浅后，管带王登云等上岸，向刘含芳汇报情况，撒了两个弥天大谎：一是鱼雷艇是奉丁汝昌之命随全军舰艇一同冲出海口，“左队一”号鱼雷艇曾向“吉野”发起攻击，后被日舰击沉于芝罘湾；二是这次战斗结束后，北洋舰队舰艇已全部毁沉。王登云为逃避罪责而恶意撒下的大谎，对李鸿章产生了误导。李鸿章接电后未加认真分析，只知道丁汝昌冲出海口的行动符合皇帝的旨意，船沉不至于资敌，也算能接受的结果。

可是，2月8、9两日，李鸿章连续接到刘含芳两封电报，称有轮船过威海，看见刘公岛南炮台尚挂黄龙旗。南口外有日本军舰十数只，未闻炮声，也未见冲出的“镇远”“靖远”“广丙”三舰，张文宣所守刘公岛炮台尚未失。[1]这说明三艘军舰尚存，这让李鸿章又燃起了一线希望，同时为不能及时救援感到万分焦急。他在9日一大早发电报给总理衙门，恳求“代奏饬催援兵为幸”[2]。9日中午，李鸿章再接刘含芳报，带来了更加确实的消息：北洋海军水手教习李赞元于2月7日早7点钟，带“利顺”小轮往开威海西口木筏门。时东口日本军舰发炮攻击，将“利顺”锅炉打破，“利顺”沉没，水手落水，包括李赞元在内的五人逃出，两点钟被英国提督船救起。提督船于夜间3点钟开来烟台，行至半路，折回威海，见“镇远”各船尚在口内，刘公岛炮台皆尚在，惟刘公岛上官兵望援眼穿，水陆数千人徒增血泪。李赞元还说，提督丁汝昌等受困，一言难尽，声泪俱下。这时李鸿章已确信，王登云说的是假话，北洋海军还有军舰尚存。他当即给刘含芳回电：“丁受困无援，奈何。前传言冲出，未确。水路送信恐难到，急煞。”[3]显然，让李鸿章着急的是援军问题。其实，李鸿章的心里比谁都明白，依靠援军解威海之围的希望实在太过渺茫，前调外省援军，行军最快的一支是丁槐所部，8日中午也不过刚刚抵达莱州，距离威海还有三百里之遥，更何况这支部队没有配备武器，李鸿章为其从天津调拨的3000支毛瑟枪，200万发子弹，[4]正在从天津运往威海的途中，是否能按时到达不得而知。特别是山东巡抚李秉衡在威海陷落之后，对救援刘公岛并不积极，他认

〔1〕《李鸿章全集》26，电报六，安徽教育出版社2008年版，第40页。
〔2〕同上，第42页。
〔3〕同上，第43、44页。
〔4〕同上，第3页。

被击沉的“威远”舰

为："威海已失，不独登、烟两处倭所必争，现在文登县已逼近贼锋，无兵援救。且倭轮飘忽靡定，自登州而外，青、莱两郡口岸林立，处处空虚，水陆均虑乘锐西窜。东省北援畿辅，南通江淮，设令深入腹地，势更不可收拾。""目前统筹全局，似应移扼莱州。"〔1〕朝廷中也有人力主李秉衡应"收合营伍，坚扼烟台或竟退保莱州"。〔2〕这样一来，在诸多因素的影响下，救援刘公岛的希望基本上成为泡影。

2月10日夜，李鸿章终于等来了丁汝昌的确切消息，这是由刘含芳派人潜往刘公岛带回的丁汝昌等人发出的最后一份告急文书，其全文如下：

> 倭连日以水陆夹攻，多以雷艇来袭。初十夜月落后，倭雷艇数只沿南岸偷入，拼死专攻"定远"，旋退旋进，我因快炮无多，受雷一，尾机舱进水，急将"定远"驶搁浅沙，冀能补救作水炮台，后以受伤过重，竟不能用。是夕，倭雷艇被我击沉一只，又被获一只，内有四尸，余逸出口。十一夜月落后，倭又以雷艇多艘分路拼死来袭，毁沉我"来远""威远""宝筏"三船。十二晨起，倭以水师二十余艘，加以南岸三台之炮，内外夹攻我船及岛，敌施炮弹如雨，极其凶猛，我军各舰及刘公岛各炮台，受敌船炮弹击伤者尚少，被南岸各台炮击伤者甚重，官弁兵勇且多伤亡。是日，日岛之炮台及药库均被南岸各台炮击毁，兵勇伤亡亦多，无法再守，只得将余勇撤回。当南岸各台未失以前，昌与张文宣等曾挑奋勇，备事急时即往毁炮，讵料守台官既不能守，又不许奋勇入台，竟以资敌，反击船、岛，贻害不浅，此船、岛所以不能久支也。南北各岸极其寥阔，现均为敌踞，且沿岸添设快炮，故敌艇得以偷入，我军所有举动，敌于对岸均能见及，实防不胜防。十三晨，敌全力攻扑东口，炮声一响，我小雷艇十只畏葸，擅由西口逃出西去，倭分队尾追，被其获去九只，余被击沉。以我艇资敌用，其害与南台同。自雷艇逃后，水陆兵心皆形散乱，如十六七日援军不到，则船、岛万难保全。各艇既不得力，且复擅逃，其官

〔1〕《李秉衡集》下，中华书局2013年版，第958—959页。
〔2〕《清光绪朝中日交涉史料》卷三十一，故宫博物院1932年版，第11页。

弁人等必由浅沙登岸，务请各帅严拿正法。以上情形求转达。丁汝昌、张文宣、牛昶昞。

读到这篇文字时，李鸿章内心的苦闷当能想见。丁汝昌所说的援军不到，船、岛万难保全的期限，正是2月10日和11日，在仅剩下的一天中，李鸿章还能做什么呢？他只能将满腔愤怒化作对逃跑鱼雷艇管带的严厉处罚。他向总理衙门表示："小雷艇管驾如有来津，应即拿获正法。"[1]

正当丁汝昌为保全北洋海军最后一点荣誉而苦苦挣扎的时候，朝廷的言官以及地方官吏一如既往地对丁汝昌乃至李鸿章进行弹劾与指责。2月6日，福建道监察御史谢隽杭上奏皇帝，称倭奴肇衅以来，丧师失地，近复攻陷威海，渐逼畿辅，李鸿章难辞其罪。如果朝廷不忍心杀掉李鸿章的话，可否将其召入阁内，为伴食宰相，"勿使坐据要津，阻挠大计"。[2]2月8日，吏科给事中褚成博历数丁汝昌罪责，称"丁汝昌以专阃大员，违命辜恩，纵贼失地，罪状昭著，更无所用其讯鞫，相应请旨电饬李秉衡，将丁汝昌密速在军前正法，庶可抒万众积愤之心，而作三军同仇之气"。同时要求严诘李鸿章。[3]陕西道监察御史恩溥上书要求"立罢李鸿章以纾众愤，召还张荫桓以绝敌望"。[4]同一天，江南道监察御史张仲炘在奏折中几乎将战争失败的责任全部推给海军，指责枢臣对海军的表现漠然置之，"以至于今日任丁汝昌之盘踞而不夺其权，受李鸿章之蒙蔽而不悟其诈"，呼吁"不除丁汝昌则海军仍不可用；不去李鸿章则丁汝昌仍不可除，惟有请旨速简海军提督"。[5]2月9日，左庶子戴鸿慈上奏皇上，要求严谴李鸿章，并拿解丁汝昌。[6]2月11日，翰林院侍读学士文廷式给皇帝递交了奏折，其中言道：

〔1〕《李鸿章全集》26，电报六，安徽教育出版社2008年版，第48页。
〔2〕《清光绪朝中日交涉史料》卷三十一，故宫博物院1932年版，第15页。
〔3〕同上，第33页。
〔4〕同上，第34页。
〔5〕同上，第36页。
〔6〕《清光绪朝中日交涉史料》卷三十二，故宫博物院1932年版，第3页。

臣闻威海失后，海军旋覆，此种情弊不问可知。丁汝昌向来驻“定远”船，而“定远”被轰之时，乃适在“镇远”，其为先知预避情节。显然自去岁以来，盈廷弹劾，严旨拏问，而李鸿章护庇益悍，卒至以国家利器殉于凶人之手，此实人神所同愤，天地所不容。又刘步蟾性本佥壬，加之怯懦，素无一战之绩，朝廷误信北洋委之重寄。今日之事，谁任其咎。又海军营务处道员罗丰禄，阴险奸诈，唯利是图，闻倭人水师将弁皆所狎习，海军不战之故，该员实主其谋，故令军械缺乏，人心涣散，其罪不在丁汝昌、刘步蟾下，应请旨分别正法拏问，以泄天下之愤。其会办北洋海军营务处道员张冀、总办北洋水师学堂道员严复，亦有应得之咎，应请旨一并议处。严复性尤狡猾，主持闽党煽惑众心，似应从重查办。倭人毁我铁舰之后，冰泮必犯北洋，李鸿章纵无求败之心，岂有御敌之用。皇上以天下为重，即不忍加诛，亦宜速为改移。以救燃眉之祸。[1]

上述弹劾奏章，不问青红皂白，所知信息，不是“复闻”，就是“近闻”，总之全是“闻”，均属道听途说。他们甚至发挥想象力，无中生有，将虚拟的战争情节强加于李鸿章和丁汝昌等人，暴露了朝廷言官和地方官吏对待战争敷衍了事，面对失败推卸责任的态度，折射出整个国家面对战败结局的无可奈何。好在丁汝昌此时此刻已经听不到这些荒诞的声音了，他正在寻求一种使自己内心彻底解脱的方式，度过他最后也是最艰难的时刻。

自从刘公岛被日军水陆合围以后，岛上便开始弥漫失败情绪，虽然在陆海军中都有一部分官兵在做最后的抵抗，但是多数人已经丧失了取胜的信心。岛上百姓被失败情绪所感染，纷纷寻找活命的出路，秩序日渐混乱。2月6日晚，岛上男女老少数千人麇集石码头，向住岛海陆军将领哀求生路。面对如此局面，丁汝昌一面要继续筹划抵抗日本海军的进攻，一面还要安抚岛内官兵和民众的情绪，心力已经极度憔悴。他期盼着援军早日到来。2月7日，鱼雷艇和汽艇的集体出逃使丁汝昌心情再次受到重大打击，这一事件，也加剧了岛内秩序的混乱，海陆军官兵士气几近崩溃。当晚，“护军各营兵麇集码头，求

〔1〕《清光绪朝中日交涉史料》卷三十二，故宫博物院1932年版，第12页。

放生路”，经丁汝昌、张文宣再三劝慰，才有所安定。然而这种安定是暂时的。据卢毓英回忆，当时包括他自己在内的许多军官担心被俘受辱，争相购买鸦片，准备在关键时刻服毒自尽，造成刘公岛上鸦片脱销。他购得的鸦片烟不够一人自杀用，后来他干脆和沈寿堃一起将鸦片“先抽了尽此一乐，临期再做他计”。他说，自己当时的心态是“今朝有酒今朝醉，明日无钱明日愁”。〔1〕8日，当日军利用南帮三座炮台再攻岛、舰时，岛上学堂、机器厂、煤厂、民房均受损伤，岛内居民亦多伤亡，军民又一次麇集哀求生路，到了晚上各舰水手甚至集体下跪，向丁汝昌谋求生路。丁汝昌别无他法，只能“晓以大义，勉慰固守”，并做出承诺：“至十七日（2月11日）若救兵不至，届时自有生路，决不失信。”〔2〕那么，丁汝昌在这里所说的“自有生路”是指什么呢？突围不可能，取胜毫无希望，也只剩下放弃抵抗这一条途径。很显然，“自有生路”指的就是为保全陆海军官兵的性命而放弃抵抗，向日军投降。这说明，此时的丁汝昌已经产生了放弃抵抗的念头，但对援军的到来还抱有一线希望。为了这一线希望，他留出三天的时间。三天过后，如果援军还不到来，他将做出投降的选择。至于个人的归宿，丁汝昌自然也有打算。

9日，刮起了大北风，日舰发起进攻，丁汝昌站立“靖远”舰桥，以求战死，但最终“靖远”沉没，丁汝昌获救，未能如愿以偿。刘步蟾自杀的2月10日，部分陆军兵勇挟统领张文宣往见丁汝昌，海军水兵亦随之，胁迫丁汝昌投降。不久，威海营务处道员牛昶昞、山东候补道严道洪、洋员英人戴乐尔、德人瑞乃尔和各舰管带也来见丁汝昌，他们相拥而泣，丁汝昌随后做出决定，让懂得汉语的瑞乃尔出去安抚众人，但官兵们依然喧嚣不止。瑞乃尔回报说：“兵心已变，势不可为，不若沉船毁台，徒手降敌较得计。”丁汝昌沉思良久，乃令诸将领候令，同时下令将剩余军舰沉毁。可是诸将以军舰沉掉，徒手投降恐惹怒日本人为由，不听命令。〔3〕至此，丁汝昌已不能控制岛内局势。

2月11日是丁汝昌做出“自有生路”承诺的最后一天。当天夜里，日本鱼雷艇又趁风雪进入港内，用鱼雷攻击中国军舰，但未击中，被舰炮击退。此日

〔1〕《卢氏甲午前后杂记》，手稿影印本。
〔2〕《清末海军史料》，海洋出版社1982年版，第337—338页。
〔3〕中国史学会主编：《中日战争》（一），新知识出版社1956年版，第71页。

是日本的纪元节，天亮后，各舰举行遥拜仪式。仪式完毕，日本联合舰队第三游击队之“葛城”“大和”“武藏”“天龙”四舰，在岸上炮台配合下，驶至东口外向港内炮击，刘公岛炮台也发炮还击。战至上午11时50分，日舰“葛城”左舷被击中，操作前部回旋炮的一号炮员头部、一只手臂和左腿被击中，当即死亡。此外有六名水兵受伤，该舰被迫退出战列。下午，“天龙”和“大和”两舰也被击中，“天龙”副长海军大尉中野信阳正在舰桥右舷发号令，命中左舷的炮弹弹片不知如何飞来，打断了他的一条腿，腿留在舰桥上，身体飞入海中。舰桥上的其他军官欲放下舢板营救，但向海上望去，只看见他的一点头部，不多时就深深沉入海底。另外还有四名官兵毙命，高野泰吉机关士等六名官兵负伤。日军岸上炮台发射炮弹击中刘公岛炮台，两门大炮被击毁，“勇身击为肉泥，飞贴满墙，又有碎衣，尚存尸骸，散落满地”[1]。北洋舰队各舰因躲避于港内西面而未遭炮击。当天晚上，“浪速”“秋津洲”两舰根据旗令在西口附近巡航，不时炮击刘公岛及港内锚地。丁汝昌接到了刘含芳派人送来的李鸿章催令冲出港口的电报，这封电报应是李鸿章于2月7日发给刘含芳的，令丁汝昌同马格禄等带领残存舰只乘黑夜冲出，向南驶往吴淞的密谕。此密谕送达丁汝昌手上可谓十分不易，是刘含芳多次雇人递送的结果。拿到电报后丁汝昌判断，李鸿章之所以以急切的心情催令他率舰冲出，说明援军已无希望。于是，丁汝昌做出最后决定：将“镇远”用雷轰沉。可是，“众水手哭求，无人动手”。夜间，日舰艇再次攻击，将港内“康济”练船击伤，水陆兵民万余人哀求活命。丁汝昌见事无转机，对牛昶昞等人说：“只得一身报国，未能拖累万人。”乃与马格禄商量，正式起草致伊东祐亨投降书，表示愿意有条件地放弃抵抗，并派“广丙”舰管带程壁光将投降书送达。投降书全文为：

革职留任北洋海军提督军门统领全军丁为咨会事：照得本军门前接佐世保提督来信，只因两国交争，未便具覆。本军门始意决战至船没人尽而后已，今因欲保全生灵愿停战，将在岛现有之船及刘公岛并炮台、军械，献与贵国，只求勿伤害水陆中西官员、兵勇、民人等之命，并许其出岛归

[1]《清末海军史料》，海洋出版社1982年版，第338页。

乡，是所切望。如彼此允许可行，则请英国水师提督作证，为此具文咨会贵军门，请烦查照。即日见覆施行。须至咨者。

右咨东海军提督军门。光绪二十一年正月十八日。[1]

值得注意的是，投降书一开头即提到丁汝昌曾接伊东祐亨的来信。前已述及，1895年1月25日，刘含芳曾接英国领事转来的伊东祐亨给丁汝昌的劝降书，但刘将其交给了李鸿章，并未送达丁汝昌。既然如此，降书中提到的“佐世保提督来信”一说是从哪里来的呢？笔者认为，可能是在作战期间，伊东祐亨再次派人向丁汝昌递交过劝降书，丁汝昌并未理会。当形势将丁逼上绝境之时，他不得已重拾劝降书，选择了有条件地放弃抵抗。程璧光送出的投降书，也是丁汝昌给伊东祐亨的回函。

2月11日夜，把投降事宜安排妥当后，丁汝昌将已经准备好的鸦片水一饮而尽。随后服毒自杀的还有护军统领张文宣。至2月12日凌晨，辗转反侧挣扎一夜的丁汝昌气绝身亡，终年59岁。中国第一位近代海军提督就这样落下了人生的帷幕。12日上午8时，程璧光乘坐前挂白旗、后挂黄龙旗的“镇北”号炮舰，拖一舢板从东口出港，驶至英、德军舰旁抛锚，程璧光等人换乘舢板，摇橹靠上日本联合舰队旗舰“松岛”号，从左舷梯上舰，将投降书递交给伊东祐亨。日舰队其他各舰不知内情，有十余艘鱼雷艇驶出，在“镇北”舰周围游弋，保持高度警惕。“吉野”“高千穗”“秋津洲”“浪速”“严岛”“桥立”等舰则以慢速巡航威海卫海域。[2]

丁汝昌

〔1〕《中倭战守始末记》，(台湾)文海出版社有限公司1987年版，第99页。
〔2〕(日)《田所广海勤务日志》，上海书店出版社2015年版，第508页。

就在程璧光乘舰前往“松岛”号之后，署理“镇远”舰管带杨用霖拒绝了有人让其接洽投降的要求，在“镇远”舰官舱开枪自杀。

“广丙”舰管带程璧光

笔者对丁汝昌最后结局的叙述，是对大量相关史料进行综合分析研究的结果，之所以要特别指出这一点，是因为若干年来，人们对丁汝昌的最后表现有着各种各样的描述与评价，这些不同的观点，既来自官家，也来自私家，使得丁汝昌之死有些扑朔迷离，令常人难以捉摸。为澄清事实，笔者有必要在此对各方有代表性之观点做一梳理，也好为笔者的立论提供必要的支撑。

对丁汝昌最后表现的争议，主要集中于投降书是否出自其授意这一问题上，进一步说是集中于丁汝昌是默认投降还是参与投降的问题上。

刘公岛外最早得知丁汝昌死讯的人是刘含芳，他是从由威海前往烟台的德国军舰处得知的。他迅速将这一情况转告李鸿章，李鸿章于2月15日中午将这一信息报告了总理衙门。〔1〕16日，李鸿章又从刘含芳的来电中了解到刘公岛已经陷落，他依然向朝廷报告了自己的判断：“舰虽未沉，而陷在贼中，无由保护，势必被掳。”〔2〕光绪皇帝得到消息后，很想了解丁汝昌等人的死情，于17日降下谕旨，让李鸿章“查明电复”。〔3〕李鸿章接旨后，毫不犹豫地回电说：

海军提督丁汝昌、海军右翼总兵刘步蟾、统带淮军护卫营记名总兵张文宣死事情形，迭据刘含芳转据德兵舰在威海目击属实，已屡电请奏。兹复据刘含芳电，丁提督于未被围之先，已派员将水师文卷送烟，誓以必

〔1〕《李鸿章全集》26，电报六，安徽教育出版社2008年版，第55页。
〔2〕同上，第57页。
〔3〕同上，第59页。

死，孤忠惨烈，极可悯伤。应请旨将该三员先行敕部从优赐恤，并恳将丁汝昌所得处分开复，以示大公。[1]

显然，李鸿章相信丁汝昌在最后关头不会做出投降举动，他要借此机会为丁汝昌解除处分。然而这一答复不能令光绪皇帝满意，相反，更加激起他了解丁汝昌死情的渴望。因为他要弄清丁汝昌与北洋海军最终投降之间究竟有多少联系。2月18日，皇帝再次降旨，谓“情节究未详悉”，令署理北洋大臣、直隶总督王文韶“确切查覆，再候谕旨”。[2]王文韶随即转饬登莱青道刘含芳，对丁汝昌等死事情节“确切查覆”。刘含芳接电后，联络主持投降活动的威海营务处候选道牛昶昞、北洋海军营务处候选道马复恒等人对情况展开详细梳理。

就在刘含芳等人对丁汝昌等人死情进行调查的同时，刘含芳还将北洋海军投降后的情形不断报告给王文韶，刘公岛的情况迅速在朝廷上下传播，那些本来就对丁汝昌乃至北洋海军抱有成见的言官们，又一次向丁汝昌发难，不过这次面对的是已经死去的丁汝昌。

3月6日，吏科掌印给事中余联沅对丁汝昌等人的死情提出疑义，他在给皇帝的奏折附片中写道：

闻刘公岛失后，倭人将丁汝昌等五柩并兵民四千余人送至烟台，“镇远”铁甲以及鱼雷各舰共九只，均为倭掳去。夫兵败死绥苟求之似近于刻矣，然如此情节支离，而臣不能无疑焉。对垒于惊涛骇浪之中，肉薄于枪林弹雨之下，或颠于水，或毙于炮，众人耳目所属，必确有所见。乃诸将之死，未奏其因何而阵亡，此其可疑者一也。丁汝昌畏葸成性，虽不能奋勇杀贼，岂不知乘隙逃遁？况自坐“镇远”并辅以鱼雷各艇，若溃围疾走，亦可以冒险而出。乃以狡诈无行之人，而株待马革裹尸之惨，此其可疑者二也。古人败衄之余至手无寸兵，并士卒伤亡殆尽，或陷阵而捐躯，或刎颈而报国，还尸归元，昭然共睹，未闻有船械完全而不毁，兵卒

[1]《李鸿章全集》26，电报六，安徽教育出版社2008年版，第59页。
[2]《清光绪朝中日交涉史料》卷三十三，故宫博物院1932年版，第34页。

众多而不伤，主将骈死于舟中，盖棺从容于敌国，此其可疑者三也。有此多疑，未敢深信。窃恐其势穷力屈，以船为贽，拱手降敌。而敌遂借送棺以愚我，赝鼎不得而知，水滨亦无从问，恐事平之后，阿附之徒必有为该员等邀恩请恤者，此而不察其真伪，必致贻笑于四方。相应请旨饬下李秉衡确切查明覆奏，以昭核实。尤可异者，同一海军也，大东沟之战有汉纳根之指麾，遂毁倭船多只，而敌人为之破胆；刘公岛之失，以丁汝昌之恇怯，遂致全军覆没，而水师毁于一旦。此其愤军误国，一死不足以蔽辜，而况共死犹在疑似之间，并不得谓其已死而恕之也。[1]

皇帝接到附片后十分重视，于当日以四百里谕令饬李秉衡“详细查明，据实具奏”。谕旨中说：

有人奏闻：刘公岛失后，倭人将丁汝昌等五柩并兵民四千余人送至烟台，铁甲、鱼雷各舰均为倭掳，情节支离，未敢深信，请旨饬查等语。丁汝昌等死事情形，李秉衡相距较近，见闻必确，即着详细查明，据实具奏。[2]

3月10日，翰林院侍读学士文廷式也上奏光绪皇帝，要求饬下李秉衡详查海军失事情形。他在附片中写道：

此次战事败坏至此，其咎海军当居大半。丁汝昌畏怯自尽不足蔽辜，且虚实尚未可定。刘步蟾、邱宝仁等平日侵蚀饷项，结党营私，致酿大败，至今未奉谕旨宣示惩办。臣以为胜败兵争之常事，赏罚朝廷之大公，虽挫衄之余，刑政岂可不肃。似应请旨饬下李秉衡迅将海军失事情形并平日致败缘由，详悉查明奏闻，以行军法，力求善后之策，以救将来，但使海道不尽予敌，兵事犹可为也。[3]

〔1〕《清光绪朝中日交涉史料》卷三十五，故宫博物院1932年版，第7页。
〔2〕同上，第8页。
〔3〕同上，第18页。

在文廷式看来，不仅丁汝昌等人的死情需要调查，就连海军致酿大败的平日原因也须彻查。

就在余联沅、文廷式等人不断奏请皇帝调查丁汝昌等人死情之时，刘含芳、牛昶昞、马复恒的调查结果出来了，他们联名写成《牛刘马三道会陈海军覆亡禀》上报王文韶。文禀中称：

> 至晚，丁提督接电，催令冲出。知援兵无期。奈口外倭舰、雷艇布满，而各舰本来行钝，又皆重伤，子药将尽，无法冲出。而水陆兵勇又以到期相求，进退维谷，丁提督几次派人将“镇远”用雷轰沉，众水手哭求，无人动手。夜间，舰艇又来攻击。“康济”中炮受伤。水陆兵民万余人哀求活命。丁提督见事无转机，对职道昶昞等言：只得一身报国，未能拖累万人。乃与马格禄面商，不得已函告倭水师提督伊东云：本意决以死战，至船尽人没而后止。因不忍贻害军民万人之性命。贵军入岛后，中外官兵、民人等，不得伤害，应放回乡里等语。派“广丙”管驾程璧光送往倭提督船。程璧光开船之时，丁提督已与张镇文宣先后仰药。至晚而死。

为说明文禀内容的真实性，文中特别加了一句话：“以上各节，职道昶昞、职道复恒亲见确实情形。”〔1〕接到文禀，王文韶对其中内容没有提出丝毫疑义便转奏皇上。〔2〕

3月28日，李秉衡也将调查结果上报皇帝，奏折中所陈丁汝昌死事，与《牛刘马三道会陈海军覆亡禀》如出一辙，说明所谓李秉衡的调查，也只不过走走过场，具体情节依然依据牛昶昞、马复恒等人的说辞。与王文韶不同的是，李秉衡在陈述完过程之后，表明了自己对丁汝昌死事的看法。他说：

> 惟丁汝昌以旅顺失事，奉旨革职，拿交刑部，其历次罪案已在圣明洞鉴之中。战败死绥，仅足相抵。倘日后有以请恤之说进者，朝廷必力斥其

〔1〕《清末海军史料》，海洋出版社1982年版，第338—339页。
〔2〕《清光绪朝中日交涉史料》卷三十五，故宫博物院1932年版，第26—28页。

非，无俟臣下缌缌过虑。至降倭之说，臣愚以为事即不虚，而敌方拘兵，既难责以归还，即无从加之以罪。若果死事属实，只可宽其既往之愆，此外固亦无庸深论。[1]

细读过李秉衡的调查结果之后，皇帝于4月9日降下谕旨，对丁汝昌死事做出最终裁决：

已革海军提督丁汝昌，总统海军，始终偾事，前经降旨拿问，获咎甚重，虽此次战败死绥，仍着毋庸议恤。[2]

这一裁决，使丁汝昌十五年没有得到抚恤，其子孙也受到很大牵连。直到1910年4月25日，朝廷才以“力竭捐躯，情节可怜”，开复丁汝昌原官原衔。[3]

从朝廷调查处理丁汝昌等人的死事过程来看，光绪皇帝高度重视丁汝昌的死情，通过两条渠道双管齐下同时展开调查，最终调查结果出自当事人之手，而署理北洋大臣王文韶和山东巡抚李秉衡对调查结果均未提出异议。由此笔者认为，牛昶昞、马复恒等人在朝廷的高度关注下作伪的可能性不大，其调查结果应是可信的。况且可以找到一些旁证。厥名所编《中倭战守始末记》辑录了来自各方的材料，有闻自西方知情者的，有译自日本官方的，有选择中方档案的，其中不乏可信度颇高的第一手资料。本书所引之丁汝昌所拟降书及伊东祐亨回函，均出于此。《中倭战守始末记》有这样的记载：“丁军门亦知不能为力，遂签字缮函投送倭水师提督，嘱其不伤士卒及各西人，当将刘公岛交出。嗣接倭提督覆函，允许不伤一人。函中且力劝丁军门，如肯降服，当格外款待，较在中国更优云云。而丁军门不为所动，慷慨与张军门同服阿芙蓉膏毕命。同死者尚有华官四人，内有一人用枪自毙。”[4]卢毓英的回忆也可作为旁证。他说：“十八日丁统领命候补直隶州借补游击海军军械委员陈恩焘作英文

〔1〕《清光绪朝中日交涉史料》卷三十七，故宫博物院1932年版，第24—25页。

〔2〕同上，第28—29页。

〔3〕《清宣统政纪》，卷33，第28页。

〔4〕《中倭战守始末记》，（台湾）文海出版社有限公司1987年版，第99页。

情愿输服之书，并请释海军士卒，命广西管带都司程璧光乘镇北蚊船悬白旗献于倭舰统领陆奥。先是海军仅剩镇、平、济及康济、广丙五艘并蚊船六艘，盖以军伙已罄，军粮已绝，无可如何，乃问计于陈恩焘。陈曰，外国兵□有情愿输服之例，遂引某国某人有行之者，丁意遂决，命陈书而献之。”“元月十八日夜，北洋水师统领丁汝昌及黄岛陆军统领张得三服毒而亡。”〔1〕另一则可作为旁证的是被史学界广泛引用的蔡尔康编著的《中东战纪本末》，其中指出：丁汝昌“再召中西各员会议，佥称实已束手无策，不如设法降日以救生灵。乃于十八日遣广丙管驾程璧光乘坐镇北小舰，高揭白徽，直造日提督伊东祐亨座船，投递降书。……伊东旋畀以覆书，及馈丁帅香槟酒等物。程璧光许以明晨再送书来，遂别。十九日，镇北又入日营，而下半旗，众咸不解，及接见程差弁，面深墨，容甚戚，日人无不惨然，急叩其故，则曰：昨带贵提督公牍及私函呈丁公，观其容色，似甚感动，即入座作函毕，起而言曰：‘我事毕矣！’遂入卧室服生鸦片一大剂。刘总兵、张总兵各如法服之。今提督及左右二翼总兵皆已殉节，我辈无所措手，惟有照昨日所议勉强办理而已。”〔2〕这些旁证材料虽然均不是出自北洋海军投降的直接参与者之手，但至少说明当时不少人听到的情况与牛昶昞、马复恒的调查结果是一致的。

然而一百多年来，著述者的观点并非都与《中倭战守始末记》和《中东战纪本末》一致。姚锡光在《东方兵事纪略》中写道：“是日，得烟台密信，始知东抚李秉衡已走莱州，援兵绝，汝昌召海军诸将议鼓力碰敌船突围出，或幸存数艘，得抵烟台，愈于尽覆于敌。诸将不允，散去。旋勇丁、水手露刃慑汝昌，汝昌稍慰之，入舱仰药，张文宣继之，十八日晓夜四更许，相继死。”“牛昶昞召诸将并洋员议降，瑞乃尔请如汝昌前令，沉船毁台乃议降事，诸将及英员皆不许。于是英员浩威作降草，仍托诸汝昌语，管带闽人某译华文，牛昶昞署以海军提督印。黎明，广丙管带程璧光乘镇边艇，悬白旗，诣倭军乞降。”〔3〕意为北洋海军投降是在丁汝昌自杀后，由牛昶昞等人假借丁汝昌名义所为。姚锡光不仅未亲历威海保卫战，而且远离威海战场，叙述情节时并未提

〔1〕《卢氏甲午前后杂记》，手稿影印本。
〔2〕中国史学会主编：《中日战争》(一)，新知识出版社1956年版，第192—193页。
〔3〕同上，第71—72页。

供直接信息来源。当时同在刘公岛上的英员戴乐尔在回忆录中也说："然此时结局真到矣。十二日晨，丁提督自杀。此际情形，予无直接之见证，惟得自谣传及瑞乃尔之报告而已。""盖丁氏死后，马格禄、好威及中国将弁数人上陆抵道台牛氏家，遇瑞乃尔。好威倡议假丁提督之名作降书，并亲自起草。书成，译作中文，并钤提督信印。……镇北舰悬白旗赍此书以赴日军。"[1]戴乐尔虽在刘公岛上，但他自己已经说明白，"无直接之见证，惟得自谣传及瑞乃尔之报告而已"。陈诗的《丁汝昌传》写道："十一月，日舰队围刘公岛，频放鱼雷，坏我战舰。乙未正月，镇、定二舰亦损，汝昌叹曰：'与舰偕亡，臣之职也。'召营务处牛昶昞而谓之曰：'吾誓以身殉，救此岛民耳。可速将提督印截角作废！'牛诺之。汝昌遂仰药殉，时年五十余。两翼刘、杨二总兵及炮台官张文宣，皆自杀以殉之。时〈正月〉[二]十一日也。牛昶昞违教不截印角，诈作降书钤印送日军。日提督伊东祐亨受之。"[2]这段记载既有时间上的错误，也有其他方面疏漏，可信度自然不高。池仲佑在《丁军门禹廷事略》中写道："时有岛民环跪泣求生路，继则台兵哗噪日甚，军心动摇。公犹告众以援兵不日可到，当水陆夹击以解危。乃援终不至，公知事不可为，拊膺叹曰：'受国厚恩，宜以死报！'即仰药以殉。时正月十八日事也。公既殁，军民丛聚，胁迫水陆营务处总办道员牛昶昞，行瑞乃尔策。牛不可，众将相犯。乃用公名义致书伊东祐亨，略谓：欲保全生灵，愿停战事，将现有船、台、军械让送，但求勿伤兵民生命，并许出港他适云云。"[3]在这里，池仲佑依然没有提供史料来源。这些观点之所以在没有直接证据，甚至道听途说的情况下依然否定牛昶昞、马复恒的调查结果，主张丁汝昌死于北洋海军投降之前，笔者分析，其原因不外乎三点：一是当年的调查结果出自牛昶昞和马复恒之手，而这两个人都是北洋海军投降的主持者，为推卸战败责任，他们有串通作伪的可能性，因此他们的调查结果不可信；二是丁汝昌既然"誓以必死"，就没有必要写投降书来损毁自己的名节；三是出于某种缘故为丁汝昌开脱。把这三点原因结合起来，就有了丁汝昌自杀在前，牛昶昞等人假借其名义投降在后的说法。

---

〔1〕中国史学会主编：《中日战争》(六)，新知识出版社1956年版，第67页。

〔2〕戚其章主编：《中日战争》12，中华书局1996年版，第383—384页。

〔3〕同上，第386—387页。

这些没有直接证据支撑的观点流传甚广，以致造成后续研究者有的跟风采纳，有的则进一步发挥和推论，使丁汝昌之死越发扑朔迷离，多少年来人们无法得知真相。笔者认为，上述三点原因听起来虽有道理，但要成为立论的依据则过于勉强，因为没有第一手史料的支撑，据此不足以推翻牛昶昞、马复恒等人的调查结果。

梳理完了关于丁汝昌死情的各种观点及成因，我们还是要回到支离破碎的威海战场。

伊东祐亨接到投降书后，并不知道丁汝昌此时已经殉节，他当即回函，并赠送礼物三件。函曰：

> 来函已悉。书中之语自当一一遵从，准明日将兵舰、军装、炮台之属悉数纳交，将弁等人则应派出一船好为送去。阁下如欲至敝国，亦无不可，惟须俟停战后遄回，或仍思效力中朝，则惟命是听。至英水师提督作保一事，大可不必。阁下素有名望，余已深信所言矣。明日十下钟时还望有好音。思惠丁帅，接信复缮函鸣谢。[1]

收到伊东祐亨回函后，牛昶昞等人不敢收受日本人的礼物，将三件礼品悉数退回，并迫不及待地于当天以丁汝昌的口吻拟定给伊东祐亨的回函。回函写道：

> 伊东军门大臣阁下：
>
> 顷接覆函，深为生灵感激，承赐礼物，际此两国有争，不敢私受，谨以璧还，并道谢忱。来信约于明日交军械、炮台、船舰，为时过促，因兵勇卸缴军装、收拾行李稍需时候，恐有不及，请展限，定于华历正月念二日起，由阁下进口，分日交收刘公岛炮台、军械，并现在所余船舰，决不食言，专此具覆，肃请台安。诸希垂察不宣。
>
> 正月十八日丁汝昌顿首。[2]

---

〔1〕《中倭战守始末记》，（台湾）文海出版社有限公司1987年版，第100页。
〔2〕同上，第99页。

2月13日上午9时，程璧光乘坐“镇边”炮舰再次来到“松岛”舰，递交回函，并将丁汝昌的死讯告知伊东祐亨。伊东祐亨当即给牛昶昞等人复函，略谓：

十八日丁帅来函，余已阅悉，其时使者言，丁帅已尽节，余心大为哀悼。今请派一中国兵官中有权之人，于明日十下钟时至余所乘“松岛”舰订商一切，余当迎之以礼。所有前许丁帅之语，今仍遵照办理可也。[1]

显然，伊东祐亨同意牛昶昞等人提出的将投降日期延展到“正月念二日”，也就是2月16日的请求，但同时也提出中方要派一“有权之人”前来谈判的要求。

13日下午5时，牛昶昞作为驻威海卫清军代表，随程璧光乘“镇边”炮舰登上“松岛”舰，与伊东祐亨进行投降谈判。谈判持续了五个多小时，直到午夜11时多结束，牛昶昞接受了日方提出的条件。14日下午，牛昶昞和程璧光再次登上日舰，与伊东祐亨商量投降细节，最终，牛昶昞以威海卫水陆营务处提调身份代表中国守军与伊东祐亨一同签下《威海降约》，《降约》内容共11条：

一、中西水陆文武各官须开明职衔姓氏，西人须开明国名姓名，其文案书识及兵勇人等但须开一总数，以便分别遣还中国。

二、中西水陆文武官员须各立誓，暂时不再预闻战事。

三、刘公岛一切器械应聚集一处，另开清折注明何物在何处。岛中兵士由珠岛日兵护送登岸，威海各东兵自二月十四日（西历）五点钟起至十五日正止陆续遣归。

四、请牛（昶昞）道台代承交付兵舰、炮台之任，惟须于十五日正午以前将舰中军器、台上炮位开一清帐交入日舰，不可遗漏一件。

五、中国中西水陆各官弁许于十五日正午以后乘“康济”轮船，照第十款所载开返华界。

六、中西各官之私物凡可移动者，悉许随带以去，惟军器则不论公

〔1〕《中倭战守始末记》，（台湾）文海出版社有限公司1987年版，第100页。

私，必须交出，或日官欲加以搜查，亦无不可。

七、向居刘公岛华人，须劝令安分营生，不必畏惧逃窜。

八、日官之应登刘公岛收取各物者，自十六日九点钟为始，若伊东提督欲求其速，可先令兵船入湾内等待。现时中西各官仍可安居本船，俟至十六日九点钟为止，一律迁出；其在船之水师水手人等，愿由威海遵陆而归，可听其便，其送出之期则与各兵一律，从十五日正午为始。

九、凡有老稚妇女之流欲离刘公岛者，可自乘中国海船，从十五日正午以后任便迁去，但日本水师官弁可在口门内稽查。

十、丁军门等各官灵柩，可从十六日正午为始，或迟至二十三日正午以前，任便登“康济”兵船离岛而去。伊东提督又许“康济”不在收降之列，即由牛道台代用，以供北洋海军及威海陆路各官乘坐回华，此缘深敬丁军门尽忠报国起见。惟此船未离刘公岛之前，日本水师官可来拆卸改换，以别于炮船之式。

十一、此约既定，战事即属已毕，惟陆路若欲再战，日舰必仍开炮，此约即作废纸。[1]

2月15日，天气骤然变坏，早晨5时刮起北风，海上涌浪渐起，越来越大，“风浪像玩弄树叶一样翻弄着像小城一样的大船，摇荡着，一会把船推上波峰，一会把船推入波谷”[2]。在这样的海况下，日舰纷纷寻找地方躲避风浪，本队驶进了荣成湾，威海港内中国船只也无法驶出口外，中日双方的接洽暂时中止。16日，天气转好，海上渐渐平静。上午9时，程璧光乘“康济”号练船来到日舰“松岛”号上，向伊东祐亨缴出威海卫陆海军军官、洋员名册和兵勇军属统计表，以及不再参与对日作战的保证书。据表中统计，投降人数陆军为2040人，海军为3084人，共计5124人。据2月22日李鸿章收到的来自刘含芳、牛昶昞、马复恒三道的电报称：

〔1〕上海广学会译著：《中东战纪本末》卷5，第41页。
〔2〕戚其章主编：《中日战争》8，中华书局1994年版，第249页。

水陆阵亡者二千余人，受伤能医者三百余人，生还者水师约三千余人、陆队约一千六七百人、百姓约三四千人，护军营官袁雨春、李春庭、余发恩，水师管驾官叶祖珪、邱宝仁、林国祥、李和、林颖启、萨镇冰、程璧光、蓝建枢、吕文经、黄鸣球、陈镇培、林文彬、潘兆培及大、二副，正、副管轮，精练后营营官刘学礼，学堂委员李继纲，机器厂委员张尔梅、杨作宾皆同来。陆路现未到齐，逃亡尚未查清。水路民船来者，风浪击破淹冻而死者一二百人。[1]

程璧光在递交人员清单的同时，还向伊东祐亨乞求，称自己是广东水师的军官，如果只身而返，恐受到广东水师的惩罚，希望日方考虑他在此次投降签约中的积极表现，能将"广丙"舰予以归还。牛昶昞也给伊东祐亨写了内容相同的信函。这一要求当然遭到伊东祐亨的拒绝，程璧光只好悻悻而回。这件事后来成为人们诟病程璧光的一个理由，也成为历史的笑柄。牛昶昞还给伊东祐亨写了另一封信，表示对日方归还"康济"号的感谢：

伊军门大人阁下：

前日接覆丁军门书，承准我兵勇离岛，感谢之至，后两次芝谈亦深感佩，顷程管带归云，已承阁下许还我康济以运丁军门灵柩，并渡水师官员出口，尤为感激，用此鸣谢，肃请台安。

牛昶昞拜，正月二十二日。旗书等件丁军门临终时已经烧去。[2]

2月16日下午4时，刘公岛上被俘的陆海军官兵在日军的监视下乘船开始离岛，日本海军驾驶着掳来的北洋海军蚊子船，将刘公岛护军送往北帮北山嘴登岸遣返。

2月17日上午7时，伊东祐亨命令第三、第四游击队首先驶出阴山口锚地，前往威海卫。7时30分，其余所有军舰做好起锚准备。8时26分，各舰根据旗

〔1〕《李鸿章全集》26，电报六，安徽教育出版社2008年版，第64页。
〔2〕转引自陈悦：《甲午海战》，中信出版社2014年版，第470—471页。

令进行战斗操练。9时40分左右，全体军舰驶出锚地，开往威海港，[1]按照本队、第一游击队、第二游击队、第三游击队、第四游击队的顺序，依次进港。进港的日本军舰相继抛锚，等待接收北洋海军降舰。此时，北洋海军共有“镇远”“济远”“平远”“广丙”“镇东”“镇西”“镇南”“镇北”“镇中”“镇边”等十艘军舰等待受降。未几，日本各舰先后放下舢板，载接收人员驶向中国军舰，随后在中国军舰的桅杆上升起了太阳旗。“吉野”舰军官田所广海在他的《勤务日志》中记录了接收“平远”舰的情况：

> 正午，任捕获舰平远舰返航委员。该返航委员由吉野舰和秋津洲舰兵员组成，委员长海军大尉松居铨太郎，航海海军大尉大立龟吉，当直海军大尉曾良武雄、高松公东，当直海军少尉田所广海，甲板负责人海军少尉高久文五郎，及海军大机关士铃木三郎、少机关士押村庸茂、少军医山科岩、少主计伊藤为之助、机关师2名，士兵从两舰各派42名。
>
> 此日下午2时，从吉野舰转乘平远舰。金刚舰士兵已在平远舰验收，为交付平远舰，在舰清国人有大尉1人，轮机员1人，另有士兵8名。不久秋津洲舰兵员登舰，由金刚舰兵员对平远舰进行验收。[2]

下午1时，各舰全部接收完毕。至此，曾经显赫一时、威震亚洲的北洋海军，在经过六年的腥风血雨之后，全军覆没了。

下午6时许，已被卸去舰炮的“康济”号练船，载着丁汝昌、刘步蟾、林泰曾、杨用霖、戴宗骞、沈寿昌、黄祖莲的灵柩及千余名中国军民，驶出威海港，在刺骨的寒风中告别了泣血的刘公岛，向烟台开去。张文宣的灵柩因护军官弁不让用“康济”练船载运，另用民船单独运送。到达烟台的官员有道员牛昶昞、马复恒，以及原“靖远”管带叶祖珪、“来远”管带邱宝仁、“济远”管带林国祥、“平远”管带李和、“威远”管带林颖启、“康济”管带萨镇冰、“广丙”管带程壁光，还有六艘蚊子船的原管带蓝建枢、吕文经、黄鸣球、陈镇培、林

---

〔1〕（日）《田所广海勤务日志》，上海书店出版社2015年版，第510页。
〔2〕同上。

文彬、潘兆培及大、二副，正、副管轮。精练后营营官刘学礼，学堂委员李继纲，机器厂委员张尔梅、杨作宾等也一同抵烟。[1]

沉没在威海港内的“定远”“靖远”等军舰，在经过日军的打捞、拆解后，彻底毁灭了。十艘被俘虏的中国军舰被编入日本海军，随后日军对它们进行了修复和重新装备，从“平远”舰的情况可见一斑。田所广海在《勤务日志》中记录：

以双锚靠近刘公岛岸边，将一半上桅拔除各索具，其他不用之钢轨等全部拆下，且无一艘小船。这些大多在旅顺口卸下。左舷未张帆杆和舷梯，各炮从数日前起曝露于雨露中，炮管锈甚。备炮有35口径26厘米克虏伯炮1门，35口径15厘米克虏伯炮2门，保氏6磅速射炮2门，37毫米5连速射炮6门（据称其中有一门在海洋岛之役遭到我方炮弹攻击而破毁），1磅速射炮4门，步枪只有30余支，手枪数支。

煤炭量约为40吨，水量不详。

上下甲板、个人或公用房间，各种炮弹及弹药包散乱于各处，15厘米炮处于装弹状态，舰内之肮脏虽为清国人所特有，然平远舰尤甚，数日之前吃剩之物原样丢弃其间，舰内各处留有血痕，塞满衣服和其他脏物，臭气扑鼻，污秽自不必说。[2]

一段时间后，被俘中国军舰经过修理分别开往日本，这些军舰被强行带离它们应该守卫的地方，改头换面，屈辱地走完了最后的航程。“镇远”“济远”“平远”三舰在日本海军中沿用原名，参加了日俄战争。“济远”“平远”被俄军水雷炸沉，“镇远”于1912年4月被拆解。“广丙”被派往被日本侵占的台湾执行任务，于1895年12月触礁沉没。六艘“镇”字号炮舰在日本海军中担当了无关紧要的角色，十几年后均遭除役和转售。

旅顺、威海的陷落，使拱卫京畿的两扇大门被击破，北洋门户洞开。虽然

---

〔1〕《李鸿章全集》26，电报六，安徽教育出版社2008年版，第64页。
〔2〕（日）《田所广海勤务日志》，上海书店出版社2015年版，第510—511页。

被编入日本联合舰队的“镇远”舰

被编入日本联合舰队的“济远”舰

被日军俘虏的“右队三”号鱼雷艇在日本海军中改为“第二十七号”

陆上战争还在继续，但清政府最终的失败已成定局。就在程壁光向伊东祐亨递上投降书的第二天，即2月13日，清廷赏还李鸿章翎顶，开复革留处分，并赏还黄马褂，作为全权大臣，与日本商定和约。直隶总督、北洋大臣着王文韶署理。并令李鸿章迅速赴京请训。[1]一个月多后，李鸿章、李经芳父子及参赞罗丰禄、伍廷芳、马建忠等32名议和官员启程前往日本，3月19日抵达日本本州西部的马关，开始了长达一个月的艰难谈判。4月17日，李鸿章与伊藤博文签订了中日《讲和条约》，又称《马关条约》，它包括《讲和条约》十一款、《议订专条》三款、《另约》三款。《讲和条约》的主要内容包括：中国认明朝鲜国确为完全无缺之独立自主；中国割让辽东半岛、台湾全岛及所有附属各岛屿给日本；中国约将库平银二万万两交与日本，作为赔偿军费，该款分作八次交完，第一次赔款交清后，未经交完之款，应按年加每百抽五之息；日本臣民得在中国通商口岸城邑，任便从事各项工艺制造，又得将各项机器任便装运进口，只交所定进口税；开放沙市、重庆、苏州、杭州为商埠，日船可以沿内河驶入以上各口，搭客载货，等等。《另约》还规定：遵和约第八款所订暂为驻守威海卫之日本国军队，应不越一旅团之多，所有暂时驻守需费，中国自本约批准互换之日起，每一周年届满，贴交四分之一，库平银五十万两；在威海卫应将刘公岛及威海卫口湾沿岸，照日本国里法五里以内地方，约合中国四十里以内，为日本国军队驻守之区；在日本国军队驻守之地，凡有犯关涉军务之罪，均归日本国军务官审断办理。

中日《马关条约》的签订，遭到文武各官的强烈反对，言官们的奏折雪片般飞舞。然而，再有逻辑的慷慨陈词也代替不了炮弹的威力。战局逼迫至此，朝廷已无能为力。5月3日，光绪皇帝在中日《马关条约》批准书上用颤抖的手盖上玉玺，正式批准了这个不平等条约。至此，中日甲午战争以中国的完全战败落下帷幕。

实际上，在批准中日《马关条约》之前，朝廷已经在为北洋海军的后事做安排了。3月12日，光绪皇帝降下谕旨：

〔1〕《清实录》（影印本）56，中华书局1987年版，第680页。

总理海军事务衙门奏，岛舰失陷，时局艰危，遵议更定海军章程，非广购战舰巨炮不足以备战守，非合南北洋通筹不足以资控驭，非特派总管海军大臣不足以专责成。目前各事未齐，衙门暂无待办要件，拟请将当差人员及应用款项暂行停撤，以节经费。其每年应解海军正款，亦请统解户部收存，专为购办船械之用。又奏，海军内外学堂亦请暂行裁撤，均依议行。[1]

甲午战后的李鸿章

从而裁撤了总理海军事务衙门，解散了人员，停止了经费拨付，并将水师学堂也暂行裁撤。对于北洋海军的战败军官，朝廷也不忘做出处理。4月28日，皇帝降旨，将“守备林国祥、副将叶祖珪、邱宝仁、都司李和、游击林颖启、都司林文彬、黄鸣球、守备陈镇培、千总潘兆培、游击蓝建枢、吕文经、都司何品璋、游击李鼎新、候选道马复恒、牛昶昞、山东候补道严道洪着一并暂行革职，听后查办”[2]。7月22日，署直隶总督王文韶奏：“北洋海军武职实缺，自提督、总兵至千、把、外委，共计三百十五员名，现在舰艇已失，各缺自应全裁，以昭覈实。并将关防印信钤记一律缴销。仅存之康济一船，不能成军，拟请改缺为差。”[3]北洋海军的建制正式被取消，各级职官不复存在，李鸿章苦心经营近20年的这支近代化海军从此成为历史的记忆。回顾这段历程，李鸿章感慨万分，他说：

十年以来，文娱武嬉，酿成此变。平日讲求武备，辄以铺张靡费为疑，至以购械购船悬为厉禁，一旦有事，明知兵力不敌，而淆于群哄，轻

[1]《清实录》(影印本)56，中华书局1987年版，第718页。
[2]《清光绪朝中日交涉史料》卷三十九，故宫博物院1932年版，第38页。
[3]《清实录》(影印本)56，中华书局1987年版，第842页。

于一掷，遂至一发不可复收。战绌而后言和，且值都城危急，事机万紧，更非寻常交际可比。兵事甫解，谤书又腾，知我罪我，付之千载，固非口舌所能分析矣。[1]

这段感叹，虽然有推卸责任的意味，但隐含着李鸿章对甲午战败的反思，他似乎看清了北洋海军在病态中国社会中的必然结局。在另一场合李鸿章还说：

我办了一辈子的事，练兵也，海军也，都是纸糊的老虎，何尝能实在放手办理？不过勉强涂饰，虚有其表，不揭破尤可敷衍一时。如一间破屋，由裱糊匠东补西贴，居然成一净室。虽明知纸片糊裱，然究竟决不定里面是何等材料。即有小小风雨，打成几个窟窿，随时补葺，亦可支吾对付。乃必欲爽手扯破，又未预备何种修葺材料，何种改造方式，自然真相败露不可收拾。[2]

李鸿章是北洋海军兴衰的最有力见证者，从上述这段话中我们可以深切感受到李鸿章在创建北洋海军过程中的尴尬与无奈。来自朝廷的掣肘、经费的缺乏、官兵的懈怠、战术筹划的缺失，都使得这支海军将变成“纸糊的老虎”，在甲午战争中李鸿章毫不动摇地坚决贯彻海军威慑战略，始终要求海军作“猛虎在山之势”，极力为丁汝昌的消极避敌辩护，就是为了让这只“纸糊的老虎”不过早暴露虚弱的本质，以发挥它骇人的作用。可在日益强盛的日本海军面前，最终难以逃脱被“打成几个窟窿”，落得“真相败露不可收拾”的结局。

李鸿章所看到的北洋海军“勉强涂饰，虚有其表”的状态，不正是晚清中国的一个缩影吗？

赫德在1895年2月3日给金登干的信中说：中国“这个硕大无朋的巨人有时跳将起来，大声喊叫，打哈欠，伸懒腰，显然是睡醒了打算干一番大事业。但过了一阵子，这个巨人坐下来呷一口茶，抽一袋烟，耷拉下脑袋，又朦胧入

[1]《李鸿章全集》36，信函八，安徽教育出版社2008年版，第85页。
[2] 吴永撰：《庚子西狩丛谈》，第107页。

睡了！”[1]赫德形象的描述，道出了中国政治、经济、文化的疲态。在这样一个巨人怀抱中成长起来的北洋海军，怎能具有进取精神和开阔的视野？怎能拥有一身坚硬的骨头和豪迈的胆气？

政治生态、经济状况、文化背景对海军的深刻影响，以及海军兴亡对国家命运的深刻影响，都是北洋海军兴衰史交给我们的永久性课题。一个拥有18000余公里海岸线的国家，必须以十足的精力完成这一课题，并交出答卷，只有这样，中华民族的伟大复兴才能实现。

〔1〕《中国海关密档》6，中华书局1995年版，第230页。

参考文献

史　料

[1] 曾文正公年谱:传忠书局光绪二年刻本.

[2] 沈文肃公政书:光绪六年刻本.

[3] 船政奏议汇编:光绪十四年刻本.

[4] 余思诒.楼船日记.

[5] 徐建寅.上督办军务处查验北洋海军禀:海军司令部藏.

[6] 丁文诚公奏稿:光绪二十二年版.

[7] 中东战纪本末.图书集成局,1897年刊印.

[8] 卢氏甲午前后杂记:手稿影印本.

[9] 上海广学会.中东战纪本末.

[10] 吴永.庚子西狩丛谈.

[11] 阁学公集:宣统三年版.

[12] 清宣统政纪.

[13] 汉纳根给北洋大臣的报告.海事,8(5).

[14] 清光绪朝中日交涉史料.北京:故宫博物院,1932.

[15] 中国史学会.中日战争.上海:新知识出版社,1956.

[16] 海防档.(台湾)"中央研究院"近代史研究所,1957.

[17] 中外旧约章汇编.北京:生活·读书·新知三联书店,1957—1962.

[18] 光绪朝东华录.北京:中华书局,1958.

[19] 中国史学会.洋务运动.上海:上海人民出版社,1961.

[20] 秋浦周尚书(玉山)全集·周馥自订年谱.(台湾)文海出版社有限公司,1973.

[21] 太平天国资料汇编.北京:中华书局,1979.
[22] 吴汝纶.李文忠公(鸿章)全集.(台湾)文海出版社有限公司,1980.
[23] 太平天国史译丛.北京:中华书局,1881.
[24] 郭嵩焘日记.长沙:湖南人民出版社,1981.
[25] 清末海军史料.北京:海洋出版社,1982.
[26] 陈旭麓等.甲午中日战争.上海:上海人民出版社,1982.
[27] 夏东元.郑观应集.上海:上海人民出版社,1982.
[28] 中国海关与中日战争.北京:中华书局,1983.
[29] 清实录:影印本.北京:中华书局,1987.
[30] 清季外交史料.北京:书目文献出版社,1987.
[31] 中倭战守始末记.(台湾)文海出版社有限公司,1987.
[32] 中华民国海军史料.北京:海洋出版社,1987.
[33] 左宗棠全集.长沙:岳麓书社,1987—1996.
[34] 曾国藩全集.长沙:岳麓书社,1988.
[35] 戚其章.中日战争.北京:中华书局,1989—1996.
[36] 中国海关密档.北京:中华书局,1990—1996.
[37] 清会典.北京:中华书局,1991.
[38] 北洋海军资料汇编.北京:中华全国图书馆文献缩微复制中心,1994.
[39] 光绪朝上谕档.桂林:广西师范大学出版社,1996.
[40] 张振鹍.中法战争.北京:中华书局,1996—2006.
[41] 刘铭传文集.合肥:黄山书社,1997.
[42] 翁同龢日记.北京:中华书局,1997.
[43] 戚俊杰,王记华.丁汝昌集.济南:山东大学出版社,1997.
[44] 苑书义,孙华峰,李秉新.张之洞全集.石家庄:河北人民出版社,1998.
[45] 光绪年间中英“高升”轮索赔交涉案.历史档案,2002(2).
[46] 步入中国清廷仕途——赫德日记:1854—1863.北京:中国海关出版社,2003.
[47] 彭玉麟集.长沙:岳麓书社,2003.
[48] 薛福成日记.长春:吉林文史出版社,2004.

[49] 晚清东游日记汇编.上海:上海古籍出版社,2004.
[50] 赫德与中国早.现代化——赫德日记:1863—1868.北京:中国海关出版社,2005.
[51] 翁同龢集.北京:中华书局,2005.
[52] 曾国荃全集.长沙:岳麓书社,2006.
[53] 林伟功.日藏甲午战争秘录.(澳门)中华出版社,2007.
[54] 李鸿章全集.合肥:安徽教育出版社,2008.
[55] 沈文肃公牍.福州:福建人民出版社,2008.
[56] 丁日昌集.上海:上海古籍出版社,2010.
[57] 我在中国海军三十年:1889—1920——戴乐尔回忆录.上海:文汇出版社,2011.
[58] 李秉衡集.北京:中华书局,2013.
[59] 陈悦.龙的航程——北洋海军航海日记四种.济南:山东画报出版社,2013.
[60] 翁军,马骏杰.民国时期中国海军论集.济南:山东画报出版社,2014.
[61] 马骏杰,吴峰敏,门贵臣.清末报刊载海军史料汇编.济南:山东画报出版社,2016.
[62] (日)小笠原长生.海战日录.(日本)春阳堂,1895.
[63] (日)川崎三郎.日清战史.东京博文馆,1897.
[64] 日本参谋本部.明治二十七八年日清战史.东京印刷株式会社,1904.
[65] 日本海军军令部.二十七八年海战史.东京水交社,1905.
[66] 日本外务省.日本外交文书.1963.
[67] (日)林董回忆录.平凡社,1970.
[68] (日)誉田甚八.日清战史讲授录.(台湾)文海出版社有限公司,1975.
[69] (日)田所广海勤务日志.上海:上海书店出版社,2015.
[70] (英)The Frencb Mail Papers, The North-China Herald, Sep14, 1894.
[71] (英)The Fall of Wei-hai-wei. Kelly & Walsh. Limited 1895.
[72] (英)William Ferdinand Tyler. Pulling Strings in China. Constable & Co.LTD, London 1929.

著 述

[1] 参谋本部第二厅第六处.甲午中日战争纪要.1935.

[2] 张荫麟.甲午中国海军战绩考.清华学报单行本,1935.

[3] 刘熊祥.清季四十年之外交与海防.重庆三友书店,1943.

[4] 梁启超.戊戌政变记.北京:中华书局,1954.

[5] 包遵彭,李定一,吴相湘.中国近代史论丛——第一次中日战争.(台湾)正中书局,1956.

[6] 甲午战争海战评论.中国人民解放军海军司令部,1957.

[7] 包遵彭.清季海军教育史.(台湾)“国防研究院”出版部,1969.

[8] 包遵彭.中国海军史.(台湾)中华书局,1970.

[9] 郑天杰,赵梅卿.中日甲午海战与李鸿章.(台湾)华欣书局,1979.

[10] 王芸生.六十年来中国与日本.北京:生活·读书·新知三联书店,1980.

[11] 戚其章.北洋舰队.济南:山东人民出版社,1981.

[12] 孙克复,关捷.甲午中日海战史.哈尔滨:黑龙江人民出版社,1981.

[13] 戚其章.中日甲午战争史论丛.济南:山东教育出版社,1983.

[14] 罗正钧.左宗棠年谱.长沙:岳麓书社,1983.

[15] 王家俭.中国近代海军史论集.(台湾)文史哲出版社,1984.

[16] 孙克复,关捷.甲午中日战争人物传.哈尔滨:黑龙江人民出版社,1984.

[17] 孙克复.甲午中日战争史论集.辽宁大学科研处印,1984.

[18] 张延中.刘铭传参与平吴剿捻战役之探讨.(台湾)文史哲出版社,1986.

[19] 周军,杨雨润.李鸿章与中国近代化.合肥:安徽人民出版社,1989.

[20] 杨东梁.大清福建海军的创建与覆没.北京:中国人民大学出版社,1989.

[21] 张墨,程嘉禾.中国近代海军史略.北京:海军出版社,1989.

[22] 戚其章.甲午战争与近代社会.济南:山东教育出版社,1990.

[23] 海军军事学术研究所编.甲午海战与中国近代海军.北京:中国社会科学出版社,1990.

[24] 张鸣.北洋水师.北京:海洋出版社,1991.

[25] 林伟功,黄国盛.中日甲午海战中方伯谦问题研讨集.北京:知识出版社,1993.

[26] 海军司令部《近代中国海军》编辑部.近代中国海军.北京:海潮出版社,1994.
[27] 姜鸣.中国近代海军史事日志.北京:生活·读书·新知三联书店,1994.
[28] 海军军事学术研究所,中国军事科学学会办公室.甲午海战与中国海防——纪念甲午海战一百周年学术研讨会论文集.北京:解放军出版社,1995.
[29] 许华.甲午海祭.北京:华夏出版社,1996.
[30] 王宜林.甲午海将方伯谦.北京:海潮出版社,1997.
[31] 戚其章.晚清海军兴衰史.北京:人民出版社,1998.
[32] 戚俊杰,刘玉明.北洋海军研究.天津:天津古籍出版社,1999.
[33] 戚其章.国际法视角下的甲午战争.北京:人民出版社,2001.
[34] 姜鸣.龙旗飘扬的舰队.北京:生活·读书·新知三联书店,2002.
[35] 董进一,戚俊杰.北洋海军与刘公岛.北京:海洋出版社,2002.
[36] 苏小东.甲午中日海战.天津:天津古籍出版社,2004.
[37] 戚海莹.甲午战争在威海.天津:天津古籍出版社,2004.
[38] 戚其章.甲午日谍秘史.天津:天津古籍出版社,2004.
[39] 孙占元,张登德,翟红芬,王凤青.甲午战争的和战之争.天津:天津古籍出版社,2004.
[40] 李厚木.中国近代第一位海军司令——丁汝昌.北京:新华出版社,2005.
[41] 孙建军.丁汝昌研究探微.北京:华文出版社,2006.
[42] 刘中民.中国近代海防思想史论.北京:中国海洋大学出版社,2005.
[43] 王家俭.李鸿章与北洋舰队.北京:生活·读书·新知三联书店,2008.
[44] 冯青.中国近代海军与日本.长春:吉林大学出版社,2008.
[45] 马幼垣.靖海澄疆——中国近代海军史事新诠.(台湾)联经出版实业股份有限公司,2009.
[46] 刘晋秋,刘悦.李鸿章的军事顾问汉纳根传.北京:文汇出版社,2011.
[47] 窦宗仪.李鸿章年(日)谱.北京:国家图书馆出版社,2011.
[48] 张建雄,刘鸿亮.鸦片战争中的中英船炮比较研究.北京:人民出版社,2011.

[49] 海军军官学校.海军军官教育一百四十年:1866—2006.(台湾)"国防部"海军司令部印,2011.

[50] 陈悦.北洋海军舰船志.济南:山东画报出版社,2011.

[51] 陈悦.近代国造舰船志.济南:山东画报出版社,2011.

[52] 陈悦.清末海军舰船志.济南:山东画报出版社,2012.

[53] 郭廷以.近代中国的变局.北京:九州出版社,2012.

[54] 戴东阳.晚清驻日使团与甲午战前的中日关系:1876—1894.北京:社会科学文献出版社,2012.

[55] 戚海莹.北洋海军与晚清海防建设——丁汝昌与北洋海军.济南:齐鲁书社,2012.

[56] 宗泽亚.清日战争:1894—1895.北京:世界图书出版公司,2012.

[57] 戚俊杰,郭阳.北洋海军新探——北洋海军成军120周年国际学术研讨会论文集.北京:中华书局,2012.

[58] 丁一平等.喋血沉思——海军专家论北洋海军与甲午海战.北京:海潮出版社,2013.

[59] 戚其章.甲午战争史.上海:上海人民出版社,2014.

[60] 苏小东.大洋沉思——甲午海战全景透视.福州:海风出版社,2014.

[61] 刘声东,张铁柱.甲午殇思.上海:上海远东出版社,2014.

[62] 张铁柱,刘声东.甲午镜鉴.上海:上海远东出版社,2014.

[63] 陈悦.甲午海战.北京:中信出版社,2014.

[64] 许华.再见甲午.北京:人民出版社,2014.

[65] 雪珥.高升号的沉没——甲午第一战微观史.北京:生活·读书·新知三联书店,2015.

[66] 杜小军.幕末日本海军史.北京:中国文史出版社,2015.

[67] (朝)朝鲜民主主义人民共和国科学院历史研究所.朝鲜通史.长春:吉林人民出版社,1975.

[68] (美)庞百腾.沈葆桢评传——中国近代化的尝试.上海:上海古籍出版社,2000.

[69] (美)李·马吉芬.他选择了中国.济南:山东画报出版社,2013.

[70] (美)威廉·弗兰西斯·曼尼克思.李鸿章回忆录.哈尔滨:哈尔滨出版社,2013.

[71] (日)田保桥洁.甲午战前日本挑战史.南京:南京书店,1932.

[72] (日)信夫清三郎.日本外交史.北京:商务印书馆,1980.

[73] (日)藤村道生.日清战争.上海:上海译文出版社,1981.

[74] (日)信夫清三郎.日本政治史.上海:上海译文出版社,1982.

[75] (日)外山三郎.日本海军史.北京:解放军出版社,1988.

论 文

[1] 归与.中日海战评论撮要:续.海事,10(3).

[2] 王家俭.清季的海防论.(台湾)师大学报,1967(12).

[3] 董蔡时.也论应该正确评价刘步蟾.苏州大学学报,1978(1).

[4] 戚其章.应该为刘步蟾恢复名誉.齐鲁学刊,1978(5).

[5] 孙克复,关捷.再论应该正确评价刘步蟾——兼答董蔡时同志.辽宁大学学报,1979(1).

[6] 孙克复.丁汝昌与甲午中日战争.史学月刊,1980(3).

[7] 季平子.丰岛海战.历史研究,1980(4).

[8] 董蔡时.有关甲午中日黄海海战的两种史籍记载的考释——再论刘步蟾在海战中的表现.苏州大学学报,1981(2).

[9] 戚其章.关于甲午黄海海战的几个问题.史学月刊,1982(1).

[10] 戚其章.刘步蟾黄海战绩考.北京师范大学学报,1982(2).

[11] 孙克复.论丁汝昌.湘潭大学学报,1983(1).

[12] 戚其章,孙克复,关捷.甲午黄海海战北洋舰队阵形考.辽宁大学学报,1983(1).

[13] 孙克复.方伯谦"正法"是否冤案.社会科学研究,1984(4).

[14] 叶志如,唐益年.光绪朝三海工程与北洋海军.历史档案,1986(1).

[15] 戚其章.丁汝昌非长江水师出身辨.安徽史学,1986(2).

[16] 姜鸣.北洋海军经费初探.浙江学刊,1986(5).

[17] 姜鸣.北洋舰队训练述论.东岳论丛,1986(6).

[18] 姜鸣."三洋海军"考辨——兼论清政府发展近代海军的构想和实施.学术月刊,1986(10).

[19] 姜鸣."总理海军事务衙门"考.福建论坛,1987(4).

[20] 姜鸣.中日黄海海战北洋海军的接战队形再探.复旦学报,1987(4).

[21] 杨志本,许华.论丁汝昌海上战役指挥失误问题——兼与戚其章等同志商榷.近代史研究,1988(1).

[22] 姜鸣.晚清海防思想研究.史林,1988(3).

[23] 吕良海.丁汝昌甲午年援旅问题探讨.近代史研究,1989(3).

[24] 戚其章.论北洋海军战役指挥问题.近代史研究,1989(3).

[25] 戚其章.颐和园工程与北洋海军.社会科学战线,1989(4).

[26] 林谋荣,林伟功.对历史负责——史学界重评甲午海战中的方伯谦纪实.日本研究,1992(1).

[27] 孙峰.丁汝昌"避战保船"辨.东岳论丛,1992(3).

[28] 宫志远.方伯谦被杀是历史冤案吗?.东岳论丛,1992(5).

[29] 郑天杰.方伯谦之冤狱.福建论坛,1993(5).

[30] 郑守正.中日甲午海战中的方伯谦是被诬陷致死.历史档案,1993(2).

[31] 唐德刚.甲午战争百年祭.(台湾)传记文学,26(4).

[32] 张凤翔.再析丁汝昌之死.内蒙古大学学报.1994(1).

[33] 季平子.近代海军建设史上的一场骗局——关于设立海军衙门和宣布北洋海军成军二事的实际意义.河北学刊,1994(4).

[34] 陈名实.福州船政学堂教育与甲午海战.福建论坛,1994(4).

[35] 方英.北洋海军将领素质与甲午海战.安徽史学,1994(4).

[36] 黄乘矩.甲午战后的海军建设和海防思想.中国边疆史地研究,1994(4).

[37] 潘向明.黄海海战研究——关于北洋舰队的失利原因及阵形问题.清史研究,1994(4).

[38] 林友华.略论方伯谦对付日本侵略的战略思想.福建论坛,1994(4).

[39] 苏小东.李鸿章对日海军威慑战略与甲午海战.近代史研究,1994(5).

[40] 郑守正.方伯谦与丰岛海战.史学月刊,1994(5).

[41] 郑守正.甲午丰岛海战失败责任在李鸿章.天津社会科学,1994(5).

[42] 张凤翔.《卢氏甲午前后杂记》有关方伯谦记述之思考.内蒙古师范大学学报,1995(1).

[43] 许华,姜鸣.甲午海战的历史地位与军事意义.福建论坛,1995(1).

[44] 郑守正.丁汝昌与威海卫防御战.历史档案,1995(4).

[45] 张凤翔.丁汝昌不是“宁死不降”的抗敌将领.内蒙古电大学刊,1995(5).

[46] 宋庆,方毅.关于评价方伯谦的若干问题.求是学刊,1995(6).

[47] 孙克复,张立真.甲午黄海海战“西战场”说质疑.近代史研究,1997(1).

[48] 张凤翔.方伯谦被处斩冤枉吗?.内蒙古大学学报,1997(1).

[49] 郑守正.再论方伯谦被杀是冤案.历史档案,1997(3).

[50] 常青.彬县大佛寺石窟所见清提督丁汝昌事迹铭记.文献,1997(4).

[51] 黄细嘉.北洋海军制度述论.宜春师专学报,1998(3).

[52] 游战洪.德国军事技术对北洋海军的影响.中国科技史料,1998(4).

[53] 戚其章.琅威理与北洋海军.近代史研究,1998(6).

[54] 贾熟村.中国首任驻日使节许铃身.浙江学刊,1998(6).

[55] 柯平,海莹.也谈为方伯谦翻案问题——简评郑守正的翻案文章:《再论方伯谦被杀是冤案》.齐鲁学刊,1999(1).

[56] 苏小东.北洋海军管带群体与甲午海战.近代史研究,1999(2).

[57] 苏小东.丁汝昌与北洋海军.安徽史学,1999(4).

[58] 戚其章.论方伯谦被杀是否冤案问题.东岳论丛,2000(1).

[59] 刘申宁.论方伯谦问题.近代史研究,2000(3).

[60] 苏小东.甲午御敌谋略:以攻为守的“直捣日本”之计.军事历史研究,2001(4).

[61] 孙占元.福州船政前学堂与中国近代海防教育.山东师范大学学报,2001(5).

[62] 韦玉娟.北洋舰队与日本海军.军事历史研究,2002(2).

[63] 关伟,关捷.论北洋海军将士的民族精神.北方论丛,2002(2).

[64] 王如绘.试论马建忠的海防思想.东岳论丛,2003(1).

[65] 史滇生.北洋海军和甲午战争前的中国军事变革.军事历史研究,2004(3).

[66] 夏中南.丁汝昌事迹辨正.合肥学院学报,2004(4).

[67] 张炜.中国战略文化传统与北洋海军的运用.军事历史研究,2004(4).

[68] 夏东波.丁汝昌鲜为人知的故事.江淮文史,2004(5).

[69] 叶昌友,刘向东.方伯谦被杀罪名质疑.社会科学辑刊,2004(5).
[70] 艾跃进.从海防意识看中国近代衰落的原因.南开学报,2004(6).
[71] 夏冬波.丁汝昌殉国之后.纵横,2004(12).
[72] 戚其章.刘步蟾冒功说质疑.探索与争鸣,2005(1).
[73] 戚其章.解开丁汝昌自杀的谜团.广东社会科学,2005(2).
[74] 苏小东,陈美慧.北洋海军在甲午战争中的后路保障.军事历史研究,2005(3).
[75] 夏冬波.丁汝昌十考.巢湖学院学报,2005,7(6).
[76] 戚其章.探访丁汝昌身世之谜.百年潮,2005(5).
[77] 秦雷.京师昆明湖水操学堂史论.北京社会科学,2006(1).
[78] 戚其章.重评刘步蟾引起的风波.百年潮,2006(3).
[79] 苏小东,陈美慧.福州船政学堂在中国近代海军教育中的地位.军事历史研究,2006(4).
[80] 高如民.论丁汝昌在近代首批幼童留学中的历史作用.河南大学学报2006(4).
[81] 王道成.颐和园与海军衙门.人民论坛,2006(4).
[82] 王绪渊.论甲午海战后丁汝昌谎报军情的原因.西南交通大学学报,2007(2).
[83] 贾熟村.赫德与丁汝昌.东方论坛,2007(4).
[84] 李来容.留学生与晚清海军教育.徐州师范大学学报,2007年(6).
[85] 贾熟村.赫德与琅威理.东方论坛,2008(1).
[86] 李喜所,李来容.留学生与晚清海军建设.南开学报,2008(1).
[87] 关伟,关捷.北洋海军从筹建到覆灭的若干思考——写在北洋海军成军120周年之际.辽宁大学学报,2008(5).
[88] 戚海莹.李鸿章与北洋海军的创建.东岳论丛,2008(6).
[89] 程利.从战略思想看甲午战争清海军的失败.云南农业大学学报,2008(6).
[90] 范尧.浅析丁汝昌提督北洋海军之功过.宜宾学院学报,2008(9).
[91] 潘向明.甲午黄海之役北洋海军缺乏炮弹说质疑——兼论其失利原因问题.清史研究,2009(1).

[92] 杨晓伟.是丁汝昌“避战保船”还是李鸿章“保船制敌”.陇东学院学报,2009(4).

[93] 戚其章.北洋舰队覆没的历史反思.百年潮,2009(7).

[94] 张登德.许景澄与晚清海军建设.山东师范大学学报,2009(6).

[95] 姜峰.多元文化视角下的丁汝昌评论.学理论,2009(25).

[96] 张季.从海军衙门到海军部——清廷近代海军中央机构的初步建立与人员取用.石家庄学院学报,2010(6)1.

[97] 苏小东.北洋海军提督丁汝昌的身世及早年经历.安徽史学,2010(1).

[98] 汪志国.周馥与北洋海军.衡阳师范学院学报,2010(2).

[99] 徐泓.徐建寅查验威海船械史实考.东方论坛,2010(3).

[100] 陈先松.也谈三海工程与海军衙门经费.近代史研究,2010(4).

[101] 夏辰旭,简珺.走近丁汝昌大东沟海战伤情真相.文史哲,2010(6).

[102] 戚海莹.洋员与北洋海军的创建和发展.学术研究,2010(8).

[103] 陈悦.谎言如何成真——北洋海军主炮晾衣实为谣传.国家人文历史,2010(11).

[104] 鲍伟.论海军衙门的兴废.内蒙古工业大学学报,2011(4).

[105] 孙烈.晚清筹办北洋海军时引进军事装备的思路与渠道——从一则李鸿章致克虏伯的署名信谈起.自然辩证法研究,2011(6).

[106] 王舒.福州船政学堂章程初探.湖南科技学院学报,2011(7).

[107] 肖季文,侯飞.北洋海军基地建设之评价.军事历史,2012(2).

[108] 龙心刚,梁东兴.北洋海军俸饷制度述评.湖北社会科学,2013(3).

[109] 杨玉荣,龚耘.晚清军事变革中的决策机制探析——基于北洋水师主战舰艇引进的考察.湖北社会科学,2013(8).

[110] 倪乐雄.中日甲午黄海海战战斗队形与火力再探讨——最糟糕与最合理的怪异组合——“夹缝雁形阵”.军事历史研究,2014(3).

[111] 孙天宇.中日甲午海战北洋水师败因反思及启示.东北亚研究,2014(3).

[112] 陈悦.谁描黑了北洋海军.国家人文历史,2014(14).

[113] 章骞.奥意利萨海战北洋海军的阵形模板.国家人文历史,2014(19).

[114] 陈悦.邓世昌撞的不是吉野舰:一次黄海海战的复盘.国家人文历史,

2014(20).

[115] 刘功成.甲午战争爆发前北洋海军的两次会校述略.日本侵华史研究,2015(1).

[116] 王琰.再论丰岛海战.大连大学学报,2015(2).

[117] 冯志阳.中国之道的转折点:严复对甲午海战的观察与反思.国家航海,2015(2).

[118] 马军.事迹与文献:甲午黄海海战北洋水师中的洋员.军事历史研究,2015(4).

[119] 曹雯.日本于甲午海战所展示的情报侦探优势——以日本明治期间文书的解读为中心.清华大学学报,2015(6).

[120] 程华.重新审视北洋海军覆灭的原因.长江丛刊,2015(13).

[121] 张小龙.北洋海军指挥员群体的文化性格与临战心态.西安政治学院学报,2016(1).

[122] 庞嘉咏,何少伟,陈永祥.试论丁汝昌在甲午海战中的过失.广州广播电视大学学报,2016(2).

[123] 张艺腾.方伯谦罪名中“牵乱队伍”的时间节点论证.福州大学学报,2016(2).

后 记

经过八年的研究、写作、修订，《重读北洋海军》作为国家出版基金项目的一册出版了。在写作此书的过程中，我既尝到了解答难题的艰辛，也获得了发现未知的快乐。然而无论如何，研究中的喜怒哀乐都是一个史学工作者必须经历的体验。

《重读北洋海军》仅仅是我这几年研究北洋海军的初步成果，更深入的研究还在继续，在此基础上完成的《北洋海军兴亡史》也已进入成书的最后阶段。

在《重读北洋海军》出版之际，我要真诚感谢中国甲午战争博物院的领导和同事，是他们的关怀和信任成就了我退休生活的丰富多彩；感谢山东画报出版社的同仁，是他们的指导与推动创造了我传播海军历史的条件；感谢我的家人，是他们的担当与支持解除了我的后顾之忧。我更要真诚感谢广大读者，是他们始终不渝关注海军、关注海军历史的热诚，激发了我内在的研究动力，去完成一项又一项并不轻松的课题。

最后，我要对所引用文献资料的作者、整理者、编者以及所使用图片的拍摄者、提供者表示崇高的敬意！

马骏杰

2023年10月于山东威海